중국문명대시야 1

中華文明大視野
by 袁行霈

Copyright ⓒ 2002 by 21st Century Publishing House
Korean translation copyright ⓒ 2007 by Gimm-young Publishers, Inc.
Korean translation rights arranged with 21st Century Publishing House
Through Imprima Korea Agency.

中華文明

중국문명대시야

베이징대학교 중국전통문화연구센터 기획 | 장연·김호림 옮김

大視野

1

김영사

중국문명대시야 1

저자_ 위안싱페이
역자_ 장연·김호림

1판 1쇄 인쇄_ 2007. 12. 1.
1판 1쇄 발행_ 2007. 12. 4.

발행처_ 김영사
발행인_ 박은주

등록번호_ 제406-2003-036호
등록일자_ 1979. 5. 17.

경기도 파주시 교하읍 문발리 출판단지 515-1 우편번호 413-756
마케팅부 031)955-3100, 편집부 031)955-3250, 팩시밀리 031)955-3111

이 책의 한국어판 저작권은 Imprima Korea Agency를 통한 21st Century Publishing House와의
독점 계약으로 김영사에 있습니다. 저작권법에 의해 한국 내에서 보호를 받는
저작물이므로 무단 전재와 무단 복제를 금합니다.

값은 표지에 있습니다.
ISBN 978-89-349-2736-5 04910
       978-89-349-2735-8 (세트)

독자의견 전화_ 031) 955-3104
홈페이지_ http://www.gimmyoung.com
이메일_ bestbook@gimmyoung.com

좋은 독자가 좋은 책을 만듭니다.
김영사는 독자 여러분의 의견에 항상 귀 기울이고 있습니다.

中國文明 大視野

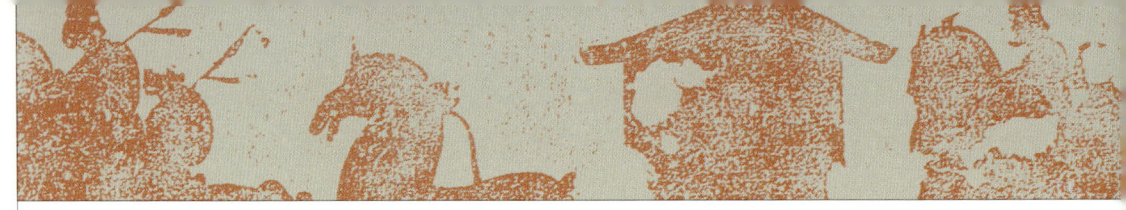

추천사 | 양국 교류의 새로운 지평을 열기 위하여

올해는 중국과 한국이 수교한 지 15주년이 되는 해입니다. 하루 평균 1만 1천 명의 한국인이 매주 800여 항공편을 통해 한국의 6개 도시와 중국 30여 개 도시를 왕래하고 있습니다. 사람들이 자주 오가면서 중국에는 '한류韓流'가 퍼져나가고 한국에는 '한풍漢風'이 거세게 불고 있습니다. 중국에서는 매일 1억 명 이상의 시청자들이 한국 드라마를 봅니다.

한국에서는 중국어 학습 열풍이 불고 있습니다. 한국에는 현재 130여 개 대학이 중문과를 개설하였고 중국어를 할 줄 아는 외국인 3명 가운데 2명은 한국인입니다. 특히 HSK 상위권 득점자 대다수가 한국인입니다. 전 세계에서 중국어를 제일 잘 구사하는 외국인이 한국인인 것입니다. 이렇게 중국과 한국이 1992년 수교 이후 15년 만에 비약적인 관계발전을 이룩했다는 점은 어느 누구도 부인할 수 없습니다.

그러나 저는 한 가지 아쉬움이 있습니다. 문화의 가장 기본적인 바탕이라고 할 수 있는 도서의 교류가 아직 부족하지 않은가 생각하는 것입니다. 조금 과장해서 말하면 저는 양국 간의 활발한 도서 교류가 양국 관계에 새로운 전기를 마련해줄 수 있을 것이라고 봅니다. 두 나라의 국민들이 상대 국가에서 출간되는 양서를 더 많이 읽고 이해하면 두 나라가 좀 더 서로를 깊이 알고 좋은 관계로 발전해갈 수 있지 않을까 생각하는 것입니다.

김영사의 박은주 사장님이 4년 전 중국대사관 문화원 측에 중국문화를 제대로 이해할 수 있는 책을 함께 기획해보자는 의견을 주셨습니다. 그때 중국 문화원의 담당자는 양국의 친선교류를 위한 좋은 기회라고 판단하고 면밀한 검토 작업에 들어갔습니다. 그 결과로 선택한 책이 명문 베이징대학교의 대표적인 교수진이 집필한 이 책〈중국문명대시야(원제: 中華文明大視野)〉였습니다. 김영사에서도 흔쾌히 출간을 수락하였고 그 결과 한중수교 15주년을 기념하여 출간하게 되었습니다. 저는 이 도서가 중국이 오랫동안 축적해온 문명의 정수를 제대로 한국인에게 보여줄 것이라고 생각합니다.

　다행스럽게도 최근에는 양국의 출판계에서도 서로 활발한 교류가 이루어지고 있습니다. 양국의 작가들이 오가며 열띤 토론과 의견을 나누고 한국 서점에서도 중국의 다양한 책들을 볼 수 있게 되었습니다. 저는 주한 중국대사관 문화원과 김영사가 공동으로 기획한 이 도서가 양국의 지식 정보 교류에 새로운 전기를 마련해주기를 진심으로 바랍니다.

2007년 겨울
주한 중국대사
닝푸쿠이寧賦魁

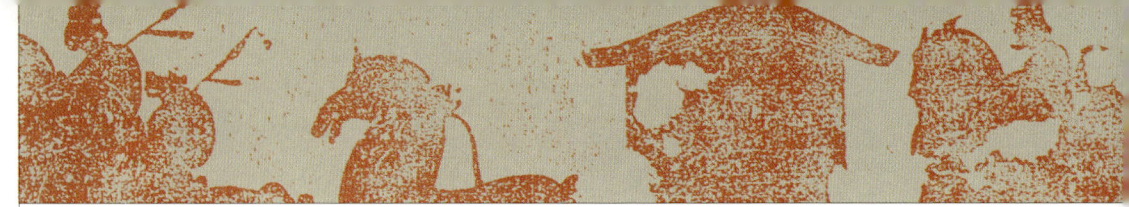

서문 | 중국인이 중국인인 이유

만리장성, 황허, 창장강, 팔괘八卦, "높은 지위에 있는 사람도 삼가지 않으면 후회하게 된다亢龍有悔" "요조숙녀는 군자의 좋은 짝일세窈窕淑女 君子好逑", 띠, 중추절, 단오절, 용주龍舟 시합, 새해 인사, 양고기 샤브샤브, 젓가락 사용…….

앞에서 말한 것들은 중국인에게 무척 익숙한 것들이다. 중국인이 중국인인 이유는 이 수많은 요소들의 영향을 통해 중국인이 되었기 때문이다. 노란 피부, 검은 머리, 검은 눈동자 때문에 중국인이 중국인인 것은 아니다. 중국인이 머릿속으로 생각을 떠올리면 중국식 사유이고, 하루하루의 일상은 중국식 생활방식이다. 중국인은 중국문화에서 벗어나지 못한다. 중국인은 세계의 어느 곳에 있건 음력 섣달 그믐날이나 중추절 같은 명절이 되면 강렬한 반응을 보인다. 이런 크고 작은 일들이 넓은 중국문화의 그물이 된다. 중국인은 모두 이런 것에 익숙하지만 대부분은 그 이유를 모르고 어떻게 된 일인지 잘 설명하지 못한다. 이 《중국문명대시야》는 중국인의 생활 속에 있는 중국문화를 친절하고 간단하면서도 믿을 수 있는 언어로 소개해준다.

1994년 내가 베이징대학교의 명예교수 자리를 받았을 때, 베이징대학

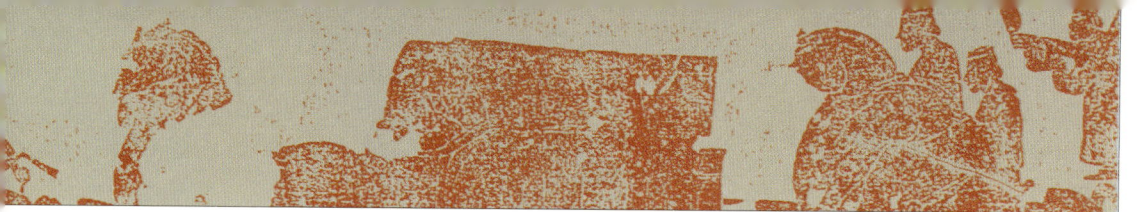

교 국학연구원 중국전통문화연구센터의 학자들과 좌담회를 한 적이 있다. 그들은 마침 큰 프로젝트를 시작하고 있었다. 그들은 조를 나누어 중국문화와 역사에 대한 연구과제 1백여 편을 쓰고 있었는데, 어려운 내용을 알기 쉽게 쓰되, 착오 없이 정확하고 재미있어야 했다. 그 원고들은 중앙방송국에서 텔레비전 방송물로 제작되었다. 연구센터의 주임인 위안싱페이 교수는 내게도 "무술"과 "칭기즈칸" 혹은 맘에 드는 역사 인물에 관한 글을 써보라고 권했다. 무척 흥미가 당긴 나는 이 부탁을 받아들이려고 했다. 그러나 오래지 않아 홍콩으로 돌아갔고, 업무상 연락이 쉽지 않아 결국 마음을 접고 말았다. 나중에 베이징대학에 다시 돌아갔을 때 위안 교수와 그의 동료들이 내게 이미 촬영을 마친 텔레비전 방송물 몇 세트를 선물했다. 내용을 보니 수준이 대단히 높아서 독자들에게 널리 추천할 가치가 있다고 생각했다. 이제 방송 내용을 체계적으로 정리하여 한결 더 훌륭하게 출간된 책을 보니 정말 기쁘지 않을 수 없다. 이 책은 중국문화의 정수를 담고 있다. 이 책을 읽고 이해한 독자라면 중국문화를 이해했다고 말해도 지나치지 않을 것이다. 독자 제현의 일독을 권한다.

진융金庸

차례

추천사 | 양국 교류의 새로운 지평을 열기 위하여 · 6
서문 | 중국인이 중국인인 이유 · 8

제1부

용과 중국 민족 · 17
염제와 황제 · 31
물을 다스린 대우 · 45
상주의 청동기 예술 · 61
갑골문 · 77
《주역》과 팔괘 · 89
《시경》 · 101
제자와 백가쟁명 · 119
노자 · 133
공자 · 149

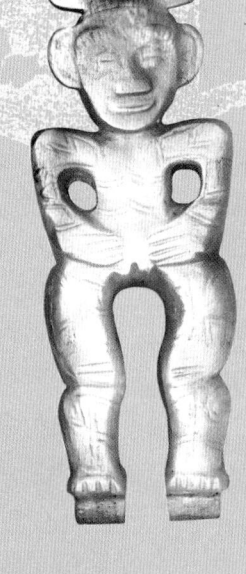

손무와 《손자병법》 · 165
묵자 · 181
장자 · 195
맹자 · 211
한비자 · 225
굴원과 〈이소〉 · 239
이빙과 두장옌 · 253
선진시대의 수레 · 267
선진시대의 옥기 · 281

제2부

진나라 시황제 · 297
장성 · 311
진시황릉 병마용 · 327
마왕퇴 · 341
문경의 정치 · 355
한나라 무제 · 367
서역으로 간 장건 · 379
사마상여와 한부 · 391
한나라의 악부 · 405
사마천과 《사기》 · 421

왕충과 《논형》 · 433
고대의 제지술 · 445
장형의 과학적 성취 · 457
한자 이야기 · 469
고대의 종 · 483
한나라 황실의 능과 궐 · 497
한나라의 백희 · 511
열두 띠 이야기 · 525
청명과 한식 · 541
설날 풍속 · 555

차례

【 제3부 】

동고
석경
건안 풍골
신의 화타
의성 장중경
제갈량
도연명
육조의 고승
왕희지와 그의 서예
갈홍과 위진시대의 도교
조충지
북위 효문제와 북방 민족
윈강 석굴
조주교와 교량 건축
대운하
당나라의 장안성
당나라 태종과 정관의 치세
서역의 경전을 가져온 현장
대안탑과 소안탑

【 제4부 】

실크로드
당나라의 무악
문성공주와 송찬감포
무측천
개원 시기의 태평성대
당 왕조 능묘의 조각상
룽먼 석굴
둔황 석굴
감진의 일본행
당삼채
당대의 복식

당대의 서예
당시
왕유
이백
두보
백거이
한유
유종원

【 제5부 】

남조의 문화
회흘의 문화
서하의 문화
짱족의 영웅서사시 《거싸얼》
당나라의 전기소설
육우와 《다경》
팔선에 관한 전설
청렴한 관리 포증
범중엄과 〈악양루기〉
구양수
왕안석과 희령변법
사마광과 《자치통감》
송사
소식
이청조
악비
육유
신기질
중국의 서원
주희와 이학

【 제6부 】

심괄과《몽계필담》
문천상과〈정기가〉
조판인쇄와 활자인쇄
화약과 화기
고대 화폐의 변천
송대의 설화와 화본소설
송·원대의 선본
송·원대의 도자기
송·원대의 회화
마르코 폴로가 본 중국
원대의 산곡
관한경과 원대의 잡극
왕실보와《서상기》
《삼국연의》
《수호전》
《서유기》
《영락대전》
정화의 항해

【 제7부 】

탕현조와 임천사몽
서하객과《하객유기》
왕양명
송응성과《천공개물》
서광계와《농정전서》
이시진과《본초강목》
명대의 왕릉과 유물
타이완을 수복한 정성공
포탈라 궁과 티베트 불교
장서루
지방지
명말의 3대 사상가

명·청대의 베이징성
명·청대의 원림
명·청대의 판화
명·청대 문인의 인장
명·청대의 국자감
고궁 건축
피서산장
주거지와 사합원

【 제8부 】

강건성세
곤곡의 흥망성쇠
청대의 곡예
전통 희극을 집대성한 경극
18세기 프랑스의 '중국 붐'
원명원
천단
포송령과《요재지이》
오경재와《유림외사》
조설근과《홍루몽》
공자진
임칙서
황준헌
무술변법
경사대학당
추근
쑨원
5·4 신문화운동

中國文明 大視野

용의 형상은 중국인에게는 매우 익숙하고도 신성한 것이다. 중국인이 자신을 '용의 후계자'라고 하는 데서 알 수 있듯이, 용의 형상이나 용과 관련된 전설은 중국인의 생활에 깊이 침투해 있다.

중국 역사에서 용은 이미 7,000~8,000년 전 상고시대의 토템이었다. '토템'은 고대 인도어의 음역으로서 '친속親屬'이라는 뜻이다. 그래서 중국 내 많은 민족이 용을 자기 선조들의 화신으로 받들고 있다.

진秦나라, 한漢나라 이후 용은 왕권의 표징이 되기도 했다. 당시 황제는 진룡천자眞龍天子로 불렸으며 그가 쓰는 물건에도 모두 '용'자가 쓰였다. 예컨대 용관龍冠, 용포龍袍, 용련龍輦, 용상龍床 등이 있다. 그러나 황제나 왕의 권력이 점차 사라지면서 용의 상징적 의의도 자연히 사라지게 되었다. 하지만 중국인들의 생활에서 용은 시종일관 고귀한 힘의 상징이 되고 있다. 그래서 '생룡활호生龍活虎(살아 있는 용과 호랑이 : 옮긴이)', '용등호약龍騰虎躍(용이 날고 호랑이가 도약하듯이 : 옮긴이)', '용쟁호투龍爭虎鬪(용과 호랑이가 싸우듯이 : 옮긴이)'와 같은 관용어도 나오게 되었다.

당唐나라의 유명한 시인 이백李白의 시〈금릉의 야성 서북쪽에 있는 사안의 돈대에 올라서登金陵冶城西北謝安墩〉에 "모래 먼지 얼마나 아득하던가. 용과 범이 싸우니 조정이 혼미하네"라는 말이 나오는데, 실력 차이가 거의 없는 둘이 격렬히 싸우는 것을 '용호투'라고 한다.

용으로 모든 아름다운 물건을 묘사하기도 한다. 예컨대 준마를 용마龍馬나 용구龍駒라 부르기도 하여, 이백의 시〈백마편白馬篇〉에서도 "용마의 털은 눈이나 꽃처럼 희다네"라고 읊고 있다.

그 밖에 폭포나 샘의 이름에도 '용'자를 붙이고 있으니, 예를 들면 웅장하고 아름다운 폭포를 용추龍湫라고 칭한다. 저장성浙江省의 옌당산雁蕩山에도 유명한 대용추, 소용추가 있다.

탁월한 서예 솜씨를 묘사할 때에도 용비봉무龍飛鳳舞 혹은 용사비동龍蛇飛動 등으로 표현한다. 소동파蘇東坡는〈서강의 달西江月·평산당 아래를 세 번째 지나며三過平山堂下〉에서 "10년 동안 노신선을 보지 못했더니, 벽 위에서 용과 뱀이 날아 움직이누나"라고 읊었다.

【 전설 속의 용 】

　전문가의 고증에 따르면, 용은 상고시대 화하華夏 씨족의 토템이었다고 한다. 원시사회 사람들은 사람과 동물 사이의 경계를 나눌 줄 몰랐기 때문에 동물, 심지어 식물까지도 씨족의 조상으로 여겼다. 즉 그 동물이나 식물이 자기 종족과 혈연관계가 있어서 자신을 보호할 수 있다고 보았기 때문에 그들을 숭배하면서 보호를 기대했다. 각 씨족은 서로 다른 토템, 이를테면 호랑이, 말, 심지어 나무와 돌에 이르기까지 다양한 토템을 갖고 있었다. 이러한 토템은 씨족을 구별하는 중요한 징표가 되었으며, 일반적으로 씨족 성원의 몸이나 집, 그릇에 새겨놓았다. 당시 화하 씨족은 중원에서 가장 강대한 씨족으로서 용을 토템으로 삼았다.

　그렇다면 용은 궁극적으로 어떠한 존재인가? 고증에 따르면, 용은 처음엔 하나의 동물에 불과했다고 한다. 하지만 그 후 화하 씨족이 다른 씨족을 겸병할 때 그 씨족의 토템 형상과 융합하면서 점차 오늘날 우리가

신석기시대 룽산龍山문화의
채색 반룡무늬 접시

볼 수 있는, 실제로는 존재하지 않는 환상적인 형상으로 발전했다.

학자들은 용의 최초 형상을 가진 동물이 무엇인지 지금도 연구하고 있는데, 그중에는 공룡이라는 주장도 있다. 그러나 알다시피 그것은 있을 수 없는 일이다. 공룡은 이미 6,000만 년 전에 완전히 멸종된 동물이기 때문이다. 인류의 기원은 기껏해야 300~400만 년 전이고 인류의 문명사는 몇천 년에 불과하기 때문에 공룡은 용의 원형일 수 없다.

일반적으로 학자들은 뱀을 용의 원형으로 여기고 있다. 그 밖에 악어 혹은 물소라고 주장하는 사람들도 있으며 일종의 야생마라는 설도 있다.

사실 이러한 주장들은 모두 일리가 있다고 할 수 있으니, 그 이유는 중국이 다민족 국가라서 조상 숭배의 형상인 용도 '다원일체多元一體'일 수 있기 때문이다. 그래서 원이둬聞一多(1899~1946)는 용의 원형은 큰 뱀일 수 있다고 고증했다. 나중에 다른 씨족의 토템과 융합하면서 악어 혹은 짐승의 네 발, 말의 갈기와 꼬리, 호랑이의 코, 토끼의 눈, 물고기의 비늘, 개의 다리, 매의 발톱, 사슴의 뿔을 가지게 되었으며, 마침내 오늘날 우리가 그리는 모습으로 변했다는 것이다.

【 용은 중국인의 상징이자 정신적 지주 】

알다시피 몇천 년 이래로 중국은 줄곧 농업국가였다. 좋은 날씨는 농업에 큰 영향을 끼치는데, 중국의 신화나 전설에서 바람과 비를 다스리는 신이 바로 용이다. 이 때문에 하늘을 믿고 살아가던 시대에는 용왕묘龍王廟가 각지에 널리 퍼져 있었고, 용왕도 중국인들의 마음속에서 주요한 신으로 부각되었다.

중국에서 역사가 가장 오래된 부족이 바로 용족龍族이다. 신화나 전설에 나오는 중국 민족의 시조도 모두 용과 관계되어 있다. 가령 중국 신화에서 천지개벽의 신은 반고盤古인데, 그는 어떤 형상일까? 삼국시대 오吳나라 사람 서정徐整은 《삼오력기三五歷記》에서 "반고는 용의 머리에 뱀의 몸"이라고 했다.

또 '인간의 조상'인 복희伏羲와 여와女媧도 용의 형상이었다. 후한後漢의 왕연수王延壽는 〈노영광전부魯靈光殿賦〉에서 복희와 여와의 형상에 대해 "여와는 뱀의 몸이고, 복희는 비늘이 있는 몸"이라고 묘사했다. 심지어 일부 신화에서는 복희를 우레신(雷神)의 아들이라고 했는데, 우레신의 형상이 바로 '용의 몸에 사람의 머리'였다(《산해경山海經》〈해내동경海內東經〉).

헌원軒轅 황제黃帝는 중국 민족의 시조이다. 사마천司馬遷은 《사기史記》에서 "헌원은 황룡黃龍의 몸이다"라고 했고, 《산해경山海經》에서도 "헌원의 나라는 […] 사람 얼굴에 뱀의 몸이고, 꼬리가 머리 위로 말려 있다"고 했는데, 이 역시 생생한 용의 형상이다.

이러한 사례에서 알 수 있듯이, 중국인들은 스스로 '용의 후손'이라 칭하고 있다. 용의 형상과 용의 정신은 중국인의 상징일 뿐 아니라 생활 속에서도 정신적 지주로 자리매김해 평화와 행복의 수호신이 되고 있다.

명明나라 때 겹사법랑용이로掐絲琺瑯龍耳爐

심지어 의식주, 관혼상제, 명절, 축제 등도 용을 떼어놓고 생각할 수 없을 정도이다. 용이 이미 사람들의 마음속에서 상서로운 현상과 긴밀히 연관되어 있기 때문이다. 음식 중에 용수면, 용탕, 용간 등이 있고, 건축물

당唐나라 때 규화동경葵花銅鏡의 용 장식

공자孔子의 사당인 대성전大聖殿에서 볼 수 있는 용 기둥

용과 중국 민족 ◆ 023

신석기시대 훙산紅山문화의 옥저룡玉猪龍과 뱀 모양의 벽옥룡碧玉龍

에도 지붕 양쪽 끝에 용머리 조각이 있다. 용머리 기둥의 화표華表는 장엄하고 성스러운 건축물의 중요한 지표이다.

황하에는 험준한 룽먼龍門이 있어서 잉어가 그것을 뛰어넘으면 용이 된다는 전설이 있는데, 이 때문에 사람들은 평범함이 성스러움으로, 보잘것없음이 위대함으로 바뀌는 것을 '등용문登龍門'이라고 말한다.

【 용등과 용춤 】

떠들썩한 명절이 오면, 중국인들은 갖가지 특색 있는 용춤으로 명절을 경축한다. 용춤은 역사적으로도 아주 오래되었는데, 한나라 때의 서적인 《춘추번로春秋繁露》에 이에 대한 상세한 기록이 있다. 용춤은 너무나 다양해서 전국 각지에 수백 가지나 된다. 예컨대 용춤에 사용되는 북방의 용등龍燈은 대부분 일곱 마디에서 열두 마디까지 있는데 비교적 간결하고 거친 것이 특징이다. 그러나 남방의 용등은 이와는 달리 정교하고 그 양식도

중국의 명절에는 갖가지 특색 있는 용춤이 빠짐없이 등장한다.

다양하다.

자료에 의하면, 저장성만 해도 수십 가지 용춤이 있다고 한다. 장시성江西省의 용춤도 수십 가지에 달하며, 후난성湖南省의 용춤 또한 다채롭다.

화교들이 살고 있는 외국의 거리에서도 용춤을 볼 수 있다. 용춤은 중국인들을 고무하고 격려하기 때문에 화교들에게도 빼놓을 수 없는 명절 행사가 되고 있다.

【 단오 용주절과 기타 용의 명절 】

중국에서 용과 관계되는 가장 큰 명절은 바로 단오 용주절龍舟節이다. 중국 남방에서는 용주龍舟, 즉 용 모양의 배를 젓는 풍습이 널리 퍼져 있다. 남방 사람들은 용주를 타고 시합을 벌이는데, 오늘날 용주 경기는 각 지방의 민속적 특색이 다분한 운동 종목이 되었다. 특히 광저우廣州, 마카오 등지에서는 국가체육시합의 하나가 되었다.

용주 젓기의 기원에 대해 전설에서는 물에 빠져 자결한 초楚나라의 시인 굴원屈原을 건지려 한 데서 유래했다고 하지만, 고대의 일부 역사책에는 오자서伍子胥 혹은 효녀 조아曹娥를 기념한 데서 비롯되었다고 쓰여 있다. 인류학자들의 고증에 따르면, 용주 젓기의 역사적 기원은 훨씬 더 옛날로 거슬러 올라가 상고시대의 용 축제와 상관이 있다고 한다.

이 밖에도 전국 각지의 다양한 민족들이 용과 관련한 명절을 지내고 있다. 한족漢族에게는 춘룡절春龍節이 있는데, 민간에서는 "2월 2일이면 용이 머리를 든다"는 전설이 전해지고 있다. 그 전설의 내용은 이렇다.

어느 해에 큰 가뭄이 들자 천하天河의 옥룡玉龍이 은밀히 비를 내렸다. 그러자 옥황상제가 크게 노해서 옥룡을 산 아래에 눌러놓고는 황금 콩에서 꽃이 피면 하늘로 돌아올 수 있다고 했다. 물론 황금으로 된 콩에서 꽃이 필 리 만무했다. 하지만 선량하고 지혜로운 백성들은 금빛 찬란한 옥수수를 생각해냈다. 그래서 옥수수 알을 닦아 꽃이 피게 함으로써 끝내

중국 남방에서 흔히 볼 수 있는 용주龍舟 경기

옥룡이 머리를 들고 하늘로 올라갈 수 있었다.

산시성陝西省의 일부 지방에서는 지금도 그날이 되면 집집마다 옥수수를 닦으며 "2월 2일이면 용이 머리를 드네. 큰 창고에 가득 차고 작은 창고에 넘치네"라는 노래를 부른다.

어떤 지방에서는 춘룡절이 되면 노란 콩을 닦으면서 용수면과 용건떡을 먹는데, 이러한 풍습은 대대로 전해 내려오면서 다음과 같은 뜻을 담게 되었다.

"용의 보호로 날씨가 순조로워서 풍년이 들기를 바랍니다."

또 다른 지방에도 용과 관계된 명절이 많다. 음력 정월에서 2월 사이에는 윈난성雲南省 푸미족普米族의 제용담절祭龍潭節이 있는데, 그날이 되면 연못 옆에 높은 용탑을 세워서 용에게 제사를 지낸다. 음력 3월에는 샹시湘西 땅 먀오족苗族의 간룡장看龍場이 있는데, 인간세상으로 내려오는 용을 맞이하는 행사이다.

베이징北京 베이하이北海공원 안의 구룡벽九龍壁

이 밖에도 '용포를 말리는 날', '용의 어머니가 하늘로 올라가는 날', '용이 하늘로 올라가는 날' 등 지방이나 민족마다 다양한 명절이 전해 내려오고 있다.

 윈난성 궁산貢山의 두룽족獨龍族은 1년을 열두 월령月令으로 나누어 모두 용과 관련된 이름을 짓고, 매달 용의 명절을 지낸다고 한다.

結 오늘날 용은 더 이상 사람들이 신봉하고 숭배하는 대상이 아니다. 하지만 중국인은 여전히 용에게 자신의 감정과 소망을 기대고 있다.

용의 정신은 협동심을 생생하게 표현한다고 할 수 있다. 왜냐하면 용 자체가 각 민족 토템의 융합체, 요컨대 뱀의 몸, 말의 머리, 매의 발톱, 물고기 비늘을 가진 다원일체의 형상이기 때문이다.

그래서 중국인은 늘 용을 매개로 해서 다양한 민족의 단합을 꾀한다. 즉 한족과 50여 소수민족으로 이루어진 중국은 용의 상징성을 통해서 국가의 힘을 하나로 모으고 있다.

허난성河南省 복양濮陽 위수이포雨水坡의 양사오仰韶문화 초기 무덤에서 발견된 조개껍질로 만든 용과 호랑이

【 염제와 황제 】

● 전설을 바탕으로 그린 황제의 초상과 약초를 맛보는 신농씨

하늘에서 큰 용이 황제를 영접하러 내려왔다. 용의 수염이 아래로 드리워지자 황제는 즉시 용의 등에 올라타 신하들과 백성들을 남겨둔 채 그대로 하늘로 올라갔다.

염제炎帝와 황제黃帝는 전설시대의 유명한 인물로 몇천 년 동안 중국 민족의 시조로 받들어져왔다.

오늘날 세계 각지에 살고 있는 중국인은 스스로를 염황炎黃, 즉 염제와 황제의 자손이라 칭하고 있다. 그리고 염황의 자손에 의해 창조된 찬란한 중국 문화를 염황 문화라 부른다.

황제가 영륜伶倫에게 음악의 율조律調를 만들게 했다는 전설에는 재미있는 얘기가 전해지고 있다.

전하는 바에 의하면, 영륜은 쿤룬산崑崙山 북쪽의 산골짜기 계곡 사이에서 참대를 골랐다고 한다. 곧고 속이 비어 있으며 두께가 적당한 참대를 골라서 양쪽의 대 마디로부터 한쪽을 잘라낸 뒤 3치〔寸〕 9분分의 길이일 때 불어낸 소리를 황종黃鐘의 율조로 정했다. 그러고 나서 일정한 비례로 열한 가닥의 죽관竹管을 만들어서 쿤룬산 기슭에 내려가 봉황의 울음소리를 들으면서 열한 가지 차이가 나는 율조를 구별해냈다. 당시 정말로 봉황의 울음소리를 듣게 되었는데, 마침 수컷이 여섯 번 울고 암컷이 여섯 번 울었다고 한다. 영륜은 이미 정한 황종의 율조에다 봉황의 울음소리를 참고해서 열두 가닥의 죽관을 각각 다른 길이로 잘라 열두 가지 서로 다른 율조를 정했다. 중국 고대에 최초로 나타난 음률은 바로 이렇게 창조되었다.

한편 18~20세기 초에 이르기까지 일부 서양학자들은 "중국 문화는 서쪽에서 왔다"는 가설을 견지했다. 심지어 일부 고고학자는 황제, 신농씨 등을 옛 바빌론 사람이라고 했는데, 그 목적은 중국의 문명이 서양에서 기원했음을 증명하는 데 있었다.

그러나 고고학자들이 발굴한 양사오仰韶문화, 다원커우大汶口문화, 훙산紅山문화의 유적들은 중국 문화가 서쪽에서 왔다는 가설이 어처구니없는 주장이라는 것을 여실히 보여주고 있다.

【 황제와 중국 문명의 시작 】

역사에서 황제는 중국 문명의 창시자로 불린다. 실제로 그와 관련해 황제와 그의 신하들에 관한 전설이 많이 전해지고 있다.

가령 전설에서는 황제가 수레를 발명했다고 하는데, 이로 인해 사람들은 황제를 헌원씨軒轅氏라 부르기도 한다. 수레 외에도 황제의 발명과 관련하여 여러 가지 설이 전해지고 있다. 이를테면 면류관 앞뒤에 드리운 구슬을 만들었다는 설, 밥 짓는 가마와 시루를 만들었다는 설, 짐승들을 보고 함정을 파서 잡기 시작했다는 설, 사람들에게 집 짓는 법을 가르쳐 주었다는 설, 공을 차는 놀이를 창안했다는 설 등이 그것으로, 이것들은 모두 황제가 스스로 창조하고 발명했다고 한다.

황제의 신하들이 발명하고 창조한 것은 이보다 더 많다. 《세본世本》이라는 책만 보아도 많은 것이 기록되어 있다. 가령 옹부雍父가 공이와 절구를, 공고共鼓와 화적貨狄이 배를, 휘揮가 활을, 이모夷牟가 화살을, 호조

胡曹가 왕관을, 백여伯余가 옷을, 이夷가 북을, 윤수尹壽가 거울을, 어칙於則이 짚신을, 무함巫咸이 동고銅鼓를, 영륜伶倫이 음악의 율조를 만들었고, 무팽巫彭이 의사가 되고, 대요大撓가 갑자甲子를, 예수隸首가 산수算數를, 용성容成이 율력律曆을, 창힐蒼頡이 글자를, 사황史皇이 지도를 만들었다고 한다.

뿐만 아니라 황제의 아내인 누조嫘祖도 중요한 발명을 했으니, 고대의 전설에 의하면 그녀는 누에 치는 법을 발명했다고 한다. 이러한 전설은 셀 수 없이 많다. 중국 문명의 서광은 이미 황제시대 때부터 빛을 뿌리기 시작한 것으로 보이는데, 이 때문에 황제가 창조와 발명의 팔방미인이 된 것이다.

산시성陜西省 황제릉에 있는 대형 벽화

【 염제 신농씨와 농업 문명 】

중국은 오랜 농업국이다. 전설에서 농업 생산의 발명자는 바로 신농씨神農氏이다. 그런데 어떤 사람들은 신농씨가 바로 염제라고도 한다.

염제는 '염제 신농씨'로도 불리는데, 《회남자淮南子》에는 다음과 같이 기록되어 있다.

> 옛날 사람들은 풀을 먹고 물을 마시며 나무열매를 따먹고 짐승의 고기를 먹고 살았는데, 질병에 자주 걸리거나 중독이 되었다. 그래서 신농씨는 백성에게 다섯 가지 곡식의 씨 뿌리는 법을 가르쳤고, 토지의 좋고 나쁨, 메마르고 습함, 기름지고 척박함, 높고 낮음을 헤아리게 했고, 온갖 종류의 풀을 맛보게 하고, 물의 달고 씀을 맛보게 해서 백성이 그 맛을 구분할 수 있게 했다. 그 과정에서 하루에 일흔 가지 독을 만나기도 했다.

이 글을 보면 신농씨가 농업을 발명할 때 힘든 과정을 거쳤음을 알 수 있다. 그는 백 가지 풀을 맛보았는데, 그중 야생초는 대부분 독이 있었기 때문에 "하루에 일흔 가지 독을 만나기도 했다"는 것이다. 이것이 민간에 전해지는, "신농이 백 가지 풀을 맛보고 하루에 일흔 가지 독을 만났다"는 전설이다.

고대 전적인 《백호통白虎通》에서는 신농씨가 농업을 발명한 정황을 이렇게 기록하고 있다.

> 왜 신농이라 하는가? 옛날 백성은 모두 짐승의 고기를 먹었는데, 신농의 시대에 이르자 백성은 많고 짐승은 부족했다. 그래서 신농은 절기에 따라 땅의 이로움을

분간하고 농기구를 만들어 백성에게 농사를 가르쳤으니, 정말로 신과 같은 조화로써 백성을 잘살게 했기 때문에 이른바 신농이라 부르는 것이다.

이 기록을 살펴볼 때, 신농이란 이름은 그가 농업을 발명하고 백성에게 경작하는 법을 가르쳐준 데서 비롯한 것이다.

산시성陝西省 황링현黃陵縣에 있는 황제릉(위)
후난성湖南省 옌링현炎陵縣에 있는 염제릉(아래)

농업 외에도 신농씨는 또 다른 발명을 했다. 앞에서도 말했듯이, 고대의 농업 생산 도구인 쟁기를 만들었으며, 최초의 농학 저서인《본초本草》도 그가 썼다고 한다. 《주역周易》의 〈계사繫辭〉에서는 "나무를 쪼개서 보습을 만들고, 비빈 나무로 쟁깃술을 만들었다"고 하며,《제왕세기帝王世紀》에서는 신농이 "《본초》 4권을 썼다"고 한다.

일부 옛 서적에서는 신농이 팔괘를 서술했다는 설도 있다. 예컨대《제왕세기》에서는 신농이 "팔괘의 가르침을 중시해서 팔팔八八의 본질을 탐구하여 64괘를 만들었다"고 한다. 물론 신농씨의 가장 큰 업적은 농업과

1958년에 궈모뤄郭抹若가 쓴 황제릉 비석과 1993년에 장쩌민江澤民이 쓴 염제릉 비석

의약을 발명한 것이며, 그중에서도 농업을 발명한 것이 훨씬 중요하다고 할 수 있다.

황제와 염제, 신상의 비밀

황제와 염제의 신상은 옛 서적들에 많이 기록되어 있다. 예컨대 《국어 國語》의 〈진어晉語〉에서는 이렇게 말하고 있다.

> 옛날 소전少典이 유교씨有蟜氏에게 장가를 들어서 황제와 염제를 낳았다. 황제는 희수姬水에서 성장했고, 염제는 강수姜水에서 성장했다. 성장하고 나서는 덕이 달랐기에 황제의 성은 희姬, 염제의 성은 강姜이라 했다.

이 기록에 따르면, 황제와 염제는 형제로서 소전의 아들이다. 소전이 유교씨에게 장가들어서 황제와 염제를 낳았는데, 황제는 희수에 있었고 염제는 강수에 있었다. 그래서 그들은 거주지를 성姓으로 삼아서 황제의 후예는 희, 염제의 후예는 강이라 했다.

황제에 관한 전설에는 아직도 이해하기 힘든 부분이 많다. 그중에서 늘 제기되는 문제가 바로 황제가 실존 인물이었냐 하는 것이다. 황제를 신이라고 하는 학자도 있고 사람이라고 하는 학자도 있다. 또 황제는 부락의 이름이라는 사람도 있고 부락 우두머리의 이름이라는 사람도 있는가 하면, 부락 우두머리의 일반적인 호칭이라는 사람도 있는 등 다양한 설이 있다. 총체적으로 말한다면 아직까지도 정설은 존재하지 않는다.

2,000여 년 전 고대의 학자들도 황제의 전설에 대해 의심했을 뿐 아니라 의견도 갖가지였다. 예컨대 사마천은 《사기》에서 당시의 정황을 이렇게 말했다.

> 학자들은 오래전부터 오제五帝에 대해서 말해왔다. 그러나 《상서尙書》에서는 요堯임금 이후만을 기록하고 있고, 백가百家가 황제를 논하긴 했지만 글이 우아하지 못하고 온당하지도 못해서 학식 있는 사람들은 말하기를 꺼린다.

염제에 관한 전설에도 많은 의문점이 있다. 가장 중요한 의문점은 염제와 신농씨가 한 사람인가 아니면 두 사람인가 하는 것이다. 제사를 지낼 때는 주로 염제와 신농씨가 한 사람이라는 설을 채용하고 있는데, 이를 총칭하여 '염제 신농씨'라고 한다. 따라서 염제도 자연히 농업과 의약의 발명자로 존경을 받고 있다.

【 중국 민족의 시조 】

"황제는 중국 민족의 시조"라는 설이 비교적 폭넓게 퍼져 있기는 하지만, 엄격한 의미에서 볼 때 황제의 이야기는 전설일 뿐이지 증명할 수 있는 역사가 아니다.

비록 전설이라 하더라도 염제와 황제의 이야기는 고대 사회에 깊은 영향을 주었다. 《사기》〈봉선서封禪書〉에는 전국戰國시대 진秦나라의 문공文公이 사제四帝에게 제사를 지냈다는 기록이 나온다. 사제란 백제白帝, 청제青帝, 황제黃帝, 적제赤帝를 말하는데, 여기서 적제가 바로 염제이다. 황제와 염제에게 제사를 지낼 때 백제와 청제도 그들과 똑같이 대우한 것이다. 그 후 당·송宋·명明·청淸 등의 왕조에서도 황제와 염제에게 제사를 지냈으며, 그것이 지금까지 전해지고 있다.

오늘날 산시성陝西省의 바오지寶鷄, 후난성의 옌링현炎陵縣, 후베이성湖北省의 쑤이저우隨州 등에 있는 염제의 사당과 그 밖에 염제와 관련된 명승고적에서 해마다 그를 기리는 제사를 지내고 있다.

역사책에 기록된 바로는 염제보다 황제에게 제사를 지냈다는 내용이 더 많다. 앞서 말한 문공 외에도 진秦나라 말년 농민들이 봉기했을 때 유방劉邦도 황제에게 제사를 지낸 적이 있다. 그리고 한나라 건국 후에도 전한前漢의 무제武帝나 후한의 광무제光武帝 역시 황제에게 제사를 지냈다.

《사기》〈봉선서〉에 의하면, 황제는 마지막에 용을 타고 하늘로 올라갔다고 한다. 당시 황제는 서우산首山의 구리를 채굴해 헝산荊山에서 솥을 주조하고 있었는데, 솥이 완성되고 나니 하늘에서 큰 용이 황제를 영접하러 내려왔다. 용의 수염이 아래로 드리워지자 황제는 즉시 용의 등에 올라타 신하들과 백성들을 남겨둔 채 그대로 하늘로 올라갔다. 그 후 황제는 신선이 되었고, 신하들과 백성들은 계속 인간세계에 머물렀다. 물론 이것도 전설일 뿐이다.

【 황제릉에 제사를 지내다 】

황제가 하늘로 올라간 후 신하들은 그의 의관衣冠을 차오산橋山에 묻었다고 한다. 오늘날 산시성陝西省 황링현皇陵縣에 황제릉이 있는데, 바로 차오산 위에 자리 잡고 있다. 이곳은 오래전부터 황제와 염제의 자손들이

황제가 직접 심었다고 전해지는 헌원백軒轅柏과 염제릉 안에 모신 염제상

1937년에 마오쩌둥毛澤東이 직접 쓴 황제릉 제문의 비석 탁본

제사를 지내온 곳이다. 황제에게 제사를 지내는 풍습은 옛날부터 전해 내려온 것이다. 중일전쟁(1937~1945) 당시, 중국인들은 위기에 처했을 때도 황제에게 제사 지내는 것을 잊지 않았다.

1937년 청명절에는 국민당과 공산당이 공동으로 황제에게 제사를 지냈다. 국민당에서는 위원 장지張繼와 구주퉁顧祝同을 파견했고, 국민정부의 주석은 산시성陝西省 정부의 주석 쑨위孫蔚를 파견하여 제사에 참가하게 했다. 중국 공산당의 주석 마오쩌둥毛澤東과 인민군 총사령관 주더朱德는 린보취林伯渠를 대표로 파견했다. 국민당은 제문에서 "민족정신을 발휘하자"고 강조했으며, 마오쩌둥은 친히 쓴 제문에서 "나라를 되찾고 주권을 수호하자"고 했다.

그 후 중일전쟁에서 승리하고 중화인민공화국이 탄생한 뒤에도 청명절이 되면 황제에게 제사를 지내는 등 갖가지 행사를 하고 있다.

結 염제와 황제의 이야기는 중국 역사에 가장 깊은 영향을 끼친 전설이다. 중국인이 경건한 마음으로 염제와 황제에게 제사를 지내고 조상에게 제사를 지내는 것은 일종의 민족적 동질감으로서, 이러한 전통은 지난 몇천 년 동안 국내외의 중국인을 하나로 묶어주는 역할을 했다.

1994년 4월 5일 청명절에는 산시성陝西省 황링현에서 황제에게 제사를 지냈는데, 이 의식에는 세계 각지의 인사들과 전국 각지에서 온 사람들이 참석했다. 타이완의 중위안中原대학교에서도 대표단을 파견하여 황제릉 앞에서 〈황제를 추모하는 노래〉를 합창해 동포애를 발휘했다. 그 다음 해인 1995년 청명절에도 각지에서 몰려온 사람들이 염제릉 앞에 모여 제사를 지냈다.

중국인들이 염제릉에서 성대한 제사를 지내며 그의 업적을 기리고 있다.

【 제6부 】 물을 다스린 대우

● 대홍수를 지혜롭게 다스린 우禹 임금

대우는 '우보禹步'로 중국의 산하와 대지를 누볐는데, 늘 "낮에는 먹을 겨를이 없고 밤에는 잠잘 여유도 없이" 물을 다스리는 일을 걱정하면서 사방을 돌아다녔다.

근대 과학은 빙하기 말기에 지구의 온도가 올라가면서 대홍수가 났음을 증명했다. 이 대홍수는 세계 각 민족에게 아득한 기억이 되어 갖가지 신화나 전설로 전해지고 있다. 《성경》의 〈창세기〉에 '노아의 방주'가 있듯이, 대우大禹가 물을 다스린 것도 중국인이라면 누구나 알고 있는 홍수 설화이다.

상고시대 황제 이후에 요堯, 순舜, 우禹 세 임금이 차례로 나타났다. 우는 홍수를 다스린 공적으로 사람들의 지지를 받은 임금이다. 그에 관한 전설에서 알 수 있듯이, 요가 다스리고 있을 때 황하 유역에서 큰 홍수가 발생했다. 《맹자孟子》의 〈등문공藤文公 하下〉에서 이 홍수에 대해 "온 나라에 강이 범람해서 용과 뱀이 같이 살고 백성들이 안착할 곳이 없었다"고 했으니, 얼마나 무서운 홍수였는지 짐작할 수 있다.

전하는 바에 의하면, 가장 먼저 홍수를 다스린 사람은 곤鯀이었다. 곤은 9년에 걸쳐 제방을 쌓고 물을 막았지만, 홍수로 인해 제방이 무너지면서 강이 범람했다. 그러자 요의 지위를 계승한 순이 임금이 된 후 홍수를 다스리지 못한 곤을 죽여버렸다. 그리고 곤의 아들 우에게 홍수를 다스리는 임무를 맡겼다.

 우는 아버지의 경험과 실패를 교훈 삼아서 물을 다스리는 방법을 바꾸었다. 즉 물길을 통하게 해서 물이 바다로 흘러들게 한 것이다. 우는 홍수를 다스리는 과정에서 집 앞을 세 번이나 지나갔지만 한 번도 들어가지 않고 백성들과 함께 일했다. 또 몇 년 동안의 고생을 거치면서 종아리 털이 모두 빠져 다리가 반질반질해졌다고 한다. 이렇게 13년간 노력한 끝에 범람한 물을 마침내 바다로 모두 흘려보내 백성들이 안정되게 생활하고 즐겁게 일할 수 있는 터전을 마련했다.

 후세 사람들은 물을 다스린 우의 공적을 찬미하면서 그를 '대우大禹'라고 불렀다.

【 홍수를 다스리다 】

대우의 부친 곤은 홍수가 나 백성들이 도탄에 빠진 것을 보고 제방을 쌓아서 홍수를 다스리려고 했다.

《산해경》〈해내경海內經〉에 의하면 "황제가 낙명駱明을 낳고, 낙명이 백마白馬를 낳았는데, 백마가 바로 곤"이라고 한다. 전설에 나오는 곤은 총명함과 재능을 갖추고 평생토록 백성을 위해 일했다. 그는 지금까지 쓰고 있는 기본적인 농기구인 쟁기(염제 신농씨가 발명했다는 설도 있다)를 만들었으며, 백성들에게 소를 부리고 오곡을 심고 성곽을 쌓는 법을 가르쳐주었다. 가장 큰 업적은 전심전력으로 진흙을 퍼서 제방을 쌓아 물을 막고 홍수를 다스린 것이다. 그는 일을 하는 데 과단성이 있었고, 사람됨이 굳세고 정직했기 때문에 백성들의 신임을 얻었다. 하지만 홍수는 너무도 엄청났다. 그가 서쪽에서 막고 동쪽에서 방어하면서 9년 동안이나 다스렸지만 "도도한 홍수는 그칠 줄을 몰랐

산둥성山東省 자샹嘉祥에서 나온 후한시대 대우大禹의 화상석 탁본
청淸나라의 소운종蕭雲從이 그린 〈응룡도應龍圖〉. 응룡의 등에 앉은 사람이 대우이다.

다"고 한다.

곤이 죽은 후 대우 또한 홍수와 함께 백성들의 절망적인 상황에 직면했다. 어떻게 하면 백성들을 재난에서 구할 것인가? 그는 제방을 쌓아서 홍수를 막은 부친의 경험을 버리지 않았다. 즉 곤의 경험을 토대로 진일보한 새로운 방법을 연구했다. 《국어》의 〈노어魯語〉에서 대우에 대해 "곤의 공적을 익혔다"고 한 것이 바로 그 뜻이다. 그래서 대우가 물을 다스린 방법은 물길 터주기와 물 막기를 결합한 것이다. 다시 말해 한쪽으로는 제방을 쌓아서 막고, 다른 한쪽으로는 물길을 열어서 바다로 흘려보냈다.

전설에서는 "황룡黃龍이 앞에서 꼬리를 끌고, 검은 거북이가 뒤에서 푸른 진흙을 지고 갔다"고 한다. 황룡과 검은 거북이는 모두 곤을 도와

카이펑開封의 우왕대禹王臺에 있는 〈치수석각도治水石刻圖〉

대우가 홍수를 다스릴 때 새겼다는 구루비岣嶁碑. 원래는 헝산衡山의 거우러우봉岣嶁峰에 있었다.

서 물을 다스린 신령스러운 동물이다. 그중 황룡은 응룡應龍이라고도 하는데, 아름다운 한 쌍의 날개와 강력한 꼬리를 가지고 있었다. 황룡은 대우를 도와서 지형을 답사하고 꼬리로 지면을 그어서 물길을 열었다. 황룡과 검은 거북이 외에도 대우는 많은 신의 도움을 받았다. 예를 들면 하얀 얼굴에 물고기의 몸을 지닌 황하의 요정은 강물 속에서 나와 대우에게 물기 있는 대청석大靑石을 주었는데, 그 돌 위에는 물을 다스리는 한 폭의 지도가 그려져 있었다. 사람 얼굴에 뱀의 몸인 복희는 대우에게 1척 2촌 길이의 옥간玉簡(대쪽처럼 생긴 옥 : 옮긴이)을 주어 그것으로 대지를 측량하게 했다. 말의 머리에 용의 몸을 지닌 문천汶川의 신은 대우를 도와 큰 산을 두 개나 무너뜨려서 범람한 강물을 황폐한 땅으로 흘러들게 했다.

【 신화와 현실 사이의 대우 】

알다시피 대우의 업적은 모두 신화나 전설로 전해지고 있다. 그렇다고 해서 그것들을 완전한 허구로 볼 수는 없다. 사실 먼 옛날의 신화는 늘 역사의 자취를 부분적으로 반영하고 있다.

대우가 물을 다스린 것을 보더라도 상고시대에는 확실히 엄청난 홍수 피해가 있었던 것으로 보인다.

《상서》의 〈요전堯典〉에서는 "광대한 홍수가 나서 산과 언덕을 덮고 넘실넘실 하늘까지 닿았네"라고 하며, 《맹자》의 〈등문공 하〉에서도 "요 임금 시대에 물이 역류하여 나라에 홍수가 났다. 그리하여 용과 뱀이 같이 살고 백성들이 안착할 곳이 없었으니, 낮은 곳에서는 굴을 파서 살고, 높은 곳에서는 둥지를 지어 살았다"고 한다.

우의 성공은 그의 신과 같은 위력 덕분이다. 하지만 거의 모든 전설에서 그의 굳은 의지와 인내심, 사심 없는 정신을 내세우고 있으니, 《장자莊子》의 〈천하편〉에서는 이렇게 말하고 있다.

우는 직접 삼태기와 보습을 들고 천하의 강을 합류시키느라 장딴지와 정강이의 털이 닳아 없어졌으며, 심한 바람에 시달리고 폭우를 맞으면서도 나라의

대우가 홍수를 다스릴 때 머물렀다는 대우동大禹洞과 동굴 앞의 우동하禹洞河. 허난성 덩펑현登封縣에 있다.

구역을 설정했다.

이처럼 우는 다리의 털이 반질반질 닳아서 '편고偏枯'라는 병에 걸렸기 때문에 제대로 걷기가 매우 힘들어 뒷발이 앞을 향할 때 앞발을 넘겨 딛지 못했다. 하지만 바로 이 '우보禹步(우의 걸음걸이 : 옮긴이)'로 중국의 산하와 대지를 누볐는데, 늘 "낮에는 먹을 겨를이 없고 밤에는 잠잘 여유도 없이" 물을 다스리는 일을 걱정하면서 사방을 돌아다녔다고 한다. 전설에서는 그가 고군분투하는 모습을 이렇게 묘사하고 있다.

힘든 노동과 온갖 고민으로 7년 동안 음악을 들어도 들리지 않았으며, 집 앞을 지나가면서도 들어가질 않았고, 옷차림에 대해서 신경 쓰지 않았으며, 그가 밟지 않은 땅이 없었다.

【 대우의 탄생과 죽음 】

신화나 전설에서 대우는 곤의 아들로 나온다. 하지만 그의 출생에 관해서는 두 가지 설이 있다.

　곤이 홍수를 다스릴 때 천제天帝에게 식양息壤이라는 보물이 있다는 얘기를 듣게 되었다. 식양은 생장生長을 쉬지 않는 토양으로서 조금만 취하여 대지에 뿌려도 산을 이루고 제방을 쌓을 수 있었다. 곤은 홍수를 다스릴 생각에 자신의 안위도 돌보지 않은 채 천제의 허락을 받지 않고 사사로이 식양을 취해서 백성들을 구하러 갔다. 하지만 곤의 행위는 천제의 분노를 샀고, 곤은 뜻을 이루지 못한 채 천제에 의해 우산羽山의 들판에서 숨을 거두었다.

　곤은 비록 죽임을 당했지만 그의 혼은 죽지 않았고, 그의 시체도 썩지 않았다. 천제는 그가 다시 살아날까봐 두려워서 신인神人을 시켜 칼로 그의 배를 가르게 했다. 이때 곤의 배에서 두 개의 뿔이 길게 난 용이 뛰쳐나왔다. 이 용은 몸을 솟구쳐서 하늘로 올라갔는데, 그가 바로 곤의 아들 대우이다. 대우가 출생한 후 곤의 시체도 황룡으로 변하여 영원히 깊은 못 속으로 들어가버렸다.

　우의 출생에 관한 또 다른 전설이 있다. 곤의 아내는 신씨莘氏의 딸이었는데 이름은 여희女嬉였다. 그녀는 생각만으로 임신하게 되어 석뉴石紐 지방에서 옆구리로 대우를 낳았다. 석뉴는 지금의 쓰촨성四川省 시촨西川 일대이다. 《수경주水經注》〈말수沫水〉에서는 "광유현廣柔縣에 석뉴 고을이 있으니 바로 우가 태어난 곳"이라고 했다. 뿐만 아니라 우가 태어난 날은 6월 6일인데, 이날은 후세에 일부 수신水神들의 생일이 되었다.

　우는 홍수를 다스린 공적으로 만년에는 각 부락 우두머리의 추대를 받아서 임금이 되었다. 우는 임금이 되어서도 계속 백성에게 이익이 되는 일을 많이 했다. 나중에 남방을 순시하러 갔다가 후이지會稽에 이르렀을 때 불행히 병에 걸려서 세상을 떠났으며, 신하들은 그를 그곳에 묻어주었다.

어떤 사람들은 우가 죽지 않고 해골만 남긴 채 본신本身은 하늘로 올라가 신이 되었다고 한다. 지금도 저장성 사오싱紹興에 있는 후이지산會稽山에 가면 큰 구멍을 볼 수 있는데, 그 지방 사람들은 그것을 우혈禹穴이라고 부른다.

【 대우의 혼인과 가정 】

전설에 의하면, 대우는 서른 살이 될 때까지 장가를 들지 않았다고 한다.

어느 날 대우는 도산塗山(지금의 저장성 사오싱 서북쪽) 부근에서 아름다운 흰색 구미호를 보았다. 당시 사람들은 하얀 구미호를 행복의 상징으로 여기고 있었다.

얼마 후 대우는 정말로 도산의 한 여인을 사랑하게 되었지만, 결혼도 못한 채 남방으로 홍수를 다스리러 가야 했다. 여인은 한결같이 기다리면서 노래까지 지어 불렀는데, 사람들은 이것이 남방 시가詩歌의 기원이라고 말한다.

나중에 대우는 여교女嬌라는 도산 여자에게 장가를 들었지만, 나흘 후에는 또다시 물을 다스리러 떠나야 했다. 그 후로 매년 이 나흘간은 장화이江淮(장쑤성江蘇省과 안후이성安徽省 일대 : 옮긴이) 일대에서 결혼하기 좋은 날이 되었다.

《사기》에서도 대우가 "홍수를 13년간 다스리며 집 앞을 지나가면서도 안으로 들어가지 않았다"고 기록하고 있다. 지금도 황하와 화이수이淮水 일대에는 '망부석'과 '차부탄遮夫灘' 등의 전설이 1,100년에 걸쳐 전해지면서 대우에 대한 도산 여자의 그리움을 말해주고 있다.

고본古本《회남자》에도 아름다운 신화가 실려 있다.

대우가 허난河南의 한위안산轘轅山을 뚫을 때 너무 힘든 나머지 한 마리 거대한 곰으로 변신해서 산을 뚫었다. 그는 곰으로 변한 자기 모습을 아내가 보지 못하도록 매일 북소리가 들리면 밥을 가져오게 했다. 그러던 어느 날 한창 땅을 파다가 그만 돌을 밟았는데, 힘을 너무 준 탓인지 돌이 날아가서 그만 북을 쳐버렸다. 도산 여자는 북소리를 듣고서 즉시 밥을 가져갔다가 마침 곰으로 변한 대우를 보게 되었다. 그녀는 부끄럽기도 하고 두렵기도 해서 곧바로 허난 덩펑현登封縣의 쑹산嵩山 아래까지 달아났다. 도산 여자는 임신한 몸이었는데, 그녀를 쫓아온 대우가 큰 소리로 외쳤다.

"내 아들을 돌려주오!"

이때 도산 여자는 이미 돌로 변해버린 후였다. 하지만 대우가 외치는 소리를 듣더니 돌의 북쪽 면이 갈라지면서 대우의 아들 계啓가 나왔다. 오늘날 덩펑현의 쑹푸궁崇福宮 동쪽에 커다란 돌이 하나 있는데, 사람들은 그것을 계모석啓母石이라고 부른다. 명나라 때 서하객徐霞客이 쓴 《서하객유기徐霞客游記》에도 "쑹산의 계모석은 집 몇 채만큼 컸다"고 기록되어 있다.

허난성 덩펑현登封縣의 계모석啓母石. 대우의 아내가 계啓를 낳은 후에 이 돌로 변했다고 한다.

대우가 홍수를 다스릴 때 뚫었다는 룽먼龍門

【 물의 신과 크게 싸우다 】

대우는 물길 터주기와 물 막기를 결합해서 홍수를 다스리겠다는 방침을 정했다. 그는 먼저 말썽을 부리고 소동을 일으킨 수신水神 공공共工을 가차없이 진압했다.

공공이 홍수를 일으켰을 당시 오늘날의 산둥성山東省 취푸曲阜에까지 이르는 중원 일대가 물바다로 변했다고 한다. 그래서 대우는 후이지산(오늘날 저장성 사오싱)에서 신들을 만나 공공과 결사적으로 싸우겠다고 결심했으며 결국 승리를 거두었다.

《순자荀子》〈성상成相〉에는 이렇게 기록되어 있다.

우에게 공로가 있으니, 홍수를 억제해서 백성들에게 미치는 해를 없애고 공공을 내쫓았다.

저장성浙江省 사오싱紹興에 있는 우임금의 사당

    대우는 창장長江강의 물을 다스릴 때 반드시 싼샤三峽를 뚫어야 한다는 것을 잘 알고 있었다. 전하는 바에 의하면, 그가 먼저 도끼로 찍었는데도 뚫리지 않자 신우神牛를 불러서 뿔로 떠밀게 했다. 하지만 역시 성과 없이 뿔만 구부러졌다고 하는데, 이 때문에 오늘날 소뿔이 구부러진 모양이라고 한다.

    그 후 대우는 거대한 끌로 산을 열었는데 그 소리가 요란해 천지가 진동했다. 또 화신火神 회록回祿에게 명하여 활활 타오르는 불로 산의 바위를 깨트림으로써 좁은 길을 열어 물을 끌어내기 쉽게 했다.

    한편, 여러 마리 용이 좁은 길을 열어서 물을 빼낼 때 한 마리가 그만 물길을 잘못 내고 말았다. 대우는 기강을 엄정히 세우기 위해 즉시 그 용의 목을 잘라버렸다. 우산현巫山縣 서남쪽 80리쯤 되는 곳에 돌출한 커다란 바위가 두 개 있는데, 그것이 바로 용의 목을 친 잔룽타이斬龍臺이다. 그리고 용이 잘못 낸 물길은 춰카이샤錯開峽라고 부른다.

사오싱에 있는 우임금의 능

창장강을 잘 다스린 후 대우는 또 칭하이青海 지스산積石山에서부터 황하의 물길을 내기 시작했다. 당시 용문산龍門山(오늘날 산시성山西省 허진河津 서북쪽)과 여량산呂梁山이 서로 근접해 있어 황하의 물길을 막았기 때문에 물이 거꾸로 흘러 범람했다. 대우는 신력神力으로 용문산을 두 쪽으로 갈라서 절벽 사이로 강물이 흐르게 했으니, 이것이 바로 오늘날의 룽먼龍門이다.

강물 속의 잉어가 매년 3월이면 이곳에 모여서 힘껏 도약하는데, 등용문하면 용이 되고 그렇지 못하면 이마만 상한 채 그냥 물고기로 남는다고 한다. 이것이 그 유명한 '잉어가 등용문한다'라는 전설이다.

이백은 〈최시어에게 드림贈崔侍御〉이라는 시에서 이렇게 읊었다.

황하의 3척 잉어는
본래 맹진孟津에서 살았는데
이마만 상한 채 용이 되지 못하고
돌아와서 평범한 물고기와 함께하네.

이 시구에서 인용한 것이 바로 이 전설이다.
룽먼 아래로 몇백 리를 가면 유명한 싼먼샤三門峽가 있다. 이곳은 본래

지주산砥柱山이었는데, 우가 산을 뚫어서 강물이 산을 우회하도록 했을 때 그 갈라져서 흐르는 모양이 세 개의 문과 같다고 해서 붙여진 이름이다.

 오늘날 싼먼샤의 상류에는 우임금의 사당이 있어, 강을 건너는 뱃사공들이 무사운행을 기원하고 있다. 벼랑 위에는 두 개의 크고 둥근 구덩이가 있는데, 전설에 의하면 대우가 말을 타고 삼문을 넘을 때 남긴 말 발자국이라고 한다.

 대우는 천신만고 끝에 마침내 홍수를 다스려 백성들이 편안하게 살아갈 수 있게 했다. 고군분투한 그의 정신과 위대한 공적은 대대로 칭송을 받았다.

현대의 위대한 문학가 루쉰魯迅은 《고사신편故事新篇》의 〈이수理水〉에서 "얼굴이 까맣고 여위었지만 무쇠로 주조한 듯한" 대우의 형상을 그렸다. 루쉰은 이를 통해 예부터 대우처럼 "전심전력으로 일하는 사람", "목숨도 버릴 정도로 굳센 사람", "백성을 위하여 일하는 사람", "몸을 버리면서까지 진리를 구하는 사람"을 "중국의 대들보"라고 칭했다.

【 상주의 청동기 예술 】

● 상나라 때의 청동기인 대방정大方鼎

상나라는 주기酒器를 위주로 해서 신분과 지위의 높고 낮음을 표시했다. 따라서 무덤에 매장된 청동 주기의 수량과 묶음에 따라 무덤 주인의 사회적 위치를 가늠할 수 있다.

사람과 동물을 확연히 구별지을 수 있게 하는 것은 바로 인류 사회의 발생과 인류가 사용하는 도구이다. 인류가 최초로 사용한 도구는 석기로서 고고학자들은 이 시기를 석기시대라고 부른다. 석기시대는 또 타제打製석기를 특징으로 하는 구석기와 마제磨製석기를 특징으로 하는 신석기로 나뉘는데, 신석기시대 말에 이르러 인류는 동기銅器를 발명하게 된다. 동銅, 즉 구리는 인류가 알게 된 첫 번째 금속이라 할 수 있다.

자연 상태의 구리는 보통 붉은색을 띠고 있어서 홍동紅銅이라 부른다. 사람들은 오랜 세월 구리를 생산하는 과정에서 홍동에 소량의 주석과 아연을 넣어서 만든 도구가 더욱 예리하고 쓰기도 좋다는 사실을 발견했다. 구리와 주석, 혹은 아연과의 합금은 원래 금황색을 띠었는데, 녹이 슬면 대체로 청록색을 띠었기 때문에 청동青銅이라고 불렀다.

청동기는 녹는 점이 낮고 경도가 높아서 홍동으로 만든 것보다 훨씬 우수했기에 얼마 후 청동이 홍동을 대체했다. 청동을 제련하고 주조하는 기술을 확보해서 청동기를 사용한 이 시기를 청동기시대라 한다.

세계적으로 볼 때 이란 남부, 터키, 메소포타미아 일대에서는 기원전 4000년 초부터 청동기를 제조했다. 중국도 청동기가 비교적 일찍 나타난 지역에 속한다. 고고학적 발견에 의하면, 신석기시대 말기에 일부 지방에서 이미 소량의 청동기가 나타났다. 그러나 중국이 본격적인 청동기시대에 들어선 것은 기원전 21세기부터이다. 기원전 21세기에서 기원전 5세기 중엽에 이르기까지 고대 문헌에 기록된 하夏, 상商, 서주西周, 춘추春秋 등을 포함한 몇몇 역사적 시기가 중국의 청동기시대로서, 그 기간은 1,600년 정도이다.

중국의 청동기 문화는 하나라 때 시작됐으며, 상과 서주 전기는 고대 청동 문화의 발전이 최고조에 달한 번영기이다. 서주 후기부터 춘추시대까지는 청동 문화가 점차 쇠퇴하면서 종말을 맞는 시기이다. 중국의 역사박물관이나 고궁박물원 등의 박물관에 가면 갖가지 모양의 청동기를 볼 수 있다. 바로 이 청동기들이 중국 청동기시대의 대표작이다.

허난성 옌스偃師의 얼리터우二里頭 유적지에서 출토된 하夏나라 때의 구리로 만든 주기酒器(왼쪽)와 참새 부리 모양의 청동 술잔(오른쪽)

【 상 왕조의 청동기 예술 】

하 왕조(기원전 21~기원전 16세기)는 중국 역사상 최초로 나타난 노예제 국가인 동시에 중국 청동기시대의 출발점이기도 하다. 고고학적 발견에 의하면, 이 시기의 청동기에는 칼, 송곳, 화살촉, 톱, 낚시 등의 작은 공구와 창, 도끼 등의 무기도 있었다. 그 형태는 주로 같은 시기의 도기陶器, 골기骨器나 석기를 본떠서 만들었는데, 조잡하고 형태가 단순하며 무늬도 별로 없어서 초기 단계의 청동기임을 알 수 있다.

기원전 16세기 상나라 탕왕湯王이 하나라를 멸하고 상 왕조(대략 기원전 16~기원전 11세기)를 건립했다. 이 시기의 청동기는 도기 등을 단순하게 모방하던 것에서 벗어나 보편적으로 무늬를 넣기 시작했다. 주요 무늬는 송나라 때의 금석학자들이 도철문饕餮紋이라고 부른 문양이었다. 도철은 고대 전설에 나오는 괴물로 머리만 있고 몸은 없는데, 송나라의 학자들이 이 이상한 동물의 얼굴 문양을 끌어와서 도철이라 한 것이다. 하지만 오

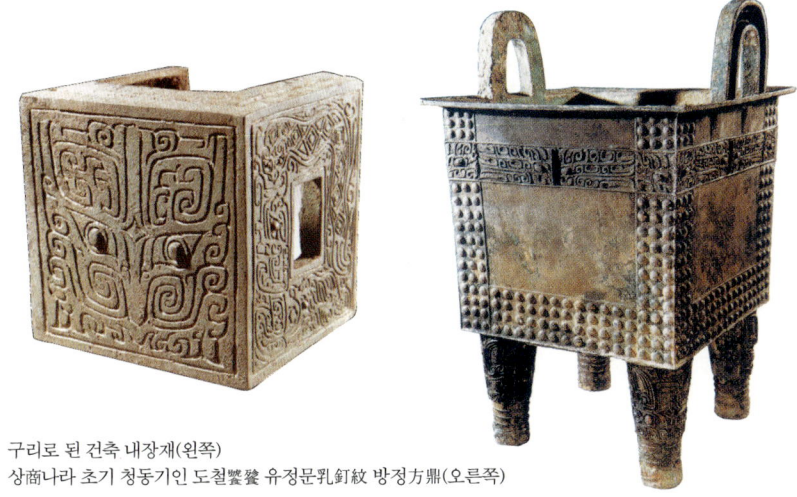

구리로 된 건축 내장재(왼쪽)
상商나라 초기 청동기인 도철饕餮 유정문乳釘紋 방정方鼎(오른쪽)

늘날은 수면문獸面紋이라고 부른다.

   상 왕조 후기에 청동기 문화는 최고로 발전했다. 이 시기에는 청동 공예술의 수준이 훨씬 높아져서 청동기에 표현한 무늬도 다양하고 화려해졌는데, 명문銘文이라 하여 문자를 주조하기도 하였다. 또한 청동기의 수량도 배나 증가했고 그 종류도 다양해졌다.

   쓰임새로 구분하면 적어도 공구, 무기, 식기, 악기, 수레에 쓰이는 기구, 말에 쓰이는 기구, 건축 도구, 의장儀仗 기물, 종교 기물 등 아홉 가지로 나누어진다. 이들은 다시 여러 종류로 분화되어 생산과 생활의 각 방면에서 널리 사용되었다.

   은허殷墟의 왕릉 구역에 있는 큰 무덤 안에서 대방정大方鼎(크고 네모반듯한 솥 : 옮긴이)이 발굴되었는데, 솥 내부에는 '사모무司母戊'라는 세 글자가 크게 새겨져 있었다. 이 솥은 이름이 무戊인 모후母后를 위해 만든 제기祭器였다. 이 대방정은 높이 133센티미터이고 무게가 870킬로그램이 넘으며, 그 모양이 웅장하고 무늬가 화려한데 지금까지 출토된 상나라와 주나라의 동기銅器 중에서 가장 크고 무거운 것으로, 상나라 후기 청동기 문화의 높은 수준을 집약적으로 보여주는, 세계 청동기 문화에서도 보기 드문 보물이다.

【 주 왕조의 청동기 예술 】

기원전 11세기 중엽, 무왕武王이 상 왕조를 멸하고 서주 왕조(기원전 11세기~기원전 771년까지)를 건립했다.

서주 전기에도 청동기 문화는 여전히 번영했지만, 아직까지 서주 왕실의 무덤이 발견되지 않아서 상나라의 '사모무' 대방정과 같은 걸작은 발굴하지 못했다.

하지만 높이 122센티미터인 순화대정淳化大鼎, 길이 126센티미터에 높이 23센티미터의 주기酒器인 기문금夔紋禁, 높이 102.1센티미터에 명문銘文의 길이가 291자에 달하는 대우정大盂鼎 등은 모두 국보라 칭할 만한 것들이다.

상 왕조와 비교할 때 서주시대 청동기의 조합은 비교적 큰 변화를 보였다.

서주西周시대 초기의 청동 술단지

상 왕조는 주기를 위주로 해서 신분과 지위의 높고 낮음을 표시했다. 따라서 무덤에 매장된 청동 주기의 수량과 묶음에 따라 무덤 주인의 사회적 위치를 가늠할 수 있다.

서주에서는 식기를 위주로 하여, 매장된 솥과 궤簋(기장을 담는 그릇 : 옮긴이)의 수량으로 지위의 높고 낮음을 표시했다. 가령 상례喪禮에 의하면, 천자는 9정鼎8궤, 제후는 7정6궤, 대부는 5정4궤, 선비는 3정2궤 또는 1정1궤로, 이 규정과 부합하는 사례는 고고학적으로 많이 발견되었다.

서주시대에는 청동기의 명문이 더 많아지고 길어졌으며 내용상으로도 변화가 있었다. 상 왕조의 동기에 새겨진 명문은 주로 그릇을 만든 사람이 속한 씨족의 휘장徽章이었으나, 서주시대 동기에 새겨진 명문은 주로 상賞이나 공적을 적고 조상에게 제사 지낸 내용을 적은 명기銘記로서 당시의 역사나 상례, 사상을 연구할 수 있는 진귀한 자료이다.

서주 후기가 되자 청동기 문화는 점차 쇠퇴했다. 기원전 770년, 주나라 평왕平王은 호경鎬京(지금의 시안西安 남쪽 교외 펑허澧河강 동쪽)에서 낙읍洛邑(지금의 뤄양洛陽)으로 천도했는데, 이 시기를 역사에서는 동주東周시대라고 한다.

동주시대에는 철기가 등장했다. 철기의 사용과 전파는 사회에 극적인 변화를 가져왔고 청동기 공업에도 엄청난 충격을 주었다. 하지만 이 시기에도 청동기의 제조 기술은

서주시대 말기의 청동 주기酒器

여전히 진보했다. 이 시기에 발굴된 대표적인 청동기로 오나라 왕 부차夫差의 창과 월越나라 왕 구천勾踐의 검 등이 있는데, 당시 청동기 제조 기술의 높은 수준을 잘 반영하고 있다.

【 은허 부호묘의 발굴 】

중국 청동기시대의 번영 단계에서 대표로 치는 유적은 허난성河南省 안양安陽에서 발굴된 은허 고문화 유적이다. 은허의 청동기를 집중적으로 발견할 수 있었던 것은 1976년 부호묘婦好墓의 발굴을 통해서이다.

부호묘는 은허 궁전 구역 부근에 자리 잡고 있는데, '부호'라는 이름은 갑골문에서 찾아볼 수 있다. 많은 학자들이 무덤에 매장된 동기의 명문 속에 나오는 '부호'가 갑골문에 보이는 상나라 왕 무정武丁의 법적 배우자의 한 사람인 '부호'라고 보는데, 그녀는 전투에 능했을뿐더러 전공도 큰

부호묘婦好墓에서 출토된 상나라 후기의 동작銅爵(왼쪽)과 동우銅盂(오른쪽)

부호묘에서 출토된
상나라 후기의
삼련동언三聯銅甗

여성 장군이었다.

부호묘의 규모는 그리 크지 않다. 무덤 안의 면적은 겨우 20여 평방미터로서 은허 왕릉 구역의 큰 무덤에 견주어보면 작은 무덤에 불과하다. 하지만 도굴을 당하지 않았기 때문에 486점의 청동기가 출토되었다.

그중 예기禮器 210점의 대부분은 주기로서, 그 수량이 몇십 년 동안 은허에서 발굴된 것보다도 많았다. 이 청동 예기는 대부분 쌍을 이루는 데다 그 종류도 온전해서 상나라 예기를 연구하는 데 귀중한 자료가 되고 있다.

부호묘에서는 또 다섯 개가 한 조인 편뇨編鐃와 구리거울 석 점이 출토되었는데, 이 역시 아주 중요한 발견이다.

부호묘의 면적은 상나라 왕 무정의 무덤에 비하면 그 16분의 1 정도이다. 만약 상나라 왕의 무덤이 도굴되지 않았더라면 출토된 동기가 아마도 부호묘의 몇백 배는 되었을 것이다.

상 왕조의 청동기 중에는 주기가 특히 많다. 남성들의 묘뿐 아니라 부호묘와 같은 여성들의 묘에서도 주기가 많이 출토되었다. 이것은 우연이 아니라 상 왕조 때 음주가 특별히 성행했던 것과 밀접한 관련이 있다.

상나라가 주왕紂王 때 멸망한 것에는 그가 술을 절제하지 못하고 과도하게 마신 것도 하나의 원인이 되었다. 그래서 주 왕조는 건립 후 통치권을 확고히 하기 위해서 신하들이 술을 지나치게 마시지 못하도록 했으니, 이는 상나라의 전철을 밟지 않기 위함이었다.

정부에서 과도한 음주를 금하자 주나라 초기부터 주기의 제조는 점차 줄었으며, 서주 중기에 이르러서는 상나라에서 흔히 볼 수 있었던 주기는 더 이상 보기 힘들어졌다.

【 세계의 주목을 끈 발견 】

상 왕조 후기에 청동기 문화는 전 중국 대륙에 분포되어, 서로 다른 지역에서 선명한 지역적 특색을 나타내기 시작했다.

쓰촨성 광한廣漢 삼성퇴三星堆의 기물 구덩이와 장시성 신간현新干縣 다양저우大洋洲의 동기 묘 발견은 국내외 학술계를 뒤흔들고 세계의 주목을 끈 중요한 사건이었다.

삼성퇴의 기물 구덩이는 촉나라의 도읍을 중심으로 한 상나라 초기의 대형 유적지이다.

1986년에 기물 구덩이 두 개가 발견됐는데 그 안에는 금, 구리, 옥, 돌, 뼈, 도기, 상아 등으로 만든 유물이 가득 차 있었다. 그중에서도 청동기가 특히 주목을 끌었다. 청동기 중에서 술단지, 술그릇 등 몇 가지는 그 형태와 무늬가 중원의 기물과 비슷하여 상나라 문화의 영향을 받은 것으로 짐

쓰촨성四川省 광한廣漢에서 출토된 청동 입인상立人像(왼쪽)과 높이 3.84미터의 청동 신수神樹(오른쪽)

상주의 청동기 예술 ◆ 071

작된다. 그러나 이를 제외한 대부분은 이전에 볼 수 없었던 것으로 강렬하고 짙은 지역적 특색을 띠고 있었다. 그중에서도 가장 놀라운 것은 대형 입인상立人像과 신수神樹였다.

입인상은 높이가 262센티미터로서 거대한 몸, 짙은 눈썹과 큰 눈, 곧은 코에 큰 입, 모가 난 턱에 큰 귀를 가졌고, 머리에는 화관을 쓰고 몸에는 좌임左衽(옷을 입을 때 오른쪽 섶을 왼쪽 섶 위로 여미는 것 : 옮긴이)의 긴 두루마기를 입고 있는데, 두루마기 위에는 용무늬 등의 도안이 있다.

수량은 가면과 두상頭像이 제일 많은데, 크기와 형태가 각기 다르며 어떤 두상은 황금가면을 쓰고 있다. 제일 큰 가면은 높이 65센티미터에 너비 138센티미터이다.

신수는 출토 당시 많이 파손된 상태였지만, 고고학자들이 정성껏 맞추고 붙인 끝에 지금은 큰 것과 작은 것 두 개가 복원되었다. 신수는 가지, 꽃, 열매를 모두 갖추었으며 아래에는 산 모양의 나무가 있는 자리, 가지 위에는 새를 비롯한 동물들이 있고 옆에는 걸터앉은 사람의 모습이 붙어 있다. 신수는 형태가 기이하면서도 대단히 정교해 3,000년 전 장인들이 만들었다는 것을 믿기 어려울 정도이다.

장시성 신간현 다양저우에 있는 동기 묘는 1989년에 발견되었다. 이 무덤은 사구砂丘 위에 조성되어 묘실은 이미 무너진 상태였다. 곽실槨室의 길이는 8.22미터, 너비는 3.6미터이다. 여기에서 출토된 청동기는 480여 점에 달하며 그중 예기만 50여 점으로, 그 형태와 무늬가 중원의 동기와 같거나 비슷한 것으로 보아 대부분 모방하여 만든 것임을 알 수 있다.

생산 도구인 도끼, 삽, 칼, 낫, 보습, 쟁기, 괭이와 무기인 비수, 검, 그리고 복조쌍미호伏鳥雙尾虎, 쌍면인수형신기雙面人首形神器는 순수한 지역

상나라의 청동기 복조쌍미호伏鳥雙尾虎

문화의 특색을 나타내고 있다.

다양저우에서 출토된 동기는 대부분 호랑이 형상으로 깊은 인상을 주고 있는데, 그중 가장 특출한 것은 길이 53.5센티미터에 높이 25.5센티미터인 복조쌍미호이다. 엎드려 있는 호랑이 등에 작은 새 한 마리가 앉아 있는 형상이다. 둥근 눈이 앞으로 튀어나왔고 입을 벌려 이빨을 드러내고 있으며, 꼬리 두 개가 위로 말려 있어 호랑이의 위풍당당함을 생동감 있게 표현하고 있다.

이 일대에서 발견된 동기에는 어째서 호랑이의 형상이 이처럼 유행했을까? 학자들은 호랑이가 그곳 종족의 토템일 수 있다고 추측한다.

한편, 쌍면인수형신기는 옥종玉琮 신인상神人像과 비슷한데, 천지와 소통하며 사람과 신을 맞이하는 사자使者의 형상을 표현한 것으로 짐작된다.

전국戰國시대의 청동 편종片鍾

【 증후을 무덤과 중산왕 무덤의 유물 】

　동주의 열국列國시대는 청동 예술의 전성기는 아니지만 이 시기의 것으로 중요한 고고학적 발견이 적잖이 있다. 그중에서도 특별히 꼽을 만한 것은 증후을曾候乙 무덤의 편종片鍾과 중산왕中山王 무덤의 동기이다.
　후베이성 쑤이현隨縣의 증후을 무덤은 대형 암갱수혈묘岩坑竪穴墓(바위를 뚫어서 만든 묘 : 옮긴이)로서 총면적이 220평방미터이다. 1977년에 발견하여 다음 해에 발굴했다. 청동기, 칠목漆木, 납, 주석, 가죽, 금, 옥, 대나무, 실, 마麻, 도기 등으로 만든 유물 1만 5,404점이 출토되었는데, 그중에서 가장 진귀하고 중요한 것이 바로 청동 편종이다.
　청동 편종은 모두 3조 65개로, 출토 당시 3층으로 나뉘어 청동으로 된 종대에 완벽하게 걸려 있었다. 그 모습이 장관이고 기세가 웅장해서 오늘날에도 아름다운 음악을 연주할 수 있을 것 같다.
　연구에 의하면, 증후을 무덤의 편종은 지금까지 발견된 같은 종류의 악

중산국中山國의 청동 도끼
명문에 천자가 땅을 나누어서
제후를 봉한 기록이 있다.

기 중에서 규모가 가장 큰 것으로, 지금도 원래의 소리를 잘 간직하고 있다고 한다. 또한 음색이 풍부하고 아름다울 뿐 아니라 음역이 넓고 음의 배열이 충실하며 음률이 정확하다고 한다. 2,400여 년 전에 이렇게 높은 수준을 갖추었다는 것은 음악사의 기적이라 하지 않을 수 없다.

중산국中山國은 당시의 소수민족인 선우鮮于가 건립한 국가인데, 편종이 출토된 증국曾國과 마찬가지로 전국戰國시대의 작은 나라였다. 하지만 중산왕 무덤에서 출토된 청동기의 정교한 아름다움은 정말 사람들의 예상 밖이었다.

청동기 중에서 사람들이 가장 칭송하는 것으로 중산왕정中山王鼎, 방호方壺, 조역도판兆域圖版, 호탄록기좌虎呑鹿器座 등이 있다. 중산왕정과 방호 위에는 장편의 명문이 균형 있게 새겨져 있는데, 주로 중산국의 역사를 서술하고 있어서 중산국과 연燕나라의 관계를 연구하는 데 귀중한 자료가 되고 있다. 명문은 행간이 정연하고 글자체가 아름다워서 전국시대 전서篆書의 대표작이라 할 수 있다.

상주의 청동기 예술 ◆ 075

結 중국의 청동기는 일종의 조형 예술로서 당시 사람들의 사상과 예술을 재현한 것이다. 그 주제는 주로 상나라와 주나라 백성들이 천지의 신에게 제사 지내는 일, 조상에 대한 신앙과 기대와 기탁을 표현한 것으로서 신비로움과 위엄이 충만했다.

출토된 유물이 증명하듯이, 중국의 청동기 문화는 중국에서 발달한 신석기 문화의 기초 위에서 독립적으로 기원하여 발전한 것으로서, 세계적으로도 비교적 빨리 출현했을 뿐 아니라 작품 수준도 가장 높다.

중국 고대의 청동 예술은 매우 독특하여 주로 귀족의 신분과 지위를 표시하는 예기와 전쟁에 쓰이는 병기 및 수레와 말의 도구가 대부분인데 공구工具, 그중에서도 특히 농업 도구는 별로 없다. 이것은 다른 나라, 다른 지역에서 형성된 청동기 문화와 선명한 대비를 이루는데, 이 때문에 중국 고대의 청동 예술은 세계 청동기 문화에서도 특수한 연구 가치를 지닌다.

【 갑골문 】

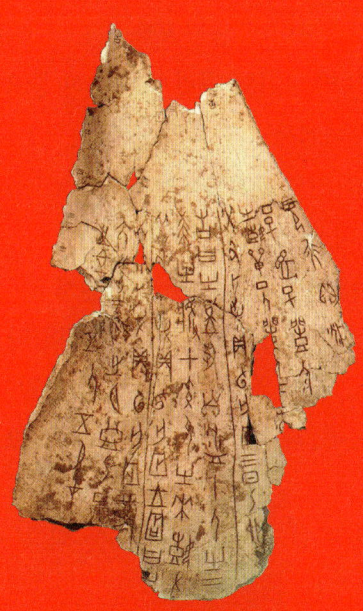

● 허난성 안양에서 출토된 우복골각사 牛卜骨刻辭

왕의영은 갑골문에 새겨져 있는 것이 고대의 초기 문자라고 단정했다. 이때부터 사람들이 소중히 여기던 '용골'의 가치가 올라가면서 중국 고대의 역사와 문화를 연구하는 진귀한 자료가 되었다.

갑골문은 일반적으로 거북이의 등껍질과 짐승의 뼈에 새긴 고대 문자를 가리키는 것으로 고대의 글자와 관련한 대단히 중요한 자료이다.

대부분의 갑골문은 은허에서 발견되었는데, 은허는 상 왕조 시대의 유명한 유적지로서 허난성 안양安陽 서북쪽 환허洹河 연안에 있다. 이 마을은 일찍이 상 왕조 후기의 도읍지였다.

갑골문은 청나라 광서光緒 25년(1899)에 고문자로 감정되었으며, 이때부터 금석학자와 골동품 애호가들의 수집이 시작되었다. 일찍부터 개인들이 도굴한 것과 1928년 이후의 과학적 발굴에 의해 앞서거니 뒤서거니 10만여 조각이 출토되었는데, 대부분 부스러진 조각이고 완벽한 갑골은 많지 않았다.

현재 발견된 갑골문은 단일 글자로 4,500자쯤 되고, 이 중 해독된 것은 1,000여 자뿐이다.

은허에서 출토된 갑골문은 상 왕조 후기의 중요한 문자 자료로서 그 내용은 상 왕조 통치자들이 점을 친 기록이다. 점을 치는 데 쓰인 재료는 주로 거북이의 배껍질과 등껍질, 그리고 소의 견갑골이었다. 일반적으로 점을 칠 때 쓰이는 갑골의 등 쪽에 구멍을 파거나 뚫었는데, 이 작은 구멍을 갑골학자들은 '찬착鑽鑿'이라고 부른다. 점을 칠 때에는 이 작은 구멍에 불로 열을 가해서 갑골 표면에 균열이 생기게 했다. 이런 종류의 균열을 '조兆'라고 한다. 점을 치는 사람은 복조卜兆의 갖가지 형상에 근거해서 길흉을 판단했다.

복갑卜甲, 복골卜骨 위에 새긴 점복과 관계되는 문자는 이미 발견된 갑골문의 주요 부분이다. 갑골문은 일반적으로 칼로 새겼지만 붓으로 쓴 것도 일부 있다.

은허 샤오툰촌小屯村에서 출토된 거북이 껍질

【 갑골문의 발견 】

허난성 안양 서북쪽 환허 연안의 샤오툰촌小屯村, 화위안좡花園莊, 허우자좡侯家莊 등의 지역을 포함한 이 일대는 기원전 14세기부터 기원전 11세기까지 상 왕조 후기의 도읍지로서 역사학자와 고고학자들은 은허殷墟라고 부르고 있다. 대부분의 갑골문은 바로 이 은허에서 발견되었다.

청나라 때 샤오툰촌의 농민들이 밭을 갈다가 상나라 때의 갑골을 발견했다. 그들은 이 오래된 갑골을 '용골龍骨'이란 약재로 여기고 약재상에게 팔아버렸다. 그러다가 광서 24년(1898)경, 한 골동품 상인이 문자가 새겨져 있는 '용골'을 주의 깊게 보다가, 이듬해 그것들을 베이징으로 가져가서 당시의 저명한 금석학자인 왕의영王懿榮에게 감정을 부탁했다.

왕의영은 갑골문에 새겨져 있는 것이 고대의 초기 문자라고 단정했다. 이때부터 사람들에게 중시받지 못하던 '용골'은 가치가 올라가면서 중국 고대의 역사와 문화를 연구하는 진귀한 자료가 되었다.

【 갑골문에 보이는 초기의 한자 】

한자는 세계에서 가장 오래된 문자의 하나인데, 중국에는 과연 언제부터 한자가 있었을까?

어떤 사람들은 결승結繩(글자가 없었던 시대에 노끈이나 새끼 따위로 매듭을 지어서 그 모양이나 수로 기억의 편리를 꾀하고 의사소통의 방편으로 삼던 것 : 옮긴이)이 한자의 기원이라고 한다. 그러나 결승은 상고시대 때 사건을 기록하는 보편적인 방법으로서 당시의 원시 민족 대부분이 사용했기 때문에 문자라고 할 수 없다.

그 밖에 신화적 색채를 띤 가설이 통용되고 있는데, 바로 창힐蒼頡이 문자를 만들었다는 것이다. 일설에 의하면 창힐은 황제의 사관史官이었다고 한다. 또 어떤 사람들은 중국의 문자는 백성들이 집단적으로 창조한 것으로 '무巫', '사史'를 거치면서 정리되고 발전하여 형성된 것이라고 한다. 총체적으로 말해 한자의 기원에 대해서는 다양한 가설이 있을 뿐 결정적

허난성 안양安陽에서 출토된 붉은 칠을 한 우복골각사牛卜骨刻辭

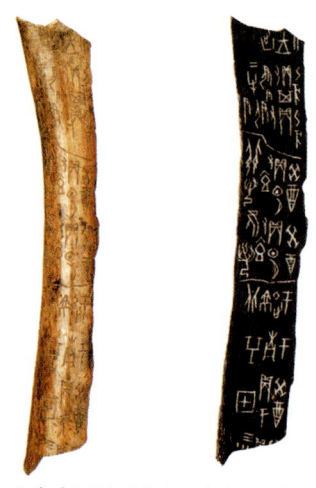

은허 샤오툰촌에서 출토된 일식 현상을 기록한 복골卜骨

으로 확립된 정론定論은 없다.

　은허의 갑골문은 비록 가장 오래된 한자라고 말할 수는 없지만, 이미 발견된 당시의 문자 발전 수준을 반영한 옛 한자의 자료 중에서 비교적 이른 시기의 것에 속한다. 지금도 한자의 기원과 발전 과정을 연구하는 데 갑골문은 여전히 중요한 자료가 되고 있다.

　은허의 갑골문을 보면 당시의 한자는 이미 완벽하게 중국어를 기록할 수 있는 문자 체계로 발전해 있었음을 알 수 있다. 그전에 발견된 은허의 갑골문에서 단일 글자 수는 4,000자 정도에 달하는데, 그 속에 이미 대량의 지사指事문자, 상형象形문자, 회의會意문자, 형성形聲문자가 있다. 그외에 가차假借문자도 갑골문에서 자주 볼 수 있다.

【 갑골문과 갑골 복사 】

　은허 갑골문의 대부분이 상 왕조 통치자들이 점을 친 기록이기 때문에 '갑골 복사卜辭'라고 부르기도 한다. 하지만 거북이 껍질과 짐승의 뼈에 점을 치는 것과 관계없는 일을 새긴 경우도 있는데, 이런 문자를 보통 갑골문이라고 부른다. 이 때문에 엄격하게 말하면 갑골문의 범위는 갑골 복사보다 넓다.

'고정반유화古貞般有禍'라고 새겨진 완벽한
형태의 복갑卜甲(왼쪽)
양견갑복골羊肩胛卜骨(오른쪽)

    1950년대 이전에는 은허에서 발굴한 갑골문밖에 없었다. 그러다 1950년대에 정저우鄭州의 상나라 유적지에서 소량의 갑골문을 발견했는데, 그중에는 은허 갑골문보다 시기적으로 앞선 것도 있었다.

    1950년대 이후에는 일부 다른 지방에서도 서주시대의 갑골문이 속속 발견되었다. 비교적 중요한 것으로 1970년대 산시성陝西省의 치산岐山과 푸펑扶風 두 마을의 저우위안周原 유적지에서 발견된, 문자가 새겨진 300여 조각의 복갑과 복골이 있다. 이 새로운 발견으로 인해 현재는 '갑골문'과 '은허 갑골문'을 동등하게 대할 수 없게 되었다.

    하지만 수량으로 볼 때 은허 이외의 지역에서 출토된 갑골문은 그리 많지 않다. 중국에서 발견된 고대 갑골문의 주체는 여전히 은허 갑골문이다.

    이 밖에 문자가 없는 복갑과 복골이 대량으로 출토된 것을 지적할 수 있다. 당시 점을 친 후에 반드시 복사를 새긴 것은 아니었기 때문에 그것들이 남아 있는 것이다.

【 갑골문과 금문 】

이른바 금문金文은 청동기에 새긴 명문인데, 과거엔 종정문鐘鼎文이라 부르기도 했다. 상 왕조 후기의 동기銅器에도 적지 않은 명문이 있다. 이 명문의 시대는 갑골문이 성행하던 시기보다 빠르지는 않지만 갑골문보다 더 이른 한자의 모습을 보존하고 있다.

갑골문의 상형 정도도 같은 시기의 금문만큼 높지 못하며, 더욱이 금문은 주로 씨족의 명칭을 나타내기 위한 문자였기 때문에 문자의 상형 정도가 특별히 높았다.

상 왕조에서 글을 쓰는 도구는 주로 붓이었는데 당시의 주요한 문자 기록 수단은 죽간竹簡으로 만든 전책典冊 위에다 붓으로 쓰는 것이었다. 아쉽게도 죽간은 쉽사리 썩었기 때문에 상 왕조의 전책을 오늘날에는 볼 수 없

상나라의 청동기에 새겨진 고을 이름 '면邙' 자

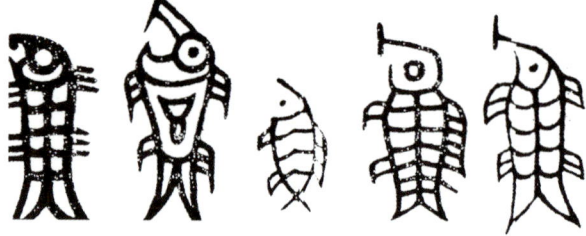

금문金文의 고기 '어魚' 자

다. 하지만 금문은 기본적으로 붓글씨의 형태를 보존하고 있다.

앞에서 말한 것은 씨족 명칭에 주로 쓰인 금문인데 그 서법이 비교적 보수적이고, 또 장식의 필요성 때문에 상형 정도가 일반 문자보다 높으며, 비교적 오래된 모습을 보존하고 있다.

그러나 갑골문은 그렇지 못하다. 상 왕조 통치자들은 빈번히 점을 쳤기 때문에 갑골에 새긴 문자의 수가 아주 많았다. 뿐만 아니라 딱딱한 갑골 위에 문자를 새기려면 시간이 많이 필요하고 힘도 더 들었다. 그래서 문자를 새기는 사람은 효율을 높이기 위하여 글자의 형태를 고칠 수밖에 없었는데, 주로 둥근 것을 네모나게, 거친 필법을 섬세한 필법으로 바꾸었다. 어떤 경우에는 비교적 극렬하게 글자체를 간소화했다. 이 때문에 갑골문은 실제로 당시의 간략하고 속화된 글자체이고, 금문은 당시의 바른 글자체에 접근하고 있다.

지금까지 발견된 상 왕조의 금문은 그 수량이 갑골문보다 훨씬 적으며, 그 시대의 대부분이 상 왕조 후기의 후반에 속하기 때문에 상 왕조 후기의 전반에 속하는 갑골문보다 시기적으로도 늦다. 이 때문에 비록 갑골문은 일종의 간략하고 속화된 글자체일지라도 상 왕조의 문자 및 한자의 기원과 발전 과정을 연구할 때 그 중요성이 상 왕조의 금문보다 훨씬 높다.

【 갑골문과 현대 한자 】

은허 갑골문과 오늘날의 한자를 비교해보면 외형적으로도 크게 다르다. 하지만 문자의 구조로 본다면 서로 다른 점은 있어도 기본적으로는 일치한다.

우리는 지사문자, 상형문자, 회의문자를 합쳐서 표의表意문자라고 한다. 갑골문과 현대 한자의 구조적 차이점은 크게 두 가지로 나눌 수 있다. 첫째, 갑골문에는 표의문자가 형성문자보다 많지만, 현대 한자에는 형성문자가 더 많다. 둘째, 갑골문의 상형 정도는 비교적 높고, 표의문자의 글자 모양도 대부분 뜻을 나타내는 기능을 하고 있지만, 이 표의문자의 글자 모양은 현대 한자에서 이미 그 기능을 완전히 상실했다.

갑골문을 통해 우리는 한자가 갖는 상형의 특징을 이해할 수 있다. 초기의 표의문자는 대부분 상형의 원칙에 근거해서 만들어진 것으로 글자 모양은 그림과 같은 형태를 하고 있다. 이는 아래에 예를 든 갑골문의 사슴 '록鹿'자와 말 '마馬'자에서 살펴볼 수 있다.

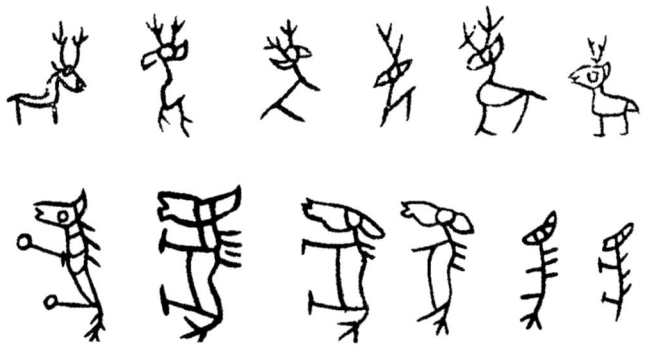

이런 종류의 상형문자는 이미 언어를 기록하는 데 쓰였기 때문에 그림과는 질적으로 차이가 있다. 나중에는 한 걸음 더 나아가서 글씨를 쓰기 편리하도록 회화적 의미를 줄이고 부호의 성격을 강화했다. 예컨대 '鹿'과 '馬' 두 글자는 진나라와 한나라의 전서체篆體에서 더 이상 상형이 아니다.

회의문자는 상형을 기초로 하고 있는데, 말하자면 두 개의 상형문자가 결합한 것이다. 가령 '종從'자는 두 사람이 서로 따르면서 다닌다는 뜻이다.

結 갑골문의 내용은 특히 풍부해서 여러 방면에서 연구의 대상이 되고 있다. 여기서는 한자 연구에 귀중한 자료로 이용된 갑골문에 대해서만 소개했다.

 사실 중국 문화사를 연구할 때 갑골문이 갖는 의의는 문자학에만 국한되지 않는다. 가령 서예를 놓고 본다면 갑골문은 중국 서예의 먼 선조라고 할 수 있는데, 왜냐하면 갑골문이 이미 중국 서예의 용필用筆, 결체結體, 장법章法 등 세 가지 기본 요소를 모두 갖추었기 때문이다. 갑골문 이후의 전서篆書는 대부분 갑골문에서 변화하고 발전한 것이라서 많은 글자가 갑골문과 비슷하다. 이 때문에 갑골문은 중국의 서예를 연구하는 데 진귀한 자료가 되고 있다.

《주역》과 팔괘

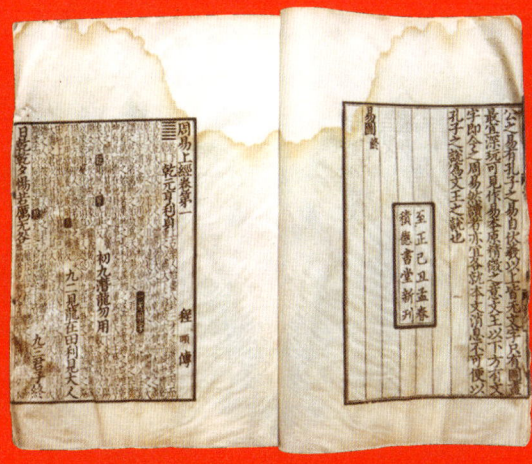

● 주나라 때 형성되어 널리 유행한 《주역周易》

'역'과 '불역'의 인식은 고대인들의 소박한 변증법적 사유이다. 《주역》의 괘상에서 우리는 풍부하고 복잡하면서도 질서정연한 변화를 발견할 수 있다.

《주역》은 서주시대에 형성된 점서占筮, 즉 괘卦를 계산해서 이용하는 전적典籍인데, 지금까지 전해지면서 약 3,000년의 역사를 지니고 있다.

상고시대 사람들은 귀신과 운명을 믿어 큰일을 만나거나 의심스럽고 어려운 문제가 생기면 곧 점을 쳐서 길흉화복을 판단했다.

은나라 때에는 갑골로 점을 치는 것이 성행했는데, 바로 갑골에 열을 가해서 그 위에 나타난 균열의 무늬를 근거로 길흉을 점치는 것이다. 주나라 때에는 시초蓍草(초곤草棍 또는 톱풀이라고도 함. 국화과의 여러해살이풀로서 줄기는 점치는 데 쓰였다 : 옮긴이)를 세는 방법이 성행하여, 이런 방법을 '점서占筮'라고 칭했다. 이 점서술을 기록하고 해석한 책이 주나라 때 형성되어 유행했는데, 바로 《주역》이다.

점서가 의존하는 정보는 괘상卦象으로 괘상에는 두 가지 유형이 있다. 하나는 팔괘八卦로서 단괘單卦 혹은 경괘經卦라고도 부르며, 다른 하나는 64괘로서 중괘重卦 혹은 별괘別卦라고도 부른다.

옛 서적을 보면, 팔괘는 상고시대 복희가 그린 것으로 후에 주나라 문왕文王이 64괘로 발전시켰다. 그 후 무왕의 동생인 주공周公 단旦이 한 걸음 더 나아가 해석했다고 하는데, 이는 다만 전설일 뿐 그대로 믿을 것은 못

된다. 하지만 여기서 알 수 있듯이, 《주역》은 여러 시대에 걸쳐 형성된 것이지 어느 누가 일시에 만들어낸 것이 아니다.

공자는 만년에 《주역》을 깊이 연구했다. 사마천은 《사기》에서 "공자는 《역》을 읽었는데 죽간竹簡을 엮은 끈이 세 번이나 끊어졌다(위편삼절韋編三絕)"고 기록하고 있다. 당시의 책은 가죽끈으로 죽간을 뚫어서 이어놓았는데 이를 '위편韋編'이라고 불렀다. 이 기록을 통해 공자가 《주역》을 얼마나 열심히 연구했는지 알 수 있다.

유가에서는 《역경易經》, 즉 《주역》을 '육경六經'의 첫머리에 놓았으며, 도가道家와 다른 백가百家들도 모두 《역경》과 일정한 관련이 있다. 《주역》은 점을 치는 전적일 뿐 아니라 철학의 범주에까지 올라서서 다른 영역에도 영향을 주고 있다.

한 왕조에서 청 왕조에 이르기까지 2,000여 년 동안 《주역》을 해석한 저작이 무수히 나와서 거대한 역학의 체계를 이루고 있으니, 이런 성과는 중국 문화의 발전에 중대한 영향을 끼쳤다. 《주역》은 중국 학술사 불후의 기념비라고 할 수 있다.

【 우주의 만물은 모두 변한다 】

《주역》의 '역易' 자는 무슨 뜻을 내포하고 있을까? 이에 대해 다음 세 가지 설이 있다.

첫째, 복희가 팔괘를 그릴 때 멀리 온갖 사물에서 그 모양을 취했다고 하는데, '역'은 날아가는 새의 형상이다.

둘째, '역'은 곧 척鵙으로서 도마뱀의 형상이다. 도마뱀은 보호색을 갖고 있어서 환경에 따라 몸이 변하기 때문이다.

셋째, '역'은 일日과 월月 두 글자의 조합인데, 일日은 양陽을 대표하고 월月은 음陰을 대표한다. 따라서 '역'은 해와 달의 교체와 음양의 변화를 상징한다.

후한시대의 정현鄭玄은 '역'이란 글자에 '간역簡易', '변역變易', '불역不易'의 세 가지 뜻이 있다고 해석했다.

이 모든 가설에는 한 가지 공통점이 있는데 바로 '변화'이다. '역'은 곧

허난성 탕인湯陰에 있는 주周 나라 문왕文王의 연역방演易坊
문왕이 이 마을에 수인囚人으로 있을 때《주역周易》을 지었다고 한다.

변화이니, 이것이야말로《주역》의 정수이다.《주역》에서는 우주 만물과 세상의 일은 모두 변하는 것이라고 해석한다.

하지만 이 변화는 순서 없이 뒤죽박죽 섞이는 것이 아니라 새가 날아다니고 도마뱀이 변색하며 해와 달이 바뀌는 것처럼 모두 일정한 법칙이 있어서 그에 따라 움직이니, 이것이 바로 '불역'이다. '역'과 '불역'의 인식은 고대인들의 소박한 변증법적 사유이다.

《주역》의 괘상에서 우리는 풍부하고 복잡하면서도 질서정연한 변화를 발견할 수 있다.

팔괘의 괘 하나하나는 모두 3획으로 이루어졌으며, 이 획을 '효爻'라고 부른다. '―'은 양효陽爻 혹은 강효剛爻라 부르고, '--'은 음효陰爻 혹은 유효柔爻라 부른다. 양이기도 하고 음이기도 한 세 가지 효를 서로 다르게 배열하여 조합할 수 있는데, 예컨대 건괘는 ☰이 되고 곤괘는 ☷이 된다. 이런 식으로 팔괘가 형성되었으며 이것이 바로 단괘單卦이다. 단괘는 두 개씩 한 조를 이루어 64괘상과 384효상爻象을 형성했다.

《주역》의 64괘상은 당연히 팔괘보다 복잡하고 풍부하다. 팔괘는 네 개

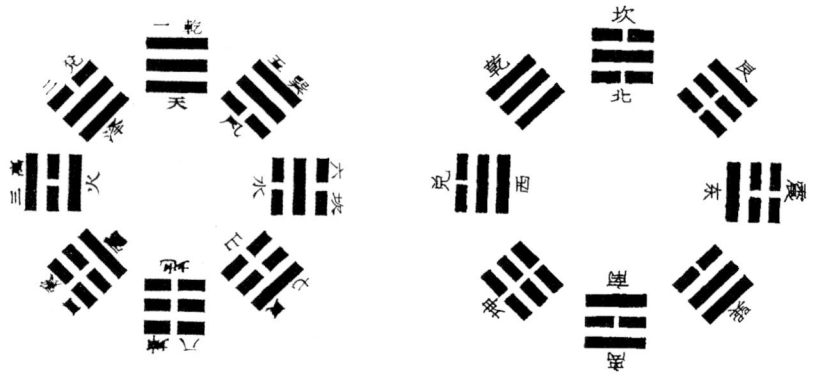

상고시대 복희의 팔괘도八卦圖(왼쪽)와 주나라 문왕의 팔괘도(오른쪽)

의 대립하는 국면으로 구성되었으니, 즉 건乾과 곤坤, 감坎과 이離, 진震과 손巽, 간艮과 태兌이다. 64괘는 32개의 대립하는 국면이 있는데, 가령 건乾과 곤坤, 태泰와 부否, 손損과 익益, 박剝과 복復, 중부中孚와 소과小過, 기제旣濟와 미제未濟 등이다.

팔괘와 64괘는 음양의 효상이 상호 전환하면서 변화하는 역동적 체계로서 변증법적 사유에 속한다. 이러한 사유 방식에 따라 사물의 변화를 관찰하면 어떤 사물이든 모두 괘상과 똑같이 여기게 될 것이다.

총체적으로 음양은 소멸하고 자라나는 과정에 처해 있으며, 우주에는 영원히 변하지 않는 것이란 없다. 가령 여름이 가면 겨울이 오고, 해가 지면 달이 뜨고, 번성이 극에 이르면 쇠퇴하고, 굽히고 난 후에야 펴게 되어 반복적으로 변화하고 끊임없이 변천한다. 이런 사유는 사물의 변화를 관찰하고 해석하고 처리하는 근간을 이루고 있다.

【 풍부한 처세의 지혜 】

《주역》에서는 괘상과 효상에 대한 해석을 괘사卦辭와 효사爻辭라 칭하고 있는데, 여기엔 과거를 비추어보고 미래를 관찰하는 옛사람들의 처세의 지혜가 함축되어 있다.

갑골로 일의 징조를 판단하는 것은 수동적이고 무력한

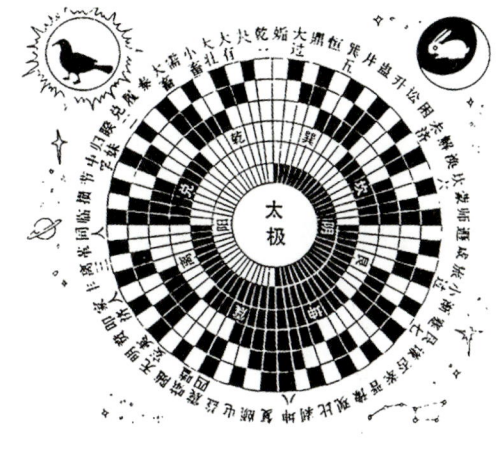

64괘도

것이다. 왜냐하면 갑골의 무늬는 불에 구운 뒤 자연히 생겨나는 무늬라 그 어떤 논리적 구조도 없기 때문이다.

하지만 괘상은 수학의 법칙에 의한 조합으로 이루어진 것이라 논리적 내용을 갖추고 있다. 괘상과 효상으로 만들어진 괘사와 효사는 이성적인 생활경험을 포함하고 있는데, 일반적으로 계시나 훈계의 뜻을 갖고 있어서 사람들을 반성과 자책으로 인도하여 자기 행위를 조절케 함으로써 흉凶을 길吉로 바꾸게끔 가르쳐준다.

가령 건괘乾卦의 초구初九의 효사는 "잠복한 용이니 움직이지 말라(潛龍勿用)"인데, 급히 뜻을 이루려는 사람들을 훈계하는 것이다. 이 괘의 상구上九 효사에는 "항룡은 후회가 있다(亢龍有悔)"라는 것이 있어서, 용이 높이 날아서 절정에 이르면 떨어질 위험이 있으므로 경각심을 높여야 한다고 훈계한다. 후세 사람들은 이를 통해 사물이 극에 이르면 반작용을 한다는 이치를 깨달았으니, 말하자면 일을 할 때 극단으로 치닫는 것을 경계한 것이다.

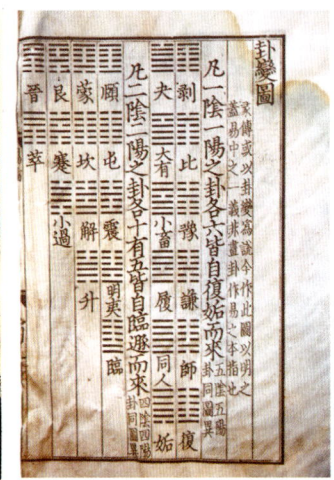

천지자연지도天地自然之圖(왼쪽)와 《주역》속의 괘변도卦變圖(오른쪽)

또 태괘泰卦의 64효사는 "훨훨 날개를 쳐도 풍요롭지 않고, 오히려 이웃과 함께하면 서로 경계하지 않아도 신뢰가 있다"고 한다. 여기서 '훨훨'은 새들이 가볍게 날아다니는 모습으로 경솔하게 위험을 무릅쓰는 사람들을 비유하고 있다. 이 효는 태평하고 순조로운 경우에도 '편안할 때 위기를 생각해야 한다'고 하듯이 소홀한 마음을 갖지 말라고 훈계하고 있다.

이런 종류의 괘사와 효사는 《주역》에서 많이 볼 수 있으며, 이것들은 고대인들의 우환 의식과 흉함을 피하고 길함을 추구하는 그들의 염원을 표현하고 있다. 말하자면 선조들의 생활 경험과 생존 지혜의 결정체라고 할 수 있다.

공자는 "나에게 몇 년이 더 주어져서 쉰 살까지 《역》을 배운다면 큰 잘못은 없을 것"이라고 말했다. 즉 《주역》을 투철히 배우면 큰 잘못은 범하지 않을 것이라고 보았다.

【 팔괘의 사유가 중국 문명에 끼친 영향 】

팔괘에 내포된 사유 형식을 《주역》의 이론에 입각해서 말한다면 "한 번은 음이고 한 번은 양인 것을 도道라 한다"로 개괄할 수 있다. 모든 사물은 괘효의 상象처럼 음과 양의 이중성을 갖고 있으며, 이것은 사물의 존재와 변화의 근본적인 법칙이라고 할 수 있다. 이러한 사유 방식은 중국의 철학, 종교, 수학, 천문기상학, 의학, 정치, 문학, 예술 및 역사학에 깊은 영향을 주었다.

한 왕조의 천문학자 장형張衡은 팔괘가 처한 방위와 《주역》에 나오는 "동성상응同聲相應, 동기상구同氣相求(똑같은 소리가 서로 감응하고, 똑같은 기운이 서로 구한다 : 옮긴이)"의 감응론에 의거해 지동의地動儀를 발명했다.

위진魏晉의 위대한 수학자 유휘劉徽는 음양 전환의 법칙에서 영감을 받아 원을 양으로 삼고 네모를 음으로 삼는 유명한 할원술割圓術을 제시해서 기하학에 중요한 공헌을 했다.

명나라의 대표적인 명의 의역파醫易派는 괘상과 효상의 변화와 서로 반발하면서도 서로 이루어지는 상반상성相反相成의 법칙에 의거해 인체 기관과 기능의 변화를 조사하는 과정에서 변증법적 치료의학의 이론을 제기하여 의학의 발전에 크게 공헌했다.

또 고대의 문학가와 예술가들, 예컨대 남조南朝의 유협劉勰 등은 음양의 조화와 강함과 부드러움이 서로 다스리는 것을 예술의 창조와 문예 작품을 평가하는 미학의 준거로 삼았다.

그 밖에도 원대한 안목을 가졌던 정치인, 가령 근대의 정치가 캉유웨이 康有爲는 음양 전환의 법칙에 의거해 변법과 혁신을 요구하면서 '궁하면 변하고, 변하면 통한다'는 변법 사상을 선언했다.

고대의 일부 역사학자들은 괘상 변화의 법칙을 근거로 왕조의 흥망성쇠, 사회의 질서와 혼란, 문명의 변화 과정을 탐구했다. 예컨대 위대한 역사학자 사마천은 《주역》의 사유에서 깊은 영향을 받아 '고금의 변화에 통한다'는 역사 편찬의 원칙을 제시했다.

이상의 사례에서 보듯이, 《주역》은 중국 문명사의 발전에 크나큰 영향을 미쳤다고 할 수 있다.

【 《주역》에서 논쟁이 되는 산명술 】

《주역》은 본래 점을 치는 책이니, 이 때문에 진나라 시황제의 분서갱유 시기에도 다행히 난을 피할 수 있었다. 《주역》의 산명술算命術은 《좌전左傳》과 《역전易傳》에서도 알 수 있듯이, 우선 초곤草梱을 세어서 어떤 괘상을 얻어낸 뒤에 《주역》 안에서 이것과 똑같은 괘상과 괘효사를 찾아보고, 거기서 제공한 정보를 근거로 일의 길흉을 미루어 판단하거나 예측하는 것이다. 이러한 '예측'은 정말 믿을 만한 것이 못 돼서 예부터 논쟁이 되어왔다.

이 산명술은 간단한 논리적 추리와 유추의 요소를 포함하고 있어서, 말하자면 괘효사에서 말한 일을 유추의 전제로 삼아서 어떤 일과 대비하면 그 일에 대한 추정과 예측을 끌어낼 수 있다고 여겨졌다. 문제는 이러한 대비를 진행할 때, 물어본 일과 괘효사에서 말하는 것이 같아야 하는데도 때때로 같은 성질이 아닐 경우가 생긴다는 것이다.

유추의 논리에는 한 가지 법칙이 있다. 바로 '유형이 다르면 비교하지 않는다'는 것이다. 즉 동류同類가 아닌 사물은 간단한 추론도 진행할 수 없고, 그것을 억지로 추론하다 보면 논리적 착오를 범할 수도 있다. 전국시대《묵경墨經》에서 "머리카락의 길고 짧음으로 그 사람의 집에 얼마만큼의 양식이 있는지 추론할 수 없다"고 말한 것과 같은 이치이다.

《주역》에서 점을 치는 데 쓰는 유추의 기술은 유형이 다른 것을 서로 비교하는 것인데, 그 결과 견강부회나 연상聯想에 빠지고 만다. 예컨대 "잠복한 용이니 움직이지 말라"는 말은 관직을 맡지 않거나 장사 혹은 사업을 하지 말라는 등으로 다양하게 연상할 수 있다.

견강부회와 연상은 사람들에게 심리적으로 많은 영향을 주지만,

청나라 화가 소운종이 그린〈일월삼합구중팔경십이분도日月三合九重八經十二分圖〉. 음양팔괘 등의 부호를 써서 옛사람들이 생각하는 우주의 기원을 표현했다.

판단과 예측이 정확하지 않을 때가 많은 데다 믿을 수도 없다. 그래서 공자는《주역》을 떠받들면서도 산명술은 별로 믿지 않았다. 오늘날 일부 사람들이《주역》의 예측학'이라는 간판을 내걸고 점을 치면서 돈을 벌고 있는데, 이는《주역》을 악의적으로 이용하는 것이다.

앞에서 서술한 것처럼《주역》을 단순히 산명술로 여길 것이 아니라 그것이 내포하고 있는 풍부한 처세의 지혜에서 깨우침을 얻을 수 있다면 커다란 도움이 될 것이다.

《주역》은 나쁜 면과 좋은 면을 함께 갖고 있는 서적이다. 옛날에는 산업이 발전하지 못했고 사람들의 인식이 편협했기 때문에 《주역》 속에는 몽매하고 미신적인 요소가 내포되어 있는데, 이런 것은 당연히 버려야 한다.

하지만 문명의 발전사에서 볼 때 《주역》은 중국의 철학과 사유의 발원지로서, 그 함축된 사유 방식은 논리적 사고와 변증법적 사유 능력을 단련시키고 중국인의 정체성, 대립적인 것의 상호 전환, 상호 반작용과 상호 생성, 조화와 균형 등에 대한 인식을 높여줌으로써 문화의 발전과 번영을 촉진했다.

300여 년 전, 《주역》은 유럽으로 전파되어 서양 학자들의 관심과 칭송을 받았다. '유럽의 공자'로 불리는 독일의 철학자이자 과학자 라이프니츠는 특별한 흥미를 갖고 《주역》 속의 변증법적 사유를 연구했다. 그는 《주역》의 괘상에서 영감을 얻어 이진법의 수학을 제시했는데, 이는 나중에 전자계산기의 이론적 기초가 되었다.

《시경》

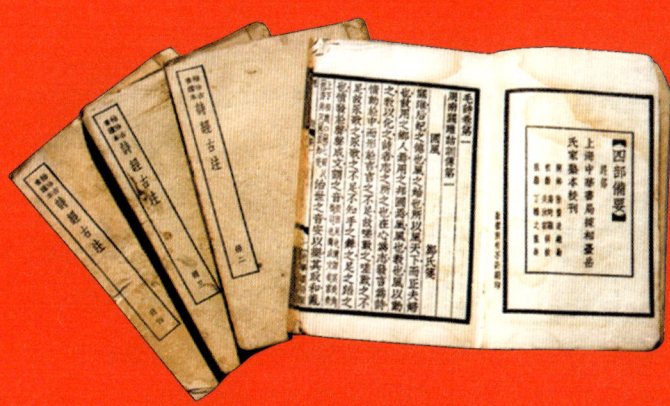

● 《시경고주詩經古注》

《시경》은 지극히 아름답고 다채로우며 생동감 넘치는 시가집으로서 고대 사회를 형상화한 역사이자 고대 문화를 이해할 수 있는 백과전서이다.

중국은 시의 나라라고 불린다. 고대의 문학 중에서 시가詩歌의 기원이 가장 빠른 데다 그 발전 과정에서 위대하고 걸출한 시인과 인구에 회자되는 작품이 무수히 나타나 대대로 전해졌기 때문이다.

기원전 4세기에는 위대한 애국시인 굴원이 있었고, 그 후에도 유명한 시인이 많이 나타났다. 예를 들면 건안建安시대의 '삼조三曹(조조曹操, 조비曹丕, 조식曹植)'가 있고, 진晉나라의 유명한 시인 도연명陶淵明, 당唐나라의 이백·두보杜甫·백거이白居易, 송나라의 소식蘇軾·신기질辛棄疾·육유陸游·원元나라의 관한경關漢卿, 청나라의 공자진龔自珍 등 역시 시가의 거장이다.

그렇다면 중국 시가의 역사는 이 시인들로부터 시작되었을까? 그렇지는 않다. 유명한 시인들이 나타나기 전부터 중국에는 이미 풍부하고 다채로운 시가가 있었다. 그것이 바로 지금 소개하려는 중국 최초의 시가집인 《시경詩經》이다.

《시경》은 본래 《시》라고 불렸으며, 서주시대 초기부터 춘추시대 중엽까지 500여 년 동안 형성된 305편의 작품이 실려 있다. 내용이 풍부하고 문화적 함축과 은유가 뛰어나 공자는 《시》를 특히 소중히 여겼다. 전하는 바에 의하면, 공자는 이 시들을 정리해 제자들을 가르치는 교재로 삼았는데, 후세의 유가들이 이를 경전으로 받들면서 《시경》이라 칭했다고 한다.

《시경》과 더불어 유가의 고전으로 숭상받는 것으로 《역》(《주역》), 《서書》(《상서》), 《예禮》(한나라 때는 《의례儀禮》를 가리키고, 후세에는 《예기禮記》를 가리킨다), 《춘추春秋》가 있으며, 이들은 《시경》과 함께 '오경五經'으로 불린다.

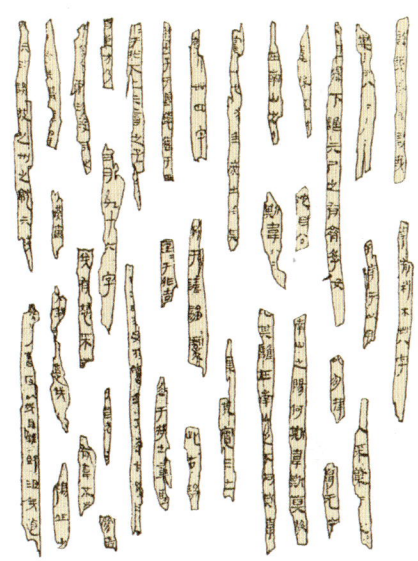

현존하는 최초의 시경 사본인
부양한간阜陽漢簡《시경詩經》모본摹本

《시경》의 탄생

《시경》은 서주시대 초기부터 춘추시대 중엽에 이르기까지 500여 년 동안 형성된 305편의 시를 수록하고 있으며, 풍風·아雅·송頌 세 부분으로 나뉜다. 그중에서 풍에는 15편의 〈국풍國風〉을 포함한 160편의 시가 있고, 아에는 〈대아大雅〉와 〈소아小雅〉로 나뉜 105편의 시가 있으며, 송은 〈주송周頌〉·〈노송魯頌〉·〈상송商頌〉으로 나뉘고 40편의 시가 있다.

이 시들의 창작 연대는 하나하나 구체적으로 지적하긴 어렵지만, 그 형식과 내용으로 볼 때 대체로 다음과 같이 확정할 수 있다. 〈주송〉의 전부와 〈대아〉의 대부분은 서주시대 초기의 작품이고, 〈대아〉의 일부분과 〈소아〉의 대부분은 서주 말년의 작품이며, 〈국풍〉의 대부분과 〈노송〉·〈상송〉의 전부는 주나라가 동쪽으로 천도한 이후부터 춘추시대 중엽에 이르기까지의 작품이다.

《시경》의 편집에 관해 한나라의 학자들은 시를 채집했다고 주장했다.

공자孔子는《시경》을 정리하여 제자들을 가르치는 교재로 삼았다고 한다.

《시경》300여 편의 운부韻部 계통과 운을 쓰는 규율은 기본적으로 일치하며, 기본 형식은 4언시이다.

그리고 시에 포함된 지역이 아주 넓어서, 15편의 〈국풍〉을 보더라도 지금의 산시陝西, 산시山西, 산둥, 허난, 허베이河北, 후베이 등지의 전부 혹은 일부를 차지하고 있다.

교통이 불편하고 언어도 서로 다른 상황에서 목적을 가지고 의도적으로 채집하고 정리하지 않는 이상,《시경》처럼 체계를 갖추고 내용이 풍부한 시가집을 내놓는다는 것은 불가능하다.《시경》은 주 왕조가 여러 제후국의 협조를 얻어서 채집한 후에 악사에게 정리와 편찬을 명해서 만들어진 것이다.

이런 대형 시가집의 편찬은 당시에 아주 필요한 일이었다. 주 왕조는 이미 광활한 영토와 완벽한 체제를 갖춘 고도의 종법제宗法制 국가를 건립했다. 그리고 예악을 숭상해서 국가에 큰 행사나 활동, 가령 조회朝會·제사·정벌·연회·사냥 등이 있으면 이에 상응하는 전례典禮를 진행했는데, 전례의 의식에서는 시를 노래하고 음악을 연주했다. 바로 이런 수요가 있었기 때문에 조정에서는 악관樂官을 설치했고, 태사太師라고 불리는 이들이 예를 집행하고 음악을 관장했다.《시경》중에서 300여 편의 작품은 바로 이런 목적으로 수집된 것이다.

여기서 알 수 있는 것은《시경》이 원래 음악에 속하는 문학으로서 노래를 부르는 데 쓰였다는 점이다. 다만 연대가 너무 오래되어 악보는 이미 실전되었고 오늘날 우리가 볼 수 있는 것은 노래의 가사이다.

고대 문명에 대한 기록

《시경》의 작품들은 지극히 아름답고 다채로우며 생동감 넘치는 시가로 고전문학의 찬란한 시작을 알리고 있다. 그 풍부한 내용은 고대 문명의 실체로서 고대 사회를 형상화한 역사이자 고대 문화를 이해할 수 있는 백과전서이다.

중국은 오랜 농업국이고, 기름진 황토 고원에 처음 등장한 주나라 사람들은 채집과 사냥에서 벗어나 본격적으로 농업에 종사한 민족이다. 서주시대 초기의 신화를 보면, 주나라 사람들은 자신의 선조를 신농이라 하면서 농업과 발달된 농업 기술을 자랑스럽게 여기고 있다.

《시경》의〈대아〉에는 주나라 사람의 발생과 발전에 관한 오래된 역사시가 나오는데, 그중〈생민生民〉이란 시는 주나라 사람의 시조인 후직后稷의 탄생과 농업을 발명한 역사를 다루고 있다. 비록 신화적 색채를 짙게 띠고 있지만, 고대 농업사회의 모습을 잘 묘사하고 있다.

시에서 묘사하고 있는 주나라 여자 강원姜嫄은 상제上帝의 발가락을 밟은 뒤 임신하여 아이를 낳았는데, 그 아이는 어떤 난관에도 죽지 않았다. 이 아이는 성장한 후에 놀라운 지혜를 발휘했다. 그는 곡식을 심을 줄 알았고, 그가 심은 곡식은 무럭무럭 자라 매년 풍작을 거두었다. 시에서는 그가 농작물을 가꾸는 정황을 "삼과 보리가 무성히 덮여 있고, 오이가 주렁주렁 탐스러웠네"라고 묘사한다. 그래서 사람들은 그를 '후직'이라고 존칭했으니, 바로 농업의 시조라는 뜻이다.

이 시는 표면적으로는 신농 후직을 묘사하고 있지만, 실제로는 주나라 사람들이 일찍부터 풍부한 농사 지식과 고도의 농사 기술을 갖고 농업에 종사했음을 노래하고 있다.

본격적으로 농사와 노동을 반영한 시편은 장시長詩〈빈풍豳風(빈 땅의 기풍)〉의 〈7월〉이다. 시는 "7월에는 화성火星이 점점 서쪽으로 내려가고, 9월에는 겨울옷을 준비한다"로 시작되는데, 계절과 달에 따라 누에를 치고 옷을 만드는 전 과정을 묘사하고 있다. 정월에는 농기구를 수리하고, 혹독한 추위가 가시지 않은 2월에는 밭에 나가 노동하며, 이어서 뽕을 따고, 누에를 치고, 베를 짜고, 옷감에 물을 들이고, 수확을 하고, 사냥을 나가고, 축대를 쌓고, 술을 빚고, 집

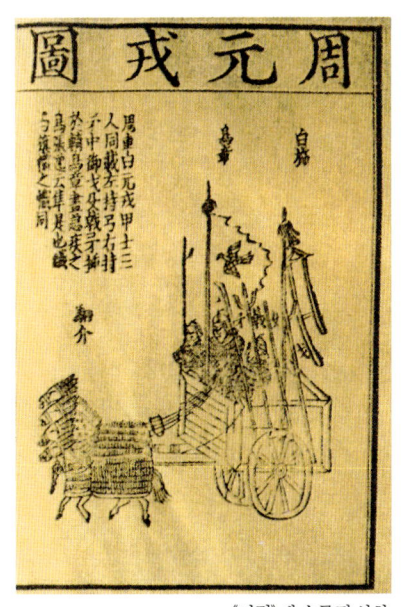

《시경》에 수록된 삽화

을 수리하고, 얼음을 뚫고, 그 후에는 양을 잡아 제사를 지내고 설을 쇨 준비를 한다.

이런 노동은 모두 계절에 따라 진행된다. 〈7월〉은 자연을 숭상하고 토지를 사랑하는 농경사회 사람들의 부지런하고 소박한 성격과 순박하고 후덕한 민간 풍습을 예술적으로 재현하고 있다.

【 고향을 그리며 부르는 노래 】

농업은 주나라 사람들로 하여금 안정된 거처에서 즐겁게 일하게 함으로써 가족에 대한 애정을 키워주었다. 그래서 전쟁이나 재난, 부역으로 집과 친족을 떠나 있을 때 고향으로 돌아가고 싶은 마음을 노래한 사향곡 思鄕曲이 많이 나타나기 시작했다.

〈당풍唐風〉의 〈보우鴇羽(너새의 날개)〉는 한 부역자가 부른 가슴 아픈 노래이다.

> 왕의 일은 빠져나갈 구멍도 없어서
> 끌려오느라 기장도 심지 못했네.
> 부모님은 무엇을 믿고 살아가리.
> 아득한 저 푸른 하늘이여,
> 언제나 제대로 될지 대답해다오.

부역이 끝이 없어서 땅이 황폐해지고, 씨 뿌릴 사람이 없어 부모님을 돌보지 못하게 되니 말할 수 없이 고통스럽다는 내용이다.

〈소아〉의 〈채미采薇(고비 나물을 캐머)〉는 변방을 지키는 전사가 고향을 그리는 시이다.

> 고비 나물 캐세, 고비 나물 캐세.
> 고비 나물이 또 나왔다네.
> 돌아간다, 돌아간다 말하지만
> 올해도 또 저물었다네.

시의 작자는 고비 나물은 캐면 또 자라나지만, 자신은 집으로 돌아간

다고 말만 할 뿐 한 해가 다가도록 돌아갈 희망이 보이지 않는다고 탄식하고 있다.

여기에는 혈육의 짙은 정이 이어져 있다. 앞서 소개한 〈당풍〉의 〈보우〉에서도 멀리 집을 떠난 부역자가 고향으로 돌아가기를 바라면서 가장 먼저 생각하는 것은 바로 보살펴줄 사람이 없는 부모였다. 그는 부모를 모시지 못하는 것을 고통스러워한다. 〈소아〉의 〈요아蓼莪(쑥쑥 자란 새발쑥)〉에서 묘사된 부모에 대한 애끓는 정은 사람을 더욱 감동시킨다. 시는 이렇게 노래하고 있다.

"애처롭구나, 우리 부모님. 나를 낳고 온갖 고생 다하셨네."

그는 집에 돌아와서 부모가 이미 세상을 떠난 걸 알고는 부모의 은혜에 보답하지 못한 데 대해 지극히 가슴 아파한다.

> 아버님 날 낳으시고
> 어머님 날 기르셨네.
> 날 쓰다듬고 날 먹이시고
> 날 키우시고 날 기르셨네.
> 날 돌아보고 다시 살피시고
> 나고 들면서 날 품으셨네.
> 그 은덕 갚고 싶지만
> 하늘도 정말 무심하구나!

작자는 부모의 은혜에 대한 고마운 마음과 효성을 표현하고 있는데, 그 순박하고 후덕한 감정은 사람을 감동시키기에 충분하다.

【 연애와 결혼에 대한 노래 】

　남녀 사이의 사랑과 결혼에 관한 시는 《시경》 중에서도 큰 비중을 차지한다. 시에서 고대 사회의 민간 풍습을 반영하고 있는 것은 다른 문헌에서는 보기 드문 일이다.

　주나라 때는 이미 가부장제 혼인이 형성되고 있었지만, 지역과 계층에 따라서 여전히 예속禮俗의 차이가 존재했다. 일반적으로 청춘남녀의 연애

《시경》 ◆ 111

와 결혼은 비교적 자유로웠다.

《시경》에는 청춘남녀의 자유로운 교제와 사랑의 기쁨을 묘사한 시가 적지 않다. 이 시들은 소박하고 진지하고 감동적일 뿐 아니라 짙은 향토색과 원시적인 멋으로 가득하다.

〈정풍鄭風〉의 〈진유溱洧〉는 남녀가 봄날 강가에서 만나는 장면을 사실적으로 재현하고 있다.

그리하여 남자와 여자는
서로 한바탕 즐거워하면서
작약꽃 한 송이를 선사한다네.

봄날 강물이 흐르는 진유의 기슭에서 한 쌍의 청춘남녀가 즐거운 시간을 보내며 서로의 감정을 고백하고 그 정표로 꽃을 건네는 모습을 묘사한 시다. 읽을수록 마음이 탁 트이고 기분이 상쾌해지는 작품이다.

그러나 〈주남周南〉의 〈관저關雎(물수리가 우네)〉는 상사병의 고통을 그리고 있다. 짝을 구하는 물새의 울음소리를 들은 한 남자가 오랫동안 사모해온 여자를 그리는 시다. 그는 이렇게 탄식한다.

들쑥날쑥 조아기풀
이리저리 흩어졌네.
얌전하고 아리따운 아가씨
자나깨나 그리워하고
그리워해도 소용없지만
자나깨나 생각하네.

끝이 없어라, 이 마음
엎치락뒤치락 잠 못 이루네.

남자는 자나깨나 여자를 그리면서 기나긴 밤 뒤척이며 잠을 이루지 못하고 있다.

〈왕풍王風〉의 〈채갈采葛(칡을 캐며)〉은 한 쌍의 남녀가 서로 그리워하는 마음을 묘사하고 있다.

칡뿌리 캐러 가세!
하루라도 보지 못하면
석 달이 지난 듯하네.

'하루라도 보지 못하면 석 달이 지난 듯하다'는 심정은 '하루라도 보지 못하면 3년이 지난 듯하네'라는 심정으로 고조된다. 이 시구는 사랑하는 사람을 만나지 못하는 하루가 마치 석 달이나 3년과 같다는 기다림의 고통을 잘 표현하고 있다.

여기서 알 수 있듯이, 소박하고 열정적이며 대담하고 진솔한 것이 《시경》에 수록된 애정시의 공통적인 특징이다.

【 나라와 백성을 걱정하는 목소리 】

《시경》의 일부 시는 나라와 백성을 걱정하는 사회적이고 정치적인 시다. 이런 시들은 사회의 불공평함을 질책하거나 국가의 운명에 대한 근심을 표현하고 있다.

〈위풍魏風〉중의 〈벌단伐檀(박달나무를 베네)〉과 〈석서碩鼠(큰 쥐)〉는 "심지도 않고 거두지도 않는", "사냥도 하지 않고 물고기도 잡지 않는" 통치자들에 대한 백성들의 질책과 분노를 표현하며 이 기생 계층의 추악한 본질을 폭로하고 있다.

서주시대 말년에 주나라 왕실이 점차 쇠약해지고 사회가 혼란해지면서 백성들이 살길이 막막해지자, 일부 중하층 문인과 관리들이 이 문제를 매

〈석서〉는 사회에 기생하는 계급, 즉 통치자들의 추악한 본질을 폭로한다.

우 심각하게 생각했다. 그들은 백성들을 동정하고 나라를 걱정하면서, 국정을 비판하고 임금을 풍자하는 우국우민憂國憂民의 원망과 풍자의 시를 썼다.

가령 〈대아〉의 〈상유桑柔(뽕나무의 새잎)〉는 주나라 여왕厲王 시기의 작품으로, 전하는 바에 의하면 주나라의 귀족 예량부芮良夫가 썼다고 한다. 시는 주나라를 뽕나무에 비유하면서 시작된다. 즉 주 왕조가 건국 초기에는 뿌리가 깊고 가지와 잎이 무성해서 이웃 나라보다 훨씬 흥성했는데, 지금은 군왕이 무도無道하고 간신들이 권력을 쥐고 있어서 백성들이 수난을 당하며 나라는 앙상하고 마른 뽕나무가 되었다고 한다. 또 관리들이 백성들을 핍박해서 반란을 일으키게 만들고 민심이 멀어져간 사실에 대해 쓰고 있다.

"백성들이 모진 길로 들어선 것은 강권强權으로 그들을 핍박한 결과라네."

"백성들이 반란을 일으키려는 마음을 품었는데 죽음의 위험도 돌아보지 않는구나."

그러고 나서 시인은 "아! 슬프구나, 나라가 이토록 기울었다니"라고 탄식한다.

어떤 시인은 융적戎狄의 침략으로 평왕平王이 천도한 후 부역을 하러 옛 도읍에 갔다가 종묘와 궁궐이 평지로 변한 것을 보고, 주나라 왕실의 멸망을 슬퍼하면서 상심한 나머지 그곳을 떠나려 하지 않았다. 다음은 〈서리黍離(기장이 고개 숙였네)〉라는 시다.

나를 아는 자라면
내 마음의 근심을 말하겠지만,

나를 알지 못하는 자라면
날더러 왜 그러느냐고 말하리라.
아득한 저 푸른 하늘이여!
이것이 도대체 누구 탓이란 말인가.

  이 시는 나라와 백성을 걱정하는 작품 가운데서 천고의 절창으로 인정받고 있다. 나라의 운명에 대한 강한 책임감과 우국우민의 사회의식은 고귀한 전통이 되어 후세에 영향을 주었다.

結 고대에는 시를 읽고 배우는 것을 필수적인 교양과 지식으로 여겼다. 공자는 학생을 가르치는 '육예六藝(여섯 가지 과목)' 중의 하나로 《시》를 넣었다. 그는 이렇게 말했다.

"시를 읽으면 흥성할 수 있고, 관찰할 수 있고, 무리 지을 수 있고, 원망할 수 있다. 가까이는 어버이를 섬길 수 있고, 멀리는 군주를 섬길 수 있으며, 새나 짐승, 풀과 나무의 이름도 많이 알 수 있다."

이것은 공자가 《시》를 윤리교육, 미학교육, 그리고 박물학과 언어학의 교본으로 보았음을 말해준다. 기록에 의하면, 《시》는 춘추시대에 외교적으로도 광범위하게 사용되어 감정과 뜻을 전달하고 교류하는 수단이 되었다.

물론 오늘날의 《시경》은 그렇지 않다. 하지만 중국 문학의 빛나는 출발로 그 풍부한 내용과 예술적 성취는 세계의 문화사에서도 높은 자리에 올라 있다. 오늘날 《시경》은 영어, 일어, 독일어, 프랑스어, 러시아어 등 여러 언어로 번역되어 전 인류의 문화유산으로 자리 매김했다.

【 제자와 백가쟁명 】

● 제자쟁명도諸子爭鳴圖

백가쟁명百家爭鳴은 전국시대 중기와 후기에 이르러 최고조에 달했다. 당시 제나라 임치臨淄에 있었던 직하학궁稷下學宮은 백가쟁명이 집중된 장소 중 하나였다.

춘추시대 말기, 주나라의 천자가 천하의 군주라는 것은 이미 유명무실해졌다. 오랜 전쟁을 거치면서 수많은 제후국 중에서 제齊·초·한韓·조趙·위魏·연燕·진秦 등 일곱 봉건국가밖에 남지 않았으며, 이들도 중앙집권적 통일국가를 건립하기 위한 기초를 닦고 있었다.

지주계급은 정권을 차지한 후에는 권력을 이용해서 변법變法을 실시하고, 한 걸음 더 나아가 노예주 세력을 공격해서 신흥 봉건제도를 굳건히 하고 발전시켰다.

전국시대 초기에 위나라 문후文侯는 이회李悝가 건의한 "먹으려면 일을 해야 하고, 녹祿을 받으려면 공로가 있어야 한다"는 원칙을 받아들여 노예국가의 '친친親親 원칙(혈연의 멀고 가까움에 따르는 원칙 : 옮긴이)'을 대체했다. 이어서 오기吳起가 초나라에서 변법을 실시했는데, 그는 법령法令을 밝게 살펴서 봉건 귀족들의 3대 이후의 작위와 봉록을 일률적으로 회수하고, 또 봉건 귀족을 변방으로 보내 황무지를 개간하도록 했다.

그 후 제나라 위왕威王은 병가兵家인 손빈孫臏 등을 임용했고, 한나라 소후昭候는 법가法家인 신불해申不害를 임용해서 개혁을 진행했다. 그러나 당시 규모가 가장 큰 변법운동은 전국시대 중엽 진나라에서 실행한 상앙商鞅의 변법이었다.

　신흥 지주계급의 변법운동은 다양한 반응을 불러일으켰다. 사회제도와 관련하여 진행된 개혁 가운데 몇 가지 문제를 둘러싸고 각 정치집단이나 학파가 저마다 자기 주장을 내세웠다. 동시에 변법의 승리는 생산력의 발전과 과학 및 문화의 번영을 촉진시켰다.

　그리하여 춘추시대 말년에 시작된 '백가쟁명百家爭鳴'은 전국시대 중기와 후기에 이르러 최고조에 달했다. 당시 제나라 임치臨淄에 있었던 직하학궁稷下學宮은 백가쟁명이 집중된 장소 중 하나였다. 제나라 왕은 여러 나라의 학자들을 초빙하여 직하에서 강의하도록 하고 후한 대접을 함으로써 저술활동과 사상의 수립을 도왔다. 이 때문에 당시 제나라의 임치는 전국시대 학술의 중심이 되었다.

【 유가와 묵가의 현학 】

공자는 유가儒家를 창시했는데, 그 후 맹자·순자 등을 거치며 발전해 제자백가諸子百家 중에서 가장 중요한 학파가 되었으니, 역사에서는 이를 '현학顯學'이라 부른다. 맹자는 사람의 성품은 본래 착한 것이라 주장하며 인의仁義와 도덕이 있는 사람을 키워야 한다는 학설을 수립했다.

선진先秦시대 유가의 또 다른 대표적 인물은 순황荀況(대략 기원전 313~기원전 238)이라는 조나라 사람인데, 역사에서는 그를 순자라고 부른다. 당시 사람들은 그를 '순경荀卿'이라고 높여 불렀다.

순자는 일찍이 제나라에 유학을 가 임치의 직하학궁에서 많은 학파의 사상을 익혔다. 그 후에는 유명한 학자가 되어 직하에서 세 번이나 학궁의 대표를 맡았다. 그는 정치적 포부를 실현하기 위해서 각지를 돌아다녔는데 진나라와 제나라에 몸을 의탁했다가 나중에는 초나라를 찾아갔다. 당시 초나라에는 춘신군春申君이 재상으로 있으면서 마침 현명한 선비들을

순자荀子의 초상과 직하학궁稷下學宮 모형

초빙했기에 그 역시 란링蘭陵(지금의 산둥성 창산 란링진)에 가서 현령을 지내기도 했다. 춘신군이 죽은 후에는 관직에서 물러나 집에서 저술에 힘썼다.

순자는 제자가 아주 많았는데 유명한 한비韓非, 이사李斯 등이 그에게 배웠다. 그는 특별히 도덕으로 교화하는 유가의 전통을 중시했다. 맹자와의 차이점은 공자의 학설 중에서 외적인 예악의 규범을 주로 선양했다는 점이다. 이 때문에 순자는 후천적인 교육, 즉 예악 규범의 학습을 매우 중시했다.

그의 유명한 〈권학편勸學篇〉은 교육과 학습에 대해 말하고 있다. 이 글은 "배움은 그만둘 수 없는 것이니, 푸른빛은 쪽빛에서 나왔어도 쪽빛보다 더 푸르며, 얼음은 물로 이루어졌어도 물보다 더 차갑다"로 시작하는데, '청출어람靑出於藍'이라는 고사성어가 바로 여기서 나왔다.

순자의 사상적 특징은 법가 사상을 일부 흡수한 데 있다. 그는 나라를 다스리려면 예禮와 법法을 중시해야 한다고 주장했다. 유가의 사상은 순자로 인해 당시 사회에 커다란 영향을 미쳤다.

선진시대 때 유가와 더불어 '현학'으로 불린 것은 묵가墨家이다. 묵가는 엄밀한 조직을 갖춘 단체였다.

묵가의 창시자인 묵자墨子는 오랫동안 제후국들을 돌아다니면서 자신의 정치적 견해를 주창했다. 묵가의 제자들은 수공업에 종사하는 자들이 많았는데, 그들은 주로 상층부의 통치자들을 도와서 백성들을 교화하기보다는 구체적인 일을 하는 과정에서 묵가의 사상을 전파했다. 일을 하면서 묵가의 주장을 실천하지 못하면 소환을 당하거나 스스로 물러나야 했다.

묵가에는 의협심 넘치는 선비가 많았다. 그들은 "모두 끓는 물, 타는 불이라도 서슴지 않고 뛰어들 만큼 죽음을 두려워하지 않는" 사람들이었다. 역사에서는 묵자에게 180명의 제자가 있었다고 전한다.

묵가의 정치적 주장은 열 가지로 귀결된다. 중요한 것은 모든 사람을 평등하게 사랑하고, 전쟁을 억제하고, 어진 사람이 나라를 다스리고, 전국의 영슈을 통일하고, 귀족의 특권을 반대하고, 사치스런 장례와 장기간의 상喪을 반대하고, 하늘에 의지가 있다는 것에 반대하고, 운명결정론을 반대하는 것 등이었다.

【 제자백가 】

유가와 묵가 이외에 도가도 선진시대의 중요한 학파로서 중국 역사에 지대한 영향을 미쳤다. 도가의 창시자는 노자老子이며, 그 외에 장자莊子·열자列子 등이 있다.

법가는 법치 사상을 핵심으로 삼고 엄격한 형벌과 준엄한 법을 주장했다. 전국시대 전기에 이 학파를 이끈 사람으로는 이회와 오기가 있고, 전

진秦나라 효공孝公에게 자신의 주장을 펼치는 상앙商鞅

국시대 중기와 후기의 대표적 인물로는 상앙과 신불해 등이 있으며, 전국시대 말기에는 법가 사상을 집대성한 한비가 있다. 한비 외에 상앙도 법가의 대표 인물로서, 진나라 효공孝公에게 패도霸道와 부국강병책을 주장해서 그의 등용을 받아 두 차례의 변법을 실행했다.

상앙이 주장한 것은 정전井田을 폐지하고, 황무지를 대량으로 개간하며, 경전耕戰(평시에는 농사짓고 전시에는 전투하는 것 : 옮긴이)을 장려하고, 분봉제分封制를 폐지하고, 군현제郡縣制를 수립하고, 귀족의 특권을 취소하고, 전국의 법령을 통일하는 것 등이었다. 하지만 효공이 죽고 옛 귀족들이 득세하자 모함을 받아 사지가 찢기는 거열형車裂刑을 받고 죽었다.

당시의 제자백가 중에는 제나라의 추연鄒衍을 대표로 하는 음양가陰陽家와 혜시惠施, 공손룡公孫龍을 대표로 하는 명가名家가 있었다. 음양가는 음양의 개념으로 모든 사물의 운동을 해석했다. 음양을 대립하는 두 세력으로 여기고 음양의 상호작용이 일체 사물을 낳는다고 주장했다. 이 사상은 지금까지도 큰 영향을 미치고 있다.

명가는 제자백가 중에서도 비교적 독특한 학파이다. 예컨대 공손룡의 유명한 명제가 있는데, 이른바 백마는 말이 아니라는 '백마비마白馬非馬'이다. 그 뜻인즉, '말'의 개념은 말의 형체를 표시하고 '희다'는 개념은 말의 색깔을 표시하니, '백마'는 '말'과 '희다' 두 가지 요소를 포함한 것으로 말과 동등하게 대할 수 없다는 것이다. 공손룡은 '말'과 '백마' 두 가지 개념의 구별을 논증하여 제시함으로써 논리학의 발전에 크게 공헌했다.

《한서漢書》〈예문지藝文志〉에 의하면, 제자백가에는 또 손무孫武와 손빈을 대표로 하는 병가, 허행許行을 대표로 하는 농가農家, 소진秦蘇과 장의張儀를 대표로 하는 종횡가縱橫家 등이 있다. 이들 제자백가는 저마다 특색을 발휘하면서 백가쟁명의 꽃을 피웠다.

【 유가와 묵가의 논쟁 】

백가쟁명 중에서 유가와 묵가의 논쟁은 가장 주목을 끈 사상전이었다.

가령, 유가는 사회의 등급제도와 예의규범을 인정하면서 절대평등은 불가능하다고 했다. 맹자는 사람 사이의 사랑은 실제로는 친함과 버성김〔親疏〕, 두터움과 엷음〔厚薄〕의 차이가 있다고 했으며, 사람들이 가장 관심을 갖는 것은 자신의 부모형제이고 혈연관계가 멀어질수록 사랑도 느슨해진다고 보았다. 이 때문에 "사랑은 친함으로부터 시작된다"고 했으며, 다른 사람에 대한 사랑은 실제로 친족을 사랑하고 윗사람을 존경하는 마음을 확대시킨 것이라고 했다.

맹자가 볼 때 묵자가 말하는 사랑은 일종의 공상에 불과해서 사람의 심리적 본능과 부합하지 않았다. 그래서 맹자는 묵가의 겸애兼愛, 즉 부모와 군주에 대한 사랑을 보통 사람들에 대한 사랑과 동일시하는 것은 실제로 "아버지도 없고 임금도 없는" 것에 불과하다고 했다.

묵가에서는 부모와 자식 간의 사랑을 강조하여 장례를 호사스럽게 장기간 치러야 한다는 유가의 주장을 비판했다. 묵자는 각국이 나라의 부강과 인구의 증대를 추구하고 있는 시점에서 호사스런 장례로 대량의 물품을 땅 속에 묻어버리고, 친족을 잃은 사람이 오랫동안 상을 치러서 장기간 생산에 종사하지 않고 자녀도 키우지 않으니, 이것이야말로 칼 위에 엎드려서 장수하기를 바라는 것과 같다고 주장했다.

또 묵가는 유가의 천명설天命說을 반대했다. 관리에서 백성에 이르기까지 열심히 일하는 것이 나라가 부강해지는 근본이라 할 수 있는데, 천명을 믿게 되면 사람들이 부지런히 일하지 않을 것이라고 생각했다.

묵가는 또 하층 생산자들의 입장에서 출발하여 유가가 존귀하게 받드는 예악禮樂을 반대했다. 그들은 예악이야말로 통치자들의 사치품일 뿐 백성들의 실생활에는 아무런 쓸모가 없다고 여겼다. 순자는 묵가의 이러한 학설이 일가一家의 이론에 불과하다고 비판했다. 즉 묵가가 하층 생산자의 협소한 안목으로 문제를 보아서 실제적인 공용功用에만 신경을 쓸 뿐, 예악의 형식이 백성들을 교화하면서 일으키는 효용은 보지 못했다고 주장했다.

순자는 또 맹목적으로 절약을 선전하는 묵가의 주장에 반대하여 부지런히 노력해서 생산에 종사하면 생활도 풍족해질 수 있다고 했다. 요컨대 묵자는 검소와 절약을 주장하는데, 그의 주장에 따라 지나치게 절약하면 빈곤에 빠지고, 빈곤에 빠지면 생활의 욕구가 저하되며, 생활의 욕구가 저하되면 상벌을 행할 방도가 없고, 상벌을 행하지 못하면 효과적인 통치가 불가능하다고 했다.

【 유가와 법가에 대한 도가의 비판 】

도가는 도덕적 교화를 종지로 삼는 유가와 법률을 치국治國의 근본으로 삼는 법가를 모두 반대했다.

《노자老子》에서는 "대도大道가 폐기되니 인의仁義가 있다", "법령이 더욱 두드러지자 도적이 많아졌다"는 말을 찾아볼 수 있다. 말하자면 천하에 도가 없기 때문에 인의가 필요하고, 법률의 제도가 많을수록 도적과 같은 무리가 많아진다는 것이다. 따라서 가장 이상적인 것은 인의도 요구하지 않고 법규도 요구하지 않아서 천하가 무사태평해지는 것이다.

《장자》에서는 공자를 가상의 논적論敵으로 삼아서 풍자한다. 인의의 선비는 명예를 위해 목숨을 바치고 성인聖人은 천하를 위해 목숨을 바치지만 장자는 그들의 행위가 본성을 해친다고 보았다.

도가는 또 법가의 번잡하고 가혹한 법령에 반대했다. 그 이유는 법령이 백성들의 안정된 생활을 교란한다고 여겼기 때문이다. 노자는 "큰 나라를 다스리는 것은 작은 생선을 굽는 것과 같다"고 했다. 작은 생선을 굽는답시고 자꾸 뒤집다 보면 생선이 부스러지듯이, 나라를 다스릴 때 이런저런 법령으로 번거롭게 하고 가혹하게 구는 것은 근본적으로 불필요한 일이라고 보았다. 장자도 법가의 엄격함을 반대하여, 법가의 법치는 나라를 훔친 도적이 정권을 강화하는 데 이바지할 뿐이라고 했다.

결국 노장老莊 사상은 법가뿐 아니라 유가의 비판도 받았다. 순자는 "굽

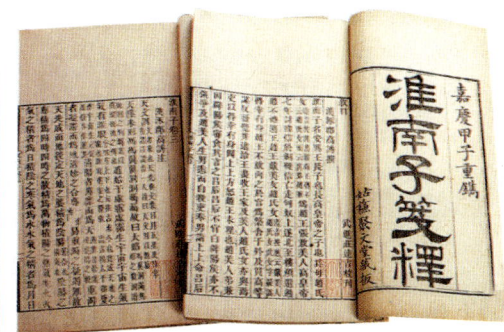

한비韓非의 정치사상을 반영한
《한비자韓非子》(왼쪽)
도가사상을 구현한
《회남자淮南子》(오른쪽)

히는 것만 볼 뿐 펴는 것은 보지 못한다"고 노자를 비판하며, 물러나서 자기만 보전할 줄 알지 주체적으로 나아갈 줄은 모른다고 했다. 장자에 대해서도 "하늘을 가리고 사람을 알지 못한다"고 비판하면서 자연에 맡길 줄만 알 뿐 사람의 능동성은 말살해버렸다고 비판했다. 순자는 "마음을 맑게 하고 욕심을 줄이는" 도가의 사상은 결코 진취적인 인간을 만들어내지 못할 것이라고 했다.

노장의 도가 학설은 후세에 풍부한 사상적 자양분을 제공했다. 도가는 유가와 법가의 사상을 보충하고 중화하는 기능을 했으며, 그 사상은 중국 역사에 끊임없이 영향을 미쳐왔다. 전국시대 후기에는 도가의 한 유파가 도가의 기본 원칙에 법가 사상을 결합하여, 밖으로는 나라를 다스리는 법가의 주장을 택하고 안으로는 몸과 마음을 수양하는 도가의 이론을 택해서 '황로黃老의 학문'으로 발전시켰다. 한나라 초기의 통치자들은 이 학설에 따라 나라를 다스려, 형벌을 감하고 부역과 조세를 줄여 백성을 쉬게 함으로써 좋은 효과를 보았다.

이로써 백가쟁명의 사상전은 사회의 진보에 아주 유익하게 작용했던 것이다.

【 유가, 묵가, 명가에 대한 법가의 비판 】

한비를 대표로 하는 법가는 유가와 묵가 두 학파를 격렬하게 규탄했다. 그는 유가와 묵가가 요·순임금의 도를 선양하고 있지만, 그들은 죽은 지 몇천 년이나 지났기 때문에 어느 누구도 그 도의 진정한 뜻이 무엇인지 모른다고 했다. 또한 유가와 묵가는 자신들도 모르는 것에 기대서 검증도 거치지 않은 것을 옳다고 여기는데, 이야말로 우둔한 짓이라고 했다.

한비는 나라가 부강해지려면 반드시 농업을 장려해야 하고, 떠들기만 하고 생산하지 않는 사람은 몰아내야 한다고 주장했다. 그는 용감하게 적

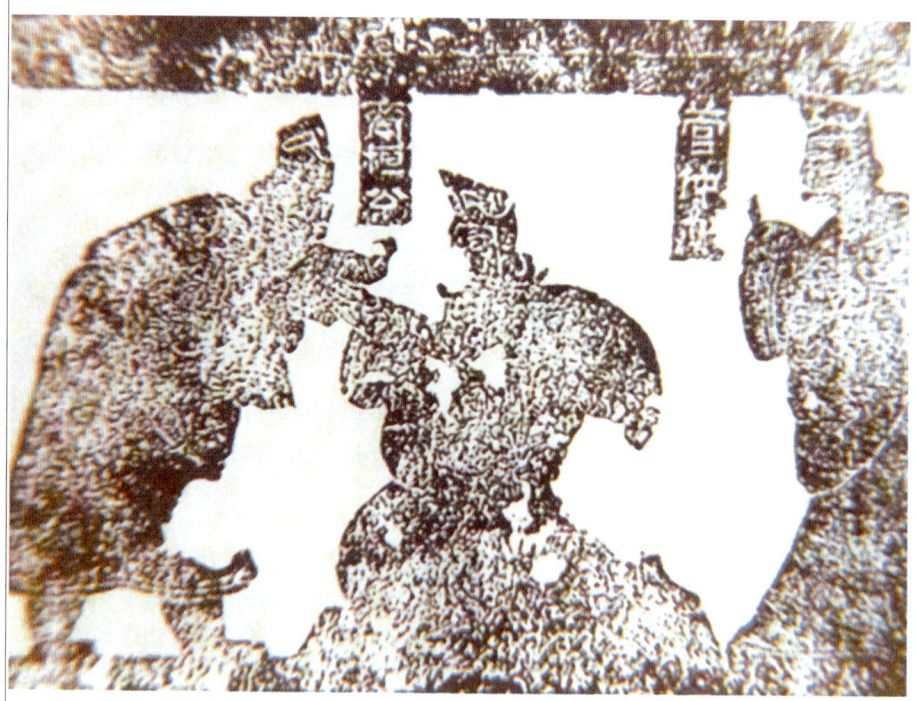

제齊나라 환공桓公과 관중管仲의 모습이 담긴 벽돌

을 죽인 사람이 찬양을 받고 상을 받는다면 유가의 인자함을 다시 선양할 수 없고, 장수를 참수하고 성을 빼앗은 자에게 작위와 봉록을 준다면 묵가의 겸애설兼愛說을 믿을 필요가 없다는 점을 논증했다.

한비는 심지어 나라를 해치는 다섯 가지 좀벌레의 으뜸이 유가와 묵가라고 했다. 그는 유가가 제창하는 덕치德治에 대해 공격하며 당시와 같이 '힘을 다투는 시기'에는 유가의 덕치가 맞지 않는다고 했다. 나라를 다스리려면 응당 법을 배우고 관리를 스승으로 모셔야 하며, 그렇지 않으면 나라가 강성해질 수 없다고 보았던 것이다.

한비는 또 백성의 사상을 통일해서, 자유로운 강연과 명가처럼 변론을 좋아하는 자들의 활동을 금지할 것을 주장했다. 변론은 재미는 있어도 쓸모가 없다고 여겼기 때문이다. 그래서 명가처럼 부국강병에 직접적인 효용은 전혀 없고 도리어 법률의 허점을 찾아 궤변을 늘어놓게 만드는 학설은 단호히 금지해야 한다고 주장했다.

結 선진시대에 백가쟁명이 일어난 원인은 근본적으로 당시의 사회적·역사적 조건 때문이었다. 사회 변동이 극심했던 춘추전국시대에는 전통적인 정치체제와 사상이 무너졌으니, 이른바 공자가 말하는 "예가 무너지고 음악이 붕괴된" 시대였다.

하지만 다른 한편으로는 통일된 사상이 새롭게 정립되지 못한 탓에 제후국들의 정치적·학문적 환경은 상대적으로 자유로웠다. 따라서 당시 지식인들은 자유로운 신분으로 여러 나라를 왕래하면서 갖가지 주장을 자유로이 발표할 수 있었다.

각 제후국의 군주는 나라를 부유하게 만들고 국방을 튼튼히 할 필요가 있었기 때문에, 현명한 재상을 대하는 예로써 현명한 선비들을 불러들여 자신을 위해 계책을 내게 했다. 예컨대 명가의 공손룡은 전국시대 사공자四公子의 하나인 조나라 평원군平原君의 문객이었다.

선진시대 백가쟁명의 시기는 중국 역사상 자유의식과 창조정신, 그리고 학문이 가장 번영한 시기였다. 사상계에 뭇 별들이 찬란한 빛을 뿌렸으니, 이 때문에 역대의 식견 있는 선비들은 이 시기를 중국 사상계의 황금시대로 보고 당시를 동경했다. 백가쟁명이야말로 학문과 문화가 번영할 수 있는 전제조건이고, 맑고 깨끗한 정치와 활발한 사상활동의 반영이며, 사상의 정립과 인류 진보의 필요조건이기 때문이다.

【 노자 】

●노자의 초상

노자는 최초로 천지의 기원 문제를 제기했는데, 하늘은 의식과 감정이 없으며 영원하고 근본적인 것도 아니라고 하면서 가장 근본적인 것은 도道 라고 주장했다.

노자는 고대의 저명한 사상가이자 철학자이다. 그가 창립한 도가학파와 도가 사상은 중국 문화에 대단히 중요한 영향을 미쳐서 고대의 문화사와 철학사에서 중요한 자리를 차지하고 있다.

노자의 일생에 관한 사적事跡은 연대가 오래된 데다 그가 관직에서 은퇴한 후에는 은둔생활을 했기 때문에 공자처럼 상세하게 기록되어 있지 않다. 특히 언제 태어나 언제 죽었으며, 평생 어떤 활동을 했느냐는 지금까지도 자세히 알 수 없다.

한나라의 사마천도《사기》의〈노자·한비 열전老子韓非列傳〉에서 모호하게 말하고 있다. 선진시대와 한나라의 일부 기록에 의하면, 노자의 성은 이李, 이름은 이耳, 자가 담聃으로서 '노담'이라고 불렸음을 알 수 있다. 노자는 춘추시대 말기에 태어났으니, 대체로 공자와 같거나 조금 일찍 태어났다고 할 수 있다.

사마천은《사기》에서 그에 대해 "초나라의 고현苦縣 여향勵鄉 곡인리曲仁里" 사람이라고 했다. 춘추시대의 고현은 원래 진陳나라에 속했는데,

후에 초나라에 겸병되었다. 그 옛터는 지금의 허난성 루이현鹿邑縣 동쪽, 허난성과 안후이성安徽省의 접경지대에 자리 잡고 있다. 노자의 고향이 지금의 허난성 루이현 경내라는 얘기다.

노자는 철리哲理와 지혜로 충만한 불후의 명작《노자》를 남겨 중국 문화에 지대한 영향을 끼쳤다.

주나라의 사관史官을 한 적이 있는 노자는 통치자의 부패와 우매함을 보면서 은퇴를 생각했다. 그리고 얼마 지나지 않아 관직에서 물러나 은둔 생활을 시작했다. 이 생활에 관해서 사마천은《사기》의 〈노자·한비 열전〉에 이렇게 기록했다.

"노자는 상하편을 저술했는데, 도道와 덕德의 뜻 5,000여 자를 말하고 가버렸다."

여기서 "상하편을 저술했다", "도와 덕의 뜻 5,000여 자를 말했다"는 것은 바로 지금까지 전해 내려오는《노자》를 말한다.《노자》는 도와 덕을 서술한 것이기 때문에《도덕경道德經》이라고도 부른다.

【 학문이 깊고 지혜가 풍부한 노자 】

　노자의 일생은 두 시기로 나눌 수 있다. 하나는 사관을 할 때이고, 다른 하나는 사직하고 은둔생활을 한 시기다.
　사마천의 《사기》에 의하면, 노자는 주나라의 '수장실守藏室 사관'을 지냈다고 한다. 고대 중국에서는 왕궁에 책을 보관하고 사관이 그것을 관리했다. 그래서 '수장사守藏史', 즉 장서를 관리하는 사관은 오늘날 국립도서관 관장에 해당한다.
　주나라 수장실 사관은 문자, 도서, 기록, 공문서, 문헌 등 자료를 관리하는 일 외에 음양과 천시天時의 예법을 관장하기도 했다. 그래서 왕이 거행하는 갖가지 제사와 의식, 그와 관련된 군례 및 의장 등 중대한 정치활동에 참여할 수 있었다.
　이러한 기록으로 볼 때 노자가 나중에 철학자이자 깊은 지혜를 가진 사상가가 된 것은 결코 우연이 아니다. 이는 그가 일찍부터 고대의 전적典籍

허난성 루이현鹿邑縣 노자의 고향. 전하는 바에 의하면, 노자가 여기에 거주한 적이 있다고 한다.(왼쪽)
노자의 옛집이라고 하며 뤄양의 옛 성 동관東關 퉁퉈샹銅駝巷에 있다. 공자가 예禮를 물었다는 곳이다.(오른쪽)

을 비교적 많이 접했을 뿐 아니라 주나라의 각종 문화, 군사, 정치활동에 종사한 것과 밀접한 관련이 있다. 그가 맡았던 관직과 당시의 경험은 그가 나중에 식견이 깊은 철학자가 될 수 있었던 중요한 조건이었다.

노자는 학문이 깊고 지혜가 풍부한 사람으로서 천문과 지리에 밝았을 뿐 아니라 고대의 전통예법을 잘 알고 있었다. 전하는 바에 의하면, 공자는 몇 번이나 노자에게 예禮에 관해 가르침을 받았다고 한다.《예기》의 〈증자문曾子問〉에는 공자가 노자에게서 예에 관해 가르침을 받았다는 이야기가 네 군데나 기록되어 있다. 이는 노자가 고대의 전통예법과 전통문화를 잘 아는 사람이었음을 보여준다.

【 후세에 신이 된 노자 】

노자에 대한 언급은 전기적傳奇的 색채를 띠고 있는 것이 많다.《장자》의 〈천하편天下篇〉에서는 노자를 "옛날의 위대한 진인眞人"으로 떠받들고

공자가 노자에게 예를 묻고 있다.

있다. 이러한 평가는 신화적 색채를 띠고 있다.

그 후 일부에서는 전설 속의 황제黃帝와 나란히 놓고 '황로'라고 불렀으니, 이때부터 노자의 지위는 급속히 높아져서 공자 못지않았다. 특히 한나라 때 공자가 신격화됨에 따라 노자의 지위도 사람에서 '신'으로 격상되었다. 전한前漢의 유향劉向도 노자를 신선의 전기傳記에 끌어들여서 "노자가 서쪽으로 갔을 때, 자주색 기운이 관문에 떠 있더니 나중에 노자가 푸른 소를 타고 지나갔다"고 했다.

유가가 공자를 떠받드는 것처럼 도가와 도교에서는 노자를 시조로 떠받들고 있으며, 아울러 노자에 관한 수많은 신화를 창조했다.

역대의 많은 제왕들도 노자를 신봉했다. 후한의 환제桓帝는 몸소 노자에게 제사를 지냈고, 당나라의 황제도 노자를 선조로 받들면서 그를 '태상현원황제太上玄元皇帝', '태성조고상금궐현원천황대제太聖祖高上金闕玄元天皇大帝'로 봉했다. 송나라 진종眞宗 때에는 '진원황제眞元皇帝'로 개칭했으며 '태상노군혼원상덕황제太上老君混元上德皇帝' 등의 칭호를 추가했다.

공자는 역사상 '소왕素王' 혹은 '문선왕文宣王', '대성지성선사大成至聖先師'로 불리면서 시종일관 스승의 이미지를 벗어나지 않았다. 하지만 노자는 당당하게 '황제'나 '대제大帝'로 봉해졌다. 여기서 노자의 지위가 어떤 경우에는 공자를 능가했음을 알 수 있다.

노자는 신이 아니다. 그는 공자처럼 피와 살이 있는 현실의 인간이었다. 노자는 춘추시대 말기의 인물로, 당시는 공자가 말하는 예악이 붕괴된 시대였다. 시국의 혼란과 사회의 격변을 지켜본 노자에게는 그 시대 사람으

허난성 루이현의 노군대老君臺. 전설에 의하면 노자가 여기서 하늘로 올라갔다고 한다.

안후이성 워양渦陽의 태청궁太淸宮 노군전老君殿

로서의 근심뿐 아니라 자기만의 희로애락과 격분도 있었을 것이다.

그는 부패한 통치자들에게 "백성이 위엄을 두려워하지 않으면 큰 위기가 닥친다"고 경고했다. 말하자면 통치자들이 위엄을 내세워 백성을 압박하는 것이 극에 이르면, 그 위압이 도리어 반란을 초래한다는 것이다. 그래서 노자는 "백성이 죽음마저 두려워하지 않으면 어찌 죽음으로 위협할 수 있겠는가?"라고 했다.

노자는 '태청궁太淸宮'에 앉아서 인간세태를 겪지 않는 '태상노군太上老君' 혹은 '도덕진군道德眞君'이 아니라, 보통 사람처럼 감정이 있고, 옳고 그름과 희로애락이 있는 현실의 사람이었던 것이다.

【 '도'를 논하다 】

노자 사상의 핵심 관념은 '도'이다. 중국 고전철학의 최고 범주인 '도'는 노자가 처음으로 제시했으니, 이 점에서 볼 때 노자는 중국 고대 철학의 창시자라고 할 수 있다.

그럼 노자가 말하는 '도'란 무엇인가? 노자는 그에 대해 아주 신비롭게 묘사하고 있다.

도를 도라고 말할 수 있으면 영원한 도가 아니며, 이름을 이름이라고 말할 수 있으면 영원한 이름이 아니다. 이름 없음은 만물의 시작이며, 이름 있음은 만물의 모태이다.

《노자》 1장

요컨대 '도'를 천지만물의 본원으로 보는 관점은 노자에게서 비롯된 것이다. 춘추시대 전에도 전통적인 천도天道 관념이 전해졌기 때문에 '하늘'은 의식이 있고 권위가 있어서 사람의 화복과 장수와 요절을 모두 관장한다고 여겨졌다.

공자도 《논어論語》〈태백泰伯〉에서 "오직 하늘만이 위대한데, 요임금만이 그것을 본받았구나"라고 했다. 하늘을 존중하고 위대하게 여기는 것은 춘추시대 이전의 보통 사람들에게는 상식이었다.

노자는 최초로 천지의 기원 문제를 제기했는데, 하늘은 의식과 감정이 없으며 영원하고 근본적인 것도 아니라고 하면서 가장 근본적인 것은 '도'라고 주장했다. 노자는 《노자》 25장에서 이렇게 말하고 있다.

하나의 물물物이 혼연일체로 이루어져 있으니, 하늘과 땅보다 먼저 있었다. [⋯] 천하의 모태라고 할 수 있다. 하지만 나는 그 명칭을 알지 못한다. 다만 '도'라는 이름을 붙이고, 억지로 '크다'고 부를 뿐이다.

말하자면 '도'는 천지가 있기 전부터 이미 존재했던 것으로 오직 도만이 영원하다

당나라 때에 조성된 노군상老君像

창사長沙의 마왕퇴馬王堆에서 출토된 《노자老子》비단에 글씨를 써서 묶은 백서帛書이다.

는 것이다. 노자는 천지만물의 기원 문제를 제기하면서 '도'를 천지만물의 본체라고 생각했다.

그리하여 노자는 은나라와 주나라 이래의 천명론과 천도관을 종합해서 '하늘'과 '도'의 관계를 새롭게 해석했다. 《노자》 25장에서는 "하늘은 도를 법도로 삼고, 도는 자연을 법도로 삼는다"는 새로운 관점을 제시했다. 이 '천도자연天道自然'이란 관점은 당시의 천명 사상에 엄청난 충격을 주었다. 그는 처음으로 '도'를 '하늘'과 '신' 위에 세움으로써 전통적인 천인관계설天人關係說을 새로운 단계로 발전시켰다.

【 상반상성을 논하다 】

노자의 철학은 또 중국 문화에 풍부한 변증법적 사상을 제시했다. 노자는 저술에서 생생하고 구체적인 언어로 우주자연과 인간사회의 변증법적 발전의 심오한 비밀을 보여준다. 그는 일체의 현상이 서로 반발하고 서로 이루어지는 상반상성相反相成의 법칙을 따른다고 하여, 《노자》 2장에서 이렇게 말하고 있다.

있음과 없음은 상대적으로 생긴 것이며, 어려움과 쉬움은 상대적으로 이루어진 것이며, 긴 것과 짧은 것은 상대적으로 나타난 것이며, 높음과 낮음은 상대적으로 의존한 것이며, 음音과 소리〔聲〕는 상대적으로 조화하는 것이며, 앞과 뒤는 상대적으로 따르는 것이다.

따라서 있음이 없으면 없음도 없고, 어려움이 없으면 쉬움도 없고, 긴 것이 없으면 짧은 것도 없다. 사물은 늘 대립 속에 존재하고, 비교 속에서 발전하며, 상반된 것이 서로 생성할 수 있다.

자연계의 사물만 그런 것이 아니라 인간사회와 도덕도 마찬가지다. "화에는 복이 깃들어 있고, 복에는 화가 숨어 있다"고 하듯이, 재난 속에도 행운이 깃들어 있고, 행복 속에는 때로 거대한 재난이 잠복해 있다.

노자는 복과 화가 표면적으로는 완전히 상반되는 것이지만, 긴밀히 통일되어 끊임없이 상호 전환하면서 변화, 발전한다고 했다. 하지만 현실의 삶에서 사람들은 사물의 상반상성과 상호 전환의 원리를 잘 모르고 있기 때문에 재난에서 영원히 벗어나는 것을 행복이라 여긴다.

노자는 여기서 하나의 결론을 이끌어내는데, 바로 "반작용은 도의 움직임이다"라는 것이다. 사물이 상반되는 방향으로 발전하는 것이 곧 '도'의 운동, 혹은 '도'의 규율이라는 것이다.

중국 철학사에서 보면《주역》이후에는 변증법적 사상이 있었다. 그러나 사물이 상반되는 방향으로 발전하는 보편적인 현상을 개괄하거나 귀납하여 사물의 일반적인 법칙으로 삼고, 이를 사물의 발전과 변화의 내재적 동력과 원천으로 삼은 것은 노자만의 독특한 공헌이다.

청나라의 여름 별장인 청더承德의 피서산장 내 의사청議事廳에 높이 걸린 '담박경성澹泊敬誠'이라는 편액에서 노자 사상의 영향을 볼 수 있다.

【 무위를 논하다 】

노자는 냉철한 사상가였다. 그는 당시의 사회와 정치에 늘 비판적인 태도를 취했다. 춘추시대 말기는 기존의 봉건제 사회가 붕괴되는 혼란기였다. 이런 격변기였던 탓에 노자는 '자연'을 본받고 '무위無爲'를 취하는 것이 가장 좋은 방법이라고 생각했다. 또한 '도'의 본성은 무위자연無爲自然이라고 보았기 때문에 누구나 자연의 도를 본받아서 무위에 이르러야 한다고 보았다.

물론 노자가 말하는 '무위'는 아무것도 하지 않는 것을 말하는 게 아니다. 함부로 행동하지 않고, 강제로 하지 않으며, 제멋대로 하지 않는 것을 가리킨다. 이것은 많은 일을 하지 않고, 공을 세우길 좋아하지 않고, 명예

푸젠성福建省 취안저우泉州의 청위안산淸源山에 있는 노군암老君巖

와 이익을 다투지 않는 등의 구체적인 내용을 포함하고 있으니, 이렇게 해야만 "최상의 덕은 함이 없으면서도 하지 않음이 없다"는 경지에 도달할 수 있다.

여기에서 우리는 노자의 무위 사상이 소극적인 도피 사상이 아님을 알 수 있다. 물론 그런 부분이 전혀 없지는 않겠지만, 그 본질은 함부로 행하지 않고 조작하지 않으며, 주관에 맡기는 것을 반대하고 과도한 추구를 반대하는 것이다.

노자는 진정으로 무위에 도달하려면 반드시 부드러움을 지키고, 다투지 않고, 만족할 줄을 알아야 한다고 했다. 노자는 물을 예로 들면서 '부드러움을 지키는 것'을 강조했다.

천하에 물보다 유약한 것은 없다. 그러나 굳세고 강한 것을 꺾는 데는 물보다 강한 것도 없다.

물은 기꺼이 하류에 머물며 그 성품이 유약하지만, 아무리 견고한 것도 그에 비할 수는 없다. 따라서 사람이 자기를 보존하고 싶다면 강함을 드러내서 이기려 하지 말아야 한다. 일단 강자가 되면 곧 삶의 생기를 잃을 것이니, 오직 유약한 것만이 삶의 생기를 채울 수 있다. 노자는 '부드러움을 지켜야 할' 뿐 아니라 물이 아래로 흐르듯이 다툼을 피해야 한다고 했다.

최고의 선善은 물과 같다. 물은 만물을 이롭게 하면서도 다투지 않으며, 아울러 뭇 사람들이 싫어하는 낮은 곳에 처해 있으므로 도와 가장 가깝다.

즉 '다투지 않기 때문에 근심도 없다'는 것이다. 이 '다투지 않음'이 미덕인 까닭은 그것이 자기 견해를 끝까지 고집하지 않고, 스스로를 옳다고 여기지 않고, 잘난 척하지 않고, 자만하지 않는 것으로 표현되기 때문이다.
'부드러움을 지키고', '다투지 않음'과 연결되는 것으로 '만족할 줄 알아야 한다'는 명제가 있으니, 이 역시 노자 사상에서 중요한 도덕의 원칙이다. 노자는 이렇게 말한다.

화禍는 만족할 줄 모르는 것보다 큰 것이 없으며, 허물은 욕망을 좇는 것보다 큰 것이 없으니, 따라서 만족할 줄 아는 것이야말로 늘 만족하는 것이다.

요컨대 세상을 살아가며 소유하고 싶은 것을 끝없이 추구하면서 만족할 줄을 모르면, 과오를 범할 뿐 아니라 심하면 재난을 초래할 수도 있다. 만족할 줄 알고 욕망을 좇지 않는다면 화를 피할 수 있고, 늘 만족감을 느껴서 정신의 평정을 유지할 수 있다.

 노자의 철학은 중국인의 사유 방식을 열어놓았을 뿐 아니라 그 지혜를 반영하고 있다. 공자가 풍부한 도덕문화를 남겼다면, 노자는 변증법이란 보물을 유산으로 남겼다.

특히 의의가 있는 것은 일부 학자들이 제기한 것처럼,《노자》가 기본적으로 인생 철학의 백과전서라는 점이다. 즉 인생 경험의 총체적인 결론일 뿐 아니라 인생의 층층마다 응용할 수 있다.《노자》는 이처럼 인생의 지혜와 변증법으로 가득 차 있어 우리 인생에 많은 교훈을 주고 있다.

물론 노자는 2,000여 년 전의 인물이어서 시대적 한계가 있음은 피할 수 없다. 예컨대 "무지無知하고 무욕無慾하라", "성스러움을 끊고 지혜를 버려라", "인의仁義를 끊어버려라", "기교를 끊고 이익을 버려라" 등은 당대를 비판하는 의의는 있지만, 한편으로 후세에 부정적인 영향을 주고 있다.

【 공자 】

● 공자의 초상

공자는 위대한 사상가이자 교육자로서 중국 문화의 형성에 큰 영향을 미쳤다. 가장 위대한 업적은 '인仁' 사상을 제시한 것으로 교육을 통해 이 사상을 널리 전파했다.

공자는 춘추시대의 철학자이자 정치인이며 위대한 교육자이다.

공자는 평생을 주로 노魯나라에서 활동했다. 노나라는 춘추시대 동방 각국의 문화적 중심이었을 뿐 아니라 당시 주나라가 관할한 제후국들의 중심지이기도 했다. 기원전 540년, 진晉나라의 한선자韓宣子가 노나라를 방문했다가 그 풍부한 문물과 전적典籍들을 보고는 "주례周禮가 모두 노나라에 있구나!"라고 감탄했다. 따라서 공자의 박학다식함도 그가 생활하고 교육받았던 환경과 밀접한 관련이 있다.

공자는 이름이 구丘이고 자는 중니仲尼로 기원전 551년에 태어나 기원전 479년에 세상을 떠났으니 73세까지 살았다. 그의 선조는 송宋나라의 귀족으로, 정치적 변란을 피해 노나라로 도망쳐 그곳에서 자리를 잡았다. 공자의 부친은 노나라에서 작은 벼슬을 했다. 공자는 어려서 부친을 여의고 가난한 생활을 했으며, 중년에는 노나라에서 석 달 동안 형벌과 법규를 담당하는 사구司寇를 지냈다. 모든 정력을 교육사업에 쏟아 부어 고전문화를 정리, 연구하여 탁월한 성과를 거두었고, 동시에 학식 있고 재능 있는 학생들을 많이 길러냈다.

공자는 벼슬하지 않은 기간에는 주로 '유儒'로서 생활을 유지했다. '유'

란 당시 귀족들의 집안에서 예禮를 상담하는 사람이었다. 공자는 이렇게 말했다.

"집을 나가서는 공경公卿을 섬기고, 집에 들어와서는 부형父兄을 섬기며, 장례를 치르는 일에 감히 힘쓰지 않음이 없고, 술을 마셔도 실수하지 않는다면 나에게 무슨 문제가 있겠는가?"

《묵자墨子》〈비유非儒〉에서는 이런 유자儒者를 조소하고 있다.

"부잣집에서 초상을 치르게 되자 크게 기뻐하면서 '이젠 먹을 것, 입을 것 걱정은 하지 않아도 되겠구나'라고 했다."

하지만 공자는 당시 상사喪事를 돌봐주면서 밥을 먹는 '유'와는 달랐다. 왜냐하면 공자는 양생養生과 송사送死에 관한 귀족들의 의식을 잘 알았을 뿐 아니라 풍부한 문화 지식과 정치적 관심 및 인생철학을 가졌기 때문이다. 공자는 제자 중에 인재가 많고 세력이 컸기 때문에 마침내 '유가儒家'라는 학파를 이루었다.

공자가 창립한 유가의 학설은 중국 문화에 가장 큰 영향을 준 학파로 발전했다. 공자의 언행을 기록한 《논어》는 후세에 고전으로 자리 잡아 학자들의 필독서가 되었다.

【 공자의 사람됨 】

춘추시대 말기를 살았던 공자는 역대 통치자들이 과장한 것처럼 세태를 모르는 '문선왕', '대성지성선사' 등이 아니라 현실의 사람이었다. 《논어》에 의하면, 공자는 음악을 즐겼는데 제나라에서 요·순 시절의 음악인 '소韶'를 듣고 며칠간 고기 맛을 알지 못했다고 하며, "밥은 고운 쌀이라야 싫어하지 않았다"고 한다. 하지만 어떤 경우에는 그런 것에 무심하기도 했으니, 한 번은 제자들에게 이렇게 가르쳤다.

"거친 밥을 먹고 맹물을 마시며 팔베개를 하고 자더라도 그 속에 즐거움이 있으니, 의롭지 못한 부귀는 하늘에 떠다니는 구름과 같다."

공자가 했던 말 중에는 오늘날 격언처럼 된 것이 꽤 많다. 예를 들면 "배우는 것을 싫어하지 않았고, 가르치는 것을 게을리하지 않았다", "잘못을 알면서도 고치지 않는 것, 바로 그것이 잘못이다", "옛것을 익히고서 새것을 안다" 등이다.

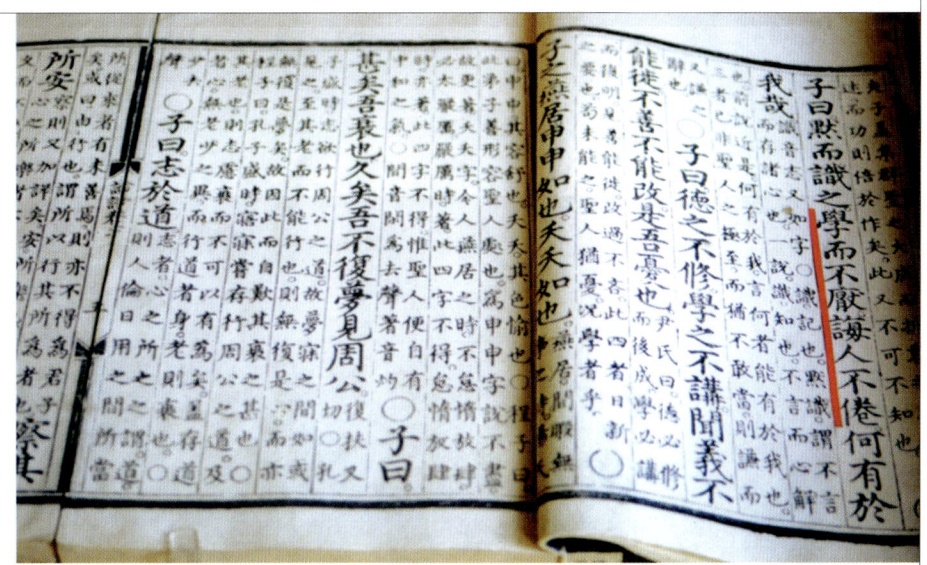

공자의 언행을 기록한 《논어論語》

어느 날 공자가 제자들을 모아놓고 각자 지향하는 바를 말하게 했다. 자로子路가 자신의 뜻을 말했다.

"수레와 말과 좋은 옷을 친구와 함께 나눠 쓰다가 그것들이 못 쓰게 되더라도 유감스러워하지 않는 것입니다."

자로의 말이 끝나자, 안회顔回가 말했다.

"저의 장점을 자랑하지 않고, 공로를 내세우지 않는 겁니다."

공자는 두 제자의 말을 듣고 이번엔 자신이 지향하는 바를 말했다.

"노인들을 편안하게 해주고, 벗들은 신의를 갖게 해주고, 젊은이들은 감싸서 보살펴주고자 한다."

이 말에서 우리는 공자의 인생의 경지가 매우 높다는 것을 알 수 있다. 공자는 신선과 같은 '초인'이 아니었으며 더욱이 태어날 때부터 아는 사람도 아니었다. 감정도 있고 성향도 있고 포부도 있고 희로애락도 있는 현실의 인간이었다.

【 공자의 업적 】

공자는 위대한 사상가이자 교육자로서 중국 문화의 형성에 큰 영향을 미쳤다. 가장 위대한 업적은 '인仁' 사상을 제시한 것으로 교육을 통해 이 사상을 널리 전파했다.

공자의 사상은 '인학仁學'이라고 할 수 있으니, 그가 제시한 '인'은 그의 모든 사상의 핵심이다. 그것은 '예禮'의 근본적인 내적 함의로서 윤리와 도덕의 근거이며 사람됨의 근본 도리이자 사람이 추구해야 할 최고의 경지이다.

현존하는 사료에 의하면, 공자 이전에는 철학의 최고 범주로 '인'을 제시한 사람이 없었다. 공자가 제시한 '인'이라는 개념은 당시 사회의 발전 상황을 일정 부분 반영하고 있다. 당시 주나라 천자의 세력이 점차 약해지면서 제후들이 다투어 일어나자, 통치자 내부에서도 모순이 발생하면서 전쟁이 그칠 줄 몰랐다. 이런 상황에서 공자는 사회의 요구에 부응하기 위해 '인'이라는 사상을 제시해서 '예악제도'를 회복하려 했으며, 이를 통해 "천하에 도道가 있는" 새로운 사회로 나아가려 했다. 또 '인仁'은 바로 사람을 '사람〔人〕'으로 보는 것이라고 했다. 제자가 '인'에 대해서 물었을 때 공자는 '애인愛人(사람을 사랑하는 것 : 옮긴이)'이라고 대답했다. 이 간단한 두 글자는 지극히 풍부한 뜻을 갖고 있으니, 바로 통치자들이 백성을 사랑함으로써 "사욕을 극복하고 예의 본질로 돌아가는" 것을 의미한다.

공자의 또 다른 위대한 업적은 중국 역사상 최초로 공개적으로 강의한 교사라는 것이다. 그는 자신에 대해서 "배우는 것을 싫어하지 않았다"고 했으며, 제자에 대해서는 "사람을 가르치는 데 게을리하지 않았다"고 했다. 춘추시대 말엽, 공자는 가장 큰 강의단체를 설립해서 재능 있는 학생들을 많이 길러냈다. 전하는 바에 의하면 그가 가르친 제자가 3,000여 명에 달하고 그중에서 이름을 떨친 현자賢者가 70여 명이나 된다고 한다.

청나라 강희제康熙帝가 쓴 '만세사표萬世師表' 편액

【 '극기'를 논하다 】

공자의 인학仁學은 그 내용이 아주 풍부한데, 그중의 하나가 바로 "사심私心을 억제해서 남을 사랑하는 경지에 도달하는" 극기복례克己復禮이다. 《논어》에서 제자 안회가 '인'이 무엇이냐고 묻자, 공자는 이렇게 대답한다.

"극기복례를 '인'이라 하니, 하루라도 극기복례를 하면 천하가 '인'으로 돌아간다."

이처럼 공자는 사심을 다스리고 자신의 언행을 '예'의 요구에 맞추는 것을 '인'이라 했으며, 일단 그렇게 하면 세상 사람들도 '인'의 인간으로 돌아간다고 생각했다. 이로부터 인을 실행하려

당나라 때 오도자吳道子가 만든 공자행교상孔子行教像

면 두 가지 측면에 주의해야 하는데, 하나는 자신에게 요구하는 '극기克己'로서 응당 자기가 하기 싫은 일을 남에게 시키지 말아야 하는 것이며, 다른 하나는 예로 돌아가는 '복례復禮'로서 반드시 예의로 자신의 언행을 단속해야 한다는 것이다.

공자는 이 '극기'의 과정이 통치자들에게 더욱 중요하다고 했다. 그래서 일찍이 통치자의 "가혹한 정치는 호랑이보다 무섭다"고 질책했는데, 이 일화는 《예기》의 〈단궁檀弓 하下〉에 나온다.

하루는 공자가 타이산泰山을 지나다가 웬 여인이 무덤 가에서 구슬프게 울고 있는 것을 보았다. 자로를 시켜서 이유를 알아보았더니, 여인의 시아버지와 남편, 그리고 아들이 모두 호랑이에게 목숨을 잃었다고 말했다. 공자가 어째서 이곳을 일찍 떠나지 않았느냐고 묻자 여인이 대답하길, 이곳에는 가혹한 정치가 없기 때문이라고 했다. 이 말을 듣고 공자는 제자들에게 말했다.

"너희들은 명심해라. 가혹한 정치는 호랑이보다 무서운 법이다."

이 때문에 통치자는 반드시 자기를 극복해서 인정仁政을 해야 하고, 그래야만 백성들이 귀의해서 나라가 흥성할

공자 사당인 공묘孔廟 대성전 앞의 행단杏壇
공자가 학문을 강의하던 곳이라고 한다.

공자가 학문을 강의하는 모습을 돋을새김으로 새겼다.

수 있다고 강조했다.

공자의 '극기'에는 자각을 강조하는 뜻도 있다. 그는 자각이 없는 '인'은 아무 의미가 없고, "인의 실천은 자기로 말미암는 것이지 어찌 남으로 말미암겠는가?"라고 했으며, 또 "인이 멀리 있다고 생각하는가? 내가 인을 하고자 하면 인에 이른다"고 했다. 즉, '인'은 내적인 성품의 덕이기 때문에 충분히 발휘하면 '사람을 사랑하는' 정신이 자연적으로 표출된다는 뜻이다.

【 '상현'을 논하다 】

공자의 '인' 사상에서 또 하나 중요한 내용이 바로 '상현尙賢'이다. '상현'은 현자를 숭상한다는 뜻이다. 공자가 말하는 '상현'은 사람의 도덕, 학문, 재능을 중시하지 출신의 높고 낮음은 개의치 않는 것이다.

'상현'에 관하여 공자는 다양한 관점을 제시했다. 예를 들면 "학문이 있으면 봉록은 그 속에 있다", "학문을 하고 여유가 있으면 벼슬을 하고, 벼슬을 하고 여유가 있으면 학문을 하라" 등이다. 공자는 관리라면 응당 지식과 학문이 있어야 한다고 주장했다.

공자의 이런 사상은 중국 사회에 큰 영향을 미쳤다. 적극적인 관점에서 볼 때 그의 주장은 귀족들만 벼슬하던 권리를 타파했다. 《논어》에는 다음과 같은 이야기가 나온다.

자로가 공자의 다른 제자인 자고子羔를 비費 땅의 읍재邑宰(읍을 다스리는 관리 : 옮긴이)로 삼자, 공자가 자로에게 말했다.

"너는 남의 집 자식을 해치는구나."

그러자 자로가 대답했다.

"이곳엔 다스릴 백성도 있고 사직社稷도 있는데, 어찌 반드시 글을 읽은 후에야 학문을 한다고 할 수 있겠습니까?"

자로의 말에 공자는 퉁명스럽게 대답했다.

"이래서 말만 잘하는 사람을 싫어하는 것이다."

이 일화에서 보듯이, 공자는 학문이 부족하고 능력이 없는 통치자는 필시 사람을 해친다고 보았다. 그래서 제자 염옹冉雍이 나라를 잘 다스리는 법에 대해 물었을 때 "앞장서서 일하고, 다른 사람의 사소한 잘못은 용서할 줄 알며, 도덕과 학문과 재능을 겸비한 인재를 뽑아야 한다"고 가르쳤다. 도덕과 학문을 겸비한 사람이야말로 나라를 잘 다스릴 수 있고, 백성을 잘 관리할 수 있으며, 사회의 안정을 도모할 수 있다고 생각한 것이다.

그렇다면 어떻게 해야만 '인'에 도달할 수 있는가? 이 물음에 공자는 공恭, 관寬, 신信, 민敏, 혜惠의 다섯 가지 미덕이 있어야 한다고 했다. 매사에 공경[恭]하는 마음으로 대하면 업신여김을 면할 수 있고, 넓은 도량

산둥성 취푸현曲阜縣에 있는 공묘

공묘의 문방門坊

공묘의 중심 건축물인 대성전

〔寬〕으로 일을 처리하면 백성의 지지를 받을 수 있으며, 신실〔信〕하게 일하면 사람들에게 존중받을 수 있고, 근면하고 민첩〔敏〕하면 쉽게 성공할 수 있으며, 백성에게 은혜〔惠〕를 베풀면 민심을 얻을 수 있다는 것이다. '인'을 기본으로 한 이 '상현' 사상은 후세에 커다란 영향을 미쳤다.

【 학습을 논하다 】

공자는 위대한 사상가이자 교육자였다. 오랜 실천 교육을 통해서 의미 있는 교육법을 많이 이끌어냈으며, 이는 오늘날에도 여전히 중요한 의미가 있다.

공자는 학습이 지식의 원천임을 강조했다. 비록 《논어》에서 "나면서부터 안다", "오직 최상의 지혜를 가진 자나 최하의 어리석은 자만이 바뀌

공묘 안의 '노벽魯壁'
진秦나라 시황제始皇帝의 분서갱유 당시 공자의 8대손인 공부孔鮒가 책을 이 벽 속에 숨겼다고 한다.

지 않는다"고 말했지만, 실제로 그는 이런 것을 믿지 않았다. 공자는 분명히 "나는 나면서부터 아는 사람이 아니다"라고 했다.

그가 주장하는 학습의 내용에는 대체로 두 가지가 있다. 하나는 고대의 문헌과 전장典章의 제도에서 얻는 지식으로, 이는 역사적 지식이라고 말할 수 있다. 여기서 말하는 고대의 문헌은 바로 《시》, 《서》, 《예》, 《악》 등의 경전을 가리킨다. 다른 하나는 생활에서 얻는 지식인데, 이는 현실의 지식이라고 말할 수 있다. 예컨대 "세 사람이 함께 걸으면 그중에 반드시 나의 스승이 있다"고 한 것이 바로 현실적인 지식이다.

공자는 또 "배우고 수시로 그것을 익혀야 한다", "옛것을 익히고서 새 것을 안다" 등을 말함으로써 학습의 규칙과 방법을 통찰했으며, 교육을 실천하는 가운데 배움과 사유의 관계에 대한 총체적인 결론을 얻어냈다. 그에게 '배움'이란 옛사람들의 경험을 역사 문헌을 통해 학습하는 것과 생활에서 실천하여 익히는 것이고, '사유'란 옛사람들의 경험과 생활에

공묘 대성전 앞에서 공자에게 제사를 지내는 의식은 수천 년이 지난 지금도 계속되고 있다.

서 배운 것을 사고를 통해 소화해서 자기 지식으로 만드는 것이라고 했다. 이 때문에 공자는 배우기를 게을리하고 진취적인 마음이 없는 사람들을 아주 못마땅하게 여겼다. 그는 이렇게 말했다.

"후배들은 두려워할 만하니, 그들이 지금의 우리만 못하다고 어찌 단정할 수 있겠는가? 그러나 40, 50세가 되어서도 이름이 알려지지 않는다면, 그 또한 두려워할 만한 사람이 못 된다."

이처럼 학습에 관한 공자의 사상은 교육사에 귀중한 유산이 되기에 손색이 없다.

結 공자의 인격과 사상은 중국 사회 전반에 광범위한 영향을 끼쳤다. 예컨대 공자는 중국의 아낙네나 아이도 다 알고 있을 만큼 '만세萬世의 사표師表'이다. 한편으로 공자는 고대의 서적을 정리해서 중국 문명의 전승과 발전에 크게 공헌했다.

선진시대의 제자백가도 나름대로 공헌을 했지만 문화유산에 대한 중시는 공자 및 그의 제자들에 비할 바가 못 된다. 공자는 "옛것을 익히고서 새것을 안다", "그대로 서술은 하되 창작하지는 않으며, 옛것을 믿고 좋아한다"고 말했다. 그래서 후세 사람들을 위하여 중요한 문헌자료를 보존했고, 또 제자들과 함께 옛 문헌을 수정하고 정리해서 고대 문화의 전적을 풍부히 했다.

고대 문화를 계승하고 전파하는 면에서 공자는 그 누구보다 큰 공헌을 했다. 전하는 바에 의하면, 공자는 '육경六經'을 정리했는데 이 '육경'은 나중에 여러 학자들의 주해를 거치면서 봉건왕조의 지침서가 되었다. 그래서 봉건시대의 지식인이라면 '육경'을 읽지 않은 사람이 거의 없었다.

공자가 남긴 업적은 다른 사상가에 비할 바가 못 되니, 2,000여 년이 흐른 오늘날에도 그의 사상은 여전히 중국 문화에 커다란 영향을 끼치고 있다.

【 손무와 《손자병법》 】

● 손무의 초상

《손자병법》은 군사전략을 전문적으로 다룬 책이다. 하지만 전쟁과 정치, 경제, 자연조건과의 변증법적 관계도 중요하게 다루었다. 그래서 정치, 외교 등의 수단으로 승리할 수 있으면 반드시 전쟁을 일으킬 필요는 없다고 주장하였다.

《손자병법孫子兵法》의 저자인 손자孫子의 성은 손孫, 이름은 무武, 자는 장경長卿이다. 그는 춘추시대 말기 오나라 사람으로 생존연대는 공자(기원전 551~기원전 479)와 비슷하다.

기록에 따르면, 손무의 선조들은 춘추시대 작은 나라인 진陳의 사람이었는데, 난리를 피해 제나라로 도피하면서 성을 전田으로 고쳤다. 그러다가 손무의 할아버지 손서孫書가 전공을 세운 덕분에 제나라 경공景公으로부터 '손'씨 성을 하사받았다. 하지만 제나라에서 내란이 일어나자 손무의 아버지 손빙孫憑은 일가를 거느리고 남쪽에 있는 오나라로 망명했다. 그때 손무의 나이 20여 세로, 오나라에서 병법을 열심히 연구하면서 밭을 갈고 책을 읽는 전원생활을 했다.

전하는 바에 의하면, 손무는 순임금의 후예라고 하며, 전형적인 산동 사나이의 형상을 지녔다고 전해진다.《오월춘추吳越春秋》에 따르면, 손무는 화를 낼 때 "두 눈이 갑자기 커지면서 호랑이가 포효하는 것 같은 소리를 질렀는데, 머리에 쓴 관이 벗겨지고 갓끈이 끊어졌다"고 한다. 아마도 손무는 고대의 장수들처럼 건장한 체격과 우렁찬 목소리에 성격은 외향적이고 정직하며, 말은 간단명료하고 생각이 깊은 사람이었던 것으로 짐작된다.

　춘추시대 말엽부터 전국시대에 이르기까지 다른 나라를 병탄하는 전쟁은 날로 확대되었다. 전쟁할 때 출동하는 각국의 병력이 수십만 명에 달했고 전쟁의 규모도 계속 커졌기 때문에 이런 역사적 환경에 적응하려면 전략과 전술을 끊임없이 강화해야만 했다. 기록에 따르면, 그 당시 이미 대규모 야전野戰, 공격, 방어, 기습, 매복, 정찰 등의 전술이 있었다고 한다.

　따라서 우리는 손무의 《손자병법》이 춘추시대 말기 이전에 축적된 풍부한 군사적 전략과 전술을 집대성한 것임을 알 수 있다.

【《손자병법》에 나오는 전쟁의 규율 】

 전쟁의 규율에 대한 《손자병법》의 내용은 정치, 군사, 천시天時, 지리地利 등 객관적이고 구체적인 상황에서 출발하여 전쟁의 승패를 고려하는 데까지 집중적으로 표현된다. 이는 천명을 믿는 것도 아니고 주관적인 억측도 아니다. 예컨대 쌍방의 병력을 기준으로 공격과 퇴각을 결정하는 전략 방침이 바로 그것이다.

 적보다 병력이 열 배 많으면 포위하고, 다섯 배 많으면 공격하고, 두 배 많으면 적을 분산시키고, 대등할 때는 능히 결전해야 하고, 적을 때는 굳게 지키면서 싸움을 피하고, 매우 열세일 때는 달아난다.(《모공편謀攻篇》)

 전쟁의 승패는 객관적인 조건의 영향을 받을 뿐 아니라 장수들의 주관적인 지휘의 정확도에 의해서도 결정된다. 손자는 정확한 지휘의 관건은

수레 하나에 말 네 필로 이루어진
전국시대의 전차 모형

적의 상황을 잘 알아서 그에 맞게 대응하는 것이라고 주장했다. 이것이 바로 손자가 남긴 유명한 병법의 명언 "상대를 알고 자기를 알면 백 번 싸워도 위태롭지 않다"는 것이다.

마오쩌둥은 이렇게 말했다.

"고대의 군사전략가 손무가 말한 '상대를 알고 자기를 알면 백 번 싸워도 위태롭지 않다'는 학습과 적용의 두 단계를 말해준다. 즉 객관적이고 실제적인 발전 법칙을 인식하고, 그 법칙에 따라 자기 행동을 결정해서 적을 이기는 것이다. 우리는 이 말을 가볍게 보지 말아야 한다."

《손자병법》은 장기간의 작전 경험을 근거

후베이성湖北省 장링江陵에서 출토된
월越나라 왕 구천句踐의 검과 오吳나라 왕 부차夫差의 창

손무와 《손자병법》 ◆ 169

쑤저우蘇州 후추虎丘의 둥링東嶺에 있는
손무자정孫武子亭

로, 어떤 현상으로부터 적의 진정한 의도를 관찰해낼 수 있는 전쟁의 규칙을 총정리한 책이다. 예컨대 적이 아군과 아주 가까이 있으면서 잠잠하다면 지켜야 할 위험한 곳이 있음을 말하는 것이고, 적이 전진했다 후퇴했다 하는 것은 아군을 유인하려는 의도이며, 적이 파견한 사신이 스스로를 낮추어 말하는 동시에 전쟁 준비를 강화한다면 공격을 준비하는 것이며, 아무 조건 없이 화해하려 한다면 적군에게 음모가 있다는 것 등이다.

풍부한 군사적 변증법

《손자병법》은 군사전략을 전문적으로 다룬 책이다. 하지만 전쟁과 정치, 경제, 자연조건과의 변증법적 관계도 중요하게 다루었다.

전쟁은 단지 정치적 승리를 거두기 위한 수단일 뿐이고, 군사적 힘은 정치적 목적을 달성하기 위한 도구임을 손자는 잘 알고 있었다. 그래서 정치, 외교 등의 수단으로 승리할 수 있으면 반드시 전쟁을 일으킬 필요는 없다고 보았다. 그렇게 하면 전쟁으로 인한 손실을 피하면서도 전쟁을 해서 얻는 만큼의 이익을 거둘 수 있기 때문이다. 손자는 이렇게 말한다.

최상의 병법은 적의 계획을 분쇄하는 것이고, 그다음은 적의 외교를 분쇄하는 것이고, 그다음은 적의 군사를 분쇄하는 것이고, 최하의 방법은 적의 성을 공격하는 것이니, 성을 공격하는 방법은 부득이한 경우에만 써야 한다.

이 말에서 알 수 있듯이, 병법을 잘 운용하는 것은 무력으로 적의 군사를 굴복시키는 것도 아니고, 성을 점령하는 것도 아니고, 적국을 망하게 하는 것도 아니니, 오직 전쟁을 하지 않고도 이익을 거두는 것이다.

《손자병법》은 전쟁과 정치, 경제의 상호 관계를 초보적으로 파악했을 뿐 아니라 전쟁의 일부 모순에 대해서도 진지하게 인식했다. 책에서는 갖가지 모순의 범주, 즉 주체와 객체, 많음과 적음, 강함과 약함, 공격과 방어, 진격과 퇴각, 기奇와 정正, 수고로움과 편안함, 다스려짐과 혼란스러움, 허虛와 실實 등을 제시했고, 아울러 모순의 대립은 상호 의존하면서도 일정한 조건 아래에서는 서로 전환한다는 것을 변증법적으로 지적했다.

가령 손자는 "멸망하는 곳에 투입된 후라야 생존할 수 있고, 죽는 곳에 빠진 후라야 살아날 수 있다"고 했는데, 이것이 바로 생사존망의 변증법적 전환이다. 손자는 또 병력의 많고 적음에 대해 "나는 통일된 하나를 유지하고 적은 하나를 열로 분산시켜라. 그렇게 되면 열로써 하나를 공격하는 것이니, 아군은 많고 적군은 적은 것이다"라고 했다. 이는 적군은 많고 아군이 적을지라도 병력을 하나로 집중한다면 적을 이길 수 있다는 뜻이다.

【 혁혁한 전공을 세우다 】

손무는 춘추전국시대 병가의 걸출한 인물로서 《손자병법》을 세상에 남겼을 뿐만 아니라, 뛰어난 전공과 함께 군사를 잘 훈련시켰던 장수였다.

전하는 바에 의하면, 손무는 오나라에 있을 때 오나라 왕 합려闔閭의 신하 오자서의 추천을 받아 왕을 만났다고 한다. 왕은 180여 명의 궁녀를 손무에게 주면서 병사들처럼 훈련시킬 것을 명령했다. 손무는 곧 궁녀들을 두 대오로 나누고 왕이 가장 총애하는 두 왕비를 대장으로 임명했다. 그리고 병법을 집행하는 사람과 몇 명의 조수를 왕에게 요구하여 군의 위엄을 세웠다.

궁녀들이 군복을 입고 무기를 들고 훈련장에 나오자, 손무는 세 가지를 요구했다. 첫째 대오를 흐트러뜨리지 말라, 둘째 떠들지 말라, 셋째 군령軍令을 위반하지 말라는 것이었다. 마침내 북소리와 함께 명령이 하달되

오나라 궁궐에서 전법을 가르치는 손자孫子

었는데, 궁녀들은 명령을 따르지 않고 웃고 떠들면서 자기 마음대로 했다. 손무가 다시 한 번 명령했지만 마찬가지였다. 손무는 크게 화를 내며 "구령을 똑똑히 부르지 못하는 것은 장수의 잘못이지만, 구령이 분명한데도 듣지 않는 것은 병사의 잘못이다"라고 말했다. 그러곤 왕의 부탁에도 불구하고 대장을 맡고 있던 두 왕비를 참수해버렸다.

이 일이 있고 나서는 어느 누구도 훈련을 우습게 보지 못했으니, 이것이 바로 역사적으로 유명한 '오궁교전吳宮教戰(오나라 궁궐에서 전법을 가르치다 : 옮긴이)'이다.

훈련이 끝나자 오나라 왕은 손무가 군사를 통솔해서 나라를 안정시킬 훌륭한 인재임을 알아보고 그를 상장군으로 임명하여, 군사를 훈련시켜서 초나라 정벌을 준비하게 했다.

당시 초나라는 춘추시대 이래로 제후국을 가장 많이 겸병한 남방의 최강 실력자였다. 그러나 손무는 기발한 작전과 신속한 진군으로 초나라의 심장부까지 깊이 쳐들어가서 초나라 군사가 미처 손을 쓸 수 없게 했다. 그리고 마지막 전투에서 병사들을 11일 동안 700리를 강행군시켜 다섯 번 싸워 다섯 번 이김으로써 초나라 수도를 함락했다. 초나라 왕은 어쩔 수 없이 성을 버리고 남쪽으로 도주했고, 이 일로 오나라의 위세가 세상에 널리 알려졌다.

전국시대의 군사전략가인 위료자尉繚子는 손자를 이렇게 칭찬했다.

"10만의 군사를 지휘하는 이 중 천하에서 가장 막강한 자는 누구인가? 환공桓公이다. 7만의 군사를 지휘하는 이 중 천하에서 가장 막강한 자는 누구인가? 오기이다. 3만의 군사를 지휘하는 이 중 천하에서 가장 막강한 자는 누구인가? 손무이다."

이로써 우리는 당시 손무의 높은 명성을 알 수 있다.

【 병가의 성전《손자병법》】

《손자병법》은 13편 6,000여 자로 되어 있다. 세상에 나온 이래 대대로 중시되어 병가의 성전聖典으로 불렸으며, 손자 자신도 동양의 군사학 시조로 존경을 받았다.

현대인의 눈으로 《손자병법》을 보더라도 그 속에 구현된 과학적 정신에는 감탄하지 않을 수 없다. 《손자병법》에는 시스템을 중시하는 사유가 담겨 있다. 가령 전쟁은 갖가지 요소의 복합체인데, 그중에서도 승리를 위한 다섯 가지 요소는 도道·천天·지地·장將·법法이다. '도'는 군주와 백성의 의견을 일치시키는 것이며, '천'은 천시天時, '지'는 지리적 이점, '장'은 장수의 역할, '법'은 법과 제도인데, 승리를 위해서는 이 조건들이 갖추어졌는지 살펴보아야 한다.

다시 말해서 '천시'는 작전에 유리한가, 지리적 위치와 지형 등은 작전에 적합한가, 주력 장수는 지휘 능력이 있는가, 군대의 관리제도가 엄격하고 후방의 공급이 충분한가 등의 조건들이 모두 요구에 부합한다면 출전할 수 있고, 하나라도 부합하지 않는다면 출전하지 말아야 한다.

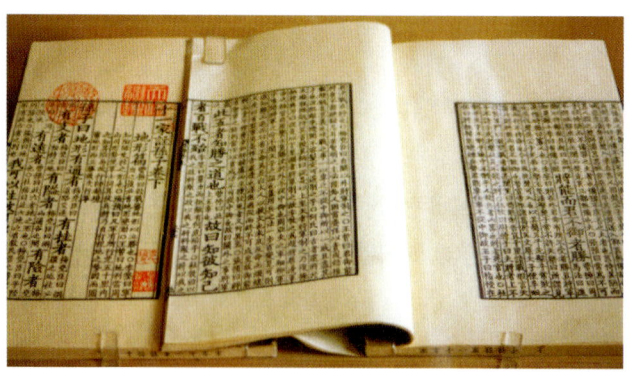

《손자선주孫子選注》

산둥성 린이臨沂 인췌산銀雀山의 1호 한나라 무덤에서 출토된 《손자병법孫子兵法》의 죽간竹簡 모형(왼쪽)
지난濟南 취안청泉城의 광장에 있는 손무 동상(오른쪽)

그리고 승리할 수 있는 이 다섯 가지 요소 중에서 '장수'는 다시 다섯 가지 조건을 갖추어야 한다. 바로 지智(지모와 재능이 있는가), 신신(상과 벌에 신뢰성이 있는가), 인仁(병사를 너그럽게 대하는가), 용勇(용맹하고 결단성이 있는가), 엄嚴(규율이 엄격한가)이다. 이 다섯 가지 조건은 전쟁의 승패에 직접적인 영향을 미치기 때문에 어느 하나도 빠트릴 수 없다. 이처럼 《손자병법》의 사유 방식에는 오늘날의 시스템 원리가 원용되고 있다. 《손자병법》에서는 이렇게 말하고 있다.

실제 전쟁에서 100퍼센트 불리하거나 100퍼센트 유리한 상황은 극히 적으며, 일반적으로 이익이 폐해보다 크거나 폐해가 이익보다 크다. 그러므로 전쟁을 지휘하는 장수는 응당 저울질로 경중輕重을 살펴서 될수록 많은 승리를 거두어야 한다. 이것이 바로 "양쪽의 이익을 저울질해서 그중 무거운 것을 취한다"는 것인데, 가장 뛰어난 계책은 "싸우지 않고 적을 굴복시키는 것"이다. 또 실패했을 때는 손실을 최소한으로 줄여야 하니, 만약 실력이 적보다 부족하면 한 발 물러서서 실력을 보존하는 것을 최우선으로 삼아야 한다.

《손자병법》의 간접전략론

현대의 군사전략에서 말하는 '간접전략'이란 전쟁터 밖에서 심리, 외교, 정치, 경제 등 비군사적인 방법을 동원해 목표를 달성하려는 것을 가리킨다. 《손자병법》은 이 간접전략에 대해 아주 독특한 견해를 제시한다. 이 책에는 전쟁을 하는 자들의 심리 분석이 아주 많이 나온다. 예컨대 손자는 이렇게 분석한다.

군주에게는 세 가지 우환이 있다. 첫째 전쟁할 때 대오가 전진해야 할지 후퇴해야 할지도 모르고 무작정 전진하는 것, 둘째 맹목적으로 군대 내부의 일에 간섭하는 것, 셋째 전략과 전술에 대해 아무것도 모르면서 되는 대로 작전 방안을 제시하는 것이다. 또 장수에게는 다섯 가지 위험이 있으니, 그중 하나가 바로 군대를 통솔하는 장수의 정신적인 소질의 부족이다. 가령 너무 조급하거나 너무 오만하거나 너무 우유부단한 성격을 가진 장수는 필연코 작전에 큰 손실을 초래할 것이다.

손자는 전쟁에서 이기려면 상대방의 예기를 꺾어야 하며, 장수를 이기

《손자병법》은 전 세계 10여 개 언어로 번역되었다.

려면 그의 결심을 흔들어놓아야 한다고 했다. 이것들은 모두 정신적으로 적을 와해시키고 상대방에게 심리적 장애를 불러일으키는 간접전략에 속한다.

《손자병법》에 나오는 명언, "싸우지 않고도 적의 군사를 굴복시킨다"는 간접전략의 정수를 잘 구현하고 있다. 역대 병가들은 군사를 다스리고 전쟁을 할 때 이 말을 중요한 지침으로 삼았다. 삼국三國시대 촉蜀나라의 장수 마속馬謖은 "용병用兵의 도道는 마음을 공격하는 것이 최상이고 성을 공격하는 것은 최하이니, 심리전이 최상이고 병사들의 전투는 최하이다"라고 했다. 이는 손자의 간접전략을 말한 것이라 할 수 있다.

핵무기가 인류를 위협하고 있는 오늘날, 원대한 안목이 있는 사상가들과 정치인들은 무력 이외의 방법으로 모순을 해결할 수 있는 방도를 찾고 있다. 영국의 전략 문제 전문가인 리델 하트는 《전략론》에서 간접전략을 제시하며 주저 없이 손자에게서 깨우침을 얻었다고 말했다.

그는 세계에서 유명한 군사전략가의 어록 21개를 책의 서문에 넣었는데, 그중의 15개가 손자에게서 나왔다. 그는 특히 "최상의 병법은 적의 계획을 분쇄하는 것"이라는 손자의 전략을 찬양했고, 아울러 고금의 유명한 전쟁들을 예로 들어 이 전략의 타당성을 자세히 서술했다.

結 《손자병법》에서 제시한 전쟁의 법칙은 군사학적 가치가 있을 뿐 아니라 사상적으로도 깊은 뜻을 담고 있다. 이 때문에 《손자병법》은 수천 년이 지난 오늘날에도 다방면에서 광범위한 영향을 미치고 있다.

《손자병법》은 선진시대 때부터 널리 알려졌다. 한비자韓非子는 "손자와 오기의 책을 간직한 사람이 집집마다 있다"고 했으며, 《전국책戰國策》, 《위료자尉繚子》, 《여씨춘추呂氏春秋》, 《순자》, 《회남자》 등의 저서에서도 여러 차례 그 내용을 인용하고 있다.

제갈량諸葛亮은 조조의 용병술에 감탄하며 이렇게 말한 적이 있다.

"조조의 지모와 계략은 남보다 특별히 뛰어나니, 그의 용병술은 마치 손자나 오기와 같다."

기록에 의하면, 조조는 《손자병법》에 대해 전문적인 주해를 달았다고도 한다. 중국의 수많은 병서들은 모두 《손자병법》의 이론을 본보기로 삼았다. 이 때문에 명나라의 모원의茅元儀는 "손자 이전의 사람도 손자를 빠뜨리지 않았고, 손자 이후의 사람도 손자를 빠뜨릴 수 없다"고 감탄했다.

《손자병법》은 현재 전 세계적으로 여러 영역에서 광범위하게 응용되고 있으며, 정치·기업·외교·스포츠·처세 등 각 방면에서 큰 역할을 하고 있다.

【 묵자 】

●묵자의 초상

묵자는 "힘 있는 자는 조속히 약한 사람을 돕고, 돈 많은 사람은 없는 자에게 힘껏 나누어주며, 도덕을 갖춘 사람은 남을 가르쳐야 한다"고 강력히 주장했다.

묵자는 노나라 사람으로 성은 묵墨이고 이름은 적翟이다. 확실하지 않지만 출생연대는 춘추시대 말기에서 전국시대 초기(대략 기원전 480~기원전 420)로 추정된다.

스스로 '비천한 사람'이라고 지칭한 묵자는 일찍이 수레를 만드는 장인으로 일했다고 한다. 전하는 바에 의하면, 어려서부터 유가의 교육을 받았고 대부大夫가 된 적이 있다고 하며, 나중에 유가 사상을 포기하고 자신의 학파, 즉 '묵가 학파'를 창립했다.

묵자의 일생을 살펴보면 그는 선비[士] 계층에 속한다. 그는 일찍이 "나는 위로는 군주를 섬길 일이 없고, 아래로는 밭을 갈고 농사 짓는 어려움이 없다"(《묵자》〈귀의貴義〉)고 말한 바 있다. 여기서 우리는 묵자가 백성을 통치하는 집권자도 아니고 생산에 직접 참여하는 노동자도 아니었음을 알 수 있다. 하지만 선비 역시 하나의 계층이었으니, 묵자의 말대로 직접 생산에 참여하는 사람은 아니지만 소규모 생산자의 대변인이었다.

묵자는 백성에게는 세 가지 우환이 있다고 했는데, 바로 "배고픈 자에게 먹을 음식이 없는 것, 추위에 떠는 자에게 입을 옷이 없는 것, 노동하는 자가 휴식하지 못하는 것"이었다. 여기에는 굶주림과 추위에 시달리고 휴식도 없이 핍박을 받으며 노동을 해야 했던 당시 백성의 생활이 개선되길 바라는 염원이 반영되어 있다. 그래서 묵자는 자신의 학설이 나라에 이익을 가져다준다고 주장했다. 그는 확고한 자신감으로 이렇게 말했다.

"왕공王公이나 대인大人이 나의 말을 받아들여서 적용한다면 나라가 다스려질 것이고, 걸어다니는 일개 필부인 선비라도 나의 말을 받아들여 적용한다면 반드시 그 행실이 닦일 것이다."

기록에 의하면, 묵자의 학설은 당시 사회에 커다란 영향력을 지닌 일가를 이루었으며 '현학'이라고 불렸다. 묵자가 이끄는 학파는 엄격한 조직을 갖고 있었다. 그 구성원은 대부분 사회의 하층민으로서 생산에 직접 종사하는 사람들도 있었다. 그들은 매우 어렵고 소박한 생활을 했지만 정치활동에는 적극적으로 참여했다.

《한서》〈예문지〉에 따르면 묵자의 저작은 71편인데, 현존하는 《묵자》는 15권, 53편으로 되어 있다.

【 '겸애'의 사회정치적 이상 】

'겸애'는 묵자의 가장 중요한 사상이다. 묵자는 낮은 계층 생산자들의 이익에서 출발하여 겸애 사상을 주장했다.

그가 살았던 시대는 매우 혼란스러워서 국가가 국가를 정벌하고, 사람이 사람을 해치고, 강한 자가 약한 자를 착취하고, 부귀한 자가 가난한 자를 억압하고, 귀한 자가 비천한 자 앞에서 우쭐대는 추악한 사태가 만연했다. 묵자는 이 모든 것을 '천하의 큰 해로움'(《묵자》〈겸애兼愛 중〉)으로 보았으며, 이를 극복하기 위한 정치적 이상으로 '겸애'를 제시했다.

그는 "남을 사랑하는 자는 반드시 사랑을 받는다"고 생각하여 "남을 위하는 것이 바로 자기를 위하는 것"(《묵자》〈겸애 하〉)이라고 했다. 이런 소박한 인식에서 출발한 묵자는 사람들에게 이렇게 요구했다.

"남의 나라를 자기 나라처럼 보고, 남의 집안을 자기 집안처럼 보며, 남의 몸을 자기 몸처럼 보라."(《묵자》〈겸애 중〉)

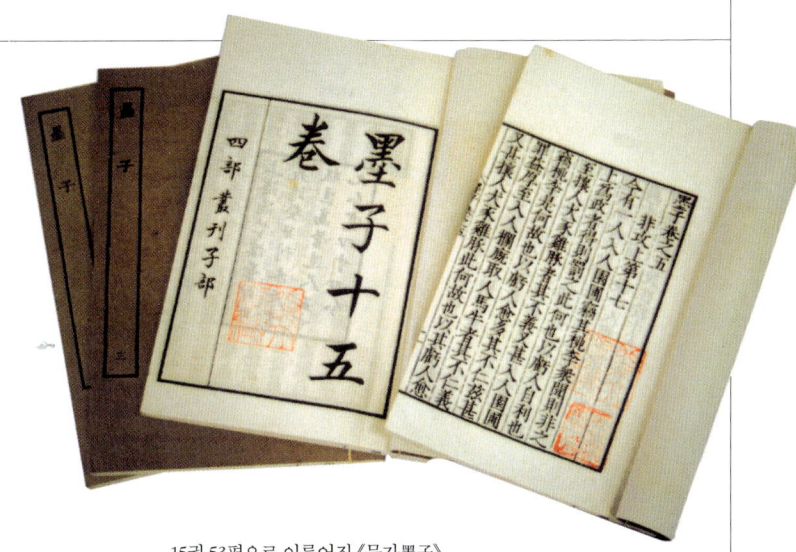

15권 53편으로 이루어진 《묵자墨子》

한마디로 남을 대하는 것과 자기 자신을 대하는 것이 같아야 한다는 뜻이다. 이것이 바로 '겸애설'의 출발점이자 기본 원칙이다. 묵자는 '겸애'를 실천해야만 사람들이 서로 사랑할 수 있다고 했다.

제후국의 군주들이 서로 사랑하면 겸병兼倂 전쟁을 피할 수 있고, 대부와 경卿과 선비가 서로 사랑하면 공격해서 해치는 것을 면할 수 있고, 사람들이 서로 사랑해서 강자가 약자에게, 귀한 자가 천한 자에게, 박식한 자가 무식한 자에게 사랑과 이익을 준다면 천하에 재난과 원한이 생기지 않을 것이다.

이 때문에 묵자는 "힘 있는 자는 조속히 약한 사람을 돕고, 돈 많은 사람은 없는 자에게 힘껏 나누어주며, 도덕을 갖춘 사람은 남을 가르쳐야 한다"(《묵자》〈상현尙賢 하〉)고 강력히 주장했다.

'겸애'의 관점에서 출발한 묵자는 춘추전국시대의 겸병 전쟁이야말로 가장 의롭지 못한 것이고 '겸애'의 원칙을 위반하는 크나큰 문제라고 보았다. 전쟁은 생산활동을 파괴하고 백성에게 극심한 재난을 안겨준다고 생각했기 때문에 묵자는 '비공非攻'을 주장하며 전쟁을 반대했다.

【 '상현'과 '상동'의 정치 】

정치적으로 묵자는 현자를 숭상하는 '상현'과 뜻의 일치를 존중하는 '상동尙同'을 내세워 '겸애'의 정치적 이상을 실현할 것을 제안했다. 우선 묵자는 '상현'으로 '겸애'를 실현할 것을 제창했다.

"관리라 해서 언제나 귀한 것이 아니며, 백성이라 해서 끝까지 비천한 것은 아니다. 능력이 있으면 천거되고, 능력이 없으면 내려가야 한다."
《묵자》〈상현 상〉

묵자의 이런 정치적 주장은 공자가 수호하는 벼슬과 녹봉의 제도와는 확실히 대립된다. 공자는 "혈연의 중시"를 전제로 해서 "현명한 인재를 천거하는 것"을 말했지만, 그가 강조한 것은 "군자는 친족들을 잘 돌봐주고" "옛 친구를 버리지 않는 것"(《논어》〈태백〉)이다.

반면에 묵자는 "(옛날의 성왕들은) 덕 있는 사람을 벼슬자리에 앉히고 현자를 존경했으며, 비록 농업과 상공업에 종사하는 사람일지라도 능력만 있으면 천거해서 높은 벼슬을 주고 많은 녹봉을 주었다"고 말했다. 그의 말은 사회의 대변동 속에서 자신의 경제적, 정치적 지위가 개선되길 바라는 평민의 염원을 반영하고 있다.

묵자는 또 '상동'을 주장했다. '상尙'은 '상上'과 같다고 해서 《한서》〈예문지〉에서는 '상동上同'이라 쓰고 있다. 이른바 '상동尙同'이 '상동上同'과 같다는 것은 하급자와 상급자, 백성과 천자의 생각이 일치하는 것을 말하니, 최고 통치자는 응당 '현명한 사람'으로서 '겸애'의 마음을 갖추어야 하고, 그래야만 리더십을 발휘할 수 있다고 보았다.

묵자는 이렇게 말했다.

"옛날 사람들이 원시 공동체 생활을 할 때는 '정치적 우두머리'가 없어서 사회가 혼란스러웠다. 그래서 한 명이면 한 가지 뜻이 있었고, 열 명이면 열 가지 뜻이 있었으며, 백 명이면 백 가지 뜻이 있었고, 천 명이면 천 가지 뜻이 있었다."(《묵자》〈상동尙同 하〉)

묵자墨子의 동상

이처럼 저마다 자기 주장을 하다 보니 "천하가 혼란해지면서 마치 짐승들이 다투는 것과 같았다"(《묵자》〈상동 상〉)고 했다. 이 때문에 "천하의 현명한 사람을 선택해서 천자로 추대할" 필요가 있었다. 그래서 천자 아래에 삼공三公과 제후, 향장鄕長, 이장里長까지 두어 각자 "상급자가 옳다고 한 것은 반드시 옳다고 여기고, 상급자가 그르다고 한 것은 반드시 그르다고 여기고" "천하의 백성은 모두 천자의 뜻에 일치해야 한다"(《묵자》〈상동 상〉)고 주장했다.

결국 모든 것이 천자에게 집중되고, "천자는 천하의 뜻을 총괄함으로써 하늘과 똑같아진다."(《묵자》〈상동 하〉) '하늘'은 세상에서 가장 공평무사한 사랑을 갖추고 있다. 왜냐하면 하늘에 있는 해와 달과 별은 인간의 귀천을 가리지 않고 그 빛을 세상에 골고루 뿌려주기 때문이다. 그러므로 '위로 하늘과 똑같은' 최고 통치자는 반드시 사사로움이 없는 겸애의 마음을 지녀야 한다.

【 운명을 부정하다 】

묵자는 천명을 따른다는 숙명론적 사상을 강력히 반대했다. 그는 능력을 가진 사람이라면 반드시 그 능력으로 일을 해서, 위로는 정사政事에 힘쓰고 아래로는 생산에 힘써야만 정치가 날로 밝아지고 의식주가 풍족해진다고 했다. 그렇지 않고 하늘만 믿는다면 쉽게 '게으름'이 생겨 심각한 결과를 초래할 수 있다고 주장했다.

지금 군주와 관리들이 나라를 다스리는 일에 감히 게으름을 피우지 못하는 것은 "강하면 다스려지지만 강하지 못하면 혼란에 빠진다. 강하면 안정되지만 강하지 못하면 위기에 빠진다. 이 때문에 감히 게으름을 피울 수 없다"는 도리를 알고 있기 때문이다. 그러나 그들이 천명만을 믿는다면, 필연코 나라를 다스리는 일에 게으름을 피우다가 결국 나라를 혼란에 빠뜨리고 말 것이다. 마찬가지로 농부들이 새벽에 나가 밤이 되도록 밭갈이에 힘을 쓰면서도 권태를 느끼지 않는 것은 일한 만큼 부를 창조할 수 있다고 믿기 때문이다. 그러나 그들이 천명만 믿는다면, 밭갈이에 게으름을 피우다가 결국 가난과 굶주림에 허덕이게 될 것이다.

운명을 부정하는 묵자의 '비명非命'은 공자의 천명론에 대한 공격이다.

초기부터 묵자는 유가가 제창한 "생사는 명命에 달렸고, 부귀는 하늘에 달렸다"는 천명론의 교리를 반대하면서 "있는 힘껏 일하는" 사상을 강력히 개진했다.

그는 부귀와 빈천, 장수와 요절 등은 모두 운명 지워진 것이 아니라, 인간의 주관적 노력에 따른다고 주장했다. 그래서 "강하면 반드시 귀해지고, 강하지 못하면 반드시 천해진다", "강하면 반드시 부유해지고, 강하지 못하면 반드시 가난해진다", "강하면 반드시 배부르고, 강하지 못하면 반드시 굶주린다", "강하면 반드시 따뜻해지고, 강하지 못하면 반드시 추위에 시달린다"고 했다.

묵가는 지극히 검소하고 소박한 생활을 했지만, 정치활동에는 적극적으로 참여했다.

"능력에 의지하는 자는 살겠지만, 능력에 의지하지 않는 자는 살지 못한다"는 묵자의 사상은 천명론을 반대하고 인간의 노력을 강조한다는 점에서 매우 뛰어난 것이었다.

【 절약을 논하다 】

묵자는 서민들의 공리주의적 관점에서 출발했기 때문에 음식과 옷, 장례 및 기타 일상용품의 소비에 대해 "불필요한 낭비는 줄여야 한다"《묵자》〈절용節用 상〉)고 주장했다. 이 때문에 묵자는 사치스런 생활을 하는 통치자들을 신랄하게 비판했다.

묵자는 '비악非樂'을 주장하면서 통치자들이 음악과 춤을 즐기는 것을 반대했다. 그 주된 이유는 음악이 백성에게 이롭지 않기 때문이라 했다. 묵자가 볼 때 음악은 단지 왕공과 귀족들의 향락을 만족시킬 뿐이지 백성들의 생활에는 전혀 도움을 주지 못했다.

또한 악기를 만들면 반드시 음악을 연주하는 악사들이 종을 치고 북을 울리고 비파를 타고 생황을 불게 마련이어서, "장부가 악기를 다루는 일에 종사하면 농사를 지을 수 없게 되며, 아낙네가 하면 베 짜는 일을 할 수 없게"(《묵자》〈비악非樂 상〉) 된다. 통치자들이 음악을 듣기 위해 농사와 방직 등 생산활동을 파괴하는 것은 사회에 커다란 해를 끼치는 일이라고 했다.

당시 통치자들은 살아서도 극히 사치스런 생활을 했지만, 죽어서도 장례를 성대하게 치르면서 후손들에게 장기간의 복상服喪을 요구했다. 묵자는 이런 것도 큰 낭비라고 생각했다.

기록에 따르면, 당시 사회는 장례를 성대히 치르는 풍속이 있어서 천자의 장례는 최고의 품격을 갖추었고, 제후나 백성도 나름의 규모를 갖추었다. 서민들도 마찬가지여서 이 때문에 가산을 탕진하는 일도 있었다. 더욱 잔인한 일은 산 사람을 생매장하는 것이었으니, 묵자는 "천자가 죽으면 많게는 수백 명, 적게는 수십 명을 순장했고, 장군과 대부가 죽으면 많게는 수십 명, 적게는 몇 명을 순장했다"(《묵자》〈절장節葬 하〉)고 말했다.

게다가 장례를 오래 치르는 풍속 때문에 삼년상을 지내야 했는데 그동안에는 농민과 수공업자의 생산활동도 자연히 중단되었다. 결국 성대한

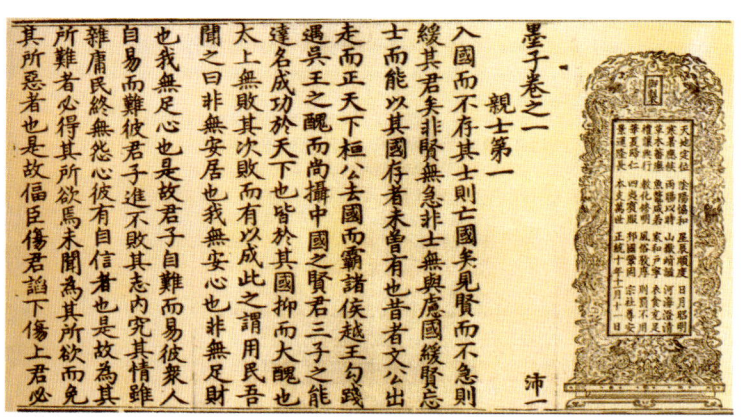

《묵자》는 묵가 사상의 요지를 집중적으로 밝히고 있다.

장례식과 삼년상은 재물을 대량으로 매장했을 뿐 아니라 살아 있는 사람들의 경제활동마저 막았다. 묵자는 이런 것들이 결코 나라를 부강하게 하고 백성을 이롭게 하는 방법이 아니라고 주장했다.

묵자는 공리功利를 중시하고 절약을 주장했기 때문에 당연히 소자산 계급의 이익을 대변했다. 가령 그가 '비악'을 주장한 이유는 단지 악기가 배나 수레보다 실용적 이익이 없다는 것 때문이었으니, 여기서 우리는 그의 편벽됨을 엿볼 수 있다. 하지만 일반적인 관점에서 묵자의 절약 사상은 당시에는 진보적인 의의를 가진 것이었다.

【 명분과 실제를 논하다 】

'명名(명칭, 개념)'과 '실實(실제, 구체적 사물)'은 선진시대의 사상에서 아주 중요한 범주라고 할 수 있다. 묵자는 '명'과 '실'을 연구한 최고의 사상가 중 하나였다. 그는 '명'이 '실'에 종속되어 있으며, '실'을 모르면

'명'도 그 의의를 상실한다고 여겼다. 그는 이렇게 예를 들었다.

"소경이 희고 검은 것을 모른다는 것은 '희다', '검다'는 명칭을 모른다는 것이 아니라 구체적 사물 속에서 구별할 수 없다는 뜻이다."《묵자》〈귀의〉

말하자면 소경은 '희다', '검다'는 명칭은 알아도 그 실제를 볼 수 없기 때문에 희고 검은 것을 정확하게 판단하는 능력이 없다. 이 비유를 통해서 묵자는 '명'은 '실'의 검증을 받아야 한다는 생각을 소박하게 표현했다.

그래서 묵자는 '눈으로 보고 귀로 듣는 실제성'의 지각을 특별히 강조했으니, 외부 사물에 대한 직접적인 지각은 인식의 원천과 근거라고 보았다. 이 때문에 "말에는 반드시 준칙이 있어야 한다"고 해서 사물의 옳고 그름, 진실과 거짓을 판단하기 위해서는 기준이 필요하다고 했다. 그는 '삼표三表'를 그 기준으로 제시했다.

첫째, 역사적 근거를 찾아 그 경험을 참조하는 것이다. 이른바 "옛것을 본보기로 삼는 것은 성왕聖王의 일"이라고 하듯이, 논지를 세우기 위해서는 반드시 앞사람의 경험을 살펴야 한다.

둘째, 백성들이 눈으로 보고 귀로 들은 실정을 관찰함으로써 수많은 대중이 몸소 경험한 것을 근거로 삼아야 한다.

셋째, 실제로 응용한 효과가 국가와 백성의 이익에 부합하는가를 검증해야 한다.

이처럼 묵자는 과거의 경험과 실제 효과를 논지를 세우는 준칙으로 삼아, 앞사람의 경험에 의거한 간접적인 경험과 대중의 직접적인 경험 그리고 실제 운용의 효과를 인식의 옳고 그름, 진실과 거짓을 판단하는 근거로 삼았다.

結 중국이 오랜 농업국인 만큼 묵자의 사상도 농민, 수공업자의 이익을 대표하고 있다. 그래서 그의 사상은 당시 유가와 나란히 '현학顯學'으로 불렸으며 후세에도 심원한 영향을 주었다.

그중에서도 후세에 가장 큰 영향을 끼친 것은 묵자의 겸애 사상이다. 그러면 이 겸애의 원칙을 어떻게 실천할 것인가? 묵가는 백성에게 이익을 주고 해악을 없애기 위해 적극적으로 노력하는 것이야말로 유일한 방법이라고 주장했다. 이러한 사상은 당시 호소력이 매우 강했다. 그래서 맹자는 묵자에 대해 이렇게 평했다.

"묵자는 겸애를 주장하니, 머리끝에서 발끝까지 다 닳아 없어져도 천하를 이롭게 하는 일이라면 행동한다."(《맹자》〈진심盡心 상〉)

묵가의 행동에서 우리는 적극적으로 세상을 구하려는 숭고한 정신과 박애의 마음을 엿볼 수 있다. 박애야말로 진정한 이타주의라고 본 묵자는 "문왕이 천하를 겸애하는 것이 넓고도 커서 마치 해와 달이 천하를 사심없이 두루 비추는 것과 같다"(《묵자》〈겸애 하〉)고 했다.

묵자의 겸애 사상과 유가의 인애仁愛는 후세에 서로 융합하면서 근대 서양 문명의 박애와 비슷한 사상으로 발전했다. 예컨대 한유韓愈는 《원도原道》에서 "박애를 인이라 한다"고 명확히 제시했다.

물론 계층 간의 대립이 있는 상황에서 묵자의 겸애와 한유의 박애가 진정한 인류애가 될 수 없는 것도 사실이다. 하지만 탐관오리에 저항하고, 백성에 대한 착취를 막으려 하고, 각박한 정치를 반대하는 면에서 진보적인 성격을 띠고 있다고 할 수 있다. 이렇게 볼 때 묵자의 겸애설은 역대 통치자들이 밝고 유연한 정책을 시행할 때 여론을 환기시키는 적극적인 사상으로서 기능을 했다고 하겠다.

【 장자 】

● 장자의 초상

장자는 생사生死를 투철히 살피지 않고서는 진정한 소요에 도달할 수 없다고 했다. 또 사람의 형체는 본래 기氣를 통해 형성된 것이므로 기가 흩어지면 형체도 흩어진다고 했다.

장자는 중국 고대의 가장 위대한 철학자 중 한 사람이다. 그는 정치적으로는 제후국 간의 전쟁이 성행하고 학문적으로는 백가쟁명하던 전국시대 중엽(대략 기원전 369~기원전 275)의 인물이다. 사마천은 《사기》의 〈노자·한비 열전〉에서 장자의 평생 사적을 이렇게 서술하고 있다.

장자는 몽蒙 땅의 사람으로 이름은 주周이다. 일찍이 몽의 칠원漆園에서 관리를 지냈는데, 양나라 혜왕惠王, 제나라 선왕宣王과 같은 시대 사람이다. 학문은 통달하지 못한 분야가 없었지만, 근본 요체는 노자의 말에 귀결된다. 그래서 10여만 자나 되는 그의 저서는 대체로 우언寓言으로 이루어져 있다.

송나라의 몽 땅은 오늘날의 허난성 상추시商丘市 경내이다.
장자는 한때 칠원 지방의 관리를 지낸 적이 있지만 그 기간은 길지 않았다. 가난 속에서 은거생활을 했기 때문에 짚신을 만든 적도 있고 남에게 양식을 꾼 적도 있다. 그런 형편에서도 장자는 공명과 이익, 녹봉 따위는 안중에 두지 않았다.
기록에 의하면, 초나라 왕이 장자가 아주 현명하다는 소문을 듣고 예물을 후하게 보내 그를 대신으로 등용하려 했다. 그러나 장자는 거들떠보지도 않고 사신에게 이렇게 말했다.

"내게 아무리 많은 재물과 존귀한 지위를 준다 해도, 이는 마치 태묘太廟에 끌려가서 치장된 후에 제사에 쓰이는 소와 다를 바 없다."

장자는 자연을 사랑했다. 자연은 그에게 생명이자 마르지 않는 지혜의 원천이었다. 그는 '도道'의 철학과 자신이 추구한 소요逍遙의 정신세계를 자연과 인생, 사회와 우주 속에서 깨달았다.

박식한 데다 세속에 분노를 느낀 장자는 극히 예술적인 방식으로 자신의 사상을 표현했다. 《사기》에 의하면, 장자의 저술은 10여만 자에 달한다고 한다. 그러나 오늘날 볼 수 있는 것은 《장자》의 〈내편內篇〉, 〈외편外篇〉, 〈잡편雜篇〉 세 편뿐이다. 고증에 의하면 〈내편〉은 장자가 썼고, 〈외편〉과 〈잡편〉은 장자가 일부를 쓰고 그의 제자들이 스승의 사상에 근거하여 또 일부를 썼으며, 기타 학자들이 나중에 보충한 것으로 보인다. 《장자》와 《노자》는 도가학파의 대표적인 서적으로 중국 사상사에서 중요한 자리를 차지하고 있다.

【 '도'에 대한 독특한 이해 】

장자는 '도'란 그 뜻을 이해할 수는 있어도 말로 표현되지는 않는다고 여겼다. 그러므로 우리는 장자가 들려주는 우화나 비유를 통해 그의 사상을 파악해야 한다.

장자는 노자와 함께 도가학파의 대표적인 인물로 노자의 사상에 큰 영향을 받았다. 그러나 장자가 말하는 '도'와 노자가 말하는 "현묘하고 또 현묘하다"는 '도'는 완전히 똑같은 사상이 아니다.

장자는 노자의 사상을 일부 계승했지만 자기만의 창조적인 영역도 개척했으므로 '도'에 관한 둘의 사상에는 차이가 있다. 예컨대 장자는 '자연'이란 개념을 통해 '도'의 본질적인 특징을 암시하고 있다. 이 때문에 《장자》라는 책에는 '자연'이란 단어가 자주 등장한다. "자연에 순응하는" 것은 장자의 매우 중요한 사상이다.

그러나 명확히 해야 할 것은 그가 말하는 "자연에 순응하는" 것과 오늘

전설에 나오는 장자莊子의 거주지 유적. 허난성 민취안民權에 있다.

날 우리가 통상 이야기하는 "자연에 순응하는" 것은 그 뜻에서 아주 큰 차이가 있다는 점이다. 장자가 말하는 "자연에 순응하는" 사상은 자연의 본성을 중시한다.

장자는 자기 본성을 잃어버렸을 때 가장 비참하다고 여겼다. 예를 든다면 까마귀는 검은색이고 해오라기는 흰색이다. 가령 까마귀가 해오라기의 흰색을 선망해서 자기 몸을 흰색으로 물들인다 해도 진정한 해오라기가 될 수는 없다.

장자의 생각은 이렇다. 까마귀는 원래 검기 때문에 흰색으로 물들이면 자연의 본성을 상실하고 만다. 더욱 심각한 것은 자기 본성을 상실한 후에 해오라기의 본성도 얻지 못한다는 사실이다. 해오라기는 여전히 그를 까마귀로 여기며 흰색의 변종을 받아들이지 않을 것이니, 까마귀는 발붙일 곳이 없어진다.

그래서 장자는 자연의 본성을 보존하는 것이야말로 생명의 '도'를 체현

장자의 고향이라는 허난성 민취안의 장자정莊子井
장자가 단약을 제조할 때 물을 긷던 곳이라고 한다.

하는 가장 기본적인 조건이라고 주장했다. 사실 이 속의 이치는 아주 간단하다.

또 장자는 오리와 학을 예로 든다. 학의 다리는 길고 오리의 다리는 짧은데, 누구나 이를 자연스럽게 생각한다. 그러나 인위적으로 오리의 다리를 늘이고 학의 다리를 자른다면, 이는 그들의 본성을 없애는 것일 뿐 아니라 심지어 생명까지 앗아갈 수 있다. 그런 행위는 '도'에 위배되기 때문이다.

【 장자가 추구한 소요의 인생 】

장자는 정신적인 삶을 탐구하여, 〈소요유逍遙游〉에서 이렇게 말하고 있다.

큰 붕새가 날기 위해서는 거센 바람과 긴 날개가 필요하며, 천 리 길을 걸으려는 사람은 석 달 치 양식을 준비해야 하는데, 이런 의존적인 삶은 모두 자유롭지 못하다. 전설 속의 열자列子는 가볍게 바람을 타고 보름 동안이나 날아다닐 수 있었다고 하니, 이는 보통 사람과 비교할 때 훨씬 자유로운 것이어서 꼭 걸어야 할 필요가 없다.

그러나 열자 역시 바람이 있어야 날 수 있다. 만약 바람이 없다면 진정한 자유를 얻을 수 없다. 따라서 열자와 같은 삶을 본받는 것은 진정한 자유를 누릴 수 있는 길이 아니다. 왜냐하면 이런 사람도 일정한 조건에 의지해야 하기 때문인데, 장자는 이것을 '유대有待(조건의 있음 : 옮긴이)'라고 표현했다.

진정한 자유는 어떤 조건에도 의존하지 않는 '무대無待'라고 보았다. 장자는 다음과 같은 삶을 생각했다.

"천지의 올바름을 타고 육기六氣의 변화를 부리면서 무궁無窮에 노니는 자라면, 그에게 어찌 조건이 있겠는가?"(〈소요유〉)

이런 삶이야말로 어떤 조건에도 의지하지 않고 천지 사이를 자유롭게 살아가는 것이다.

장자는 한 걸음 더 나아가서 현실의 삶에서 자유롭지 못한 원인을 분석했다. 그 원인은 태어남과 죽음, 장수와 요절, 부귀와 빈천, 얻음과 잃음, 부유함과 가난함, 칭송과 비방 때문이다. 그래서 장자는 이러한 것들이 '유대'의 부담이 되어서는 안 된다고 주장했다. 태어남과 죽음, 장수와 요절은 전적으로 '천명'에 따라 정해지는 것이라서 걱정해봤자 헛수고이고, 부귀와 빈천의 원인도 다분히 우연이라서 알 수 없기 때문에 추구할 필요가 없으며, 얻음과 잃음, 칭송과 비방은 전적으로 용렬한 사람이 스스로 근심하는 것이라고 했다.

장자는 일단 이 모든 문제를 깨달았을 때에만 진정한 소요의 경지에 도달할 수 있다고 보았다. 장자 자신도 이 소요의 경지를 추구하는 데 평생을 바쳤으며, 비록 극빈에 시달리고 명성을 떨치지도 못했지만 자유롭고 즐거운 지자智者로 살 수 있었다. 바로 이 때문에 후세의 많은 사람들이 장자와 같은 인생을 모방했던 것이다.

【 본성을 논하다 】

장자는 진정으로 소요의 경지에 도달하려면 생명의 본성을 유지하는 것이 가장 중요한 전제라고 여겼다. 하나의 사물에는 그 사물의 본성이 있으므로 고정된 표준을 어느 것에나 적용하지 말아야 한다고 철학적으로 논증했다.

말하자면 사람은 반드시 자기 본성에 근거해 살아야 하고, 본성에 위배되거나 자기가 도달할 수 없는 일을 선망하지 말아야 한다는 뜻이니, 그렇지 않으면 남의 것을 배우기는커녕 자기 것마저 잃을 수 있다는 것이다.

장자는 사례를 들어 이것을 설명하고 있다. 연나라 사람 하나가 한단邯鄲에 갔을 때 그곳 사람들의 걸음걸이가 아주 보기 좋다고 생각해서 그들을 모방해 걸었다. 그 결과 새로운 걸음걸이를 배우기는커녕 원래의 걸음걸이마저 잊어버려 끝내는 기어서 돌아갔다고 한다.

장자는 또 우리가 익히 알고 있는 '동시효빈東施效顰'의 이야기를 예로 들고 있다. 그 뜻 역시 한단의 걸음걸이를 배운 연나라 사람 이야기와 다르지 않다.

한번은 서시西施가 속이 아파서 가슴을 움켜쥔 채 미간을 찌푸리고 있었다. 옆집에 사는 추녀가 그런 서시의 모습이 무척 아름답다고 생각해서 자기도 서시처럼 미간을 찌푸리고 다녔다. 그 모습이 어찌나 추했던지 부유한 사람은 문을 닫고 그녀를 쳐다보지도 않았고, 가난한 사람은 아내와 자식을 거느리고 멀리 피했다.

이 '동시효빈'의 이야기는 하나의 중요한 철학을 내포하고 있는데, 바로 원인을 알아야 한다고 강조한 것이다. 우리는 늘 결과는 알지만 원인을 모르는 경우가 많다. 서시를 모방한 추녀가 사람들의 웃음거리가 된 것은 서시가 아름다운 원인을 모르고 맹목적으로 모방만 했기 때문이다.

이 이야기에는 또 무지에 대한 비판도 담겨 있다. 사람들은 늘 맹목적으로 숭배하다가 과오를 범하고 마는데, 이는 다른 사람이 무엇 때문에 그 길을 가는지도 모른 채 그 사람을 따라가는 것과 같다. 바로 "다른 사람의 적합함에만 맞추려고 할 뿐 스스로 적합하지는 못한" 것이다.

동시東施가 이마를 찌푸린 서시西施를 흉내내다.

총체적으로 장자의 결론은 본성의 보존을 강조한 것이라 할 수 있다. 남을 맹목적으로 숭배하다가는 비웃음을 사기 마련이며, 그로 인해 본성을 상실한다면 더욱 비참해진다. 만약 자기만의 독특한 정감, 개인적인 특성과 행동 방식이 없다면 세상에는 너 혹은 나라는 존재는 없을 것이다.

【 명예를 논하다 】

장자는 소요의 경지에 도달하는 또 하나의 중요한 길은 명예와 이익에

담백한 것이라 했다.

　오늘날 많은 사람들이 스스로 소요, 즉 자유의 경지에 이르렀다고 생각하지만, 그것은 장자가 말하는 자유와는 큰 차이가 있다. 장자의 소요는 오늘날 우리가 말하는 쾌락적 자유와는 전혀 다른 것으로, 장자는 명예와 이익 때문에 본성을 잃는 일은 없어야 한다고 강조했다.

　그는 명예를 위해 죽거나 이익을 위해 죽는 사람을 비판했으며, 특히 사소한 이익 때문에 끝없이 싸우는 사람들에 대해서는 너무나 불쌍하다고 말했다. 장자는 다음과 같은 우화로 이를 묘사하고 있다.

　두 제후국이 서로 땅을 뺏기 위해서 전쟁을 준비하고 있었다. 그때 어떤 사람이 전쟁을 준비하는 제후에게 말했다.

　"달팽이 뿔 위에서 두 나라가 땅을 뺏으려고 전쟁을 벌이는 걸 보았는데, 시체가 온 들판에 널렸습니다."

　그러자 제후가 화를 내며 말했다.

　"헛소리 마라. 달팽이가 얼마나 작은데 그 위에서 전쟁을 벌인단 말이냐?"

　그 사람이 대답했다.

　"천지의 거대함과 비교해볼 때, 당신들이 조그마한 땅을 차지하기 위해 싸우는 것이 달팽이 뿔 위에서 싸우는 것과 무엇이 다릅니까?"

　장자의 소요에는 유한한 것을 생사에 관련된 것으로 보지 말아야 한다는 뜻이 포함되어 있다. 가령 명예와 이익은 유한한 것이라 인생의 도道와 비교하면 본질적으로 어떤 가치도 없다. 그러나 현실을 들여다보면 사람들은 항상 명예와 이익을 두 손에 꼭 쥔 채 남에게 빼앗길까 두려워한다.

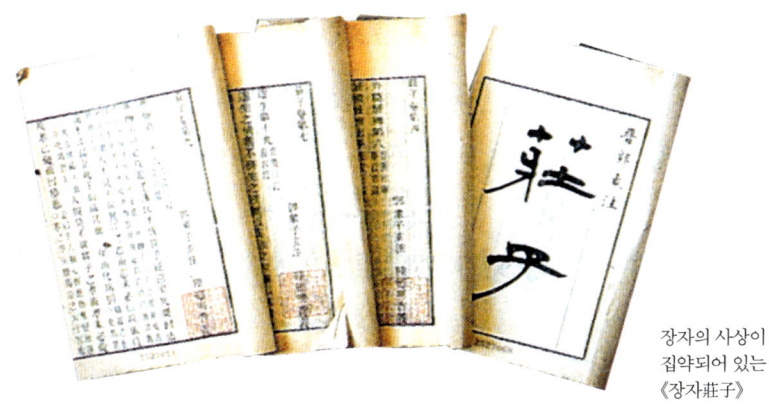

장자의 사상이
집약되어 있는
《장자莊子》

《장자》에는 이런 우화가 나온다.

　높이 나는 새 한 마리가 독수리 머리 위를 지나다가 독수리가 죽은 쥐를 먹으려고 하는 모습을 보았다. 독수리는 새가 자기 먹이를 훔치려는 줄 알고 소리내어 위협했다.

　이 우화는 몸 밖의 사물에 지나치게 집착하다 보면 진정한 자유를 누릴 수 없다는 걸 보여준다.
　장자는 또 명예와 이익에 사로잡혀서 시야가 좁은 사람을 우물 안 개구리에 비유했다.

　우물 안 개구리가 동해에서 온 거북이에게 우물 안 세상이 아주 넓다고 자랑하면서 우물 안을 살펴보라고 했다. 동해에서 온 거북이가 왼쪽 발을 우물 안에 들여놓자마자 무릎이 걸려서 들어갈 수 없었다!

결국 장자가 주장하는 것은 명예와 이익을 좇는 마음을 버려야만 마음이 동해처럼 넓어질 수 있고 인생도 진정으로 자유로울 수 있다는 것이다.

【 생사를 논하다 】

장자는 생사生死를 철저히 살피지 않고서는 진정한 소요에 도달할 수 없다고 했다. 또 사람의 형체는 본래 기氣를 통해 형성된 것이므로 기가 흩어지면 형체도 흩어진다고 했다. 그래서 "삶도 자연이고 죽음도 자연"이라고 했으며, 우리가 익히 알고 있는 "삶이라고 해서 기쁜 것만은 아니며, 죽음이라고 해서 슬픈 것만은 아니다"라는 말도 바로 장자로부터 전해진 것이다.

장자의 생사관은 아주 독특하면서도 자연적이다. 《장자》에 의하면, 그는 장례를 호화롭게 치러주겠다는 제자에게 임종 전에 이렇게 말했다고 한다.

"나를 황야에 묻어주게. 천지를 관으로 삼고, 해와 달을 구슬로 삼으며, 하늘의 별들을 진주로 삼고, 만물을 예물로 삼는다면 이 얼마나 융숭한 장례겠는가."

제자가 의아해하면서 물었다.

"그렇게 하면 시신이 까마귀나 독수리에게 먹히지 않겠습니까?"

"땅속에 묻어도 개미 따위에게 먹히지 않느냐. 자연으로 돌아가기는 마찬가지이니 번거롭게 할 필요 없다."

이처럼 장자의 철학은 일종의 인생철학이다. 장자의 생사관을 통해 그의 매력을 느낄 수 있다. 하지만 생사를 아랑곳하지 않는다고 해서 모든

청나라 화가 임웅任熊의 그림. "장자는 소요의 경지에서 노닐고, 노자는 근원의 침묵을 지킨다"고 한다.

일에 다 그랬던 것은 아니다. 실제로 장자는 생사를 가치없다고 여기지 않았으며, 양생養生의 도를 중시했다.

포정庖丁이 소를 잡아 뼈와 살을 솜씨 좋게 발라냈다는 이야기가 있다(《장자》〈양생주養生主〉에 실린 이야기임 : 옮긴이). 포정의 솜씨는 절정의 경지에 도달해서 '도'와 '기예'의 완벽한 결합을 구현했다. 장자가 추구한 것은 바로 이런 완벽한 인생의 경지였다.

장자가 말하는 양생의 도는 주로 '정신을 기르는' 도를 중시한다. 양생하는 사람은 양생의 '도'를 알아야 하는데, 먼저 정신을 수양해야 양생을 잘할 수 있다. 즉 정신적으로 생사의 상대성을 통달해야만 생명의 의미를 이해할 수 있다는 뜻이다.

양생으로 생의 도리를 깨닫고 그에 상대적인 죽음도 달관할 수 있다면, 이것이 바로 예술적인 심미의 경지에 이르는 인생이 아니겠는가.

結 다음은 《장자》에 나오는 유명한 우화이다.

하루는 장자가 꿈을 꾸었는데 꿈속에서 자신이 나비로 변했다. 그는 하늘을 날게 되자 아주 득의양양해서 자신이 장주莊周(장자의 이름 : 옮긴이)라는 것조차 잊었다. 그러나 깨어나 보니 불가사의하게도 자기는 장주였다. 그렇다면 장주가 꿈속에서 나비로 변한 것인가, 아니면 나비가 꿈속에서 장주로 변한 것인가?

세월이 흘러도 강산은 옛날과 같다는 말이 있듯이, 나비를 꿈꾸던 장자는 오래전에 세상을 떠났으나 그의 시적이고도 예술적인 사상은 지금까지도 전해지고 있다. 우리는 아직도 그의 지혜를 응용하고 있으니, 오늘날 쓰고 있는 다음과 같은 고사성어를 보면 알 수 있다.

동시효빈東施效顰 : 동시가 가슴이 아파서 이마를 찌푸린 서시를 흉내내다.
한단학보邯鄲學步 : 연나라 사람이 한단의 걸음걸이를 배우다.
조삼모사朝三暮四 : 아침에 세 개, 저녁에 네 개. 눈앞의 차이만 알지 결과가 같다는 것은 모른다는 뜻.
망양지탄望洋之嘆 : 넓은 바다를 보고 탄식하다. 타인의 위대함에 감탄하고 나의 부족함을 부끄러워한다는 뜻.
도인유여刀刃有餘 : 칼날에 여유가 있다. 포정이 소의 배를 잘라 뼈와 힘줄을 가를 때 칼날이 무뎌지지 않고 날카로움을 유지한 데서 비롯된 말이다.

《장자》에는 심각한 뜻을 담고 있는 말도 있다. 가령 "마음의 죽음보다 더 큰 슬픔은 없다", "인생은 흰 말이 지나가는 것을 문틈으로 보는 것과 같다", "묵은 것을 토해내고 새것을 받아들인다" 등은 모두 《장자》에서 직접 인용했거나 그것을 응용한 것이다.

장자의 사상은 사람을 깊이 빠져들게 한다. 철학적 관점에서 보면 장자는 낭만주의적 철학자이다. 사상은 시적 의미가 다분한 산문의 형식으로 표현되었고, 문장은 심금을 울리는 우언으로 가득 차 있으며, 생기발랄하고 기묘하다.

문학적 관점에서 보면 장자의 사상 자체는 한 편의 절묘한 시다. 그의 사상적 기점이 바로 문학의 핵심이니, 이것은 사상이고 저것은 문학이라고 명백히 구분하지 않았다.

미학적 관점에서 볼 때 장자는 철학자, 시인, 예술가의 면모가 절묘하게 융합된 인물이다. 그의 철학, 문학, 예술은 생명의 무궁한 조화 속에 융합되었으니, 생기발랄한 기운이 넘치는 '정情'과 '이理', '도道'와 '예藝'의 완벽한 융합체라고 할 수 있다. 장자의 사상은 이토록 기묘하고 아름다우며 넓고도 깊다. 그래서 후한시대 이후 대부분의 위대한 사상가, 문학가, 예술가 등이 장자의 철학과 예술사상에서 깊은 영향을 받았다.

【 맹자 】

● 맹자의 초상

겸병전쟁이야말로 통일의 방법이라고 주장한 법가와는 달리 맹자는 인정으로 천하를 귀의하게 해야 한다고 생각했다. 이는 전국시대 당시 법가와 유가의 근본적인 대립의 한 단면을 보여준다.

맹자孟子(대략 기원전 380~기원전 300년)는 전국시대의 위대한 사상가이다. 그는 공자의 사상을 계승하고 발전시키는 한편, 유가의 발전에 크게 공헌했다. 그래서 사람들은 그를 성인에 버금가는 '아성亞聖'이라 불렀다. 말하자면 공자 다음가는 성인이라는 뜻이다.

맹자의 이름은 가軻이고 추鄒나라(지금의 산둥성 쩌우청鄒城) 사람이다. 당시는 전국시대 중기로 사회는 커다란 혼란에 휩싸였고 제후국들은 분쟁을 일삼았기 때문에 천하가 평안하지 못했다.

또 정치무대에서는 각 학파의 활동이 활발했으니, 유가·묵가·법가·도가 등이 너도나도 저술과 학설을 제후들에게 유세함으로써 각국 군주의 힘을 빌려 저마다 포부를 실현하고자 했다. 그래서 사상의 영역에서는 백가쟁명의 치열한 국면이 나타났다. 맹자는 바로 이런 상황에서 유가의 학문을 통해 인생 여정에 오르게 되었다.

맹자는 학문적으로 어느 정도 성과를 이루자 다른 학파의 지식인들처럼 여러 제후국을 다니면서 자신의 사상과 정치적 이상을 설파했다. 그러나 수십 년이라는 시간이 흘러도 맹자의 정치적 이상은 실현되지 못했다.

격렬한 전쟁을 일삼은 전국시대 각 제후국의 군주들은 국력을 증강하는 정치 학설에만 관심을 보일 뿐, 맹자처럼 인의와 도덕을 핵심으로 하는 '인정仁政'에 대해서는 냉담한 태도를 취했다.

맹자는 나이 70세가 되자 더 이상 제후국들을 돌아다닐 수 없었다. 그래서 제자인 만장萬章과 공손추公孫丑 등을 데리고 고향으로 돌아갔다.

그후 10여 년 동안 제자들과 함께 《시》, 《서》 등 유가의 서적을 정리했고, 자신의 사상과 활동을 총체적으로 결산한 《맹자》 7편을 편찬했다.

《맹자》에는 맹자의 모든 사상과 언론 및 사적이 상세히 기록되어 있다. 이 책은 유가학파의 중요한 전적이 되었고, 북송北宋 말년(신종 희령 4년)에는 정식으로 관학의 텍스트로 올라서면서 과거시험의 기본 교재가 되었다.

【 '인정'을 제시하다 】

맹자의 '인정'은 공자의 '인仁' 사상을 계승하고 발전시킨 것이다. 공자의 '인'은 광범위한 도덕적 관념을 내포하고 있는데, 기본 정신은 바로 '사람을 사랑하는 것'이다. 즉 자비와 사랑의 마음으로 다른 사람을 대해야 한다는 뜻이다. 이처럼 남을 사랑하는 '인'을 실현하려면 반드시 다음 두 가지 조건을 갖춰야 한다.

첫째, "자기가 서고 싶으면 남을 세우고, 자기가 영달하고 싶으면 남을 영달케 하라"이다. 즉, '인'을 실현하려면 "자기를 미루어 남에게 미쳐야〔推己及人〕" 하는 것이니, 자기가 입신하고 싶고 영달하고 싶다면 반드시 남을 입신시키고 영달시켜야 하며, 자기가 도달하고 싶다면 동시에 남도 도달하길 원해야 하는 것이다.

둘째, "자기가 하기 싫은 일을 남에게 베풀지 말라"는 것이다.

이 두 가지가 바로 유가가 일관되게 제창하는 '충서忠恕'이다. 공자의

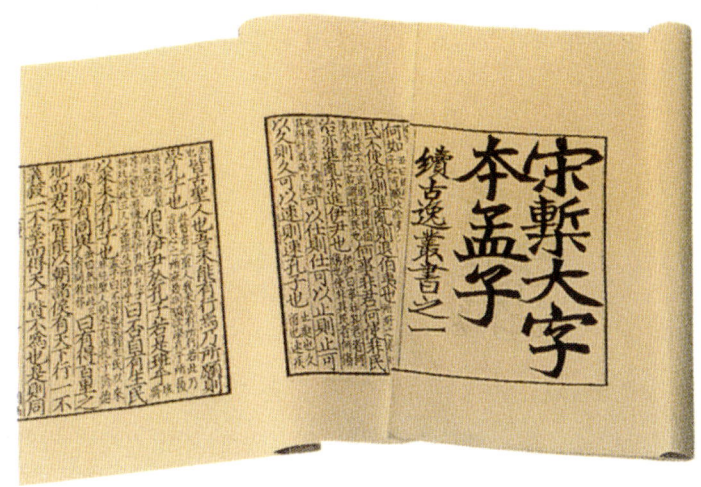

유가학파의 중요한 전적이 된《맹자孟子》

'인' 사상에서 출발한 맹자는 그것을 확충해서 인정을 제시했다.

맹자는 각국의 제후에게 유세할 때 인정의 사상을 설득의 기초로 삼았다. 그는 통치자에게 인정의 실시를 요구하며, 반드시 백성의 고통에 관심을 갖고 동고동락하라고 말했다.

이에 관해 맹자는 주옥같은 말을 쏟아냈으니, 예를 들면 이런 것이다.

"백성의 즐거움을 즐거워하는 자라면 백성도 그의 즐거움을 즐거워하고, 백성의 근심을 걱정하는 자라면 백성도 그의 근심을 걱정한다. 천하와 함께 즐거워하고 천하와 함께 걱정하는데도 왕도王道를 실현하지 못한 자는 아직까지 없다."

이 말은 시공을 뛰어넘는 천고의 명언으로 사람들의 마음속에 깊이 뿌리 내리고 있다. 송나라의 문인 범중엄范仲淹이 〈악양루기岳陽樓記〉에서 "천하의 근심을 먼저 근심하고, 천하가 즐긴 후에 즐긴다"고 했는데, 이

빛나는 사상은 맹자의 영향을 받은 것이 분명하다.

【 '인정'을 핵심으로 한 정치적 이상 】

맹자는 '인정'을 핵심으로 하여 자신의 정치적 이상을 전면적으로 제시했다.

먼저 정치적으로는 각국의 제후들이 땅을 쟁탈하는 겸병전쟁을 반대했다. 맹자는 백성들의 가난과 각종 재난의 근원이 겸병전쟁에 있다고 생각했다. 그래서 반드시 겸병전쟁을 막아야 하며, 전쟁을 부채질하는 군주는 응분의 대가를 치르게 해야 한다고 주장했다.

산둥성 쩌우청鄒城에 있는 맹자의 고향 마을

당시 법가는 겸병전쟁이야말로 통일의 유일한 길이라고 주장했지만, 맹자는 '인정'을 실현해서 '인'의 힘으로 천하를 귀의케 하는 것이 진정한 통일이라고 생각했다. 이는 전국시대 당시 법가와 유가의 근본적인 대립의 한 단면을 보여준다.

맹자는 경제적으로 세금을 줄여서 백성의 자산을 다스릴 것을 주장했다. 전국시대의 세금은 경악할 정도로 많았다. 무거운 세금은 백성의 저항을 초래해서 확고한 통치를 할 수 없게 만든다고 여겼으며, 이 때문에 '인정'을 주장하면서 특히 세금을 줄여야 한다고 강조했다.

'인정'에서 말하는 "백성의 자산을 다스린다"는 것은 국가가 각 호戶의 농민에게 100무畝(1무는 약 30평 : 옮긴이)의 경작지와 5무의 주택부지를 나누어줌으로써 이 토지를 농민의 고정자산으로 규정하는 것이다. 백성에

산둥성 쩌우청 맹자의 옛집. 맹자가 여기서 태어났다고 한다.

게 고정자산이 없으면 분수에 머물면서 자기를 지키는 한결같은 마음이 없어지고, 그런 마음이 없어지면 법을 위반하면서 무슨 짓이든 하게 된다. 이 때문에 현명한 군주라면 반드시 백성으로 하여금 고정적인 생산을 하게 하여, 위로는 늙은이를 부양하고 아래로는 처자와 아이들을 돌보게끔 해야 한다.

'인정'은 또 통치자에게 현명한 사람을 존경하고 능력 있는 사람을 중용할 것을 요구했다. 맹자는 현명한 사람을 존중하고 걸출한 사람을 관리로 등용해야만 천하의 선비들이 기꺼이 모여 국가의 번영을 위해 계책을 세울 것이라고 여겼다.

그 밖에도 '인정'을 실현하려면 학교를 세워서 유가의 도덕을 더욱 강력하게 가르쳐야 한다고 주장했다.

산둥성 쩌우청에 있는 맹자 어머니의 무덤

【 자식을 가르치려고 환경을 선택하다 】

맹자는 어린 시절 어머니의 영향을 크게 받았다. 맹자의 어머니는 식견이 넓어서 자식을 교육할 줄 아는 사람이었다. 어려서 아버지를 여읜 탓에 어머니는 그의 첫 번째 선생님이 되었다.

역사적으로 맹자의 어머니가 자식을 가르친 이야기가 적잖이 전해지고 있는데, 그중 하나가 바로 맹자의 어머니가 환경을 선택해서 자식을 가르친 이야기이다. 《열녀전列女傳》〈모의편母儀篇〉에 전해지는 이야기는 다음과 같다.

맹자는 한때 묘지 부근에서 살았다. 묘지 주변은 늘 제사 지내는 사람으로 붐볐고, 관을 매장하기 위해 거의 매일 땅을 파곤 했다. 그것을 본 맹자는 그들을 흉내 내서 구덩이를 파며 놀았다.

아들의 학문이 깊어지길 바랐던 맹자의 어머니는 주변 환경이 아이에게 나쁜 영향을 끼치자 시장 근처로 이사했다. 그러나 시장 역시 늘 사람들이 붐비고 상인들은 큰 소리로 물건을 팔았다. 맹자는 매일 시장에서 놀면서 물건 파는 상인들을 따라하곤 했다.

맹자의 어머니는 다시 학당 부근으로 이사를 갔다. 학당은 국가의 교육기관이어서 예의 있는 지식인이 많았다. 이런 학당의 분위기에 영향을 받아 맹자는 열심히 공부하게 되었다.

옛사람이 말하기를 "연지를 가까이하면 붉어지고, 먹을 가까이하면 검어진다"고 했는데, 이 이야기에서 그것이 진실임을 알 수 있다. 맹자의 어머니는 이런 이치를 알고 있었기 때문에 집을 옮기는 번거로움을 마다 하지 않고 오직 교육에 유익한 환경만을 선택했던 것이다.

【 베를 끊어 학문을 권하다 】

"베를 끊어 학문을 권하다"는 이야기 역시 맹자의 어머니가 아들이 열심히 공부하도록 고무한 이야기다.

어린 아들이 공부를 별로 하지 않자 맹자의 어머니는 근심에 잠겼다. 어느 날 어머니가 베를 짜고 있는데 마침 맹자가 서당에서 돌아왔다. 어머니가 물었다.
"요즘 공부는 잘하고 있느냐?"
맹자는 대수롭지 않게 대답했다.

맹자 사당인 맹묘의 패방牌坊

"예전과 다를 바 없어요."

이 말을 들은 어머니는 화를 내면서 금방 짠 베를 칼로 끊어버렸다. 맹자가 겁을 내면서 고생스럽게 짠 베를 어째서 끊어버리냐고 묻자, 어머니가 대답했다.

"학문은 베를 짜는 것과 마찬가지라서 일단 끊어버리면 다시는 이을 수 없다. 열심히 노력하지 않고 옛것을 배워서 새것을 알지 못한다면, 영원히 학문의 본령本領에는 이르지 못할 것이다."

어머니의 교육법은 맹자의 사상의 형성과 학문의 발전에 큰 영향을 미쳤다. 이는 그녀가 맹자에게 인생의 적극적인 태도를 가르쳐주었기 때문이다. 맹자가 천 리 길을 돌아다니며 평생 동안 수없이 냉대를 받고 실패를 맛보면서도 자신의 사상을 견지할 수 있었던 것은 모두 어머니의 교육 덕분이다.

당시는 천명론이 성행하던 시대라서 맹자 역시 천명을 믿었다. 그는 "사람은 천명의 안배를 따라야 한다"고 했다. 그러나 천명에 순종한다고 해서 소극적으로 기다리지만 말고, 적극적으로 쟁취하고 주체적으로 능력을 발휘해야 한다고 주장했다.

맹자 어머니가 베틀을 끊은 곳을 기념한 비석.
'맹모단기처孟母斷機處'라고 새겨져 있다.

맹묘의 중심 건축물인 아성전亞聖殿

【 적극적이고 진취적인 삶을 제창하다 】

맹자의 적극적이고 진취적인 태도는 "인仁의 실천은 자기로부터 말미암는다"는 공자의 사상에서 유래했다. 맹자는 공자의 계승자로, 그의 일생도 공자의 일생과 유사하게 적극적이고 진취적인 기상이 넘쳤다.

그렇다면 어떻게 살아야 진취적인 정신을 구현할 수 있을까?

첫째, 맹자는 무엇보다도 고난을 두려워하지 말라고 했다. 그는 하늘이 일을 맡기려는 사람에게는 시련이 따른다고 하면서 이렇게 말했다.

"하늘이 (순임금이나 백리해百里奚 같은) 사람에게 큰 임무를 내리려 할 때, 반드시 먼저 그의 심지를 괴롭히고, 그의 근육과 뼈를 힘들게 하고, 그의 몸을 굶주리게 하고, 그의 생활을 궁핍하게 해서 어떤 일에서든 뜻을 이룰 수 없게 한다. 이는 그의 마음을 움직여 참을성을 갖게 함으로써 예전

에 할 수 없었던 일을 더 잘하도록 하기 위한 것이다."《맹자》〈고자告子 하〉)

둘째, 맹자는 용감하게 헌신하는 정신을 키우라고 했다. 이에 대해서도 맹자는 의미심장한 말을 하고 있다.

"삶도 내가 바라는 바이고, 의義도 내가 바라는 바이다. 그러나 이 둘을 겸할 수 없다면 생을 버리고 의를 취해야 한다."《맹자》〈고자告子 상〉)

"생을 버리고 의를 취한다"는 맹자의 말은 오랜 세월을 거치면서 사람들의 마음에 각인되었다. 정의를 위해 아낌없이 생명을 바치는 것이야말로 맹자의 사상 중에서도 가장 고귀한 정신이다.

結　공자와 맹자의 사상이 결합된 '공맹孔孟의 도'는 유가 사상의 핵심을 이루면서 전통문화의 지배적인 위치에 있다. 또 그 영향도 정치, 사회뿐 아니라 민간 풍속의 구석구석에까지 미치면서 오늘날에도 영향력을 발휘하고 있다.

맹자의 사상은 중국의 정치, 철학, 문학 및 사상의 발전과 밀접한 관계가 있다. 특히 백성과 동고동락할 것을 내세우는 '인정' 사상과 백성이 군주보다 귀하다는 민본民本 사상은 중국 민주 사상의 발생과 발전에 크게 기여했다.

후세에 민주 사상을 제창한 대부분의 정치인 및 사상가가 "백성이 귀하고 군주는 가볍다"는 맹자의 사상에서 크게 영향을 받았다. 또 무지한 군주에 대한 비판, 그가 숭상한 고대 성왕들의 훌륭한 도덕, 그리고 고대사회의 이상적인 정치에 대한 주장은 후세의 수많은 사상가와 혁명가들에 의해 인용되면서 사회를 개혁하는 도구가 되었다.

게다가 맹자가 내세운 적극적이고 진취적인 인생관과 "부귀로도 나의 지조를 타락시킬 수 없고, 빈천함으로도 나의 지조를 바꿀 수 없으며, 위세와 무력으로도 나의 지조를 굴복시킬 수 없다"(《맹자》〈등문공 하〉)는 고매한 절개는 후세의 지사志士들을 고무시켜 이상의 실현을 위해 분투하게 만들었다.

【 한비자 】

●한비의 초상

한비는 과거 법가들의 사상을 깊이 분석한 뒤에 장점은 흡수하고 약점은 극복했다. 그리하여 법치를 중심으로 하는 '법', '술', '세'가 결합된 통치이론을 제시했다.

한비(기원전 280~기원전 233년)는 한韓나라의 귀족 출신으로 글쓰기에 아주 능했다고 한다. 이사와 함께 순자 밑에서 글을 읽었는데, 이사는 자신의 재능이 한비만 못한 것을 탄식했다고 한다.

당시 한나라는 국력이 약한 소국이었다. 한비는 몇 차례나 글을 올려 변법을 실시해 강한 나라를 도모하자고 건의했으나, 어리석은 왕은 거들떠보지도 않았다.

그러나 한비는 굴하지 않고 더욱 분발하여 〈세난說難〉, 〈고분孤憤〉, 〈오두五蠹〉, 〈내외저설內外儲說〉, 〈설림說林〉 등 10여만 자에 달하는 글을 써서 나라를 다스리고 안정시키는 법에 관한 견해를 제시했다.

당시 진秦나라의 군주 영정嬴政이 그의 저서를 보고는 탄복을 금치 못하며 이렇게 말했다고 한다.

"이런 사람과 만나서 함께 이야기를 나눌 수 있다면 죽어도 원이 없을 것이다."

후에 한비가 사자의 신분으로 진나라에 가자, 영정은 그를 보고 매우 기뻐했으나 무슨 까닭인지 중용하지는 않았다. 얼마 후 한비는 이사의 모함을 받아 결국 진나라의 감옥에서 자결했다.

한비는 예전 법가들의 사상과 실천을 종합해서 법을 중심으로 하는, 법法·술術·세勢가 결합된 봉건군주의 통치술을 제시했다. 그의 이론은 전제정치를 강화하는 데 유력하게 작용했기 때문에 수많은 봉건 통치자들이 나라를 다스리는 준칙으로 삼았다.

한비는 비록 정치적 주장을 직접 추진할 기회를 얻지는 못했으나, 그의 사상은 그를 높이 평가해주었던 진나라 왕에 의해 실행되었다. 한비의 이론은 사실상 진나라 시황제始皇帝가 6국을 통일하고 강대한 중앙집권제를 건립하는 기초가 되었다.

한비의 사상은 주로 법으로 나라를 다스리는 정치학을 구현한 것이지만, 그는 다른 문제에 대해서도 걸출한 견해를 많이 제시했다. 예컨대 노자의 '도'에 대해서 "무릇 도리로써 일에 종사하는 자는 이루지 못함이 없다"(〈해로解老〉)고 했는데, 이때의 '도리'는 객관적인 법칙에 따라 행동하는 것을 말한다. 아울러 복고주의를 반대하는 한비의 역사관은 선진시대의 제자백가 중에서도 중요한 위치를 차지한다.

한비의 사상은《한비자》에 기록되어 있다.

【 '법', '술', '세'가 결합된 정치 사상 】

한비자가 살았던 시기는 순자보다 조금 나중이다. 당시 역사 발전의 추세는 장기간 지속되었던 할거의 국면을 매듭짓고 통일된 중앙집권제의 봉건국가를 건립하는 것이었다. 그렇다면 어떻게 그런 국가를 건립할 수 있는가? 한비는 이렇게 말했다.

"국가는 늘 강한 것도 아니고 늘 약한 것도 아니다. 법을 집행하는 자가 굳건하면 나라도 강해지고, 법을 집행하는 자가 나약하면 나라도 약해진다."(〈유도有度〉)

한비가 보는 국세國勢의 강약은 법치를 단호히 실천하느냐 못하느냐에 달려 있었다. 이런 법치 사상에서 출발한 그는 그때까지 내려온 법가의 사상을 종합했다.

상앙의 변법은 법으로 나라를 부강하게는 했지만, '법'만 제시하고 '술'을 소홀히 했기 때문에 결국 "술로써 간사한 자를 알지 못했고"(〈정법

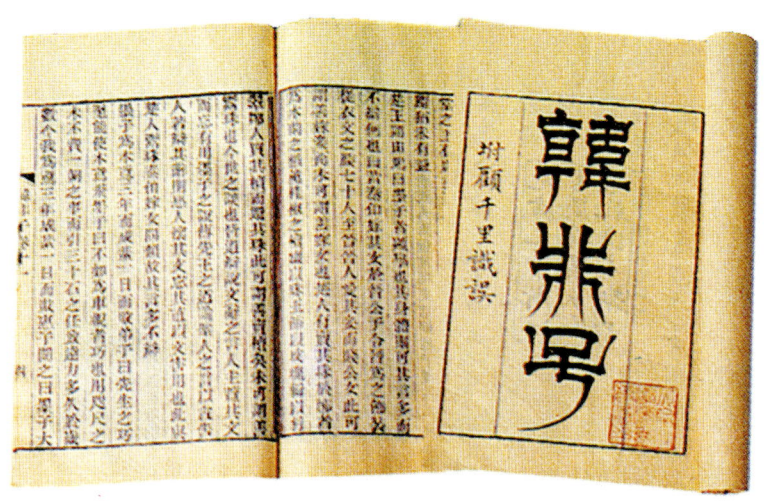

한비의 사상을 확인할 수 있는 《한비자韓非子》

定法〉), 국가를 부강하게 한 것이 도리어 간신들의 정치적 자산이 되고 말았다. 신불해는 '술'만 제시하고 '법'을 중시하지 않았기 때문에 사력을 다해 한韓나라 소후昭侯를 도와서 '술'을 썼지만 큰 효과를 거두지 못했다. 물론 단순히 '세勢' 하나만 믿어도 안된다.

한비는 과거 법가의 사상을 깊이 분석한 뒤에 장점은 흡수하고 약점은 극복했다. 그리하여 법치를 중심으로 하는 '법', '술', '세'의 세 가지가 결합된 통치이론을 제시했다.

한비가 말하는 '법'은 통치계급의 의지를 구현하는 정책과 법령을 가리키며, 이 법은 군주의 통일된 반포를 거쳐 각 지방 관리에게 하달되어 일을 처리하는 준칙이 된다. 또 '술'은 군주가 관리를 임면任免하거나 상벌을 내리는 방법과 수단을 가리키며, 이른바 '세'란 군주의 지위와 권력을 가리킨다. 이 세 가지는 하나라도 없어선 안 되지만, 그중에서 가장 근본적인 것은 '법'이므로 "법을 근본으로 삼아야" 한다고 했다.

한비의 사상은 선진시대 법가의 정치 사상을 훨씬 더 체계화한 것이었다.

【 법을 가르침으로 삼는다 】

한비의 '법치'는 중앙집권제를 확립하고 지배층의 정치를 공고히 하는 이론이다. 그래서 "법은 귀족에게 편향되지 않아야 한다", "형벌은 대신大臣이라도 피해가지 말아야 한다"(《유도有度》)고 강조했으며, 군주는 반드시 '술'로 신하를 다스려서 '간신'이 나타나는 것을 막아야 하고, 군주의 지위와 권력을 확고히 해서 중앙집권을 강화해야 한다고 주장했다. 이렇게 하면 지주의 세력을 약화시킬 수 있기 때문이다.

물론 한비의 '술'은 지배층이 음모와 권모술수로써 권력을 유지하려는 통치의 수단이다. 이른바 '칠술七術'의 하나인 "의심하고 속임수를 쓰는 것"(《내저설內儲說 상》)이 바로 군주가 거짓 명령과 속임수로 신하들을 미혹시켜서 자신의 진정한 의도를 알 수 없도록 하여 그들을 다스리는 것이다.

한비는 법가가 강조한 경전耕戰 사상을 계승했다. 그는 법치를 실시하면 사람들이 법과 제도를 준수할 것이고, 농민은 열심히 농사지을 것이고, 병사는 열심히 싸울 것이라고 하며 "그러므로 전쟁이 없으면 나라가 부유해지고, 전쟁이 있으면 병력이 강해지니, 이것을 '왕의 밑천〔王資〕'이라 한다"(《오두》)고 말했다. 여기서 '왕의 밑천'은 바로 "천하에 왕 노릇을 하는" 자본을 가리키는데, 이는 사실상 법가의 정치 사상으로

한비는 중앙집권적 통일국가를 세우기 위해서는 '법치'를 확고히 해야 한다고 주장했다.

중국을 통일하려는 한비 자신의 염원을 제시한 것이다. 그래서 한비는 "법을 가르침으로 삼는 것"을 강조하면서 이렇게 말했다.

"현명한 임금이 다스리는 나라는 서간書簡을 없애고 법을 가르침으로 삼으며, 선왕先王의 말을 없애고 관리를 스승으로 삼는다."(《오두》)

이 때문에 한비는 유가의 '선왕의 말'인 '서간의 글'을 단호히 금지하라고 주장했다. 그는 통일된 봉건국가를 건립하기 위해서는 반드시 신흥계급의 정책과 법령으로 사상을 통일해야 한다고 했다. 그래서 "글로써 법을 교란하는" 유가를 비판하고, "유가의 무리를 깨뜨려 그 당파를 해산시켜야 한다"고 주장했다.

【 '선지'와 '전식'을 반대하다 】

한비는 유가가 주장하는 관점, 즉 "지극한 정성이면 미리 알 수 있다"는 선지先知의 관점을 신랄하게 비판했다. 그는 "사물과 접촉하기 전에 행동하고, 사물의 법칙을 이해하기 전에 판단을 내리는 것을 전식前識이라 부르는데, 전식은 털끝만한 근거도 없이 멋대로 생각하는 것"(〈해로〉)이라고 했다.

그는 이런 이야기를 했다.

한번은 첨하詹何(전국시대 사람으로 점을 아주 잘 쳤다고 함: 옮긴이)가 제자들과 함께 방에 있는데, 밖에서 소 한 마리가 울고 있었다. 제자 하나가 밖에 있는 소는 몸이 검은색인데 이마만 흰색이라고 했다. 그러자 첨하는 "그래, 소는 검은색일세. 하지만 흰색은 소의 뿔 위에 있네"라고 말했다. 밖으로 나가보니, 과연 첨하가 말한 것과 같았다.

한비는 이렇게 지적했다.

"첨하의 이런 점술은 마음을 수고롭게 하고 정신을 상하게 한다. 제자 중에서 가장 우둔한 아이를 밖으로 내보내 알아보면 될 것을 꼭 방 안에서 어렵게 점을 칠 필요가 있겠는가?"

한비는 실천 속에서 사물을 인식할 것을 강조했다. 그리고 인식을 하고 나서 무엇으로 그 옳고 그름을 검증하는가에 대해, '참험參驗', 즉 사실과 말을 비교해보는 방법을 제시했다. 그는 "명실名實에 따라서 옳고 그름을 정하고, 참험을 근거로 언사言辭를 살핀다"(〈간겁시신奸劫弑臣〉)고 했다. 즉 사상과 실제의 일치 여부를 근거로 그 사람의 말이 옳은지 그른지, 참인

"그래, 소는 검은색일세. 하지만 흰색은 소의 뿔 위에 있네."

지 거짓인지를 판단해야 하며, 무릇 검증을 거친 것은 정확하지만 검증을 거치지 못한 것은 잘못되었다는 뜻이다.

한비는 유가가 자신들이 '선왕의 도'에 의지한다고 주장하고, 자신들의 말이 "진짜 요순堯舜"이라고 하지만, 실제로는 검증을 받지 못한 "어리석음과 기만의 학문"이라고 비판했다. 한비의 이런 사상은 선진시대의 인식론에서 중요한 위치를 차지하고 있다.

【 모순의 학설 】

한비는 유가의 학설을 비판할 때 중국 사상사에서 처음으로 '모순'의 개념을 제시했고, 아울러 수많은 예를 들어 그것을 설명했다.

그는 두 번이나 모순 이야기를 했다.

> 초나라에 창[矛]과 방패[盾]를 파는 장사꾼이 있었다. 그가 방패를 들고 말했다.
> "나의 이 방패는 견고해서 어떤 것으로도 뚫을 수 없소."
> 한참 후에 그는 또 창을 들고 말했다.
> "나의 이 창은 날카로워서 어떤 것이든 뚫을 수 있소."
> 이때 곁에 있던 사람이 장사꾼에게 반문했다.
> "그럼 당신의 창으로 당신의 방패를 뚫으면 어떻게 됩니까?"
> 물론 장사꾼은 대답할 수 없었다.(〈난일難一〉,〈난세難勢〉참조)

이 일화는 형식논리의 모순율을 변론의 무기로 삼아서 유가학설의 황당함을 드러낸 것이다.

한비는 또 소박한 변증법적 모순의 관념을 제시했다. 그는 모든 사물에는 모순이 내재되어 있다고 여겼다. 길고 짧음, 크고 작음, 네모와 동그라미, 견고함과 나약함, 가벼움과 무거움, 백과 흑 등이 사물 내부에 있는 모순이라고 했다(〈해로〉). 사물의 이런 구체적 모순이 사물의 정해진 이치, 즉 정리定理라고 여겼으며, 이 때문에 모든 사물을 분석할 수 있고 모순의 대립으로부터 파악할 수 있다고 했다.

한비는 또 모순이 대립하면서 발전하는 불평형성에 대해서도 인식했

"나의 방패는 견고해서
어떤 것으로도 뚫을 수 없소."

"나의 창은 날카로워서
어떤 것이든 뚫을 수 있소."

다. "모든 사물은 나란히 흥성하지 못하니 음양이 그러하다"(《해로》)고 했는데, 이는 모순을 이루는 쌍방의 세력이 서로 균형을 이루면서 맞서기 때문이다. 음이 번성하면 양이 쇠퇴하고, 양이 번성하면 음이 쇠퇴하듯이, 모순의 한쪽이 다른 한쪽을 극복하지 못하면 모순의 다른 한쪽이 이 한쪽을 극복하므로 "나란히 흥성하는" 현상은 존재할 수 없는 것이다. 한비는 당시 사회의 모순을 분석할 때 "바로 지금 기氣와 힘을 다툰다"고 말함으로써, 사회는 모순의 투쟁 속에서 부단히 발전한다고 생각했다. 이는 《노자》의 "(행위를) 하면서도 다투지 않는다〔爲而不爭〕"는 모순의 조화를 근본적으로 부정한 것이다.

【 변화와 발전의 역사관 】

한비는 〈오두〉편에서 역사를 상고上古, 중고中古, 근고近古 및 현대 등의 몇 단계로 나누고, 사회가 변하지 않는다고 보는 사상을 잘못이라 했다. 그래서 "세상이 달라지면 사정도 달라진다", "사정이 달라지면 변화를 가져온다"는 논의를 제기했다. 즉 어느 시대나 부딪히게 되는 문제가 다르기 때문에 문제를 해결하는 방법과 조치도 달라야 한다고 했다. 이런 역사관은 새롭게 일어난 지주계층의 법치에 근거를 마련해주었다.

한비는 이렇게 말했다.

"만약 중고시대인 하후씨夏后氏의 시대에 나무를 얽어 집을 만들고 나무를 마찰해서 불을 일으키는 사람이 있다면 반드시 곤과 우의 비웃음을 샀을 것이며, 근고시대에 하우夏禹처럼 물을 가장 중요한 것으로 본다면 탕왕湯王과 무왕의 비웃음을 샀을 것이다. 과거의 요임금, 순임금, 탕왕,

그루터기를 지키며 토끼가 달려와서 죽기를 기다리는 농부의 이야기를 통해 한비는 유가의 학설을 비판했다.

무왕의 정치를 찬미하면서 지금에 와서 실행하려 한다면, 필연코 나중에 올 '성인'의 비웃음을 살 것이다."

한비는 "선왕을 본받으라"고 고취하는 유가의 황당함을 폭로하기 위하여 '그루터기를 지키면서 토끼를 기다리는[守株待兔]' 농부 이야기를 했다.

옛날 송나라의 한 농부가 토끼 한 마리가 달려가다가 나무에 부딪혀 죽는 것을 목격했다. 손쉽게 토끼를 얻은 농부는 너무나 기뻐서 농사는 짓지 않고 매일 나무 밑에서 토끼가 와서 죽기를 기다렸다. 그러나 농부는 토끼를 얻지 못하고 오히려 사람들의 비웃음을 샀다.

한비는 "선왕의 정치로써 지금 세상의 백성을 다스리고자 하는 것"은 마치 "그루터기를 지키면서 토끼가 와서 죽기를 기다리는 것"과 마찬가지로 우습고 딱한 일이라고 했다. 여기서 한비가 얻어낸 결론은 옛날의 법을 따르거나 통상의 규칙을 묵묵히 지키기보다는 역사의 발전에 순응해야 한다는 것이었다.

結 한비는 선진시대 법가 사상을 집대성한 인물로 중국 사상사에 커다란 영향을 끼쳤다.

역사적으로 볼 때 그의 법치 사상은 과거 법가 학설의 종합일 뿐 아니라 '법', '술', '세'로 구성된 하나의 유기적인 정치 사상 체계여서 지배층이 중앙집권체제를 수립하는 근거로 삼았다. 중앙집권적 정치를 주장한 그의 사상은 당시 사회 발전의 요구에 부합했으며, 진나라 시황제가 중국을 통일하는 데도 어느 정도 기여했다. 그의 사상은 또 변법이나 유신維新을 주장하는 역대의 지사志士나 인인仁人들에게 깊은 영향을 주었다.

한비는 철학적으로도 독자적인 공헌을 했다. 그는 자연계의 총체적인 규율은 '도道'이고, 자연계에 존재하는 만물의 특수한 규율은 '이理'라고 하면서 '도'와 '이'의 관계를 논증했다.

"만물은 각기 이理를 달리하지만, 도道는 만물의 이를 다 헤아린다."

이는 선진시대 사람들의 추상적 사유가 과거보다 깊어졌고 객관적인 세계의 법칙에 대한 설명도 훨씬 세밀해졌음을 보여준다. 즉 단지 '도'라는 총체적인 범주만으로는 사물의 세세한 부분까지 설명할 수 없기 때문에 한비는 노자가 제시한 '도'라는 기초 위에 다시 '이理'라는 범주를 제시한 것이다.

한비는 문학적으로도 높은 성과를 거두었다. 그는 자신의 사상을 설명할 때 우화를 곧잘 이용했는데, 이는 제자백가 중에서 오직 장자만이 그와 견줄 수 있다. 그의 우화는 중국 문화에 남겨진 진귀하고 독특한 유산이라 할 수 있다.

【 굴원과 〈이소〉 】

● 굴원은 풍부한 상상력으로 자신의 사상을 적극적으로 표현했다.

〈이소〉는 낭만주의 표현 기법을 대거 채용했다. 시인은 이런 기법을 이용해 풍부한 상상력을 펼쳤으니, 역사인물, 자연현상, 신화와 전설을 끌어와 아름다운 환상의 경지를 엮어냈다.

굴원(기원전 340~기원전 278)은 중국 문학사의 위대한 시인이다. 2,300여 년 전 전국시대에 평범치 않은 삶을 살았던 그는 〈이소離騷〉를 대표로 하는, 후세 사람들이 '초사楚辭'라고 부르는 웅대하고 아름다운 시를 지었다. 《시경》에 실린 〈국풍〉과 더불어 '초사'는 중국 시가 전통의 기초를 닦았으며, 이로 인해 '풍소風騷(국풍과 이소)' 두 글자는 시가 창작의 대명사가 되었다.

굴원의 이름은 평平으로 초나라의 몰락한 귀족 가문에서 태어났다. 전하는 바에 의하면, 굴원은 기억력이 좋고 박식했을 뿐 아니라 정치상황에 익숙했고 외교에도 능했다고 한다.

한때 초나라 회왕懷王의 좌도左徒로 있으면서 안으로는 왕과 함께 국사를 논의하고 법령을 반포했으며, 밖으로는 빈객을 접대하고 제후들을 상대했다. 그러나 회왕의 신임은 얻었지만 회왕의 아들인 자란子蘭 등 귀족들의 음해에 빠져서 유배를 당했으며, 그 후 양왕襄王이 즉위하자 다시 모반을 꾀한다는 모함에 빠져 장기 유배를 당했다.

하지만 그는 유배지에서도 나라를 걱정하여 한순간도 관심을 갖지 않은 적이 없었다. 그리하여 불멸의 시를 많이 써서 나라와 백성을 걱정하는 진지한 정감을 토로했으며, 급기야 비분이 극도에 달하자 기원전 278년 5월 5일, 미뤄강汨羅江에 몸을 던져서 자결하고 말았다.

굴원의 사辭는 비분이 넘치는 노래로, 한 글자 한 구절이 깊은 애국의 감정을 토로함으로써 천고에 길이 남는 걸작이 되었다. 《한서》〈예문지〉에 의하면 굴원의 작품은 모두 25편이며, 편명은 〈이소〉·〈구가九歌〉(11편)·〈천문天問〉·〈구장九章〉(9편)·〈원유遠游〉·〈복거卜居〉·〈어부漁夫〉이다.

【 비분의 작품, 〈이소〉의 내용 】

굴원이 〈이소〉를 쓰기 시작한 때는 이미 인생의 태반이 지나간 뒤였다. 그는 자신의 정치적 이상을 끝까지 견지했지만 부패한 귀족집단의 배척과 모함으로 실현하지 못했으며, 또다시 유배를 떠나게 되자 나라를 구할 길이 없었다. 도저히 어찌 해볼 수 없는 비통한 심정으로 썼기 때문에 그의 시편은 심금을 울리는 천고의 절창이 되었다.

〈이소〉는 부국강병의 정치적 이상을 실현하고자 하는 시인의 강렬한 염원과 불굴의 투쟁을 표현한 시다.

시는 전반부와 후반부 두 부분으로 나뉜다. 전반부는 시인의 과거에 대한 내용으로 시인의 가문과 출신, 태어난 해와 성명 그리고 왕을 도와 정치개혁을 진행한 과정을 기술했다.

시인은 어려서부터 적극적으로 덕을 쌓고 재능을 키웠으며, 이 모든 것을 부국강병을 실현하는 데 바치려고 했다. 하지만 조국과 백성을 사랑하

"길은 아득해서 길고도 멀구나. 내 장차 오르락내리락 하면서 어진 이를 찾으리라."

는 시인의 염원은 귀족집단의 이익을 건드렸기 때문에 그들로부터 박해와 공격을 받았다. 물론 시인은 굴복하지 않았으며, 박해를 받으면서도 숭고한 정치적 이상을 버리지 않았다.

"차라리 떠돌아다니다 갑자기 죽을지언정, 결코 이런 세태에 영합하지는 않겠다."

〈이소〉의 후반부는 미래의 길에 대한 탐색으로, "길은 아득해서 길고도 멀구나. 내 장차 오르락내리락 하면서 어진 이를 찾으리라"라는 천고의 명언을 남겼다.

시인은 부패한 귀족집단의 박해로 정치에서 밀려나자 어떤 길을 선택해야 할지 고민스러웠다. 시인은 이 시대는 자신이 있을 때가 아니고 암흑의 초나라에는 어떤 희망도 없다고 생각해 벗어나기로 결심했다. 하지만 그런 생각은 그의 애국심과 부딪치면서 첨예한 갈등을 야기했다. 그

명나라 진홍수陳洪綬의 〈굴자행음도屈子行吟圖〉

는 멀리 떠나려는 마음을 품고 문득 조국의 대지를 보게 되는데, 결국 태어나고 자란 초나라에 남기로 결심했다. 시인은 하늘로 올라가 천제天帝, 천신天神들에게 문의하는 등의 허구적인 이야기를 통하여 조국에 대한 열렬한 사랑과, 정치적 이상을 위하여 죽음도 불사하겠다는 결심을 표명했다. 이는 당시 시인이 선택한 최후의 길이었다. 그는 죽음으로써 암흑의 정치에 대한 현실적 저항을 보여주려 했고, 또한 군주들에게 경종을 울림으로써 그들이 초나라를 부강하게 이끌기를 바랐다.

【 〈이소〉와 낭만주의 】

굴원의 〈이소〉는 진지한 현실성을 갖춘 낭만주의 작품이다. 〈이소〉는 고대의 구비문학, 즉 신화적 낭만주의를 발전시킴으로써 중국 낭만주의 문학의 시조가 되었다.

〈이소〉는 순결하고 고고하고 서정적인 주인공의 모습을 부각시켰다. 이 주인공은 이상이 숭고하고, 인격이 고상하며, 감정이 강렬했기 때문에 세속과 현실을 멀리 벗어났다. 〈이소〉에는 또 현실을 이상으로 바꾸려는 시인의 완강한 투쟁정신이 관통하고 있으며, 잔혹한 현실에 의해 끝내 이상이 무너지자 그것을 위해 목숨마저 바치리라는 각오가 담겨 있다. 이것들은 모두 〈이소〉의 낭만주의 정신을 실질적으로 표현하고 있다.

〈이소〉는 낭만주의 표현 기법을 대거 채용했다. 시인은 이런 기법을 이용해 풍부한 상상력을 펼쳤으니, 역사인물, 자연현상, 신화와 전설을 끌어와 아름다운 환상의 경지를 엮어냈다. 가령 신이 노니는 한 단락의 묘사에서 "아침에 수레를 타고 창오蒼梧(순임금의 매장지라고 하는 산 : 옮긴이)를 출발하여, 저녁에는 현포縣圃(쿤룬산에 있는 신들이 노니는 동산 : 옮긴이)에 이르렀네"라든가, 망서望舒(태음, 즉 달을 부리는 자 : 옮긴이), 비렴飛廉(바람을 주관하는 신 : 옮긴이), 난황鸞皇(난새와 봉황으로 상서로운 새 : 옮긴이), 표풍飄風(회오리바람 : 옮긴이), 운예雲霓(구름과 무지개 : 옮긴이) 등의 표현은 상상력이 풍부하고 독특하여, 기이하고 몽롱한 경계와 웅장하고 아름다운 장면을 연출함으로써 시인이 추구하는 적극적인 정신을 표현했다.

이 밖에도 굴원은 과장법을 사용하여 사물의 특징을 두드러지게 나타냈다. 그는 나무와 꽃 등으로 자기의 고상한 기품을 상징했는데, 이는 시인의 품격을 더 높이 승화시켰을 뿐 아니라 낭만주의의 특질도 갖추고 있다.

【 굴원과 초사 】

초사는 중국 문학사에서 《시경》 다음에 출현한 일종의 신체시新體詩이다. 초사라는 명칭이 언제 처음 사용되었는지 고증하기는 어렵지만, 한漢나라 때의 초사는 시집의 총체적인 명칭으로서, 전국시대 굴원을 대표로 하는 초나라 시인들이 창작한 시가를 가리킨다. 그러므로 굴원의 시가 창

《초사집주楚辭集注》

작 없이는 초사가 존재할 수 없었다.

　우리는 초사의 탄생을 통해 초나라의 독특한 문화가 위대한 시인 굴원을 길러냈다는 것을 알 수 있다. 춘추시대 이래로 초나라는 오랫동안 독립적인 발전을 거치면서 독특한 지방 문화를 형성하여 종교, 예술, 풍속, 관습 등에서 그곳만의 특징을 갖고 있었다. 동시에 북방 여러 나라와 빈번히 접촉하며 중원 문화의 정수를 흡수해서 초나라의 고유 문화로 발전시켰다. 남북이 교류하며 쌓은 문화적 전통은 〈이소〉를 대표로 하는 초사의 탄생과 발전에 중요한 기초를 닦았다.

　당시 초나라에는 이미 비교적 발전한 민간문학이 있었다. 이 민간문학은 노래의 형식으로 전승되었으며, 가사의 한 구절 간격으로 말미에다 '혜兮'와 같은 어조사를 사용했는데, 이는 나중에 초사의 주요한 형식이 되었다. 민간의 노래 형식이 〈이소〉에 깊은 영향을 미쳤음을 알 수 있다.

　굴원의 시 창작에 더 큰 영향을 미친 것은 초나라 민간의 무가巫歌이다.

초나라는 무속이 성행하여 민간에서 제사를 지낼 때 반드시 무당을 청해서 북소리에 맞추어 노래 부르고 춤을 추며 신들을 기쁘게 했다. 그 속에는 원시종교적 색채가 충만했다.

〈구가〉는 초나라 각 지방에서 민간인이 신에게 제사 지내는 가곡歌曲을 소재로 하고 있다. 〈구가〉에서 묘사한바, 제단 위에 분장한 신들의 무녀巫女는 옷이 화려하고 장식이 장엄해서 음악과 춤과 노래와 잘 어울렸다. 이는 초나라 민간의 무속을 구체적으로 재현한 것이다.

【 굴원의 기타 작품 】

굴원은 〈이소〉 외에도 아름다운 작품을 수없이 남겼다. 그런 작품들에도 굴원의 심오한 사상과 숙련된 예술적 기교가 잘 표현되어 있다.

〈구장〉은 굴원이 지은 아홉 편의 시가 제목이다. 주로 두 번에 걸쳐 귀양살이를 하는 과정과 사심 때문에 나라를 망치는 소인들에 대한 통한을 담고 있다.

〈천문〉은 중국 문학사에서 한 편의 기문奇文에 속한다. 〈천문〉은 자연, 사회현상, 사물에 대한 의문을 제기해서 시인의 폭넓은 사상과 함께 진리를 추구하는 정신을 표현했다. 시인은 글에서 170여 가지 천지만물과 동서고금에 관한 의문을 제기하고 있는데, 이로 인해 적지 않은 신화와 전설 그리고 고대사 자료를 보존하게 되었다. 〈천문〉은 기본적으로 4언시로서 전체적으로 힐문하는 투로 쓰여졌지만, 그러면서도 울퉁불퉁 변화가 심해 단조롭지가 않다.

〈초혼招魂〉도 기문에 속하는데, 굴원이 유배되었던 강남의 민간에서 초혼사招魂詞를 쓰는 수법으로 창작한 것이다. 시인은 나라 주변의 험악한 상황과 고향의 거실, 음식, 음악의 아름다움을 극진히 묘사함으로써 조국을 떠나지 않겠다는 의지와 고향에 대한 사랑을 표현했다. 이는 〈이소〉에서 말하는 "오르락내리락 하면서 어진 이를 찾으리라"라는 구절과 일치한다.

〈구가〉의 마지막 한 편인 〈예혼禮魂〉은 신을 전송하는 노래로 각 편에 통용되고 있으며, 그 나머지 편에서는 주로 한 명의 신에게 제사를 지내고 있다. 〈구가〉는 낭만적인 분위기가 충만하고, 상상력이 풍부하고 아름답

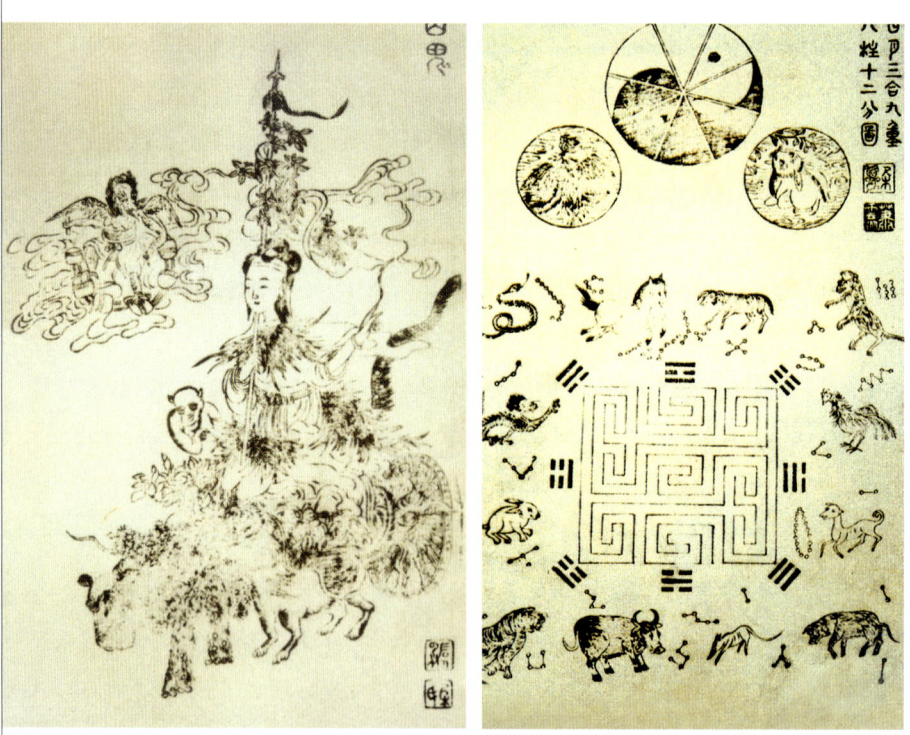

명나라 진홍수가 그린 〈구가도九歌圖〉의 '산귀山鬼'와 청나라 초기 소운종이 그린 〈천문天問〉 삽화

다. 굴원은 내면의 감정을 주변의 경물, 분위기, 인물의 용모와 동작에다 긴밀하게 결합시켰는데, 그중의 한 대목은 지금도 애송되고 있다. 가령 〈상부인湘夫人〉에 나오는 다음과 같은 글이다.

> 제자帝子가 북쪽 물가에 내려오니
> 눈에는 아득히 우수가 서려 있네.
> 솔솔 부는 가을바람이여
> 나뭇잎 아래로 둥팅호洞庭湖의 물결이 치네.

여기서 굴원은 자연스럽고 소박한 언어로 맑은 가을날의 경치를 미묘하고 향수에 젖은 경지로 이끌었다. 후세 사람들 중에서 둥팅호의 가을빛을 묘사하는 데 굴원을 능가하는 사람은 하나도 없었다.

【 굴원과 역대의 명인 】

굴원은 중국 문학사에서 가장 위대한 애국시인이다. 동시에 그는 집단적으로 노래 부르던 것에서 벗어나 개인이 독립적으로 시를 창작하는 새 시대를 개척했다. 애국자이자 시인인 굴원은 그 불굴의 정신으로 후세 사람들의 존경을 받았다.

한漢나라 초기에 굴원과 처지가 비슷했던 가의賈誼는 〈조굴원부弔屈原賦〉를 써서 굴원에 대한 존경심과 감개무량한 심정을 표현했다. 사마천 역시 굴원을 진정으로 이해한 사람이다. 그는 《사기》에 굴원의 전기를 쓰면서 굴원을 극구 찬양했을 뿐 아니라, 쫓겨나 유배를 갔을 때 〈이소〉를 지은 굴원

후베이성 쯔구이秭歸에 있는 굴원사屈原祠.

의 정신으로 자신을 채찍질하여 《사기》를 완성했다.

전한과 후한 이후로도 수많은 작가들이 굴원의 영향을 받았으니, 이백과 두보도 굴원의 정신을 흠모했다. 이백은 봉건사회의 방랑자이자 시인으로서 일생 동안 권력에 허리를 굽히지 않았다. 또 나라와 백성을 걱정하는 두보의 정신은 굴원의 사상을 계승한 것으로, 그는 시가의 창작에서도 굴원을 본보기로 삼았다. 이 밖에 많은 시인들이 나라가 위기에 처했을 때 비분강개한 애국시를 남겼다.

굴원의 창작 기법도 후대에 큰 영향을 미쳤다. 그는 《시경》의 비比와 흥興을 발전시켰으니, 《시경》의 소재, 즉 초목, 벌레, 물고기 등 생물에게 인격을 부여함으로써 자기 이상을 거기에 기탁했다. 이처럼 "감정을 사물에 기탁해서 풍자하는" 표현 방법은 중국의 고대문학, 특히 시가에 커다란 영향을 주었다. 예컨대 장형張衡의 〈사수시四愁詩〉, 조식의 〈미녀편美女篇〉, 두보의 〈가인佳人〉, 역사 및 만남의 감동을 읊은 기타 시인들의 시편들 모두 굴원의 시풍에 영향을 받았다.

〈이소〉와 〈초혼〉에 구현된 대담한 환상과 과장의 기법도 낭만주의 시가의 형성과 발전에 큰 영향을 주었다. 이백 같은 시인 역시 진정으로 굴원의 작품을 학습하고 초사의 정신을 배웠다.

結 굴원은 중국 문학사의 가장 위대한 애국시인으로서 후세 사람들의 존경을 받아왔다. 전하는 바에 의하면, 5월 5일에 굴원이 강물에 투신하자 사람들이 배를 타고 구조에 나섰다고 한다. 훗날 굴원을 구하러 나선 당시의 상황을 민간풍속으로 전환시켜서 단오절이면 용주龍舟 시합을 벌였는데, 오늘날 이 풍속은 더 큰 규모로 발전해서 장관을 이루고 있다.

또 미뤄강汨羅江 부근에 사는 사람들은 매년 음력 5월 5일이 되면 갈대잎으로 찹쌀을 싸서 찐 떡인 '각서角黍'를 강물에 던져서 굴원에게 제사를 지냈다고 한다. 이 역시 후세에 전국적인 풍속으로 발전해서 단오절이 되면 종자粽子(옛날에는 각서라고 했음)를 만들어 먹었다고 한다. 여기서 우리는 위대한 시인 굴원에 대한 사람들의 깊은 존경심을 확인할 수 있다.

굴원의 시에는 나라를 사랑하고 걱정하는 심정이 고스란히 담겨 있으며, 그런 시편은 후세 사람들의 정신문화에 큰 영향을 끼쳤다.

굴원이 강물에 투신한 것을 알고 사람들이 다투어 그를 구하러 나섰다.

【 이빙과 두장옌 】

● 고대에 대형 수리공사를 실시해 두장옌을 건설한 이빙 부자

전국시대에 이미 공법이 정교한 대규모 수리공사를 할 수 있었으나, 국내외의 수리공사 전문가들은 이것을 '두장옌의 수수께끼'라고들 한다.

이빙李氷이라는 이름은 대형 수리水利공사인 두장옌都江堰과 긴밀히 연결되어 있다. 이빙에 대한 역사 기록은 너무나 적어서 그의 출생일과 사망일도 찾아볼 수 없을 정도이다. 단지 이빙은 진秦나라 사람이고 촉蜀 땅의 군수를 지냈다는 것만 알 수 있을 뿐이다. 그러나 이빙은 쓰촨四川의 일반 공인工人들을 이끌고 두장옌을 건설하여 지금까지도 그 이름이 회자되고 있다.

　두장옌은 쓰촨성 청두成都평원 서쪽, 관현灌縣 부근의 민장岷江강 중류에 있는데, 고대에 실시된 대형 수리공사의 대표작이다. 기원전 250년 무렵 촉군 군수로 부임한 이빙이 진나라 소왕昭王의 명을 받아서 건설한 것이다.

　기록에 따르면, 당시 촉군을 가로지르는 민장강을 따라 쓰촨 북부의 높은 산에서 내려온 급류가 지금의 관현으로 흘러들었다. 관현에서 지세가 갑자기 평탄해지자 물의 흐름도 잔잔해지면서 진흙과 모래가 쌓였고, 한편으로 성 밖에 있는 위레이산玉壘山은 민장강의 물이 동쪽으로 흐르는 것을 막았다. 그래서 물이 불어나는 계절이 되면 민장강의 서쪽은 홍수 피해를 입었고 동쪽은 가뭄에 시달렸다.

이빙과 그의 아들은 옛사람들이 물을 다스렸던 경험을 바탕으로 인력을 동원해 두장옌을 건설했다. 그 결과 청두평원은 관개灌漑가 이루어지면서 "사람에 의해 홍수와 가뭄이 다스려지니 기근을 알지 못하고, 천 리까지 펼쳐진 기름진 들판을 세상 사람들은 육지의 바다라 부르네"라고 칭송하는 천부天府(하늘의 창고 : 옮긴이)의 땅이 되었다.

두장옌都江堰의 위쭈이魚嘴제방

【 두장옌의 건설 】

청두평원에 있는 두장옌은 역사적으로 '전언湔堰', '도안언都安堰', '금제金堤'라는 이름으로 불렸다.

청두는 전국시대 말엽부터 진나라가 영토를 확대하면서 전국을 통일하는 형세에 따라 창장長江강 유역 및 화남華南 지역을 통일하는 중요한 거점이 되었다. 그래서 청두에 항운 수로를 개척하여 청두평원의 관개농업을 한 단계 발전시키는 것이 절실히 필요했다.

대략 기원전 256년에서 기원전 251년 사이에 이빙은 촉군의 군수로 임명되었다. 서진西晉시대에 나온 《화양국지華陽國志》에 의하면, 이빙은 지방관으로서 천문을 알고 지리에 밝은 학자였다. 민장강의 수리공사를 위하여 이빙은 직접 강을 거슬러 올라가 쑹판松潘의 북쪽까지 답사했다고 한다.

민장강은 민산岷山산 남쪽에 있는 난양보령南羊膊嶺에서 발원하여 산 입

병의 목처럼 생겼다 하여 이름 붙여진 바오핑커우寶瓶口

구를 지나서 청두평원으로 흘러드는데, 유속이 갑자기 줄어들기 때문에 강바닥에 진흙이 쉽게 퇴적되었다. 두장옌이 건설되기 전, 이 마을은 홍수 피해가 아주 심했다. 이런 상황에서 이빙은 아들과 함께 그 유명한 수리공사를 시작했다.

두장옌의 수리공사는 펀수이위쭈이分水魚嘴, 페이사옌飛沙堰, 바오핑커우寶瓶口 등 세 부분으로 이루어졌다.

펀수이위쭈이는 강의 중심에 세운 제방으로, 물고기 입처럼 생겼다. 이 제방은 민장강을 안과 밖 두 부분으로 나누었는데, 외강外江은 민장강의 주류였고 내강內江은 바오핑커우를 지나 서쪽 평원으로 흘러가서 주변 논밭에 물을 댔다.

페이사옌은 펀수이위쭈이와 바오핑커우 사이에서 물길을 다스렸다. 펀수이위쭈이에서 흘러드는 물의 양을 조절해서 강물이 내강에 너무 많이 유입되는 것을 방지하는 역할을 했다.

바오핑커우는 인공적으로 위레이산을 뚫어서 민장강의 물을 내강으로 끌어들이는 총 입구인데, 모양이 병의 목처럼 생겨서 그런 이름을 얻게 되었다.

이상의 세 부분은 서로 호응하면서 일사불란한 협조체계를 이루었다.

내강의 입구에는 사람의 형상을 조각한 석상 석 점이 각기 다른 위치에 세워져 수위를 나타내는 기능을 한다. 이는 수위를 조절하기 위한 데이터를 제공했으니, 말하자면 수위를 재는 중국 최초의 자인 셈이다.

【 두장옌 공사의 과학성 】

두장옌은 고대에 시행된 대형 수리공사의 대표작으로 기술 수준이 상당히 높은 것으로 평가되고 있다.

이빙은 강물의 사정과 땅의 형세를 살핀 후에 물을 나누는 거대한 둑을 쌓음으로써 "가뭄이 들면 물을 끌어들여서 땅을 적시고, 홍수가 나면 수문水門을 막는" 목적을 달성하려고 했다. 특히 민산산에 장樟나무, 잣나무, 큰 참대가 많은 점을 이용해서 참대로 만든 그물에 자갈을 넣고, 그다음 청두에서 50리 떨어진 지금의 관셴청灌縣城 서쪽에 그것을 쌓아서 물길을 나누는 커다란 둑을 만들었다. 이로 인해 강물은 두 부분으로 나뉘었는데, 그 형태가 마치 '물고기 입'을 물속에 세워놓은 것과 같았다. '물고기 입'의 형상은 둑에 가해지는 수압을 감소시켜서 강물을 나눈 커다란 둑이 견고하게 오래갈 수 있도록 했다. 이는 유체역학流體力學의 원리를 교묘하게 운용한 것이다.

설계 당시 사람들의 감탄을 자아낸 페이사옌飛沙堰

두장옌을 건설하기 위한 또 하나의 공사, 즉 페이사옌을 건설할 때에도 이빙의 설계는 사람들을 감탄하게 만들었다. 페이사옌은 홍수를 방지하기 위한 둑으로 펀수이위쭈이와 바오핑커우 사이에 있다. 일정한 높이가 있어서 내강의 물이 너무 많을 때에는 자동적으로 넘쳐서 외강으로 흘러 들어가는데, 그 형태는 물이 돌아가는 둑과 같다.

내강 하류에는 또 수문을 설치한 뒤 적절한 시기에 열어 강물의 범람을 방지했다. 전체적으로 역점을 둔 것은 내강에 흘러드는 수량과 유속을 안정되게 유지함으로써 홍수 피해를 막고 관개의 안전성을 확보하는 것이었다.

이빙은 유체역학의 원리를 운용하여 수자원을 분배하고 효과적으로 이용했으며, 동시에 하류와 이어지는 푸양蒲陽강, 바이탸오柏條강, 쩌우마走馬강, 안장安江강의 관개와 항운도 충분히 보장했다. 이 대규모 공정은 오늘날의 관점에서 보아도 수준 높은 과학적 창조성을 갖추고 있다.

【 두장옌의 수수께끼 】

중국의 역사를 이해하면 두장옌 건설을 둘러싼 수수께끼는 자연스럽게 풀린다. 옛사람들은 수자원을 매우 중시했고 물의 독특한 문화에 대해서도 환히 알고 있었다. 전국시대에 이미 공법이 정교한 대규모 수리공사를 할 수 있었으니, 국내외의 수리공사 전문가들은 이것을 '두장옌의 수수께끼'라고들 한다.

춘추전국시대《관자管子》〈수지水地〉편에서는 "물은 땅의 혈기로서 마치 맥박이 통하여 흐르는 것과 같으니, 이 때문에 물은 재질을 갖추었다고 한다", "물은 하늘과 땅에 모였고 만물 속에 갈무리되어 있다"고 했다. 이 말은 물의 가장 위대한 성질은 대지의 순환에 참여해서 생명을 창조하

촘촘히 연결된 두장옌의 수로. 청두成都의 서쪽 평원에 물을 대고 있다.

는 것이라는 뜻이다. 요컨대 자연을 지배하려는 오만한 태도를 취한 것이 아니라 자연과 조화를 이루면서 공생하는 정신으로 물을 다스렸으니, 두장옌이 바로 그 전형적인 사례이다.

춘추전국시대에는 수리水利를 중시했기 때문에 두장옌 외에도 적지 않은 수리공사가 이루어졌다. 비교적 유명한 것으로 다음과 같은 것들이 있다.

기원전 597년경, 춘추시대 초나라 사람 손숙오孫叔敖는 사오베이芍陂 저수지(지금의 안후이성 서우현壽縣 안펑탕安豊塘)를 건설했다. 기록에 의하면, "저수지의 길이는 100리이고, 물을 댄 전답은 1만 경頃(1경은 100무 : 옮긴이)"이라고 하는데, 이는 중국 최초의 대형 저수지다.

기원전 6세기에서 기원전 5세기, 춘추시대 초나라와 오나라의 백성들은 한구邗溝 등 네 개의 운하를 건설했다.

기원전 386년에서 기원전 371년, 전국시대 위나라의 서문표西門豹가 장수漳水를 끌어들여 업鄴(지금의 허난성 안양현 일대 : 옮긴이) 땅에 물을 대는 공사를 맡아서 했으며 관개 수로 열두 곳을 개통했다.

기원전 360년, 위나라 백성들은 홍구鴻溝를 건설해서 황하, 화이허淮河강, 창장강의 3대 강과 연결시켜 관개와 해운의 편리를 꾀했다.

기원전 237년, 장인 정국鄭國은 관중 지역에 정국거鄭國渠를 건축하여 경수涇水를 끌어서 낙수洛水와 이어놓았는데, 정국거의 길이가 300여 리에 달하고 "관개의 혜택을 받은 땅이 4만여 경에 달했다"고 한다.

【 두장옌과 '천부의 땅' 】

고대의 사상가들은 일찍부터 수리공사와 국가 및 도시 발전의 관계에 대해서 치밀하게 파악하고 있었다. 《관자》의 〈탁지度地〉에는 이런 말이 있다.

"나라를 잘 다스리려면 반드시 다섯 가지 해를 먼저 없애야 하는데, 그 중에서 수재水災가 으뜸을 차지한다."

이처럼 수리공사는 고대사회에서 가장 중요한 국책사업 중 하나였다. 《화양국지》에서는 두장옌 공사에 대해 이렇게 얘기한다.

두장옌은 세 개의 군에 물을 대서 논밭을 개간했다. 그리하여 촉 땅에는 기름진 들판이 천 리나 되어서 '육지의 바다'라고 불렸다. 가뭄이 들면 물을 끌어들여서 논밭을 적셨고 홍수가 나면 수문을 닫았다. 그래서 가뭄이 들든 홍수가 나든 농사는 사람에게 달렸으니, 굶주림도 모르고 흉년도 없어서 '천부天府'라고 일컬었다.

여기서 알 수 있듯이, 쓰촨성 청두평원이 천부의 땅으로 불리게 된 것은 두장옌의 수리공사와 밀접한 관계가 있다. 당시의 수리공사로 200만 무 내지 300만 무에 달하는 토지에 물을 댈 수 있게 되었다. 바로 이런 공사가 이루어졌기 때문에 쓰촨은 세상에 이름을 날린 '천부의 땅'이 된 것이다.

1949년 이후 두장옌은 더욱 활기를 띠면서 관개 지구가 12개 현縣에서 27

이왕묘二王廟에 전해지는 이빙의 '6자 요결' 석각

개 현으로 확대되었으며, 관개의 면적도 1,000만 무 정도로 확대되었다. 두장옌은 2,200여 년 전부터 항운, 관개, 홍수 방지, 목재 운송 및 수자원 공급 등 갖가지 기능을 해왔다.

두장옌은 천부의 땅 쓰촨의 경제적 번영과 사회적 발전에 지대한 공헌을 했으며, 오늘날에도 무궁한 혜택을 주고 있다. 그러므로 두장옌은 고대 수리공사의 훌륭한 전범이라 할 만하다.

【 이빙과 복룡관 】

이빙은 수리공사를 할 당시 두장옌 부근의 강바닥에 흙이 쉽게 퇴적되기 때문에 내강과 외강의 흐름이 원활해야 한다는 것을 명확히 인식했다. 전하는 바에 의하면, 이빙 부자는 "깊게는 여울을 일게 해서 강물을 유통시키고, 낮게는 방죽을 쌓는 것"을 수리의 원칙으로 세웠다고 한다.

구체적인 방법은 일단 대나무로 일명 '마사馬槎'라고 하는 삼각형의 시렁을 만들고, 그다음 몇 개의 '마사'를 강 중심에 늘어놓고 그 위에 나무쐐기를 박아 가시가 있는 대나무 울타리를 치고 점토까지 덧붙인다. 이렇게 하면 수중공사를 할 때 제방의 기초 석

두장옌 부근에서 출토된
후한後漢시대의 이빙李氷 석상

이빙 부자를 기념하는 사당인 이왕묘

재가 물살에 떠내려가는 것을 방지할 수 있다. 이때 '마사'는 물이 새지 않는 방수 제방이 된다.

두장옌 북쪽에 있는 복룡관伏龍觀은 원래 후세 사람들이 이빙 부자를 기념해서 지은 절인데, 북송 초에 '복룡관'이란 이름으로 바뀌었다.

복룡관은 청나라 때에 다시 건립되어 지금은 전우殿宇(불상이나 신상을 모셔두는 전각 : 옮긴이)가 3중으로 되어 있다. 누樓, 각閣, 정亭, 대臺가 뒤로 갈수록 점차 높아지는 구조이다. 후전後殿의 높은 곳에 2층으로 된 팔각형 누각인 관란정觀瀾亭이 있는데, 이곳에 오르면 멀리 두장옌을 한눈에 볼 수 있다.

더욱 진귀한 것은 대전大殿 안에 있는 이빙의 석상이다. 1974년에 발견된 이 석상은 높이 2.9미터, 무게 4.5톤으로 건녕建寧 원년, 즉 서기 168년에 조각되었다. 이는 두장옌과 관련한 진귀한 유물이자 두장옌이 후세에 복을 전했다는 역사적 증거이다.

結 오늘날 두장옌에 가면 민장강 동쪽의 위레이산 기슭에서 이왕묘二王廟라는 사당을 볼 수 있다. 이왕묘는 산세에 따라 세워져서 높낮이가 들쑥날쑥하며, 붉은 처마와 날아갈 듯한 누각이 강변에 우뚝 서서 장관을 연출한다.

이왕묘는 바로 두장옌을 건설한 진나라 촉군의 군수 이빙과 그의 아들 이랑二郎을 기념하는 사당이다. 남북조南北朝시대에 처음 건축된 뒤로 몇 번의 흥망을 거쳤고, 현존하는 것은 청나라 때 다시 세운 것이다.

처음에는 숭덕사崇德祠라고 불렀으나, 송나라 이후부터는 대대로 이빙 부자를 왕으로 책봉했으므로 이왕묘라고 고쳐 불렀다. 사당 안의 석벽에는 이빙과 그 후예들이 강물을 다스린 경험과 격언을 돌에 새겨놓았는데, 이 비문은 '삼자경三字經'과 '육자결六字訣'이다. 최근에 현대의 조각가들이 이빙과 이랑의 모습을 좌상과 입상으로 조각하여 대전과 후전 안에 나누어 모셨다.

이빙 부자가 두장옌을 건설한 것은 대대로 이어질 공적이다. 오늘날까지도 두장옌은 여전히 홍수를 방지하고, 모래의 퇴적을 막고 논밭에 물을 대며, 항운과 발전發電에 이용되는 등 다양한 기능을 하고 있다.

【 선진시대의 수레 】

● 고대의 거마車馬가 출행하는 모습을 담은 벽돌

선진시대의 수레와 말은 전쟁, 수렵, 교통과 운송에 사용된 것 외에도 귀족 및 사대부의 신분을 상징했다. 고대의 기술 수준을 고려할 때 수레가 이처럼 정교하게 만들어질 수 있었던 것은 의심할 바 없이 이 당시에는 귀중품으로 인식되었기 때문이다.

거여車輿(수레)와 견여肩輿(가마)는 고대의 가장 기본적인 교통수단이었다. '거여'는 가축의 힘으로 끄는 수레를 말하며, '견여'는 사람의 힘으로 움직이는 가마이다.

수레가 발명된 시기에 관해서는 문헌에 두 가지 설이 있다. 하나는 황제黃帝가 만들었다고 하는 것으로 이는 상고시대의 전설이다. 또 하나는 해중奚仲이 만들었다는 것으로, 그는 하 왕조 때 전문적으로 수레를 관리하는 '거정車正'이라는 벼슬아치였다고 한다.

하지만 하 왕조와 그 이전 시대의 수레는 아직 발견되지 않았으며, 발굴한 것 중에서 가장 오래된 것은 상나라 후기, 즉 기원전 13세기 전후의 것으로서 허난성, 산시성, 산둥성 등지에서 찾아볼 수 있다.

옛 글을 보면 항상 수레와 말을 함께 일컫는 것을 볼 수 있다. 예컨대 《시경》〈당풍唐風·산유추山有樞〉에서는 "그대에게 말과 수레가 있어도 채찍질하면서 몰지 않다가"라고 하고, 《논어》〈공야장公冶長〉에서는 "수레와 말과 가벼운 털가죽 옷을 벗들과 나눠 쓰다가 설사 못 쓰게 되더라도 유감이 없기를 바란다"고 했다.

이와 같이 전국시대에는 수레와 말이 긴밀히 연결되었다. 고대에는 말

두 마리가 끄는 것을 '병駢', 세 마리가 끄는 것을 '참驂', 네 마리가 끄는 것을 '사駟'라고 불렀다.

《논어》〈계씨季氏〉에 "제나라 경공景公에겐 말 1,000사駟가 있었다"는 구절이 나온다. 여기서 말 4,000마리가 있었다고 하지 않고 수레 1,000승乘을 끄는 말이 있었다고 했다. 수레는 말과 더불어 고대사회에서 매우 중요한 것이었음을 미루어 짐작할 수 있다.

남송南宋의 화가 마화馬和의 〈녹명지십도鹿鳴之什圖〉에 표현된 고대의 거마

【 수레의 구조 】

고대의 마차에서 사람이 타는 칸을 '여輿'라고 불렀는데, 그래서 수레는 통상 거여라고 불렸다. '여'의 앞과 옆은 나무 막대기나 판자로 벽면을 만들었다.

발굴된 상고시대의 수레를 보면 어떤 것은 네모난 형태이고, 어떤 것은 직사각형이며, 또 어떤 것은 둘레에 난간을 높이 만들고 뒷면을 터놓아서 사람이 오르내리도록 했다.

수레는 보통 뒤쪽으로 탄다. 고대에는 수레 안에서 설 수도 있었으니, 이를 '입승立乘'이라고 한다. '여'의 양옆 판자에 몸을 기댈 수도 있었는데 이를 '의輢'라고 한다. '여' 앞부분의 가름대〔橫木〕는 몸을 기대거나 손으로 잡을 수 있었는데 이를 '식軾'이라 불렀다. 일반적으로 수레 위에는 움직이는 덮개가 있었다. 커다란 우산처럼 생긴 이것은 주로 비를 가리는 용도로 쓰였다.

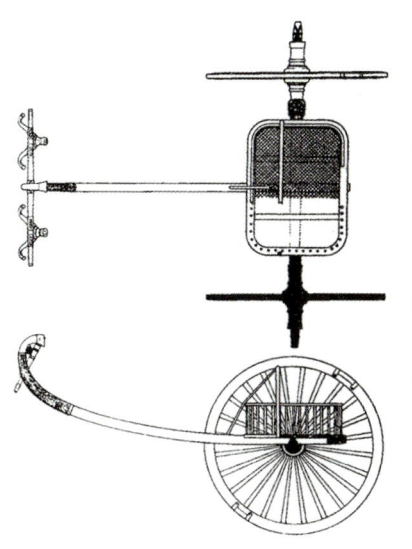

서주시대의 윤여輪輿 복원도   허난성 안양에서 발굴된 은나라 때의 거마갱

    수레바퀴 둘레의 테를 '망輞'이라 부르고, 수레바퀴 중심에 구멍이 있는 둥근 나무를 '곡轂(바퀴통, 구멍은 축軸을 뚫은 것)'이라 하는데, '망'과 '곡'은 두 개의 동심원을 이루어서 함께 완벽한 수레바퀴를 이룬다.

    《노자》에서는 "30복輻이 1곡轂을 공유한다"고 했으니, 다시 말하면 서른 개의 바퀴살이 곡의 중앙에 모여서 수레바퀴를 지탱한다는 것이다. 여기서 알 수 있듯이, '복'은 나무로 된 각각의 바퀴살인데 한끝은 '망'에 이어졌고 한끝은 '곡'에 이어졌다. 사방의 바퀴살들은 모두 수레의 곡에 집중되어 있어서 '복주輻輳'라고 불렸으며, 후에 '복주'라는 말은 사방에서 모여온다는 뜻으로 쓰이기도 했다.

    '복주'가 안을 향해 모이는 것이라면, '복사輻射'는 내부의 '곡'에서 사방으로 방사放射하는 모습이다. 요즘 우리가 사용하는 '복사'라는 단어의 뜻이 여기서 나왔다.

선진시대의 수레 ◆ 271

수레의 축은 하나의 가로목으로 위에는 수레를 매고 양끝에는 수레바퀴를 건다.

【 수레에 구현된 기술 】

고고학적 발굴로 밝혀진 선진시대의 수레는 중국 고대문명의 결정체로서 옛사람들의 비상하고도 정교한 기술 수준을 구현하고 있다.

선진시대의 수레는 홑끌채〔單轅〕로서 '주輈(끌채)'라고도 하는데, 끌채의 제조 기술이 상당히 정교하다. 끌채는 수레를 몰 때 사용하는 가름대로 앞끝은 멍에를 이용하여 말의 목에 걸고 뒤끝은 수레의 축과 이었다. 이 때문에 끌채의 앞끝은 말의 목과 높이가 같으며, 그로 인해 말의 목 높이

진시황릉 1호에서 나온 동銅거마

진시황릉 2호에서 나온 동거마

도 비교적 높아서 일반적으로 1.3~1.4미터였다.

만약 끌채가 곧은 나무라면, 수레가 앞뒤로 기울지 않고 평형을 유지할 수 있도록 반드시 커다란 수레바퀴를 덧붙여, 바퀴의 반지름과 말의 목 높이가 같도록 해주어야 한다. 그러나 이렇게 하면 수레의 축과 수레의 칸도 따라서 높아지게 된다. 수레바퀴가 너무 크면 굴러가는 것이 매끄럽지 않고, 수레의 칸이 너무 높으면 오르내리기가 불편하다.

수레바퀴를 크게 하지 않고도 수레가 수평을 유지할 수 있도록 하기 위해서 옛사람들은 아주 교묘한 방법을 고안해냈다. 바로 수레의 끌채를 앞이 높고 뒤가 낮은 구부러진 나무로 만드는 것인데, 뒷부분이 평평하고 앞부분이 구부러져 올라간 형태이다.

옛사람들은 수레 앞 가로목의 설계에서도 상당히 합리적이었다. 선진 시대의 수레 구조에서 알 수 있듯이, '여'의 주위에는 그다지 높지 않은 난간이 설치돼 있고 앞에는 붙잡을 수 있는 가로목이 있는데, '식軾'이라고 하는 이 가로목은 사방의 난간보다 높았다.

춘추시대 때 유명한 제나라와 노나라의 장작長勺 전투에서 조귀曹劌는 끌채 앞 가로목에 올라서서 제나라 군대를 바라보았다고 한다. 가로목이 '여'보다 높아 더 멀리 내다볼 수 있었기 때문이다.

어떤 수레의 겉면은 옻칠을 하고 장식했는데, 조개껍질이나 구리조각을 박거나 특수한 부분에는 청동기로 만든 장식품을 달아서 더욱 아름답게 보이도록 했다.《시경》〈대아大雅·증민烝民〉에는 "네 필의 수말이 달리는 곳엔 여덟 개의 방울이 딸랑거리네"라는 시구가 있다. 어떤 수레는 깃발까지 꽂았다고 하는데, 굴원은 〈국상國殤〉에서 전차싸움에 대해 "깃발이 태양을 가리고 적들은 구름처럼 많네"라고 묘사했다.

그리고 수레 위의 덮개는 펼치거나 접을 수 있고, 달았다 떼어냈다 할 수 있도록 정교하게 만들었다.

【 수레와 전쟁 】

문헌에 의하면, 선진시대에 국가가 가장 중시한 일이 두 가지 있는데, 이른바 "국가의 대사는 사祀와 융戎"이라는 것이다. '사祀'는 제사이고, '융戎'은 전쟁을 말한다.

당시의 전쟁은 주로 전차전이었으며, 수레를 주체로 하고 보병을 부속 병력으로 했다. 군대의 '군軍'자는 '차車'자에서 온

두 필의 말이 끄는 주나라 때의 전차 모형

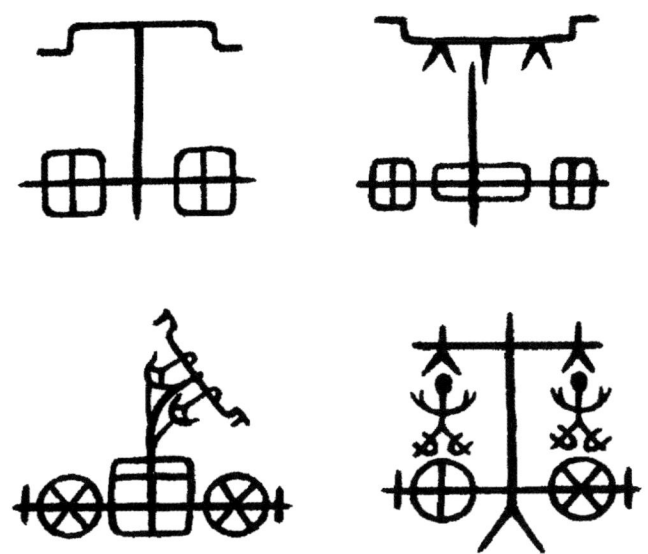

갑골문甲骨文의 '거車' 자를 몇 가지 상형象形으로 쓰는 법

것이다. 이 때문에 선진시대에 국력을 가늠하는 기준은 토지의 점유 면적이나 인구, 생산과 경제력이 아니라, 군대의 규모와 전차의 많고 적음이었다. 이것이 바로 고대의 문헌에서 말하는 만승萬乘의 나라, 천승千乘의 나라이다. 이른바 1승은 수레 하나에 말 네 필을 말한다.

선진시대 전차전의 규모는 상당히 컸다. 《사기》〈주본기周本紀〉에 따르면, 주나라 무왕이 상나라 주왕紂王을 토벌할 때 대량의 전차를 운용했는데, 무왕이 직접 300승을 거느리고 제후들이 4,000승을 집결시켜 주왕과 목야牧野에서 결전을 벌였다고 한다. 《시경》〈대아·대명大明〉에서는 바로 이 전쟁의 웅대한 장면을 생생하게 묘사하고 있다.

　목야의 벌판은 드넓게 펼쳐졌고

박달나무 전차는 휘황찬란한데
　　배가 하얀 말 네 필, 참 늠름하구나.

　수레와 말이 묻혀 있는 구덩이를 발굴하면 수레 안에서 적지 않은 구리 창과 구리 화살촉 등의 병기가 나왔다. 동주東周시대의 청동기에 새겨진 전쟁 그림에 수레가 있었고, 진시황릉 1호에서 나온 동銅거마에도 활, 화살, 방패 등 병기가 있었다. 이 모든 것이 당시 전쟁에서 수레가 중요하게 쓰였음을 직접적으로 증명해주고 있다.

【 수레를 이용한 수렵과 운송 】

　전쟁에서 중요하게 사용된 것 외에도 수레는 수렵을 할 때에도 요긴하게 쓰였다. 문헌에 의하면, 수레는 당시 순수한 오락활동이었던 수렵에 이용되었다고 한다. 고대의 전적에서는 수렵에 쓰인 수레를 '전거田車'라고 칭했다.

　오늘날 발굴된 수레 갱坑에서는 개가 발견되는 경우가 있는데, 이 개의 목에는 목걸이와 방울이 달려 있다. 귀족들이 수렵할 때 즐겨 데리고 다니던 개들이었음을 알 수 있다.

　이외에 수레는 교통과 운송에도 사용되었다. 《사기》〈진본기秦本紀〉에 의하면, 춘추시대 진晉나라에 큰 가뭄이 들자 진秦나라에서 구호식량을 배와 수레에 실어서 보냈다고 한다. 사마천은 이것을 묘사할 때 "선조차전船漕車轉(배와 수레로 실어 날랐다 : 옮긴이)"이라는 네 글자를 사용했는데, 이는 수레가 운송에도 쓰였음을 알려주는 비교적 상세한 기록이다.

〈거마출행도車馬出行圖〉의 모본

【 수레와 귀족 】

　선진시대의 수레와 말은 전쟁, 수렵, 교통과 운송에 사용된 것 외에도 귀족 및 사대부의 신분을 상징했다. 고대의 기술 수준을 고려할 때 수레가 이처럼 정교하게 만들어질 수 있었던 것은 의심할 바 없이 당시에는 귀중품으로 인식되었기 때문이다. 그래서 누구나 수레를 소유할 수는 없었다.

　상나라 때에는 대형 혹은 중형 무덤에만 수레와 말을 부장했다. 이 무덤의 주인은 상나라의 왕과 각 제후국의 군주 및 중간급 귀족이었다. 이는 수레의 소유자가 중간급 귀족 이상의 신분에만 국한되었음을 분명히 말해주고 있다.

　주나라, 특히 동주시대에는 대형이나 중형 무덤 외에 약간 작은 무덤에도 수레와 함께 수레나 말에 딸린 기물器物들을 부장했다. 이 무덤의 주인은 제후국의 군주와 왕실의 중신, 경卿, 대부大夫 그리고 각 계층의 귀족이었다.

《전국책》〈제책齊策〉을 보면, 전국시대 맹상군孟嘗君의 문객 중 풍훤馮諼이 생선도 먹지 못하고 수레도 탈 수 없다고 불평하자 맹상군이 그의 요구를 일일이 들어주었고, 결국 풍훤은 맹상군의 유능한 모사謀士가 되었다는 이야기가 있다. 이는 당시에 일부 사士도 수레를 탈 수 있었음을 말해준다.

《주례周禮》에 따르면 사士는 상사, 중사, 하사의 3등급으로 나뉜다. 최고 등급인 상사는 생선을 먹고 수레를 탈 수 있었으니 맹상군의 문객은 상사에 속한다. 상사가 된 풍훤은 수레를 탈 자격은 갖췄지만 수레를 소유하지는 못했다. 당시 수레를 소유하려면 적어도 대부는 되어야 했다.

《논어》〈선진先進〉에서 공자는 자신의 수레를 팔아서 제자 안연顔淵의 관과 덧관을 갖춰주려고 하지 않았는데, 까닭인즉 자신은 과거에 대부를 지냈기 때문에 걸어다닐 수 없다는 것이었다. 이처럼 고대에 수레는 신분과 계급의 상징이었다.

結 수레는 다양한 용도로 사용되었을 뿐 아니라 특수한 기능도 갖추었기 때문에 선진시대 귀족들의 각별한 관심을 받았다.

　서주의 금문 중에는 주나라 왕이 신하에게 상으로 내리는 물품에 관한 내용이 있다. 이것은 모두 귀중품으로 그 속에는 수레와 말 그리고 그와 관련된 기물도 있었다. 한나라 때 학자의 해석에 따르면, 당시에는 하사품에 등급이 있었는데, 맨 나중에 하사하는 최고급품이 수레와 말이었다고 한다. 금문에 기록된 하사품 중에서 수레와 말 그리고 그와 관련된 기물이 맨 나중에 기록되었음을 발견할 수 있으니, 이는 한나라 때 학자들의 해석과 일치한다.

　수레를 소유한 귀족이라면 그것을 몰 줄 아는 것은 필수였다. 고대에 수레를 모는 것을 '어御'라고 칭했는데 이는 일종의 능력이자 영예였다. 그래서 고대에는 '어'를 예禮, 악樂, 사射, 서書, 수數와 함께 '육예六藝'라고 불렀으며 귀족 청년의 필수 과목이었다.

　수레의 중요성과 제조 과정의 복잡성 때문에 선진시대 사람들은 수레를 위대한 발명품으로 간주하고 문자, 성읍, 농경 등의 발명과 나란히 거론했다. 예컨대 《여씨춘추》에는 "해중이 수레를 만들고, 창힐蒼頡이 글자를 만들고, 후직이 벼농사를 시작하고, 고요皐陶가 형법을 만들고, 곤오崑吾가 도기陶器를 만들고, 하곤夏鯀이 성을 만들었다"고 기록되어 있다. 이를 통해 수레의 발명이 사람들의 마음에 얼마나 중요한 자리를 차지했는가를 알 수 있다.

【 선진시대의 옥기 】

● 허난성 안양의 은허 부호묘婦好墓에서 출토된 옥룡玉龍

중국인이 7,000~8,000년 동안 옥을 사용하고 사랑하고 존중하고 보배로 삼은 공통의 심리와 풍습 및 문화적 전통을 '옥문화'라 칭해도 무리가 없을 것이다.

옥기玉器는 매우 특색 있는 고대문화의 하나로서 옛사람들은 이것을 패물로 차고 다니거나 감상하는 데만 그치지 않았다. 옥은 재질이 단단하고 치밀할 뿐 아니라 빛깔이 수려해서 사람들에게 아름다운 느낌을 주었다.

고대인들은 세상의 아름답고 고귀한 사물을 옥으로써 상징했으며, 심지어 옥을 인격화하여 군자의 덕에 비유했다. 공자가 살던 시대에는 "옛날의 군자라면 반드시 옥을 달고 다닌다", "걸으면 옷에 찬 옥이 울렸다", "군자는 이유 없이 옥을 몸에서 떼어놓지 않는다", "군자는 덕을 옥에 비교한다"고 말했다.

옛날에는 행동이 겸손하고 다정한 사람을 옥처럼 부드럽고 따뜻하다고 말했다. 이 때문에 옥을 달고 다니는 것이 유행했고, 심지어 인격과 연결시켜서 일반적인 감상의 정도와 범위를 훨씬 넘어섰다.

유가를 대표하는 사람들은 옥기를 더욱 인격화하고 이념화해서 자그마한 옥기를 정치, 경제, 윤리, 도덕, 종교 등 각 방면에서 특수한 가치와 기능의 상징으로 삼았다.

후한의 허신許愼이 지은 가장 권위 있는 자전字典인 《설문해자說文解字》

에서는 옥을 인仁, 의義, 지智, 용勇, 결潔의 다섯 가지 덕으로 요약했으며, "돌 가운데서 아름다운 것"으로 해석했다. 이것은 옥에 대한 고대의 가장 대표적인 해석이라 하겠다.

중국인들의 문화적 심리, 즉 "천인합일 天人合一", "중용과 조화를 이룬다〔致中和〕" 등을 포괄한 철학적 관념과 "부드럽고 따뜻하고 돈독하다〔溫柔敦厚〕", "형식과 본질이 아울러 중요하다〔文質幷重〕"는 미학적 관념 그리고 절개와 지조를 중시하는 도덕적 관념 등은 모두 옥의 심미적인 속성에서 상응하는 것을 찾을 수 있다.

은허 부호묘에서 출토된 음양옥인陰陽玉人
한쪽 면은 남성이고 다른 면은 여성이다.

【 면면히 전해진 옥기 】

랴오닝성遼寧省 푸신시阜新市의 차하이査海 및 내몽골 아오한치敖漢旗의 싱룽와興隆洼문화 유적지에서 출토된 도끼, 구슬, 결玦(패옥), 비수 모양의 기물 등 20여 가지 옥기는 세계에서 알려진 것 중 가장 이른 시기의 옥기로 약 7,500년 전 것으로 추정된다.

그리고 량주良渚문화는 5,000년 전 옥기를 대표한다고 할 수 있다. 1986년 저장성 위항余杭 판산反山에서 출토된 신인수면상神人獸面像 조각의 옥종玉琮은 무게 6.5킬로그램, 높이 8.8센티미터인데, 지금까지 알려진 량주 문화 중 가장 중요한 옥기로 '종왕琮王'이라는 별칭을 갖고 있다.

허난성 안양의 은허 유적지인 부호묘에서 출토된 옥기는 하나라와 상나라 시기의 옥 가공 수준을 보여준다. 부호는 상나라 왕 무정의 부인으로, 1976년 부호의 무덤을 발굴할 때 755개나 되는 옥기가 출토되었다. 그중에는 종琮, 벽璧, 황璜, 규圭, 환環, 결, 부斧, 월鉞, 과戈, 칼, 삽,

저장성 위항余杭 야오산瑤山 7호묘에서 출토된 옥종玉琮. 안은 둥글고 밖은 반듯한데, 이는 하늘과 땅을 표시한 것이다. 중간의 구멍은 하늘과 땅의 소통을 나타낸다.

랴오닝성遼寧省 젠핑建平 뉴허량牛河梁에서 출토된 옥저룡玉猪龍

낫, 쟁반, 국자 등과 용, 봉황, 코끼리, 거위 등 다양한 동물 모양도 있었다.

상나라 후기에는 청동 공예 기술이 전례없는 발전을 이루었는데, 이는 옥기 제조에 새로운 도구를 제공했을 뿐 아니라 옥 조각의 표현 영역도 크게 확대했다. 예컨대 높이 10.8센티미터인 반투명 청색 옥궤玉簋는 지금까지 발견된 옥그릇 중에서 시기가 가장 이른 것이고, 예술적 성과 역시 예전 것을 능가한다.

상나라 때의 소박하고 강인하며 힘 있는 기풍과는 달리, 서주시대 옥기의 무늬는 곡선의 굴곡과 유려한 생동감이 장점이면서 장식도 추상적이고 도안화된 추세를 보였다. 산시성山西省 후마현侯馬縣 베이웨춘北越村 진후晉侯의 무덤에서 출토된 '복면覆面'은 50개의 옥조각으로 이루어졌으며, 이 시기 부장된 옥기의 새로운 유형이다.

춘추전국시대가 되자 유가를 중심으로 백가쟁명의 국면이 전개되었다. 비록 서로 다른 관점에서 격렬한 논쟁을 벌였지만 모두가 옥을 숭배하여 정치, 경제, 윤리, 도덕 및 종교의 의의와 기능을 옥에 부여함으로써 전국시대 옥기의 번영을 대대적으로 촉진했다.

게다가 철기의 사용은 옥기의 제조 수준을 한층 끌어올렸다. 증후을의 무덤에서 출토된 옥은 마디가 많은 패물인데, 전부 스물여섯 마디이고 모두 활환活環으로 연결되어 있다. 그중 네 개의 활환은 금속 장부(끝을 구멍에 맞추기 위하여 가늘게 만든 부분: 옮긴이)를 붙여 만든 것이라 분리할 수 있지만, 여덟 개의 활환은 조각하여 구멍을 뚫어 만든 것이라 분리할 수 없다. 서로 다른 색깔의 옥으로 용과 새 그리고 다른 형상을 구분하여 조각했는데, 그 마디가 많고 장식이 복잡하여 전국시대의 옥기 중에서도 보기 드문 것이다.

【 옥의 가공 단계 】

아름답기 그지없는 고대의 옥기를 감상할 때 자연히 이런 의문이 떠오른다. 강철도 없었던 상고시대에 옛사람들은 도대체 무슨 도구를 써서 금속보다 견고한 옥을 가공했을까?

《시경》〈소아〉에 나오는 "다른 산의 돌이라도 옥을 가는 숫돌로 쓸 수 있다〔他山之石, 可以攻玉〕"는 이 말이야말로 더 이상 좋을 수 없는 답이다. 옥의 강도를 능가하는 돌은 석영, 마노, 수정, 금강석 등이다.

사람들은 몇십만 년에 걸쳐 석기를 제작하는 과정에서 옥을 알게 되었고, '돌로 돌을 다스리는', 즉 옥을 가공하는 법을 터득했다. 옛사람들은

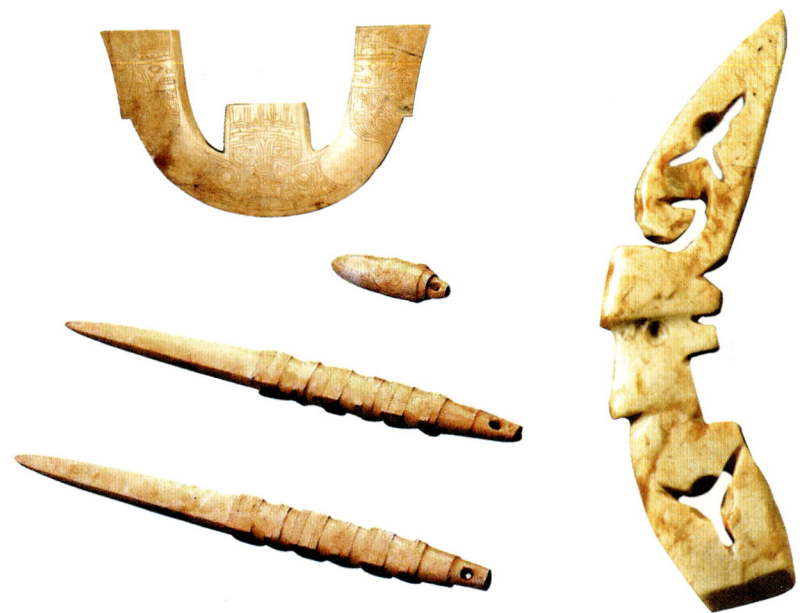

저장성 위항 야오산의 7호묘에서 출토된 산 모양의 옥 장식과 송곳 모양의 옥 장식(왼쪽)
장쑤성 우현吳縣 장링산張陵山 유적지에서 출토된 인형옥휴人形玉觽(오른쪽)

얇은 대나무 판 위에 뾰족한 모양의 딱딱한 돌을 끼워넣고 매개물(규사, 물)을 가져다가 옥돌 위를 직선으로 왔다 갔다 하면서 절단했다. 이렇게 천연의 옥돌이 이상적인 반가공품이 될 때까지 절단하는데, 이것이 첫 단계이다.

다음은 구멍을 뚫는 과정이다. 고고학자들은 고대인들이 대나무 대롱이나 대롱 모양의 뼈 한쪽 끝에 날카로운 돌날을 박아넣은 뒤 매개물(규사, 물)의 도움을 받아서 손으로 부단히 비비며 조금씩 구멍을 뚫었다고 한다. 한편, 안쪽으로 들어가면 구멍을 뚫기가 더욱 어려워지므로 양쪽에서 마주 뚫는 방법으로 구멍 뚫는 속도를 높였다.

마지막 단계는 탁마琢磨이다. 한 덩어리의 옥을 가공해서 옥기로 만들려면 탁마 과정을 거쳐야 한다. 《삼자경三字經》에서는 "옥을 다듬지 않으면 옥기가 되지 못한다"고 했다. 당나라 태종太宗도 "옥은 비록 아름다운 재질이지만 훌륭한 장인을 만나서 탁마하지 못하면 기와나 자갈과 다를 바 없다"고 했다.

【 제사에 이용된 옥기 】

선진시대의 옥기는 대부분 제사 및 그와 관련된 숭배와 관계가 있다. 《주례》에서는 "푸른 벽옥으로 하늘에 예배하고, 황종黃琮(황색 옥홀. '홀'은 천자 이하 공, 경, 대부가 조정의 복장을 차려입을 때 허리띠에 끼고 다니는 것 : 옮긴이)으로 땅에 예배한다"고 했다. 출토된 량주문화의 옥기 중에서는 '종'과 '벽'이 가장 중요했다. 여기서 알 수 있듯이, '종'과 '벽'의 주요 기능은 바로 제사였다.

'종琮'은 량주문화의 유물 중에서 부피가 가장 큰 옥기의 일종으로, 현존하는 가장 높은 종은 49.2센티미터에 열아홉 마디로 되어 있다. 타이후太湖호 유역에서 발견된 옥종의 형상이 비교적 이것에 가까운데, 일반적으로 안은 둥글고 밖은 네모나며, 중심은 양면을 직통으로 마주 뚫은 구

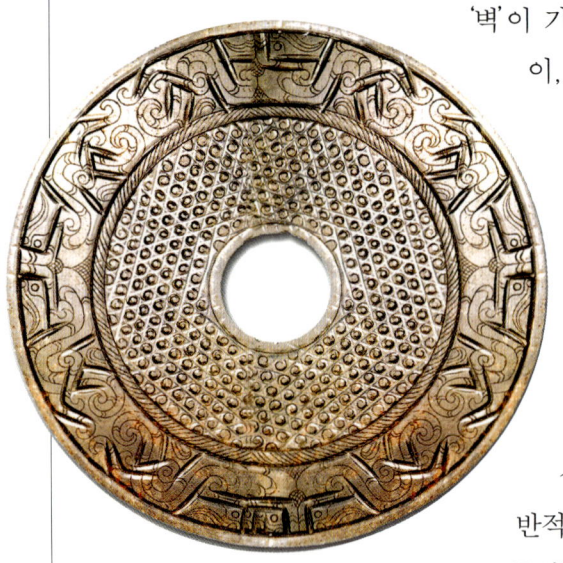

한나라 때의 벽옥곡문벽碧玉谷紋璧

멍이다. 조각한 형상과 무늬 장식은 네 귀퉁이를 중심으로 펼쳐지고, '종'의 몸통은 몇 개의 마디로 나뉜다. 네 개의 평면에 각기 한 줄씩 수직의 얇은 홈이 있는데 위는 크고 아래는 작다.

'종'에 비해서 '벽'은 자주 볼 수 있다. 하나의 무덤에서 '종'은 일반적으로 두세 점에 불과하지만, '벽'은 하나의 무덤에서 수십 개가 출토되었다. 옥벽玉璧은 환環, 원瑗 등과 마찬가지로 원형의 기물인데, 비교적 얇아서 두께가 3센티미터를 넘지 않으며 중앙에는 둥근 구멍이 있다. '종'과 비교할 때 '벽'을 소유한 사람의 신분계층이 훨씬 광범위하다.

량주良渚문화 유적지에서 발굴된 옥종 여러 마디로 나누어졌고, 짐승의 얼굴을 조각했다.

【 장식물로 이용된 옥기 】

따뜻하고 매끄럽고 투명하고 정갈한 옥의 특질은 중국인의 정취에 아주 잘 부합하여 장식물의 가장 이상적인 재료로 쓰였다. 랴오닝성 푸신시 차하이 및 내몽골 아오한치 싱룽와문화 유적지에서 발견된 환環이나 비수는 8,000여 년 전의 장식물로 지금까지 발견된 옥기 중 가장 오래된 것이다.

은허 부호묘에서 출토된 옥 봉황과 춘추시대의 옥룡패佩

지금으로부터 5,000~6,000년 전 홍산문화 유적에서도 옥조玉鳥, 옥 거북, 옥 물고기, 옥룡 등 수많은 장식 옥기가 출토되었다. 특히 옥룡은 몸체가 청록색인데 몸의 곡선이 우아하고 아름다운 데다 조형이 기묘하고, 조각 방법이 간결하면서도 세련되었다. 등 쪽에 둥근 구멍이 하나 있는 것으로 보아 의관을 거는 장식임을 알 수 있다.

홍산문화보다 약간 늦은 량주문화에서는 머리 장식, 귀 장식, 목 장식, 손 장식, 거는 장식 등으로 장신구에 대한 큰 분류가 이뤄지고 있다. 비교적 전형적인 것은 옥팔찌, 옥황玉璜, 옥패玉牌 장식, 옥곶〔玉串〕 장식, 띠의 고리와 대량의 동물 모양 장식이다.

이보다 더 후기인 하나라, 상나라, 주나라 때의 옥기는 주로 제사 및 의식에서 그릇이나 장식으로 이용되었다. 안양의 은허 유적지인 부호묘에서 출토된 옥기를 예로 들면 몇십 종류가 있다. 그중에는 도끼, 창, 칼, 삽, 낫, 절구, 절구공이, 궤짝, 쟁반 등의 옥기가 적잖이 있지만 그 가운데 병기와 생산 도구는 실용성이 별로 없다.

【 중국의 옥문화 】

후한시대 원강袁康이 편집한 《월절서越絶書》에 상고시대부터 당대에 이르는 한 단락의 묘사가 있는데 음미할 가치가 있다.

헌원, 신농, 혁서赫胥의 시대에는 돌로 병기를 만들었고 …… 황제의 시대에 이르러서는 옥으로 병기를 만들었으며 …… 우혈禹穴의 시대에는 동으로 병기를 만들었고 …… 지금에 와서는 철로 병기를 만들어 3군이 사용한다.

이 책은 일찍부터 옥기가 성행했음을 말하고 있으며, 인류의 역사를 돌, 옥, 청동, 철의 시대로 나누고 있다.

현대에 와서는 이를 근거로 석기시대 중에서 옥기시대를 단독으로 분류하자고 제안하는 역사학자도 있다. 학계에서 논쟁이 계속되고 있지만 중국인이 7,000~8,000년 동안 옥을 사용하고 사랑하고 존중하고 보배로

청전옥인青田玉印

삼은 공통의 심리와 풍습 및 문화적 전통을 '옥문화'라 해도 무리는 없을 것이다.

한자에서 '옥' 자를 부수로 쓰거나 중간에 '옥'이 포함된 글자는 대부분 아름답고 좋고 거룩하고 청결한 물건을 가리킨다. 예컨대 진珍, 령玲, 각珏, 장璋, 유瑜, 근瑾, 형瑩, 벽璧 등 '옥' 자와 조합된 단어에는 옥에 대한 애정과 숭배의 정이 스며 있다.

아름다운 용모를 묘사하는 옥인玉人, 옥녀玉女, 옥체玉體, 옥수玉手, 옥모玉貌, 옥용玉容, 옥색玉色 등이 있고, 정성스럽고 맛있는 음식을 묘사하는 옥식玉食, 옥액玉液 등이 있다. 또 아름답고 훌륭한 물건을 묘사하는 옥책玉冊, 옥우玉宇, 옥새玉璽 등이 있고, 아름다운 소원을 묘사하는 옥성玉成이 있으며, 순결한 영혼을 묘사하는 옥결빙청玉潔冰淸 등 일일이 열거할 수 없을 정도이다. 여기서 알 수 있듯이, 수천 년 이래로 옥은 일종의 문화로서 중국인의 정신과 마음에 깊이 침투해 있다.

結 중국은 세계에서 가장 먼저 옥을 알고 옥을 사용해서 예부터 '옥석玉石의 나라'라는 말을 들어왔다. 5,000년 옥문화의 발전 과정을 종합적으로 살펴보면 옥기의 생산과 사용은 신비화, 세속화, 공예화의 세 단계를 거쳤다.

하·상·주에서 위진남북조까지는 신비화 단계로 옥기는 의례, 장식, 무덤의 부장품 등으로 사용되었으며, 주로 신분과 지위를 표시했다. 그러다가 당나라 때부터 세속화되어 몸에 지니는 장신구가 되었고, 아울러 실용성을 갖추게 되었다. 명·청대 도시 경제의 발전은 옥기의 상품화와 예술화를 불러와, 옥공예도 더 정교해지고 재료의 규모도 더욱 방대해져서 무게가 만 근이 넘는 옥돌도 가공할 정도였다.

中國文明 大視野

제2부

진나라 시황제・장성・진시황릉 병마용・마왕퇴・문경의 정치・한나라 무제・서역으로 간 장건・사마상여와 한부・한나라의 악부・사마천과 《사기》・왕충과 《논형》・고대의 제지술・장형의 과학적 성취・한자 이야기・고대의 종・한나라 황실의 능과 궐・한나라의 백희・열두 띠 이야기・청명과 한식・설날 풍속

진나라 시황제

● 진시황 초상

진나라 왕 영정은 6국을 멸망시켜 제후들이 할거하는 오랜 혼전의 국면에 마침표를 찍고 함양咸陽을 수도로 하는 광활한 국가를 건립했다.

중국 역사상 최초의 황제인 진秦나라 시황제始皇帝(기원전 259~기원전 210)는 성이 영嬴이고 이름이 정政이다.

영정은 전국시대 말엽 진나라 왕인데, 13세 때 왕위에 올랐고 21세 때부터 손수 국정을 처리하기 시작했다. 그는 상국相國(모든 관직 중에서 으뜸인 벼슬 : 옮긴이)인 여불위呂不韋 등의 권력을 빼앗고 이사李斯, 왕전王翦 등 재능과 모략이 뛰어난 문신과 무신을 중용해서 중국 통일의 대업을 시작했다.

영정은 29세 때 한韓나라를 멸망시켰으며, 그 후 9년 동안 위魏·초楚·연燕·조趙·제齊 등을 각각 멸망시켰다. 진나라가 6국을 멸망시키고 중국을 통일함으로써 최초의 다민족 통일국가인 진 왕조가 건립되었다.

진 왕조를 건립한 해에 영정은 38세였다. 이때 그는 '왕'이란 칭호가 너무 낮다고 생각해서 조정의 토론을 거쳐 '왕'이란 칭호를 '황제'로 고쳤다. 이는 '삼황오제三皇五帝'를 겸했다는 의미인데, 그의 공적이 "상고시대 이래로 있은 적이 없고 오제도 미친 적이 없다"는 뜻이다. 그는 자신을 '시황제'로 칭했으며, 자신의 지위를 계승하는 중국 최초의 통일국가를 건립한 진나라 시황제 후손이 "숫자를 따져서 2세, 3세, 나아가 천만세에 이른다"고 규정했다.

시황제는 황제가 된 지 11년 만에 병으로 죽었는데 그때 나이 49세였다. 그의 주검은 여산驪山(지금의 시안시西安市 동쪽 린퉁현臨潼縣)에 매장되었다. 그의 무덤은 아직까지 발굴하지 못했지만, 이미 발굴된 능묘 옆의 진시황릉 병마용은 그 웅장한 기세로 '세계 8대 기적'의 하나로 불리고 있다.

시황제는 재위 중에 많은 위업을 달성했다. 예컨대 6국을 멸망시키고 중국을 통일했으며, 분봉제를 폐지하고 군현제를 실시했다. 또 도량형과 화폐와 문자를 통일했으며, 흉노匈奴를 몰아내고 장성長城을 쌓았다. 다민족 통일국가의 형성과 발달, 고대의 경제와 문화의 발전에 중요한 토대가 되었기 때문에 "천고에 으뜸가는 황제〔千古一帝〕"라는 칭송을 받았다. 동시에 분서갱유焚書坑儒, 과중한 부역과 조세 등은 그에게 천고의 오명을 남겼다.

【 6국을 멸망시키고 중국을 통일하다 】

진나라 시황제의 가장 큰 공적은 6국을 멸망시키고 천하를 통일한 것이다.

서주 초기에는 분봉제를 실시했다. 당시에는 800여 개의 제후국이 있었으며 춘추시대에만 해도 제후국이 100여 개나 되었다. 전국시대에 들어서자 20여 개의 제후국만 남게 되는데, 그중에서 진·초·제·연·한·위·조의 7국이 가장 강대했다.

이 7국은 매년 돌아가면서 혼전을 벌였다.

"땅을 빼앗기 위해 전쟁을 벌이니 죽은 사람이 들에 가득하고, 성을 빼앗기 위해 전쟁을 벌이니 죽은 사람이 성에 가득했다"(《맹자》〈이루離婁 상上〉)고 할 정도였다. 오랜 전쟁은 서민의 경제와 생활을 엄청나게 파괴했기 때문에 백성들은 전쟁을 싫어했다.

이런 상황에서 영정은 진나라의 군사적 우세를 이용하고 효과적인 '원

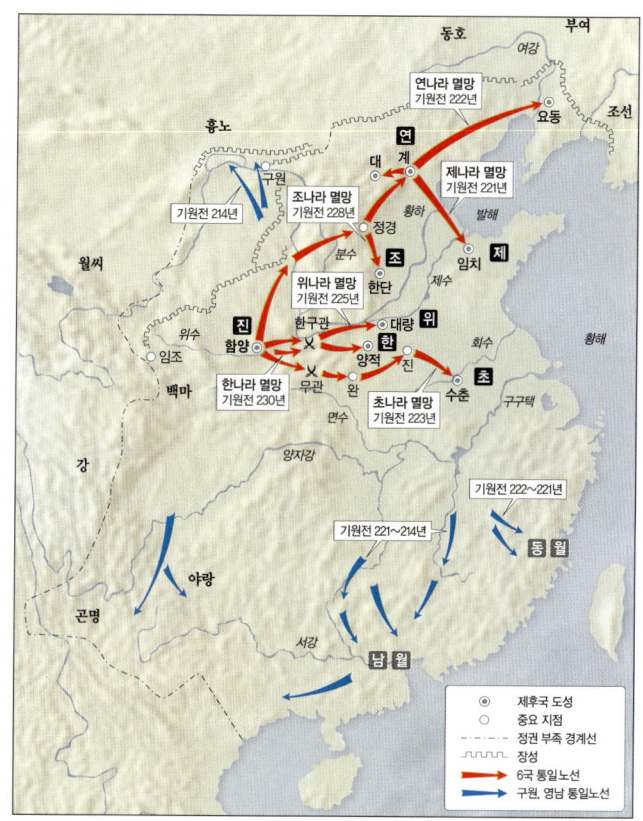

진나라의 영역도

교근공원交近攻(먼 나라와 친교를 맺고 가까운 나라를 공격하는 외교 정책 : 옮긴이)'의 책략을 운용해서 6국을 잇따라 멸망시켰다. 이 기간에 진나라는 남쪽의 백월百越에 병사를 보내서 서남 지역을 공략했다. 6국을 멸망시킨 후에는 다시 몽염蒙恬에게 30만 대군을 인솔해서 남침하는 흉노를 몰아내게 했다.

훗날 이백이 시에서 "진나라 시황제가 천하를 쓸어버리고 호랑이처럼 노려보니 이 얼마나 영웅이던가"라고 했듯이, 진나라 왕 영정은 6국을 멸

진나라 시황제 ◆ 301

진나라의 표준 도량형 기구인 저울추(위) 구리 되(아래)

망시켜서 제후들이 할거하는 오랜 혼전의 국면에 마침표를 찍고 함양咸陽을 수도로 하는 광활한 국가를 건립했다. 이 나라의 영토는 동쪽으로 황해와 동해에 이르고, 서쪽으로 농서隴西, 남쪽으로 영남嶺南, 북쪽으로 음산陰山과 요동에까지 이르렀다.

통일국가를 유지하기 위해서 시황제는 서주시대 이래로 시행해온 분봉제를 폐지하고 전면적인 군현제를 실시했다. 군의 수장은 군수이고, 현의 수장은 현령인데, 군수와 현령을 모두 황제가 직접 임명하고 해임했다.

또 중앙제도를 개혁하여 세경세록제世卿世祿制(벼슬과 녹봉을 세습하는 제도 : 옮긴이)를 없애고 3공9경제三公九卿制를 실시했다. 3공이란 승상丞相, 어사대부御史大夫, 태위太尉로서 황제의 관할 아래 행정, 군사, 감찰을 주관하는 장관이고, 9경은 중앙의 행정 각 부문에서 구체적인 사무를 담당하는 관리였다. 3공과 9경 외에 열경列卿이 있었고, 이런 관리들이 중앙기구를 구성하고 황제를 도와서 국가를 통치했다.

이러한 전제주의 중앙집권제는 당시의 상황에서 국가의 통일성을 유지하는 데 반드시 필요한 조치였지만, 백성에 대한 속박이 지나쳐 나중에는 경제와 문화의 발전을 가로막았다.

진나라의 반냥전과 돈을 만드는 주형

【 도량형, 화폐, 문자를 통일하다 】

시황제의 정치적 통일과 상응하는 것이 바로 통일에 유리한 개혁 조치를 반포한 것으로, 이 조치는 객관적으로 사회와 경제를 발전시켰다.

전국시대의 도량형은 나라마다 크고 작음, 길고 짧음, 무거움과 가벼움이 다르고 단위도 서로 달랐다. 통일국가에서 이런 문제는 사회와 경제의 발전에 불리할 뿐 아니라 백성의 생활에도 불편을 가져다주었다. 그래서 시황제는 전국적인 범위에서 도량형을 통일하라고 명령했으며, 그 결과 새로운 도량형의 표준 제도를 수립함으로써 도량형의 차이에 따른 혼란스런 상황에 종지부를 찍었다.

또 전국시대의 각국은 모두 청동으로 화폐를 주조해 그 모양이 제각각이었다. 시황제가 중국을 통일하자 모양이 다른 화폐는 상품의 교환과 세

진나라 시황제 ◆ 303

금의 징수에 적합하지 않았다. 그래서 시황제는 기원전 221년에 6국의 옛 화폐에 대한 사용을 금지하고 통일된 새 화폐를 쓰도록 반포했다. 새 화폐는 두 등급으로 나뉘었다. 황금으로 주조한 상폐上幣는 '일鎰(20냥, 혹은 24냥)'을 단위로 했고, 청동으로 주조한 하폐下幣는 네모난 구멍이 뚫린 원형 동전으로 하나의 무게가 반냥이어서 '반냥전半兩錢'이라 불렸다. 반냥전은 가치가 단일하고 규격이 합리적이어서 상품 교환에 적합했고 사회와 경제의 질서를 유지하는 데도 효과적이었다.

기원전 221년에 시황제는 전국적으로 수레의 궤軌를 통일하라고 명령했다. 큰 수레의 두 바퀴 사이를 너비 6척으로 규정함으로써 수레의 행렬에 편리를 도모했는데, 역사에서는 이를 '거동궤車同軌'라고 한다.

시황제는 또한 전국적으로 치도馳道(천자가 다니는 길 : 옮긴이)를 대폭 정비할 것을 명령했다. 치도는 수도인 함양을 중심으로 동쪽으로는 지금의 장쑤성江蘇省, 저장성, 산둥성에, 서쪽으로는 지금의 간쑤성甘肅省 동부에, 남쪽으로는 지금의 후베이성과 후난성에, 북쪽으로는 지금의 허베이성河北省, 산시성山西省 북부에서 내몽골 남부에까지 이르렀다. 치도의 너비는 50보이고 매 3장丈마다 나무를 한 그루씩 심었으며, 망치로 노면을 평평하고 탄탄하게 만들어서 마차가 잘 달릴 수 있도록 했다.

춘추전국시대 각국의 문자는 구조가 각기 달랐다. 여기에 대해 후세의 학자 허신許愼은 "언어는 소리가 다르고, 문자는 형태가 달랐다"고 말했다. 시황제는 통일국가에 필요했기에 이사 등에게 문자를 통일하는 작업을 맡겼는데, 역사에서는 이를 '서동문書同文'이라고 한다.

이렇게 해서 규범화된 문자를 소전小篆 또는 진전秦篆이라고 한다. 통일된 문자는 진나라의 통일을 확고히 다지는 데 크게 기여했고 한국, 일본, 베트남 등의 역사와 문화에도 큰 영향을 끼쳤다.

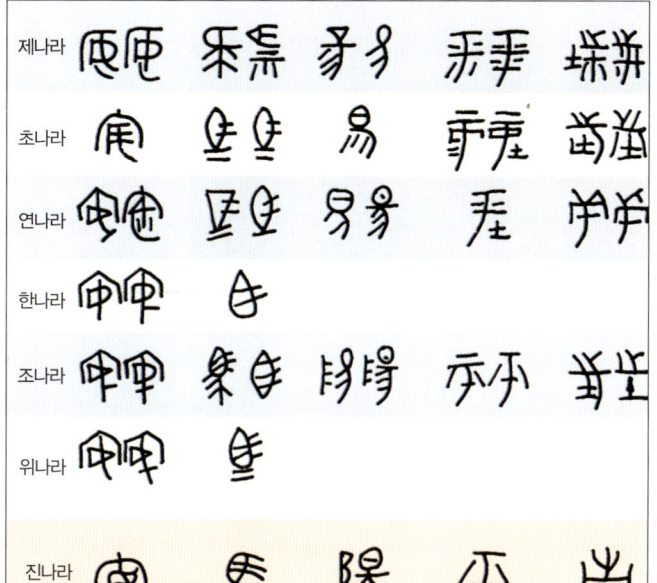

진나라 통일 이후 소전 小篆을 정자正字로 삼게 되자 6국에서 쓰던 다른 글씨체들은 도태되었다.

【 장성을 쌓고 궁전을 짓다 】

　기원전 214년, 시황제는 몽염에게 30만 병사를 이끌고 북쪽의 흉노를 치게 하는 한편, 장성을 쌓는 대공사를 시작했다. 이 거대한 사업은 진·조·연 세 나라에 원래 있던 장성을 기초로 하여, 지세에 따라 그것들을 연결하고 확대 건설함으로써 서쪽의 린타오臨洮에서 동쪽의 랴오둥遼東에 이르는 기나긴 만리장성을 완성했다. 장성은 세계 역사상 가장 위대한 건축물의 하나로 손색이 없으며 유구한 중국의 문명을 상징한다.

　시황제가 장성을 쌓은 목적은 북방의 흉노를 방어하기 위한 것이었지만, 이것은 한편으로 백성들에게 극심한 재난을 안겨주었다.

역사상 위대한 건축물의 하나로 손꼽히는 만리장성

시황제가 궁실을 대대적으로 건축한 것도 전대미문의 일이었다. 아방궁을 짓기 위하여 촉산蜀山 등에서 목재를 대량으로 베는 바람에 푸른 산은 황무지로 변해버렸다. 또 지상의 궁전뿐 아니라 지하의 능묘인 여산시황묘始皇墓까지 조성했다. 아방궁과 여산묘를 조성하기 위하여 은궁隱宮(궁형)의 형벌을 받은 자 70여만 명을 집결시켰다. 이 사업은 백성의 생활에 엄청난 악영향을 미쳤다.

【 분서갱유 】

분서갱유는 시황제 통치기간에 저질러진 엄청난 사건의 하나이다.

기원전 213년, 시황제와 대신들이 궁중에서 연회를 즐기고 있을 때 박사 순우월淳于越과 박사부사 주청신周青臣 사이에 논쟁이 일어났다. 순우월이 "옛것을 본받자"고 주장하자, 승상 이사가 즉각 순우월을 "부패한 유생"이라고 지적하며 유생들이 "현재를 본받지 않고 옛것을 배우며, 옛것을 가지고 지금 세상을 비난하여 백성들을 미혹시킨다"고 질책했다.

이사는 유생들을 위험한 세력으로 간주해서 유생의 '비법非法(법을 따르

지 않는 것 : 옮긴이)' 활동을 단속할 것을 건의했다. 아울러 《시경》과 《상서》, 제자백가의 책을 포함해 진나라 역사책인 《진기秦記》 이외의 모든 역사책을 불태워야 한다고 주장했다. 시황제는 이사의 건의를 받아들여 전국에 '분서령焚書令'을 반포했고, 이로 인해 전국적으로 책을 불태우는 일이 발생했다.

세계 8대 기적의
하나로 불리는
진시황릉 병마용

이듬해에는 다시 유생들을 땅에 묻어버리는 이른바 갱유坑儒 사태가 발생했다. 원인은 시황제를 위해 선약仙藥을 찾던 방사方士가 갑자기 달아나면서 황제가 크게 노한 데다, 방사와 유생들이 자신에 대해 "권세를 탐하고" "천성이 사나워서" 사람을 죽이는 것으로 위엄을 세우려 한다고 비방한다는 얘기를 들었기 때문이다.

시황제는 노여움을 억누르지 못하고 "요사스런 말로 백성을 미혹한다"는 죄명으로 460명이나 되는 유생을 붙잡아 가두고는 가혹한 형벌과 고문을 가한 후에 전부 함양에다 생매장했다.

시황제의 분서갱유와 폭정은 전국적으로 공포의 국면을 조성했고, 백성을 극도의 고난 속으로 몰아넣었다. 그리고 이것은 마침내 진 왕조를 뒤엎는 농민봉기의 도화선이 되었다.

 후세 사람들은 시황제의 공로와 과오가 모두 천추에 길이 남을 것이라고 평가했다. 그러나 총체적으로 말하면 시황제는 과오보다 공로가 더 크다.

그는 우선 다민족 통일국가인 중국의 형성에 크게 공헌했다. 시황제가 6국을 멸망시키고 천하를 통일한 것은 고대 통일국가의 중요한 표징이자 역사적 진보의 표징이기도 하다.

진 왕조는 오늘날 중국 영토의 기초를 이루었으며, 진 왕조의 2,000만 인구는 오늘날 중국 대부분 민족의 선조이다. 중앙의 권력을 강화한 시황제의 개혁은 고대의 정치에 깊은 영향을 주었고, 진 왕조 이후 2,000여 년 동안 각 왕조도 기본적으로 이 제도를 응용했다.

도량형과 화폐와 문자를 통일한 것도 사회와 경제의 발전을 역동적으로 이끌었고, 문화의 발전이란 측면에서도 그 의의가 매우 크다.

진 왕조는 또한 풍부한 문화유산을 남겼으니, 만리장성과 세계 8대 기적의 하나로 불리는 진시황릉 병마용 등이 그것이다.

【 장성 】

● 중국 북방의 동서를 가로지르는 만리장성

장성은 평화와 힘의 상징이다. 장성은 무력에 의한 약탈을 저지하는 동시에 평화적인 왕래를 보호한다. 몇천 년 이래로 장성의 경계를 따라 문물의 교류가 수없이 자유롭게 이루어졌다.

장성은 중국 북부 지방에 자리 잡고 있다. 사막과 황토고원 그리고 동쪽의 험준한 산들을 가로지르며 구불구불 만 리를 뻗어 있어, 그 웅대한 장관은 세계 건축사업의 일대 기적으로 불린다.

장성은 성곽에서 비롯되었다. 성을 쌓아 그 안에 거주하고 성으로 방어하는 것은 인류가 문명시대에 들어섰다는 하나의 증거이다. 묵자는 "성이란 바로 자기를 지키는 것"이라고 했다(《묵자》〈칠환七患〉). 맹자도 "3리에 성을 쌓고 7리에 곽郭을 쌓으면 포위해서 공격해도 이기지 못한다"고 했다(《맹자》〈공손추公孫丑 하〉). 이를 통해 청동기나 철기를 사용하던 시대에는 성곽이 비교적 훌륭한 방어 기능을 했음을 알 수 있다.

폐쇄적인 성곽을 장성으로 확대한 것은 아마도 역사의 어느 단계에서 발생한 인류의 공통적인 창조일지도 모른다. 지역마다 경제가 불평등했기 때문에 비교적 발달한 사회는 스스로를 지키기 위하여 적대세력의 침입이 우려되는 구역에다 장성을 쌓기 시작했다.

2,000여 년 전 춘추전국시대에도 각 제후국은 변방에 장성을 쌓았다.

기원전 221년, 6국을 멸망시키고 중국 역사상 최초의 통일제국을 세운 진나라 시황제는 북방 흉노족의 침입을 막기 위하여 제후국들이 쌓아놓은 북부의 성벽을 기초로 하여 만 리에 걸쳐 장성을 쌓았으니, 이것이 바로 세상에 널리 알려진 만리장성이다.

중국인이 만리장성을 조성할 때 고대 그리스인도 아테네에서 항구에 이르는 길 옆에 몇십 킬로미터의 성벽을 쌓아서 교통로를 확보했다. 아마 이것이 유럽에서 만들어진 최초의 장성일 것이다. 훗날 로마인이 유럽의 패권을 차지했을 때에도 제국의 넓은 북쪽 변방에다 1,000킬로미터에 이르는 장성을 쌓았다.

서유럽의 영국, 독일, 덴마크와 아시아의 한국, 일본 등도 유사한 장성을 쌓은 적이 있다. 그러나 서양의 장성사업은 계속되지 못했고 오직 중국의 장성만이 2,000여 년간 계승되었다. 만리장성은 지금도 중국 북방에 우뚝 서서 유구한 중국 문화를 보여주고 있다.

【 초기의 장성 】

바다링八達嶺에서 장성에 올라 산세를 따라 꼭대기를 향해 갈 때, 또는 산하이관山海關에서 '천하제일관'의 성루에 올랐을 때 장성의 웅대함과 장려함을 찬탄하지 않는 사람이 없다. 이 구간의 장성은 명나라 때 건설한 것이다. 그럼 역사적으로 가장 이른 시기의 장성은 어떤 모양일까?

기록에 의하면, 지금으로부터 2,000여 년 전 선진시대의 각 제후국이 경계를 확정하고 방어를 강화하기 위하여 장성을 쌓기 시작했다고 한다.

춘추시대 초나라 장성은 초나라의 북쪽에 있었다. 이 장성은 산의 고갯마루와 강둑을 따라 쌓은 것인데, 일정한 거리를 두고 성루나 봉화대도 만들었다. 위치는 지금의 허난성 덩저우시鄧州市 동북쪽에서 북으로 예현葉縣까지, 다시 동남쪽으로 방향을 바꿔 비현泌縣의 중양산中陽山까지 구불구불 수백 리에 이어졌다. 오늘날 팡청현方城縣 동북쪽의 다관커우大關口에 아직 1,000여 미터의 성벽이 남아 있다.

전국시대 중기부터 제후국들은 잇따라 장성을 쌓기 시작했다.

제나라 장성은 서쪽인 산둥성 핑인현平陰縣에서 타이산泰山산을 따라 동쪽으로 린취臨朐를 거쳐 자오난현膠南縣까지 와서 바다와 만난다. 장성은 산둥반도를 제나라와 노나라 두 지역으로 갈라놓았다. 제나라 장성은 대부분 돌로 쌓아올린 것인데, 오늘날에도 산마루에서 그 흔적을 찾아볼 수 있다.

전국시대에는 진나라와 위나라 사이에 자주 충돌이 발생했다. 이 때문에 위나라는 진나라와 경계를 접한 황하 서안에 장성을 쌓았다. 달구(집터 따위를 다지는 기구 : 옮긴이)로 쌓은 위나라 장성은 화인현華陰縣과 한청현韓城縣 중간에 있다.

연나라 장성은 남북 두 갈래로 나뉜다. 남쪽의 장성은 제나라와 조나라를 방어하기 위하여 쌓은 것으로서 지금의 허베이성 이현易縣과 쉬수이현徐水縣 일대에 있다. 서쪽의 타이항산太行山 동쪽 기슭에서 시작하여 동쪽의 쯔야子牙강에 이른다. 북쪽의 장성은 북방 유목민족의 침입을 막기 위하여 쌓은 것으로 서쪽의 장자커우張家口에서 동북쪽으로 내몽골, 허베이성, 랴오닝성을 거쳐 지금의 북한 청천강 북안에까지 이르렀고 동서의 길이가 1,000킬로미터에 달했다. 연나라 장성은 흙과 돌을 섞어 쌓은 것이다.

이외에도 조나라 장성과 진나라 장성이 있다. 가장 오래 된 장성은 지금도

간쑤성 퉁웨이通渭 쓰뤄핑四洛坪에 있는 전국시대 진나라의 장성 유적지

그 잔해를 찾아볼 수 있다. 예컨대 최근에는 산시성陝西省 위린楡林을 발굴하다가 3,000미터나 되는 진나라 장성의 유적을 발견했다. 이 장성은 대부분 검은 부식토를 쌓은 것이다. 남쪽에 있는 명나라 장성과 평행을 이루고 있으며 그와는 4,000미터쯤 떨어져 있다.

【 장성의 구조 】

 장성의 건축은 규모가 거대하기 때문에 시스템에 의한 공정으로 이루어진다.
 춘추전국시대 장성의 위치는 각 나라의 방어 목적에 따라 달랐다. 가령 연나라의 두 갈래 장성 중에서 남쪽의 장성은 제나라와 조나라를 방어하고, 북쪽의 장성은 흉노와 동호東胡(동이족처럼 중국의 관점에서 이민족을 말하는 것임 : 옮긴이)를 방어했다. 조나라의 장성은 서쪽의 내몽골 린허현臨河縣에서 시작하여 동쪽으로 허베이의 웨이셴청尉縣城에까지 이르렀는데, 주로 임호林胡와 누번樓煩을 방어하기 위한 것이었다. 위나라의 장성은 흉노와 진나라의 침입을 방어하기 위해서 쌓은 것이고, 제나라의 장성은 노나라를 가로질렀는데 이는 오나라와 초나라를 방어하기 위한 것이었다.
 제후국 간의 장성은 대부분 두 나라의 경계선에 위치하며, 산봉우리를 따르거나 강둑을 이용해서 성을 쌓았다. 하지만 각국의 북쪽 장성은 경계선을 따라 쌓은 것이 아니라 농경과 유목으로 구분되는 서로 다른 생산방식의 분계선이라 할 수 있다.
 장성의 구조는 성벽, 관성關城, 성루, 적대敵臺, 봉화 등으로 되어 있다. 성벽은 황토를 다져서 쌓거나 아니면 안에 흙과 돌을 넣고 밖은 벽돌로 쌓

모래, 돌, 갈대, 붉은 버들개지로 탑을 쌓아서 만든 봉화대

은 것이다. 그렇지 않으면 산을 깎아 벽을 만드는데, 그 높이와 너비가 달랐다. 관성은 장성을 출입하는 통로로서 관문, 초루譙樓, 옹성甕城, 익성翼城 등의 구조로 되어 있다. 관성은 전쟁할 때 공격과 방어를 담당하는 곳이지만, 평상시에는 장성 안팎으로 경제와 문화의 교류가 이루어졌다.

성루와 적대는 성벽 위에서 조망과 방어 기능을 하는 건축물이다.

봉화는 봉화대라고도 하는데, 적의 움직임이 있으면 낮에는 연기를 피우고 밤에는 불을 밝히는 일종의 경보장치이다. 이 봉화대는 장성 변두리의 높은 곳에 설치하며 지금도 각지에 많이 남아 있다. 예컨대 간쑤성 진타현金塔縣 어지나치額濟納旗의 봉화대는 정사각형으로 네 변의 길이가 각각 17미터이고 높이가 25미터가량인데, 흙을 다져서 쌓아 올린 것이다. 산시성 위린 지구의 봉화대는 네모난 형태가 아니라 고래 모양 혹은 원추형이다.

이외에도 관성 부근에는 변경을 지키는 장수와 사병의 성보城堡를 건축했다. 그 안에는 관청, 영방營房, 창고 그리고 민가와 사찰도 있었다.

이러한 건축에는 대규모 인력과 자재가 필요했고 엄청난 양의 벽돌, 석재, 목재 등을 모두 인력으로 운반해야 했다. 장성은 백성들의 피와 땀과 지혜의 결정체로서 고대 건축의 탁월한 성과이다.

【 진나라 때의 장성 】

오늘날의 만리장성은 진나라 때 쌓은 것이다. 《사기》〈몽염전蒙恬傳〉에는 이렇게 기록되어 있다.

진나라는 천하를 합병한 후에 몽염 장군에게 30만 병사를 주어 북쪽의 융적을 몰아내고 허난을 점령해서 장성을 쌓게 했다. 지형에 따라 험난한 곳을 이용해 요새를 쌓았는데, 린타오에서 랴오둥까지 길이가 1만여 리나 되었다.

시황제가 그토록 엄청난 인력과 재력을 동원해서 장성을 쌓겠다고 결심한 것은 막 건립한 정권을 확고히 하려는 목적도 있었지만, 상황 때문에 어쩔 수 없었던 점도 있었다. 왜냐하면 전국시대 후기, 진나라가 6국을 멸망시키는 과정을 틈타 흉노가 남하해서 오르도스 지역을 점령함으로써 진나라에 엄중한 위협을 가했기 때문이다.

기원전 218년에 몽염이 거느린 30만 대군은 흉노를 몰아내고 드디어 오르도스 이남을 되찾았다. 변방을 공고히 하고 내지의 안전을 보장하기 위해 그곳에다 34개 현을 설치하고 구원군九原郡도 거듭 설치했으며, 또 3만 호나 되는 가구를 내지에서 북하北河와 유중둔楡中屯으로 이주시켰다. 다른 한편으로는 적을 방어할 목적으로 장성을 쌓는 대규모 공사를 벌였다.

진나라 때의 장성은 전국시대 연나라, 조나라, 위나라의 장성을 바탕으로 한 것이다. 그들은 허물어진 장성을 보수하고 새롭게 장성을 쌓아 하나로 연결함으로써 잘 정비된 만리장성을 만들었다. 이 장성은 서쪽의 간쑤성 린타오에서 동북쪽을 향해 산시성山西省 옌먼관雁門關, 다이현代縣, 웨이현蔚縣으로 길게 이어지면서 연나라의 북부 장성에까지 연결되어, 장자커우를 거쳐 동쪽의 옌산燕山, 위톈玉田, 진저우錦州에 달하면서 랴오허遼河강까지 뻗어나갔다.

　장성의 건설은 대형공사라서 대규모 인력과 물자를 동원해야 했기 때문에 필연적으로 백성의 부담이 클 수밖에 없었다. 게다가 장성이 건설되는 곳은 북방의 변경이어서 황량하고 몹시 추웠다. 장성을 쌓는 데 필요한 대량의 석재와 모래를 모두 인력으로 운반해야 했으니, 이런 환경에서 노동하는 것이 얼마나 고통스러웠을지 능히 짐작할 수 있다. 그래서 "맹강녀孟姜女가 장성을 곡哭하다"는 민간의 전설도 나왔던 것이다.

　하지만 만리장성은 결국 백성의 피와 땀과 지혜의 결정체로서, 흉노의 침략을 막아 황하 유역의 경제와 문화의 발전에 지대한 공헌을 했다.

【 한나라 때의 장성 】

　전한 초기, 북방의 흉노가 해마다 남하해서 약탈을 일삼자, 한 왕조는 일찍부터 전국시대의 장성을 보수하여 북방의 경계선으로 삼았다. 무제武帝가 즉위한 후에는 국력이 강성해져 북방의 우환을 제거하기 위해 군대를 보내 흉노를 사막 북쪽으로 몰아냈으며, 한편으로는 변경에 계속 장성을 쌓았다.

한나라 때의 장성은 세 구역으로 나뉜다.

동쪽 구역은 내몽골 상두商都에서 동쪽으로 뻗어나가 랴오둥반도를 넘어서 북한의 청천강에까지 이르렀다. "험난한 지형을 따라 요새를 쌓는" 방법으로, 즉 험준한 곳에는 흙을 다져서 성벽을 쌓고 그 외의 구역에는 성벽 대신 망루를 건설했다.

중간은 내몽골 상두 서쪽에서부터 어지나치 사이의 한 구역을 말한다. 이곳의 장성은 진나라 때 장성보다 더 북쪽에 있어서 인산陰山산, 다칭산大靑山에서 외몽골 초원에까지 깊이 들어가 있다.

둔황敦煌 서북쪽에 위치한 장성의 위먼관玉門關 유적지. 한나라 때 건축되었다.

서쪽의 나머지 구역은 동쪽의 어지나치에서 시작하여 어지나額濟納강을 따라 남하하다가, 간쑤성 진타현에서 서쪽으로 틀어 둔황현敦煌縣 서북쪽에 이른다. 그리고 다시 서쪽으로 성벽을 쌓지 않고 실크로드를 따라서 끊임없이 역참과 봉화대를 건설했으며, 다팡판청大方盤城을 거치고 위먼관玉門關을 나가서 신장新疆으로 들어선다. 이 구역의 장성을 '량저우시돤涼州西段'의 장성이라고도 한다.

간쑤성 둔황 서남쪽 실크로드의 중요 관문인 양관陽關 유적지

간쑤성 허시후이랑河西回廊의 냐오사오링鳥鞘岭에 있는 한나라 때의 장성

《거연한간居延漢簡》에서는 이곳을 "5리마다 하나의 수燧(봉화대 : 옮긴이), 10리마다 하나의 돈墩(약간 높고 평평한 땅 : 옮긴이), 30리마다 하나의 보堡, 100리마다 하나의 성城"이라고 설명한다. 그러나 실제 조사한 결과 3리쯤의 간격으로 봉화대가 있고, 몇십 리에 하나씩 성이 있었다. 이 장성의 역참과 봉화대는 정보를 제때 전달하고 흉노와 서역 간의 교통을 차단하는 데 중요한 역할을 했다.

한나라 이전의 장성은 단순한 방어 기능에 그쳤지만 한나라 때의 장

서쪽의 자위관嘉峪關에서 동쪽의 산하이관山海關까지 이어지는 명나라 때의 장성

성, 특히 '량저우시돤'의 장성은 북방 유목민족의 침략을 막고 실크로드의 원활한 통행을 보장했다. 이는 중국과 아시아, 유럽 각국의 경제와 문화의 교류 및 발전에 중요한 역할을 했으며, 동시에 그 연장선에 있는 둔황, 주취안酒泉, 장예張掖, 우웨이武威, 란저우蘭州 등 도시의 발전을 촉진했다.

【 명나라 때의 장성 】

오늘날 베이징의 쥐융관居庸關과 바다링 등에서 볼 수 있는 웅장하고 화려한 장성은 명나라 때 새로 건축한 것이다. 명나라 때의 장성은 서쪽의 자위관嘉峪關에서 동쪽의 산하이관까지 총 1만 2,700리이다.

명나라가 처음 나라를 세웠을 때는 국력이 강성하여 일찍부터 군대를 배치하여 사막의 북쪽을 공격하고 쑹화松花강과 랴오둥을 공략하며 허시후이랑河西回廊을 통하게 했지만, 북방 유목민족의 위협을 철저히 막아내지는 못했다.

명나라 태조 주원장朱元璋은 성벽을 높이 쌓아야 한다는 주승朱升의 건의를 받아들여 장성의 축조를 매우 중시했다. 명 왕조 200여 년 동안 축성사업이 한시도 중단된 적이 없으며, 대규모로 장성을 건설한 것도 명나라 중엽이다.

방어 기능을 강화하기 위하여 장성의 연계선을 '구진九鎭', 즉 아홉 개의 방어 구역으로 나누어 총병總兵에게 관리를 맡기고 장성의 축조도 책임지게 했다. 명나라 때의 장성은 예전 왕조들의 장성에 비해 위치가 남쪽으로 몇백 리 물러났지만, 옛날과 비교해 공사의 규모도 크고 건축 수준도 더 높았다.

명나라 때의 장성은 크게 동쪽과 서쪽 두 부분으로 나뉜다.

쥐융관居庸關 운대雲臺의 천왕상天王像(왼쪽) 명나라 때 장성의 동쪽 기점인 라오룽터우老龍頭(오른쪽)

명나라 초기에 쌓은 성. '천하제일관'이라 불리는 산하이관이 있다.

동반부는 산시성山西省 동쪽이다. 이곳의 장성은 높은 산과 준령 사이에 축조해서 산세를 따라 구불구불 뻗어나간다. 성벽 아랫부분은 너비가 6미터이고 윗부분은 너비 5.4미터, 높이 8.7미터이다. 성벽 내부에 200미터 간격으로 돌층계를 만들어 상하의 성벽에서 이용하게 했다. 성벽 외부는 전부 벽돌로 쌓았으며 그 안에는 흙을 넣어 다졌다.

서반부는 산시성 서쪽이다. 이곳의 장성은 흙을 다져서 쌓은 것으로, 성을 벽돌로 쌓지 않았고 벽체도 동반부의 장성보다 작다.

명나라 때의 장성에는 관성이 아주 많은데 모두 지세가 험준한 지역에 건축했다. 그중에서 유명한 것이 자위관성과 산하이관성 등이다.

자위관성은 명나라 장성의 서쪽 기점이다. 관성의 평면은 정사각형으로 성 둘레는 660미터, 성벽의 높이는 12미터이다. 동서로 성문을 열 수 있고, 문밖에는 자성子城이 있으며, 문 위에는 성루가 위엄 있게 우뚝 솟았다.

산하이관은 허베이河北와 랴오닝遼寧 두 성의 경계선에 세워졌다. 산하

명나라 초기에 쌓은 성. 하서河西 제일의 좁은 어귀라 불리는 자위관이 있다.

이관성의 평면도 정사각형이며, 동서남북에 각기 성문이 하나씩 있고 모든 문 위에 성루가 있다. 성의 높이는 12미터, 내부는 흙으로 다졌고 외부는 벽돌로 되어 있어 매우 견고하다. 산하이관은 옛날부터 군사적으로 매우 중요한 진鎭이어서 '천하제일관'으로 불린다.

명나라 때의 축성사업은 중국 역사상 가장 오랜 시간이 걸렸고, 공사의 규모도 가장 컸으며, 방어체계가 제일 완벽한 데다 구조도 가장 견고했다. 장성은 국가와 백성의 안정 그리고 서쪽 실크로드의 교통에 크게 공헌했다.

結 만리장성은 옛날 농경과 유목이라는 두 사회의 문화가 자연스럽게 합류하는 지역에 자리잡고 있다. 장성은 대규모 군사 방어물인 동시에 경제와 문화를 연결하는 통로이다. 장성은 군사적 대항과 방어에 필요한 산물이자 수단이며, 또 변경의 무역을 효과적으로 통제하고 문화의 교류가 이루어지는 공간이다.

동쪽에서부터 서쪽에 이르는 북방의 카이위안開原, 츠펑赤峰, 산하이관, 쉬안화宣化, 장자커우, 다퉁大同, 위린, 구위안固原, 인촨銀川, 란저우, 우웨이, 장예, 주취안, 자위관, 둔황 등 성城의 흥기와 발전은 거의 예외없이 장성의 경계선에 있는 관시關市 및 마시馬市와 관계되며, 모두 장성의 축조로 혜택을 입었다. 그리고 장성 남쪽에 자리한 넓은 농업지대에서는 장성의 방어 덕분에 안정된 수확이 가능했다.

웅대한 장성은 방어를 위한 군사 건축물이지만, 그렇다고 방어태세가 허술해서 만든 것은 아니다. 역사적으로 볼 때 대체로 장성은 중원의 국세가 쇠퇴할 때가 아니라 무력이 왕성할 때 축조되었다. 예컨대 진나라 시황제가 6국을 멸망시킨 후, 한나라 무제가 북방의 흉노를 몰아낸 후, 명나라 태조와 성조가 쑹화강, 랴오둥, 사막의 북쪽을 공격한 후에 대대적으로 장성을 건설하기 시작했다.

장성은 평화와 힘의 상징이다. 장성은 무력에 의한 약탈을 저지하는 동시에 평화적인 왕래를 보호한다. 몇천 년간 장성의 경계를 따라 문물의 교류가 수없이 자유롭게 이루어졌다.

진시황릉 병마용

● 진시황릉 병마용갱에서 발굴한 무사용

병마용들이 다시 햇빛을 보았을 때 사람들은 놀라운 사실을 발견했다. 2,000여 년이 지났어도 무거운 물체에 눌렸거나 인위적으로 파괴된 것을 제외하고는 자연적으로 갈라진 현상이 전혀 없었다.

고대의 성성城 시안西安에서 동쪽으로 약 35킬로미터 떨어진 린퉁현에 시양촌西楊村이라는 작은 마을이 있다. 1974년 봄에 몇몇 농민이 이 마을 부근에서 우물을 파고 있었다. 지하의 수맥을 찾으려는 것이 목적이었지만, 그들은 뜻밖에도 세계 최대 규모의 지하 군사박물관인 진시황릉 병마용갱兵馬俑坑의 대문을 열게 되었다.

진시황릉 1호 용갱

진시황릉 병마용이라는 고대의 이 기이한 유적은 곧바로 세인의 주목을 끌었다. 1983년에 박물관이 건립된 이래 세계 각지에서 몰려오는 관람객들이 지금도 끊이지 않는다. 병마용은 여러 차례 국외에서 선을 보여 화제를 불러일으켰다. 1987년 12월, 유네스코는 진시황릉 병마용을 세계유산목록에 등재했다.

웅장한 병마용 진陣

【 웅장한 병마용 진 】

총면적 2만 780제곱미터에 달하는 세 곳의 병마용 갱에는 도대체 얼마나 많은 군사가 묻혀 있는 것일까? 발굴한 결과 전차 130여 승乘, 수레를 끄는 말 500여 필(수레 한 대에 말이 4필씩 배당된다), 전마戰馬 116필, 전차병용, 기병용, 보병용 7,000여 점이 있는 것으로 밝혀졌다. 오늘날의 군사제도에서 하나의 분대에 군인이 아홉 명씩이라면, 이는 1개 사단 병력에 해당하는 것이다.

병마용의 설계자들은 이 엄밀하고 정연한 군대가 진나라 시황제의 넋을 영원히 수호할 수 있도록 병마용의 윗부분에 비바람을 가릴 수 있는 목조 막을 만들어놓았는데, 이것은 진나라 말기 전쟁의 불길에 타버리고 말았다. 진흙으로 만든 이 무사들은 저항할 힘이 하나도 없었기 때문에 진짜 사람, 진짜 말, 진짜 칼, 진짜 창에 짓밟히고 불에 그을려 파손된 채로 잿더미 속에 누워 역사의 기억에서 잊혀졌다가 나중에는 완전히 버려지고 말았다.

2,000년이 지난 오늘날, 온갖 난관 속에서도 전력을 다해 세심하게 발굴하고 정성껏 복구한 고고학자들 덕택에 이 무사들은 다시 일어나 왕년의 씩씩한 모습을 되찾았다. 대외적으로 개방한 1호 갱 속에는 진짜 사람과 비슷한, 키 175~186센티미터 정도 되는 6,000여 점의 병마용이 있다. 이 병사들은 하나같이 혈기왕성하고 용감한 모습으로 정연한 대오를 이루고 있는데, 마치 최고지휘관의 돌격 명령을 기다리고 있는 듯하다.

2호 갱에는 기병부대가 특유의 위풍을 과시하고 있다. 말 네 필을 한 조組로 하고

멀리서 바라본 진시황릉

1호 갱의 발굴 현장

열두 필을 한 열로 해서 아홉 열이 하나의 장방형 기병진騎兵陣을 이루고 있다. 또 말의 등에는 안장이 새겨져 있고 머리에는 마구馬具가 씌어 있으며 입에는 재갈이 물려 있다. 각각의 말 왼쪽 앞에는 기병용이 서 있는데, 그들은 한 손에 말고삐를 잡고 다른 손에 활을 쥐고 있다. 마치 몸을 날려

병마용의 전투 진용

말 등에 올라타서 싸움터로 달려갈 태세이다.

【 병마용이 호위하고 있는 진시황릉 】

세 곳의 대형 병마용 갱은 진시황릉을 구성하는 건축물의 유기적인 일부분으로서 진시황릉을 떠나서는 그 존재의미가 없다. 그러므로 진시황릉에 대해 살펴보기로 하자.

시황제는 13세에 왕위를 계승하여, 그때부터 자신의 능묘를 건축하기 시작했다. 끊임없이 다른 나라를 병탄하면서 자신의 공적이 하루하루 커진다고 생각한 그는 능묘의 규모도 계속 확대했다. 6국을 통일한 후에는 한 걸음 더 나아가 70만 명의 죄수를 동원해서 대규모 건축을 감행했다. 이 공사는 시황제가 49세에 갑자기 죽을 때까지도 마무리되지 못하다가, 기원전 206년에 진나라가 멸망하면서 비로소 중단되었다.

그렇다면 근 40년간 건축한 이 능묘는 도대체 어떤 모습일까? 《사기》 〈진시황본기秦始皇本紀〉에는 이렇게 기록되어 있다.

구리를 부어 관을 만들고 궁관宮觀, 백관百官, 기기奇器, 진괴珍怪를 옮겨서 그 속을 채웠다. 그리고 장인에게 명하여 기관장치와 궁노弓弩를 만들어 접근하는 자를 쏘게 했으며, 수많은 내와 강, 바다를 만들고 기계로 수은을 부어서 흐르게 했다. 위로는 천문을, 아래로는 지리를 갖추었고, 인어人魚(사람의 모습을 닮은 물고기 : 옮긴이) 기름으로 초를 만들어서 불이 오랫동안 꺼지지 않게 했다.

오랜 세월이 흐르자 진시황릉의 호화로운 지상 건축물은 모두 사라졌으며, 그 자리에는 열매가 주렁주렁 달린 석류나무 숲이 울창하게 들어섰다. 원래는 높고 커다란 능묘(높이 115미터, 둘레 2,076미터)였지만 비바람에 침식되고 사람들이 깎아내면서 지금은 높이 70미터에 둘레 1,400미터 정도로 축소되었다. 하지만 능묘는 여전히 매혹적이어서 온갖 상상의 날개를 펼치게 하며 사람의 마음을 끌어당기고 있다.

병사용의 머리

병마용의 제작 과정을 표현한 모형

【 병마용의 공예 】

시황제는 고대 중국의 첫 번째 황제였으므로 그를 위해 순장한 병마용은 반드시 그 시대 최고 수준을 대표해야 했고, 또 규모도 웅장해야 했으며, 전부 살아 있는 사람과 말의 실제 크기로 만들어야 했다. 이를 위해서는 고도의 조각술과 공예술이 필요했다. 그렇다면 병마용은 어떻게 만들어졌을까?

지금까지 발견된 고서적 중에는 병마용 제작에 관한 어떤 기록도 없지만, 진흙으로 만든 병마용 그 자체를 통해 어느 정도는 알아낼 수 있다. 우선 이 규모의 병마용을 한번에 제작한다는 것은 불가능하니 단계적으로 만들었을 것이다.

고고학자들이 파손된 인형 조각들을 분석한 바에 의하면, 이들 도기 인형의 초기 상태는 발판, 하지下肢, 몸체, 상지上肢, 머리 등 다섯 부분으로 이루어졌다. 다음으로 그렇게 많은 인형을 만들기 위해서는 반드시 모형이 있어야 한다. 이를 위해 수많은 비슷한 부품들로 대략의 틀을 만들어냈으니, 1호 갱에서 출토된 갑옷 위의 연갑대連甲帶를 제작하는 모형이 이것을 증명해준다. 이어서 흙이 마르기 전에 전체적으로 붙이고, 그후 기본적으로 만들어진 윤곽 위에 진흙을 한 번 더 발라서 완전한 형태를 만든다. 여기까지의 과정이 거친 작업이라고 한다면, 이후에 할 일은 정교하고 세밀하게 조각하는 것이다. 이 과정에서는 빚고, 모으고, 주무르고, 붙이고, 새기고, 그리는 등 갖가지 기술을 모두 사용하게 된다.

인형들의 신체에서 크게 구별되는 점은 없으며, 기껏해야 관병官兵의 신분이나 병사의 종류에서 차이가 날 뿐이다. 그러므로 개성을 나타내는 곳은 머리다. 각각의 차이를 나타내려면 인형의 눈, 입, 수염, 귀 등을 예술적으로 표현할 수밖에 없다. 자세히 보면 인형들의 머리는 따로 잘 만들어서 구운 후에 몸체에 올려놓은 것임을 알 수 있다. 이는 머리를 제작하는 데에는 한층 정교한 기술이 필요하다는 걸 보여준다. 이에 비해 말은 머리가 크긴 하지만 만드는 과정은 사람 머리를 만드는 것보다 훨씬 간단하다.

【 병마용의 예술적 성취 】

병마용들이 다시 햇빛을 보았을 때 사람들은 놀라운 사실을 발견했다. 무거운 물체에 눌렸거나 인위적으로 파괴된 것을 제외하고는 2,000여 년이 지났어도 자연적으로 갈라진 현상이 전혀 없었다. 흙을 빚어서 구워낸 고도의 솜씨에 현대의 도자기 전문가조차 찬탄을 금치 못한다.

활을 당기는 무사용과
장군용

　사람들을 더욱 놀라게 한 것은 이 병마용들의 형상이다. 병마용은 신분에 따라 고급 장수, 중·하급 장교 및 보통 병사들로 구분되어 있고, 병사는 다시 기병, 보병, 전차병, 궁노수弓弩手 등으로 분류되어 있다. 그들은 서로 다른 갈포褐袍와 갑옷을 입고 머리를 다르게 묶었거나 양식이 다른 관모冠帽를 쓰고 있다. 똑같은 진흙 조각이지만 상투의 미세한 부분까지 매끄럽게 표현되었고, 갑옷은 차갑고 단단해서 창과 검이 꿰뚫기 어려워 보이며, 갈포는 거칠고 무거우면서도 두텁고 튼튼해 보인다. 조각가들은 뛰어난 솜씨로 용모와 자태 등 외모의 특징뿐 아니라 감정까지도 섬세하게 표현함으로써 흙으로 빚은 이 병사들에게 생명을 불어넣었다.
　전투마의 모습을 보면, 조각가들이 말의 움직임을 생동감 넘치게 표현하려고 애썼음을 알 수 있다. 머리를 쳐들고 꼬리를 흔드는 모습, 갈기가 바람에 흩날리는 모습, 입을 벌리고 울부짖는 모습, 두 귀를 쫑긋 세운 모습, 그리고 정신을 집중하고 있는 두 개의 눈, 벌름거리는 커다란 콧구멍, 떡 벌어진 가슴과 탄탄한 다리, 울뚝불뚝한 근육 등 순식간에 싸움터로 뛰어나갈 듯한 느낌을 주고 있다.

이 병마용들의 색깔도 일반적인 도기처럼 청회색 일색이 아니다. 제작 당시에 병마용들은 아주 다채로운 색깔을 지녔다. 병사용의 얼굴과 손발 등은 분홍색, 갑옷은 검은색이나 갈색이었다. 싸울 때 입는 전포戰袍는 붉은색, 자홍색, 연녹색, 하늘색이었으며, 바지는 짙은 녹색이나 하늘색, 자홍색이었다. 말은 몸 전체가 붉은 대추색이었다. 유감스럽게도 전쟁의 불길과 2,000여 년에 걸친 빗물의 침식 등으로 인해 색깔이 바래고 아주 일부만이 본래의 색채를 보존하고 있다.

【 병마용의 군사적 의의 】

병마용은 진나라 군대의 실상을 잘 보여준다. 바로 시황제가 거느린 "갑옷을 입은 100여 만 명의 병사, 전차 1,000승乘, 기마 1만 필"의 강대한 군대를 축소한 것이다.

세 군데 병마용 갱의 병력은 전적으로 실제 상황에 근거하여 안배한 것이다. 1호 갱은 우군右軍으로, 맨 동쪽 끝에 있는 3열은 군진軍陣

1호 갱에서 출토된 청동검(왼쪽) 청동창(오른쪽)

의 선봉대이다. 대오를 거느린 세 사람만 갑옷을 입었고, 나머지 병사들은 짧고 간편한 차림에 다리에는 등 넝쿨을 감았으며 바닥이 얇은 검은 신을 신었는데 지금의 돌격대원과 흡사하다. 선봉대 뒤에 있는 38열의 종대는 보병을 주체로 하고 전차와 기병이 섞인 주력부대이다.

2호 갱은 좌군左軍으로, 전차와 기병과 보병이 혼합 편제된 대형의 진형이다. 진나라 때부터는 보병의 역할이 점점 커졌지만, 전차와 기병도 여전히 특유의 힘을 발휘했다.

3호 갱의 병사용들은 정연하고 규칙적인 대오를 형성하지 않고 여러 곳에 분산되어 있는데, 경계를 서고 있음이 분명해 보인다. 따라서 3호 갱이야말로 이 군대의 지휘본부인 것이다.

본래 이 병사용들은 전투태세를 취하고 실전에 사용하던 진짜 창과 칼을 쥐고 있었지만, 세월이 지나면서 나무와 참대로 만든 자루는 썩어버리고 구리로 된 무기 부분만이 남아 있다. 세 군데 갱에서 출토된 병기의 수가 4만여 점에 달한다. 검劍, 과戈(한두 개의 가지가 있는 창 : 옮긴이), 창, 극戟(끝이 좌우로 가닥진 창 : 옮긴이), 칼, 활, 노弩(여러 개의 화살이나 돌을 연달아 쏠 수 있는 큰 활 : 옮긴이), 화살촉 등이다. 검과 창 따위 병기들은 2,000여 년이 지났건만 전혀 녹슬지 않고 여전히 예리하다.

結 고대 중국에서는 한때 무덤에 산 사람을 함께 매장하는 순장殉葬이 성행했다. 통치자가 죽고 나면 많은 노예, 궁녀, 위병 들이 함께 생매장을 당했고 대신들도 요행을 바랄 수 없었다. 기원전 621년, 진나라 목공穆公이 죽은 후 유명한 대신 세 사람이 순장을 당했고, 이로 인해 백성들의 원성이 자자했다.

그러나 사회가 진보하고 통치자들도 날이 갈수록 사람의 중요성을 알게 되면서 순장 풍습은 점차 사라졌다. 그 대신 살아 있는 사람이나 생물을 모방한 인형이나 물체가 새로운 순장품이 되었다. 진시황릉의 병마용은 바로 이 순장품의 최고 수준을 대표하고 있다.

병마용들의 임무는 시황제가 황천으로 돌아간 후에도 생전과 마찬가지로 그의 강대한 군대로서 넋을 충실히 호위하는 것이었다. 진시황릉 병마용이 규모나 예술성 어느 면에서든 그토록 높은 수준에 도달할 수 있었던 원인에는 제작에 종사한 수많은 장인들의 지혜와 기술 외에 시황제의 개인적인 의지도 빼놓을 수 없다. 바로 자신의 공적을 만세에 자랑하고 싶은 시황제의 바람과 장인들의 탁월한 솜씨가 병마용과 같은 영원한 생명을 창조해낸 것이다.

【 마왕퇴 】

● 마왕퇴 한나라 무덤의 관곽棺槨과 부장품

관이 열렸을 때 사람들은 눈앞에 펼쳐진 기적에 놀라움을 금치 못했다. 조심스럽게 비단을 한 겹 한 겹 벗기기 시작해 스물두 겹까지 벗겨내자, 완벽하게 보존된 여자 시체가 나타났다.

창사長沙 기차역 동쪽에서 1킬로미터 떨어진 곳에 200여 제곱미터를 차지하는 거대한 흙더미가 있고, 그 위에는 약 16미터 높이의 언덕이 있다. 그곳 사람들은 이것을 5대代10국國 시기(907~960), 창사에 수도를 정한 초나라 왕 마은馬殷 부자의 묘지로 여기고 줄곧 마왕퇴馬王堆라고 불렀다.

1971년, 마왕퇴 밑으로 방공호를 파던 사람들이 뜻밖에도 전한시대 고대 무덤의 주인을 만나면서 마왕퇴 발굴의 서막이 열렸다. 그후 1974년에 마왕퇴의 무덤 3기가 모두 발굴되었다.

이 마왕퇴 발굴의 성과는 세계를 놀라게 했다. 보존이 가장 잘된 1호 무덤에서는 지하에서 2,000여 년간 잠들어 있었으면서도 썩지 않은 여인의 시신이 발굴되었다. 이 여인은 전한시대 장사국의 승상 이창利蒼의 부인으로 이름은 신추辛追이다.

승상이 묻힌 2호 무덤에서는 인장印章 3점을 발견했는데, 하나는 옥 인장으로서 전문篆文으로 무덤 주인의 이름 '이창'을 새겨져 있었고, 도금한 구리 인장 2점에는 무덤 주인의 신분을 표시하는 '장사 승상'

과 '예후지인禮侯之印'이 새겨져 있었다(이창은 기원전 193년에 한나라 혜제惠帝에 의해 예후禮侯로 봉해졌다).

3호 무덤은 이창의 아들 무덤이다.

이 무덤들은 한나라 때의 지하 보물창고라고 할 수 있다. 출토된 유물은 몇천 점에 달하는데, 네 폭의 비단 위에 그린 그림, 죽간竹簡 610점, 병기 38점, 악기 6점, 칠기 316점, 나무통 104점, 대나무 바구니 50점 등이 있다. 특별히 진귀한 것은 12만 자에 달하는 백서帛書(비단에 쓴 글 : 옮긴이)로, 그중 많은 것이 이미 유실된 중요한 문헌이다.

1호 무덤에서 출토된 흑지채회관黑地彩繪棺

【 천 년을 썩지 않은 승상의 부인 】

 1971년, 마왕퇴 밑으로 방공호를 파다가 1호 무덤에 도달했을 때 갑자기 아주 고약한 냄새가 났다. 누군가 담배를 피워 악취를 제거하려고 성냥을 긋자마자 냄새를 뿜던 구멍에 불이 확 붙으면서 새파란 불꽃을 토해냈는데 마치 액화가스 불길과 같았다. 놀란 사람들이 재빨리 그 구멍에 물을 부었지만, 내부의 기압이 너무 강해서 오히려 물이 밖으로 밀려나왔다.
 고고학자들은 묘실墓室 내에 가연성 기체가 가득하니 그 속의 유물들이 필경 잘 보존되어 있을 거라고 믿고 흥분을 감추지 못했다.
 관이 열렸을 때 사람들은 눈앞에 펼쳐진 기적에 놀라움을 금치 못했다. 관 속은 화려한 색색의 천들로 넘쳤다. 가장 윗부분 두 겹의 비단 두루마기를 걷어내자 비단실로 아홉 번 묶은 장방형의 비단 보자기가 나타났는데, 손으로 만지자 두부처럼 물컹거렸다. 조심스럽게 비단을 한 겹 한 겹 벗기기 시작해 스물두 겹까지 벗겨내자, 완벽하게 보존된 여성의 시체가 나타났다.

이 여인이 바로 장사국 승상 이창의 부인인 신추이다. 나이 약 50세, 키 154센티미터, 몸무게 35킬로그램 정도인 신추는 붉은색 액체에 담겨 있었는데, 얼굴은 살아 있는 듯했고 피부에는 윤기가 흘렀으며 탄력이 있었다. 훗날 조사한 결과에 따르면, 신추의 사지는 관절을 움직일 수 있었으며, 방부제를 주사할 때는 산 사람처럼 혈관이 부풀어올랐고, 위장에는 채 소화되지 않은 해바라기씨가 들어 있었다.

2,000여 년 전의 시체가 이토록 완벽하게 보존되었다는 것은 전대미문의 기적이다. 이 소식이 발표되자마자 세계가 놀란 것도 전혀 이상한 일이 아니다.

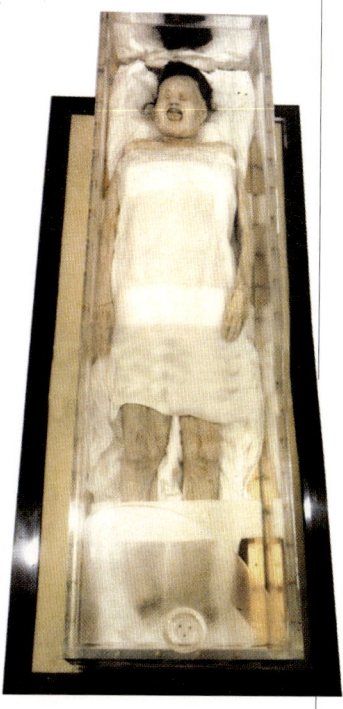

2,000여 년간 보존된 전한시대 여성의 미라

【 고대의 걸작, 비단그림 】

마왕퇴에서는 모두 다섯 폭의 비단그림이 출토되었다. 그중 두 폭의 'T'자형 그림은 각기 1호 무덤과 3호 무덤의 내관內棺 덮개 위에 덮여 있었는데, 고대의 장례 의식에 사용한 깃발로 추정된다. 그림의 내용은 두 폭이 대체로 비슷하지만, 1호 무덤의 그림이 더 정교하고 예술적 수준도 높아 고대사회에서 보기 드문 걸작이다.

1호 무덤에서 출토된 T자형 비단그림 구성이 치밀하고 상징성이 깊으며 그림 솜씨가 아주 뛰어나다.

1호 무덤의 비단그림은 길이 205센티미터이고 위쪽의 너비는 92센티미터, 아래쪽의 너비는 48센티미터이다. 위쪽 가장자리에는 가는 대나무가 감겨 있고, 그 위에 끈이 달려 있어 걸어놓을 수 있게 했다. 가운데와 아랫부분의 각 모서리에는 청흑색의 마麻로 만든 천조각이 장식되어 있다. 그림의 내용은 세 부분으로 나뉜다.

윗부분은 천상을 상징한다. 좌우 대칭으로 갈고리 모양의 조각달과 붉은 태양이 있고, 아래쪽엔 용 두 마리가 하늘로 날아오르고 있다. 중간에는 긴 머리를 풀어헤친 사람의 몸에 뱀 꼬리를 지닌 괴물이 있는데, 역사학자들은 이를 신화에 등장하는 반인반수의 신 여와로 보고 있다. 달에는 두꺼비와 옥토끼가 그려져 있고, 그 아래에는 머리를 들고 하늘로 날아오르는 상아嫦娥가 있다. 태양 속에는 황금 까마귀가 그려져 있고, 그 아래에는 부상나무 한 그루가 있는데 나뭇가지에 여덟 개의 작은 태양이 걸려 있다. 그리고 문을 지키는 두 명의 신이 하늘과 땅이 만나는 곳을 지키고 있다.

그림의 중간 부분은 무덤 주인의 생전의 생

활을 나타내고 있다. 바탕 그림은 역시 두 마리 용인데, 그 위로 구름과 꽃을 수놓은 비단옷을 걸친 귀부인이 지팡이를 짚고 천천히 걷고 있다. 그 뒤에는 시녀 셋이 따르고, 앞에서는 남자 둘이 무릎을 꿇고 부인을 맞이하고 있다. 두말할 것도 없이 이 귀부인이 바로 무덤의 주인인 신추이다. 이어서 호화로운 연회 장면이 펼쳐지는데 그 위는 커다란 장막이 쳐져 있다. 안에는 여섯 사람이 양쪽으로 마주 앉아 있고, 한 사람은 모퉁이에 서 있으며, 가운뎃자리는 비어 있다. 승상의 부인이 오기를 기다리고 있는 듯하다.

아래 그림은 수역水域 혹은 저승을 나타낸다. 벌거벗은 대력신大力神이 두 마리의 큰 물고기 위에 서서 두 손으로 대지를 떠받치고 있다. 이 또한 신화에 나오는 큰 물고기와 이상한 짐승을 나타낸다.

그림은 전반적으로 세 가지 주제를 나타내고 있는데 구성이 치밀하여 보는 이의 감탄을 자아낸다.

【 유일한 판본을 가진 서고 】

이창의 아들은 글을 읽는 서생이었던 듯하다. 그의 3호 무덤에서 의외로 28종의 아주 귀중한 백서가 나왔는데, 지금 세상에 전해지고 있는《주역》과《노자》외에 나머지 책들은 모두 옛날에 유실된 것들이다. 이 백서들 중에서는 자연과학 서적이 상당수를 차지하고 있으며 천문, 기상, 의학, 음양오행 등을 언급하고 있다.

또 두 폭의 지도가 있는데 어느 쪽을 꺼내도 세계에서 가장 이른 시기에 만들어진 유일무이한 것이니, 그 가치는 말하지 않아도 짐작할 수 있다. 그중에서 천문학 저술 두 권을 소개하겠다.

먼저 《오성점五星占》은 진나라 시황제 원년(기원전 246)에서 한나라 문제文帝 3년(기원전 177)까지 도합 70년 동안 금성, 목성, 수성, 화성, 토성 등 5대 행성의 운행 위치 및 공전주기를 기록한 것이다. 책에서는 금성의 공전주기를 584.4일이라 했는데, 이는 오늘날 최신 장비로 측정한 583.92일과 0.48일 차이가 나며, 공전주기를 377일이라고 한 토성의 경우는 오늘날 측정한 379.09일에 매우 근접하고 있다. 이 책에는 금성이 "다섯 번 출현했는데 기간은 8년이다"라고 쓰여 있으니, 금성이 다섯 번 공전하는 주기가 8년이라는 뜻이다. 사실상의 주기는 8년에서 이틀하고도 열 시간을 뺀 것으로, 2,000여 년 전의 무명 천문학자가 이토록 정확한 수치를 측정해냈다는 것은 실로 놀라운 일이 아닐 수 없다.

다음 《천문기상잡점天文氣象雜占》이란 책의 정수는 스물아홉 폭의 혜성 그림이다. 이 혜성들은 열여덟 개의 이름을 갖고 있는데, 그중의 절반은 오늘날 어떤 고서에서도 찾아볼 수 없는 것이다. 모든 혜성은 각양각색의

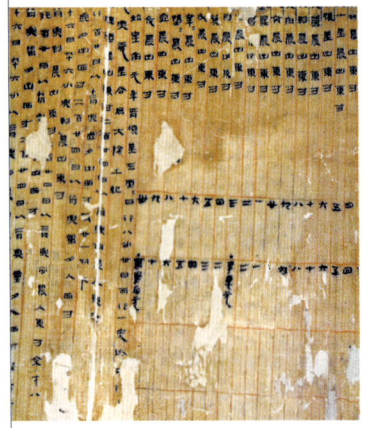 

3호 무덤에서 출토된 《오성점》(왼쪽) 《천문기상잡점》(오른쪽)

모습을 하고 있지만 하나의 공통된 규칙을 갖고 있다. 어느 하나 예외 없이 혜성의 머리가 아래로 향하고 꼬리가 위로 향해 있는 것이다. 이는 과학적 근거가 있는 것으로, 혜성이 운행할 때는 모두 태양을 등지기 때문이다. 유럽인은 1531년에야 이 법칙을 발견했다.

【 지하 패션쇼장 】

마왕퇴에서 출토된 견직물은 모두 200여 점으로, 단일한 폭의 견絹·사紗·기綺·능綾·금錦과 자수품 46점이 있다. 수량과 종류가 많은 데다 화려하고 정묘해서 실로 보기 드문 것들이다.

누에고치에서 뽑아낸 실은 쉽게 부식되는 유기물질이지만, 마왕퇴에 보존된 각종 견직물은 2,000여 년이 지난 지금도 상태가 양호해서 색채가 눈부시니, 실로 기적이라 하지 않을 수 없다.

이 한나라 무덤에서 나온 견직물의 대표작으로는 하얀 실로 만든 겉옷인 소사선의素紗禪衣를 꼽는다. 이 옷은 접으면 한 주먹에 쥘 수 있는데, 옷의 길이가 128센티미터, 소매 길이가 190센티미터, 무게는 49그램밖에 되지 않는다. 소맷부리, 목둘레 부분의 장식을 없애면 25그램이다. 실로 '매미 날개처럼 얇고, 아지랑이나 안개처럼 가볍다'고 할 수 있다. 한번 상상해보라. 고대의 귀부인이 화려한 비단옷 위에 이런 반투명 겉옷을 걸치고 나선다면 얼마나 우아하고 아름다울까!

《서경잡기西京雜記》에 의하면, 한나라 선제宣帝 때 직조 명장인 진보광陳寶光 부부는 60일이나 걸려서 비단 한 필을 짤 수 있었는데, 그 가치가 1만 전錢에 달하고 300~400섬의 곡식에 해당했다(오늘날의 기준에 따르면

한나라 무덤에서 나온 견직물의
대표작인 소사선의素紗禪衣

한 필은 너비 1.5척, 길이 28척이다). 마왕퇴 무덤 속에 있던 꽃비단 두루마기를 만들려면 비단 두 필 반이 필요하고, 비단 자수 두루마기는 서너 명의 자수공이 1년은 매달려야 완성할 수 있다. 마왕퇴에서 출토된 홑옷, 겹옷, 비단 두루마기가 20~30점에 달하니 얼마나 많은 비단과 재물을 썼겠는가!

【 후세에 전해진 칠기 명품 】

중국의 칠기공예 역사는 적어도 7,000여 년 전으로 거슬러 올라간다. 저장성 위야오餘姚의 허무두河姆渡에서 그때의 칠기가 출토된 적이 있다. 칠기공예는 한나라 때 최고 수준에 이르렀는데 한나라 무덤인 마왕퇴에서 그 증거를 찾아볼 수 있다.

마왕퇴에서 출토된 칠기는 700여 점에 달한다. 용도에 따라 분류하면

1호 무덤에서 출토된 구름무늬 칠기 그릇과 칠기 솥

예기, 식기, 주기酒器, 세면기, 병기, 오락용 및 일용 잡기가 있다. 재료로 분류하면 나무, 대나무, 탈태脫胎가 있으며, 장식 방법으로 구분하면 칠 그림, 유채화, 추화錐畵가 있다. 탈태는 협주태라고도 하는데, 먼저 진흙으로 속을 만든 후에 그 위에다 견직물을 한 층 감고 옻칠을 한 층 올린다. 이렇게 10여 층을 중첩했다가 마른 다음에 진흙 속을 없애고 마지막으로 다시 옻칠을 한다.

  이곳에서 출토된 칠기는 선홍색, 어두운 홍색, 엷은 노랑색, 노랑색, 갈색, 녹색, 하늘색, 흰색, 금색 등으로 색상이 상당히 다채롭다. 2,000여 년 전의 장인들은 이런 색채를 능숙하게 운용해서 칠기공예에 남김없이 솜씨를 발휘했다. 게다가 1호 무덤의 관 위에는 가루 장식법을 사용한 퇴칠堆漆과 구전溝塡이 나타나면서 전에 없던 입체 효과를 낳았다.

마왕퇴 ◆ 351

한나라 문제가 "금, 은, 구리, 주석으로는 장식하지 못한다"는 금지령을 반포하여 무덤 주인으로 하여금 어쩔 수 없이 대량의 칠기를 부장케 하였고, 이로써 후세 사람들은 더없이 진귀한 칠기 명품을 물려받게 되었다.

結 1970년대부터 전 세계적으로 마왕퇴 열풍이 불어 동서양의 학자들이 너도나도 마왕퇴를 찾아와 전한시대의 문화에 대해 연구했다. 오늘날 마왕퇴는 고대의 역사, 전통문화와 예술, 그리고 갖가지 자연과학을 연구하는 자료의 보고가 되었다.

현재 마왕퇴에는 빈 구덩이만 남아 있다. 2호와 3호 무덤은 다시 흙으로 덮여버렸고, 1호 무덤은 수십 미터 깊이의 텅 빈 갱이 되어 유리 기와에 덮여 있다.

승상 부인의 미라를 포함해 출토된 유물은 전부 시설 좋은 후난성 박물관으로 옮겨져 세심한 보호를 받고 있다. 하지만 사람을 끌어들이는 마왕퇴의 흡인력은 여전히 대단해서 지금도 많은 사람들이 후난성 박물관에서 승상 부인과 유물을 둘러본 뒤에 마왕퇴 유적지로 가서 2,000여 년 전 찬란한 전한시대 문화를 기념하고 있다.

【 문경의 정치 】

● 한나라 문제와 경제

"농업은 천하의 근본이다. 황금과 보석이 좋다 한들 배고플 때 먹을 수 없고 추울 때 입을 수 없으니, 모두 곡식이나 명주만 못하다."

전한은 건국 초기에 국력이 상당히 약했다. 고조高祖 유방劉邦마저 그의 수레를 끄는 네 마리 말의 색깔을 하나로 통일할 수 없었다. 대신들이 조정에 와서 일을 볼 때도 소가 끄는 수레를 타고 올 정도였으니, 백성들의 생활은 더 말할 나위가 없었다.

　유방은 "무위無爲로 다스리는" 사상을 채택하여 "백성에게 휴식을 주는" 정책을 실시함으로써 생산을 점차 회복시켰고 이는 나라의 발전을 가져왔다. 유방이 죽은 후에 여후呂后가 권력을 잡았지만, 여후 역시 기본적으로 유방이 실시하던 경제정책을 계속 유지해나갔다.

　기원전 179년, 종실의 대신들은 여呂씨들의 반란을 평정한 후 정치적 안정을 회복하기 위하여 신중한 토의를 반복해서 "어질고, 효성스럽고, 관대하고, 후덕한" 유방의 아들 유항劉恒을 임금으로 모시기로 했는데, 그가 바로 후일의 문제文帝이다.

　문제는 한나라 초기 "백성에게 휴식을 주는" 정책, 요역과 부역을 감하는 정책을 계속 실시했고, 12년간 전국 농지의 조세를 거두어들이지 않았다. 또 대규모 수리사업을 벌여서 농업 생산을 발전시켰고, 제후들의 세력도 점차 약화시켜 중앙집권을 강화했다. 그리고 북방의 주둔군을 강화하고 백성을 이주시켜 변방을 개발함으로써 양식을 충분히 조달케 했다.

기원전 157년, 유항의 아들 유계劉啓가 즉위했으니, 그가 바로 경제景帝이다. 그는 부친의 정책을 이어받아 그대로 지속시켰다. 근 40년에 달하는 문제와 경제의 통치기(기원전 179~기원전 141)는 사회를 안정시키고 풍요롭게 하여 전한 왕조의 튼튼한 기초를 마련했다. 역사에서는 정치가 깨끗하고 사회가 안정되어 경제가 번영한 이 시기를 '문경의 정치[文景之治]'라고 부른다.

한나라 때 보편적으로 기른 돼지로 주로 가축 우리에서 길렀다. 사진은 창사長沙에서 출토된 돌돼지

【 세금과 부역을 줄이다 】

문경시대에 큰 성취를 이룰 수 있었던 것은 문제와 경제 두 황제가 실시한 '백성에게 휴식을 주는' 정책이 백성으로 하여금 안정된 생활을 누리게 한 결과였다. '백성에게 휴식을 주는' 정책의 구체적 실천은 바로 요역과 부역을 줄인 것이다.

문제는 지방 관리에게 농민의 생산성을 적극적으로 고취하고, 열심히 밭을 갈고 뽕나무를 심는 사람에게 상을 내리라고 몇 번이나 명을 내렸다. 경제도 조서를 반포해서 이렇게 말했다.

"농업은 천하의 근본이다. 황금과 보석이 좋다 한들 배고플 때 먹을 수 없고 추울 때 입을 수 없으니, 모두 곡식이나 명주만 못하다."

진나라 때는 세금이 수입의 태반을 차지했으나 한나라 초기에 유방은 농지에 대한 세금을 15분의 1로 줄였다. 농민의 생산성을 적극적으로 고취하기 위하여 문제는 즉위한 이듬해에 세금을 다시 30분의 1로 줄였고

사냥하는 광경을 담은
한나라 때의 벽돌

심지어 세상을 뜨기 전 10여 년 동안은 농지세를 거두지 않았다. 경제가 즉위한 후에도 거듭 농지의 조세를 30분의 1로 정했는데, 이는 상당히 낮은 것으로 전한 말년까지 큰 변화가 없었다.

동시에 낮은 곡식값으로 농민들이 손해를 보지 않도록 문제와 경제 두 황제는 여러 방법을 동원해서 곡식값을 올렸으며, 심지어 부유한 사람들이 곡식과 작위를 바꿀 수 있게 했다.

부역도 최소화했다. 문제는 조서를 내려서 1년에 한 달씩 하던 부역을 3년에 한 번 하도록 조정했다. 그리고 부역 시기가 농번기와 겹치지 않게 함으로써 농사에 지장이 없도록 했다.

【 가혹한 형벌을 폐지하다 】

문제는 진나라가 멸망한 원인이 가혹한 형벌에 있다고 여겼다. 그래서 진나라 법에서 규정해놓은 가혹한 형벌을 대거 폐지했다.

가령 진나라 때에는 죄인의 부모와 형제, 아내와 자식들이 모두 연루되는 연좌제가 있어서, 중죄를 범하면 가족들도 다 죽어야 하고 가벼운 죄일지라도 관청의 노예가 되어야 했다. 용서할 수 없는 죄를 범하면 부계의 친족, 모계의 친족, 처가의 모든 사람이 한꺼번에 연루되었는데, 문제는 즉위한 해에 이 법을 폐기했다.

문제 13년, 태창령太倉令을 지낸 명의名醫 순우의淳于意가 중형을 받아서 코를 베이거나 발을 잘려야 했고 거기에 얼굴에 글씨까지 새겨야 했다. 그러자 순우의의 딸 제영緹縈이 문제에게 다음과 같은 편지를 썼다.

> 죽은 사람은 다시 살아날 수 없고, 육형肉刑을 받은 몸은 원래대로 회복되기가 어렵습니다. 아버님께서 육형을 받으신다면 개과천선을 하려 해도 기회가 없어집니다. 제가 관청의 노비가 되어서라도 부친의 죄를 갚겠으니, 제발 아버님에게 개과천선할 수 있는 기회를 주십시오.

편지를 읽고 난 문제는 크게 감동을 받았다. 그래서 대신들과 논의하여 정식으로 육형을 폐지했으며, 발을 자르는 벌은 곤장 500대, 코를 베는 벌은 곤장 300대로 대체했다.

【 현명하고 능력 있는 인재를 등용하다 】

문제와 경제의 통치에서 가장 큰 특징은 정치가 깨끗했다는 것이다. 이 사실은 두 황제가 격식에 구애받지 않고 과감하게 신인을 등용한 것과 무관하지 않다.

장석지張釋之는 본래 기랑騎郎이었는데, 10년이 지나도록 승진의 기미가 보이지 않자 사직하고 고향으로 돌아가려다 마침 천거를 받아 문제를 만나게 되었다. 장석지의 정치적 견해와 법의 집행, 아첨하지 않는 덕성은 이내 문제의 눈에 들었고, 그는 곧 정위廷尉로 승진하면서 천하의 이름난

다른 대신들이 문제의 말에 부화뇌동할 때 장석지張釋之만은 반대 의견을 고수했다.

문경의 정치 ◆ 361

7국의 반란을 평정한 주아부周亞夫

대신이 되었다.

한번은 문제가 장석지를 대동하고 문제의 능묘인 패릉霸陵을 순시할 때였다. 문제는 득의양양해서 시종들에게 말했다.

"짐의 능묘는 북산의 암석으로 관을 만들고, 다시 잘 부순 삼베로 틈을 꽁꽁 막은 후에 밖에는 옻칠을 잘해놓았으니, 이토록 견고한 관은 누구도 열지 못할 것이다."

시종들은 연신 고개를 끄덕이며 아부를 하는데, 오직 장석지만이 머리를 흔들며 말했다.

"만약 관 속에 탐욕을 불러일으키는 보물이 있다면 금속을 녹여서 남산을 통째로 봉한다 해도 기필코 틈이 있을 것이고, 보물이 없다면 설사 석관을 쓰지 않았다 한들 무슨 근심이 있겠습니까?"

이 말을 들은 문제는 고개를 끄덕이며 능묘를 간소하게 건축하라고 지시했다.

주아부周亞夫는 본래 하내河內의 태수太守였는데, 흉노의 침입을 막기 위해 장군으로 임명되어 세류細柳(지금의 산시성陝西省 셴양 서남쪽)에 주둔하고 있었다. 군사를 이끌고 세류에 간 문제는 주아부가 군대를 매우 엄격하면서도 밝게 다스리는 것을 보고 크게 기뻐하면서 "진정한 장군"이라고 칭찬했다. 또 임종할 때 문제는 태자에게 이렇게 당부했다.

"만약 큰일이 생기면 진정 맡길 수 있는 장수는 주아부이다."

과연 오나라 왕 유비劉濞가 7국의 난을 일으켰을 때 태위로 있던 주아부가 군사를 이끌고 신속히 반란을 평정했다.

【 근검절약을 제창하다 】

문제와 경제는 역사상 근검절약을 중시한 유명한 황제들이다.

기록에 의하면, 문제는 23년에 걸친 재위 기간 동안 어떤 궁궐이나 정원도 새로 짓지 않았으며, 새 수레와 의복도 갖추지 않았다. 항상 거친 검정 옷을 입었고, 그가 총애하던 신 부인愼夫人의 옷 역시 땅에 끌리는 것이 없었다고 한다. 황궁에서 사용하는 장막에도 꽃무늬를 수놓지 않았으니, 문제의 이런 소박함은 백성에게 모범이 되었다.

어느 해 문제가 노대露臺(지붕 없는 정자 : 옮긴이)를 짓고 싶어 장인들을 청해 비용을 계산해보니 중산층 열 가구의 재산에 해당하는 황금 100근이 들어가야 했다. 이에 문제는 당장 계획을 취소했다.

"황금 100근은 중산층 열 가구의 재산에 해당한다. 짐은 선조들이 물려준 황궁에 살면서 늘 그것을 부끄럽게 할까 근심했으니, 노대를 만들어서 무엇하겠는가?"

문제가 죽은 후에는 그의 유언에 따라 금, 은, 구리, 주석으로 장식한 부장품을 무덤에 전혀 넣지 않았다. 부장품에 사용된 것은 모두 도자기로 된 것이었다. 능묘도 산세에 따라 조성했기 때문에 다른 한나라 황제들의 능묘처럼 둥근 언덕 모

산둥성 쯔보淄博에서 출토된 전한시대의 금약동과金龠銅戈(위)와 유금동노구鎏金銅弩扣(아래)

양의 거대한 묘가 아니었다.

경제는 "관리가 백성을 징발해서 황금, 진주, 옥 등을 캐내게 한다면 이를 도둑질로 간주하고 그 물건은 모두 장물로 처리한다"고 반포했으며, 이를 통해 관리의 부패를 방지했다.

【 7국의 난을 평정하다 】

전한 왕조를 건립한 유방은 유씨 천하를 보존하기 위해 아홉 명의 형제와 조카들을 왕으로 봉하고 임종 시에는 "유씨가 아닌 자가 왕을 칭한다면 천하가 함께 그를 주살하라"는 유언을 남겼다. 그러나 유방은 그토록 믿었던 집안의 유씨들이 반란을 일으켜 중앙의 권력에 대항할 줄은 미처 생각지 못했다.

한나라 초기에 황제가 직접 다스린 곳은 15개 군에 불과했고, 아홉 왕의 영지는 39개 군에 달해서 제후들의 권한이 아주 컸다. 이들은 자체적으로 세금을 징수하고 화폐를 주조할 수 있었으며, 자신들의 왕국 내의 승상을 제외한 모든 관리를 임명 및 해임할 수 있는 권한을 갖고 있었다. 그들의 세력은 이미 중앙의 권력을 심각하게 위협했다.

문제는 왕국의 세력을 약화시키기 위해 일부 조치를 취했으나 제대로 실행되지 못했다. 경제 때 어사대부 조조晁錯가 재차 각 왕국의 영지를 삭감해야 한다고 주장했다.

기원전 154년, 제일 강대한 오나라의 세력을 약화시키려고 할 때 일찍부터 반란의 뜻을 품고 있었던 오나라 왕 유비가 초楚·조趙·제남濟南·치천淄川·교서膠西·교동膠東 등 6국과 연합해, "조조를 죽여서 황제의 측근을 깨끗이 하자"는 기치 아래 반란을 일으켰다.

그때 대장군 주아부가 명을 받들고 반란을 평정했다. 그는 한편으로는 진영을 굳게 지키고, 다른 한편으로는 기병을 보내 반란군의 후방을 끊어서 보급로를 차단했다. 이렇게 해서 3개월이라는 짧은 시간 내에 반란세력을 격파했다. 그 결과 유비는 피살당했고 나머지 6국의 왕도 자결했다.

경제는 이 기회에 각 왕국의 군사 및 정치권력을 중앙으로 귀속시켰으며, 왕국의 영역을 더 작은 왕국들로 나누었다. 그리고 황제의 자손들은 왕으로 책봉된 후에 영지 내의 세금은 쓸 수 있어도 정치에는 관여하지 못하도록 했다. 7국의 멸망으로 전한시대 초기 제후들이 할거하던 국면이 종결되면서 중앙의 권력이 강화되었다.

경제가 7국의 난을 평정한 궤적을 그린 지도

문경의 정치 ◆ 365

結 진나라는 혹정과 말년의 계속된 전쟁으로 사회와 경제가 심각하게 파괴되어 "큰 성이나 도시의 사람들은 흩어져 죽고, 남아 있는 집이 몇인지 헤아릴 수 있을 정도였다." 산둥의 취니曲逆는 진나라 전성기에는 3만 호나 되는 곳이었는데 이때는 5,000호밖에 남지 않았다고 한다. 그 쓸쓸하고 처량한 광경을 상상할 수 있다.

문제와 경제가 다스린 40여 년은 백성에게 휴식을 주는 정책으로 인구가 크게 증가하고 생활이 안정되었으며 경제도 매우 번영했다. 경제 말년에는 조정의 창고에 돈이 넘쳤으며, 오랫동안 쓰지 않아서 돈을 꿰는 실이 다 썩을 정도였다. 또 수도의 곡식 창고에는 곡식이 너무 많이 쌓여서 묵은 곡식을 다 먹지 못했으며, 새 곡식이 들어오면 묵은 곡식은 밖에다 둘 수밖에 없어서 많은 양이 썩어나갔다. 황제의 말 사육장 여섯 곳에는 30만 마리의 말이 있었으며, 지주나 상인도 집집마다 말을 길렀다.

말할 필요도 없이 문제와 경제의 공적에 대해서 역대의 역사학자들은 대단히 높이 평가하고 있다. 사마천은 이렇게 말했다.

"문제 때에는 천하에 전쟁이 물러가고 백성은 생업에 종사할 수 있었다. 설사 변란을 일으키고 싶어도 그럴 수 없었으니 백성들은 마침내 안정을 구가했다."

또 사마광司馬光은 "사해가 안정되고 집안이 풍족했으니, 후세에 그 정도에 달하는 때가 거의 없었다"고 말했다.

문경의 정치는 사회와 경제에 안정과 번영을 주었지만, 수많은 농민은 여전히 가난한 생활에서 벗어나지 못했다.

【 한나라 무제 】

● 전한 중기의 번영을 이끈 한나라 무제武帝

무제는 즉위하자마자 기병을 대대적으로 훈련시켜 흉노에 대한 반격을 준비했다. 기원전 133년, 한나라 군사 30만 명이 마읍馬邑에 매복해 있다가 흉노를 습격함으로써 흉노와의 전쟁은 그 서막을 열었다.

한나라 무제武帝 유철劉徹(기원전 156~기원전 87)은 한나라 고조 유방의 증손자로서 16세에 즉위해 70세에 세상을 떴다. 재위 기간은 54년이다.

　무제는 중국 역사상 유명한 황제이다. 그는 재위 기간 동안 경제의 삭번削藩정책(제후의 세력을 삭감하는 정책 : 옮긴이)을 이어받아 '추은령推恩令'을 반포함으로써 통일국가의 중앙집권을 공고히 했다. 또 제자백가 사상을 몰아내고 유교만 존중하자는 동중서董仲舒의 건의를 받아들여 중국 2,000년 봉건사회의 정통 사상을 수립했다.

　화폐의 개혁을 단행하고, 철과 소금의 수입을 국가로 귀속시켰다. 또 황하를 다스리고 수리 건설을 발전시켰으며, 백성을 변경의 둔전屯田으로 이주시킴으로써 경제를 부강하게 했다.

　한편, 장건張騫을 서역에 사신으로 보내 서역 여러 나라와 우호적인 외교관계를 수립했고, 위청衛靑과 곽거병霍去病 등 젊은 장수를 등용하여 흉노를 물리침으로써 북방의 오랜 군사적 위협을 제거했다.

그러나 무제는 불로장생의 신선술에 미혹되어 방사方士를 숭배하고 하늘과 땅에 제사를 지내느라 재물을 낭비했다. 게다가 전쟁으로 인한 징병이 끊이지 않아서 부담이 가중되자 수많은 농민이 파산하여 떠돌아다녔다.

만년에 잘못을 깨닫고 뉘우친 무제는 정책을 전면적으로 조정하는 조서를 내려 농민의 부담을 줄임으로써 생산을 고취시켰고, 변경의 방어를 강화했다. 그 결과 점점 격화되어가던 사회의 문제가 완화되면서 전한 중기의 번영을 유지할 수 있었다.

흉노족 수령에게 내린 봉호를 새긴 관인

【 흉노를 물리치고 국경을 정하다 】

　무제는 흉노를 물리침으로써 중국의 국경을 확정한다.
　한나라 건립 이래 북방에서는 크고 작은 문제가 끊임없이 일어났는데, 때때로 남하하여 침범하는 흉노족이 변경 백성의 생활에 큰 재난을 가져다주었다. 무제 이전의 황제는 국력이 약했던 탓에 주로 화친和親정책을 통해 북방의 일시적인 안정을 꾀했다. 그러나 이 정책은 제멋대로 남하해서 약탈을 일삼는 흉노의 마음을 돌리지 못했고, 한나라는 무제 때에 이르러 국력이 강해진 뒤에야 비로소 무력으로 흉노를 물리칠 수 있었다.
　무제는 즉위하자마자 기병을 대대적으로 훈련시켜 흉노에 대한 반격을 준비했다. 기원전 133년, 한나라 군사 30만 명이 마읍馬邑에 매복해 있다가 흉노를 습격함으로써 흉노와의 전쟁은 그 서막을 열었다. 이 전쟁은 수십 년간 지속되었고, 원삭元朔 원년(기원전 128)에서 원수元狩 4년(기원전 119)까지 10년 동안 대전투가 세 차례 있었다. 처음에는 흉노가 먼저 공격하면서 쌍방의 세력이 엇비슷했으나, 나중에는 한나라 군대가 강대한 국력을 바탕으로 차츰 전쟁의 주도권을 장악했다.

한나라는 변경의 위협을 제거하기 위해, 기원전 121년과 기원전 120년 두 차례에 걸쳐 대규모 원정을 감행하여 사막의 한복판까지 쳐들어가서 흉노의 잔여부대를 괴멸시켰다. 이때부터 흉노는 점점 쇠퇴하여 일부는 한나라에 귀속되고 일부는 사막 이북으로 도망쳤다.

흉노와의 전쟁에서 위청과 곽거병은 지휘관으로서 큰 공을 세웠다. 곽거병의 공적은 특히 두드러져서 무제를 흡족하게 했는데, 그는 19세

곽거병霍去病의 무덤에 있는 '마답흉노馬踏匈奴' 석상. 흉노를 물리친 무제의 웅대한 뜻을 나타내고 있다.

에 장군이 되어 즉시 군 통수권자로 진급했다. 무제가 그의 공로를 높이 사서 좋은 저택을 지어주었으나 곽거병은 완곡하게 거절하며, "흉노가 아직 다 멸망하지 않은 이상 집이라고 여길 만한 곳이 없습니다"라고 했다.

곽거병은 24세라는 젊은 나이에 병으로 세상을 떠났다. 무제는 너무나 슬픈 나머지 한창 건설중인 자기 능묘 옆에 묻어서 죽어서도 자기 곁에 있도록 했다. 곽거병의 무덤은 규모가 아주 크다. 위에는 큰 돌을 많이 쌓아서 치롄산祁連山을 상징하도록 했고, 무덤 앞에는 거대한 석상 '마답흉노馬踏匈奴(말로 흉노를 밟다 : 옮긴이)'를 세워서 그의 공적을 기렸다.

무제는 외부의 원조를 받아 흉노를 물리치기 위해 서역을 공략하기 시작했다. 처음에 무제가 서역의 대월지大月氏, 오손烏孫 두 나라와 연합한 것은 흉노를 협공하기 위함이었으나, 훗날 변방을 개척하기 위한 목적으로 발전했다.

무제는 또 양월兩越과 서남쪽의 오랑캐를 공략하라는 명령을 내려, 남쪽으로는 지금의 하이난도海南島와 구이저우성, 윈난성 중서부까지 밀고 나갔다. 이처럼 무제는 서북과 서남 지역에 실크로드와 사신을 보내는 길을 개척하면서 영토를 확장했다.

【 경제와 문화에 대한 공헌 】

무제는 경제개혁을 실시하여 큰 공적을 남겼는데, 그중 가장 중요한 것은 화폐개혁이다.

전한 전기에는 화폐제도가 늘 바뀌었다. 게다가 중앙에서 주조한 화폐

전한시대 장예張掖 태수太守의 호부虎符. 호부는 군사를 다루는 고대의 증표이다.

외에도 각 군과 제후국의 관부官府, 심지어 지주와 상인 들도 모방화폐를 주조해서 화폐의 규격과 구리의 질에서 많은 차이가 생겼다. 이러한 화폐의 혼란은 국가의 세금 징수와 경제 발전에 심각한 영향을 끼쳤다.

그래서 무제는 오수전五銖錢의 주조를 명령하여 그것을 법으로 규정한 전국적인 화폐로 유통시키고 이전의 화폐는 모두 폐기했다. 아울러 지방 정부와 개인의 모방화폐 주조를 철저히 금했다. 이 오수전은 삼국시대까지 계속 쓰였다.

무제는 또 흉노를 물리치고 서역을 공략하는 데 필요한 물자를 조달하기 위해 제철製鐵과 제염製鹽을 국가에서 경영하는 정책을 내놓았다. 이는 당시 제련업의 발전과 무쇠 농기구를 널리 보급하는 데 크게 기여했다.

한편 무제는 균수법均輸法과 평준법平准法을 실시했다. 균수는 관청에서 상업활동을 하는 것이고 평준은 물가를 조절하는 것이다. 그는 이런 정책을 통해 부유한 상인의 매점매석을 근절해서 물가를 안정시켰다.

문화면에서 무제가 이룩한 가장 큰 성과는 오경박사五經博士 제도를 만들고 태학太學을 설립한 것으로, 이는 문화부흥운동의 중요한 표징이다. 오경박사는 유가의 경전인 《시》, 《서》, 《역》, 《예》, 《춘추》를 연구하는 관리로서 태학생太學生을 길러내는 교수와도 같다. 태학은 국립대학인 셈인데 고대문화를 대대로 계승, 전파하는 곳이자 한나라 문관文官의 요람이기도 했다.

이밖에 각지의 군, 현에도 관청이 설립한 학교가 있어서 초급 수준의 인재를 배양했다. 무제는 태학과 군郡·국國·현縣에서 학교를 운영하는 제도를 창시했으니 이는 이후 2,000년 동안 국립학교의 선구가 되었다.

무제는 문학의 발전에도 크게 공헌했다. 자신이 문학을 아주 좋아했기 때문에 그의 제창 아래 한부漢賦가 융성했다. 사마상여司馬相如의 〈자허부子虛賦〉, 〈상림부上林賦〉, 〈장문부長門賦〉 등은 모두 획기적 의의를 갖는 작품이다.

무제는 또 악부樂府를 세워 민요를 수집하고 악보를 배급해서 연주하게 하는 등 문학의 새로운 풍조를 열었다.

【 지방 제후국의 세력을 무력화시키다 】

한나라 경제가 7국의 반란을 평정한 뒤로 제후들의 세력이 상당히 약해졌다. 그러나 무제 때에도 어떤 왕국은 여전히 "연이은 성이 수십 리나 되고 지방은 천 리나 되었기" 때문에 중앙집권에 대한 위협이 뿌리까지 뽑힌 것은 아니었다.

무제는 경제의 경험을 참조하여 추은령을 반포했다. 그 내용은 바로 제후가 죽으면 적장자가 왕위를 계승하는 것 외에도 다른 자식 역시 왕국의 토지를 균등하게 분할해서 제후가 될 수 있다는 것이었다. 이 조치는 겉으로는 제후의 모든 자식에게 은혜를 베풀어서 누구나 자기 토지를 가질 수 있는 것처럼 보였지만, 실제로는 지방의 할거세력을 분할하여 제거한다는 의도가 있었다. 제후의 장남은 불만스러워했지만, 종실의 다른 자제들은 환영했다. 그 후로 "큰 나라도 10여 개의 성에 불과하고, 작은 제후국은 수십 리밖에 되지 않았으니", 이로써 무제는 중앙에 대한 제후들의 잠재적 위협을 손쉽게 제거했다.

뿐만 아니라 '좌관율左官律'을 반포하여 제후국의 관리, 즉 좌관은 조정의 중앙정부에 임직할 수 없으며, 제후들도 전처럼 많은 인재를 자기 휘하로 불러들일 수 없다고 규정했다.

기원전 112년, 무제는 일부 제후가 수도에 와서 종묘에 제사를 지낼 때 바치는 '내금耐金'이 색상이 좋지 않고 무게도 모자란다는 핑계로 제후 106명의 작위를 박탈했다. 이때부터 제후들은 매일 먹고 자는 일 외에 정사에는 아예 손가락 하나 까딱할 수 없게 되었다. 이로써 무제는 한나라 초기부터 시작된 제후들의 할거를 철저히 잠재웠다.

【 오손과 화친하다 】

무제시대에도 화친을 한 적이 있으니, 바로 오손국과 연합하여 흉노에 대처한 것이다. 기원전 138년과 기원전 119년, 무제는 두 차례에 걸쳐 장건을 서역으로 파견했다. 그 목적은 중아규수中亞嬀水(지금의 아무다리야강) 유역과 이리伊犁강 유역에 있는 대월지와 오손국을 원래의 거주지인 치롄산과 둔황 일대로 불러들임으로써 흉노에게 원한이 있는 두 민족과 합작하여 흉노를 협공하기 위함이었다.

이 두 민족은 옛 땅으로 다시 돌아가는 것을 원하지 않았지만, 둘 다 한나라와 우호관계를 수립했다. 이 때문에 무제는 종실의 여인 세군細君 공주를 오손국의 왕에게 시집보내기까지 했다.

세군은 오손국에 간 후에야 오손의 왕이 늙어빠진 노인임을 알았으며, 게다가 언어가 통하지 않고 풍습이 달라 고통스럽기 짝이 없었다. 그녀는 자신의 처지와 고향을 그리는 심정을 표현한 〈비수가悲愁歌〉를 지었다.

> 우리 집안은 나를 하늘 저편으로 시집보내니
> 멀리 이국의 오손 왕에게 의지하게 되었네.
> 천막을 궁실로 삼고 담요를 벽으로 삼으며
> 고기를 양식으로 삼고 우유를 장漿으로 삼네.
> 항상 모래 위에 살면서 마음은 상처뿐이니
> 한 마리 고니 되어 고향으로 돌아가고 싶구나.

세군의 처지를 알게 된 무제는 그녀를 불쌍히 여기고 사신을 파견해 그녀를 위로했다. 늙은 오손 왕도 그녀를 동정해 자기의 손자 잠추岑陬에게 다시 시집보내려고 했다. 그녀는 호의를 받아들이지 않다가 나중에 무제가 "그 나라의 풍속을 따르도록 하라"고 권고하자 비로소 시집가는 데 동의했다.

세군공주가 병으로 죽자, 무제는 또 종실의 여인 해우解憂를 잠추에게 시집보냈다. 풍馮씨 성을 가진 해우의 시녀도 오손국의 대장에게 시집가서 풍부인으로 불렸다. 오손국에서 산 50여 년 동안 그녀들은 한나라 사신의 신분으로 서역의 많은 나라를 방문해서 한나라와의 우호관계를 증진시켰다.

結 중국 역사상 무제는 이름을 널리 알린 황제이다. 그는 흉노와의 전쟁을 통해 북방을 안정시켰으며, 또 동북, 서남, 동남 세 지역에서도 진나라의 판도를 기초로 하여 대대적으로 영토를 넓혔다. 특별히 의의가 있다고 할 수 있는 것은 바로 하이난도에 주애珠崖와 담이澹耳 두 군郡을 세워서 시사西沙, 난사南沙의 섬들을 관할하기 시작한 것이다.

또 무제 때에는 뛰어난 인물이 많이 등장해서 문화가 발달했다. 유학자 동중서, 불후의 작품《사기》를 쓴 사마천, 서역에 사신으로 가서 실크로드를 개척한 장건, 사막을 흔들어놓은 위청과 곽거병, 온갖 고통을 겪으면서도 사신으로서 임무를 완수한 소무蘇武, 또 문학가 사마상여, 정치개혁가 상홍양桑弘羊, 곽광霍光 등이 모두 이 시대 사람들이다. 이런 걸출한 인물들이 이 시기에 집중적으로 나타났으니 무제와 밀접한 관계가 있다고 말하지 않을 수 없다.

무제가 재위한 50여 년 동안 전한 왕조는 전성기를 맞이했으며, 이는 고대사회에서 흔치 않은 번영기였다.

【 서역으로 간 장건 】

● 둔황석굴 벽화. 장건張騫이 서역에 사신으로 가면서 무제와 이별하는 그림

장건은 대완, 강거, 대월지, 대하 등 중앙아시아 각국의 풍토와 인정에 대해 상세하게 소개했고, 중국인들은 그제야 비로소 파미르 고원 서쪽에도 그런 문명세계가 있다는 것을 알게 되었다.

장건은 한중漢中 땅의 성고成固(지금의 산시성陝西省 청구成固) 사람이다. 그는 전한시대의 저명한 외교 사신이자 중국 역사상 첫째가는 중앙아시아 지리탐험가이다.

　장건의 출생과 젊은 시절의 행적에 대해서는 명확한 기록이 없는데, 《사기》〈대완열전大宛列傳〉에서는 그가 서역에 사신으로 가겠다고 했을 때 신분이 낭郎, 다시 말해서 궁중의 시종이었다고 한다.

　서역에 사신으로 가서 대성공을 거두고 돌아온 후에는 태중대부太中大夫가 되었고 나중에는 박망후博望侯로 책봉되었다. 이어서 이광李廣과 함께 흉노를 물리치는 전쟁에 나갔다가 패하고서 목숨을 내놓을 큰 죄를 지었으나, 이전의 공로가 컸기에 죽음을 면하고 평민이 되었다.

　오래지 않아 무제가 다시 장건을 서역의 사신으로 보내자, 재차 성공해서 대행大行으로 임명되고 구경의 반열에 올라섰다. 장건은 그후 1년이 좀 지난 기원전 114년에 세상을 떴다. 서역을 다녀온 장건의 업적은 여러 시대를 거치는 동안 수많은 사람들의 칭송을 받았다.

둔황석굴에는 장건이 서역에 사신으로 가는 모습을 그린 벽화 한 폭이 있다. 모두 네 화면으로 이루어진 이 그림은 첫째가 무제와 대신들이 흉노의 사신을 접견하는 장면이고, 둘째는 선제가 대하大夏를 방문하러 떠나는 장건을 배웅하는 장면이고, 셋째는 장건이 사신들을 데리고 출발해서 산마루를 넘는 장면이고, 넷째는 장건 일행이 대하에 도착한 후 불교도들의 환영을 받는 장면이다.

이 벽화는 화면이 생동감 있고 줄거리를 갖추고 있지만, 내용이 전부 사실인 것은 아니다. 예컨대 장건이 사신으로 떠난 목적은 불법을 구하기 위한 것이 아니며, 선제와 장건은 동시대 사람이 아니므로 선제가 그를 배웅한다는 것은 근본적으로 불가능한 일이다.

그렇다면 장건이 서역에 사신으로 떠나게 된 역사의 진실은 무엇일까?

【 서역에 사신으로 간 배경과 목적 】

전한 초기, 북방 유목민족인 흉노는 늘 변경 백성들의 재물을 강탈하고 사람들을 살해했으며, 심지어 몇 번이나 내지까지 쳐들어와서 한나라를 심각하게 위협했다. 경제력과 군사력이 약한 탓에 한나라 초기의 몇몇 황제들은 흉노의 침략에 대처할 능력이 없었으므로, 금은보화와 귀한 비단을 수없이 바치고 공주를 흉노의 왕에게 시집까지 보내면서 화친을 구했다.

그러다 문제와 경제가 '백성들에게 휴식을 주는' 정책을 실시한 결과 생산이 증대되어, 무제 때에 이르러서는 국력이 비교적 강해졌다. 무제는 무력으로 북방의 흉노를 철저히 제압하기로 했는데, 그래도 단독으로 군사작전을 하기가 두려워 공동으로 흉노에 대처할 동맹을 찾고자 했다.

흉노에게는 숙적이 하나 있었으니 대월지라고 칭했다. 그들도 유목민족으로 본래는 둔황과 치롄산 사이에서 살았다. 진나라 말엽, 흉노가 몽

흉노의 옛 무덤에서 출토된 잡기雜技 벽화

골 초원에서 갑자기 흥기하여 서쪽으로 확장하면서 월지 왕을 죽이고 그곳을 떠나도록 핍박했다. 그래서 월지인은 전 민족이 톈산天山 북쪽 기슭인 이리강 유역으로 옮겨가고, 나중에 다시 중앙아시아 아무阿姆강 유역으로 이주했다.

한나라는 대월지를 염두에 두고 그들과 동맹을 맺어 함께 흉노를 물리치려 했다. 그리하여 무제는 대월지국에 사신으로 갈 지원자를 전국적으로 공모했는데, 애국의 열정을 품은 장건이 나섰다.

【 문헌에 나타난 장건에 대한 기록 】

서역은 중앙아시아에 속한다. 중국과 중앙아시아 각지의 경제와 문화의 교류는 일찍이 상나라와 주나라 때부터 시작되었다.

예를 들면 허난성 안양의 은허에서 출토된 수백 개의 옥돌 조각을 감정한 결과, 모두 신장의 쿤룬산崑崙山에서 나온 화전옥和田玉이었다. 그리고 알타이산맥 북쪽 기슭의 파지리크인의 무덤에서 발견된 칠기와 비단, 동경 등은 모두 중국 내륙에서 만들어진 것이었다. 이외에 《목천자전穆天子傳》, 《산해경》 등 선진시대의 문헌에도 서역의 지리적 상황에 대한 기록이 많이 보인다.

그러나 이는 모두 중국과 서역이 민간 차원에서 왕래한 결과였다. 중국 역사상 국가 차원에서 서역에 사신을 파견한 것은 무제 때 장건이 처음이다. 그래서 사마천의 《사기》에서는 두 번이나 서역을 방문한 장건에 대해 지극히 높이 평가하고 있다.

1877년 독일의 지리학자 리히트호펜이 쓴 유명한 저서 《실크로드》에서는 이 무역로가 개통된 시기를 기원전 114년이라고 규정했다. 이는 장건의 두 차례 서역 방문을 기점으로 한 것인데, 바로 장건의 역사적 역할에 대한 인정이기도 하다. 프랑스 학자 루세트 불느와의 《실크로드》, 영국

간쑤성 핑량平凉에서 출토된 후한시대의 고대 그리스 문연폐文鉛幣(왼쪽)
신장 북쪽 아극사비이阿克斯比爾 옛 성에서 출토된 후한시대의 우전于闐 한거漢佉 이체전二體錢(오른쪽)

학자 제프리 프랜시스 허드슨의 《유럽과 중국》, 러시아 학자 요시프 페트로비치 마기도비치의 《세계탐험사》에서는 장건을 집중적으로 소개하면서 그를 "위대한 중앙아시아 지리탐험가"라고 찬양했다. 영국 학자 조지프 니덤은 《중국의 과학과 문명》에서 동양과 서양의 과학기술 교류사 차원에서 장건의 역사적 공적을 인정했다.

장건이 서역으로 떠나기에 앞서 이별하는 장면

이처럼 장건의 업적은 동서양 모두로부터 칭송을 받고 있다.

【 1차 서역 방문 】

기원전 138년, 사신들을 거느린 장건은 장안을 출발해 농서를 거쳐 아득히 먼 중앙아시아 아무강으로 향하는 여정에 올랐다. 가는 길은 톈산의 남쪽 기슭, 나중에 실크로드라고 불리는 노선의 중로中路였다.

장건 일행은 도중에 흉노에게 붙들려 12년간 포로로 잡혀 있다가 기회를 틈타 도망쳐서 서쪽으로 10여 일을 걸은 뒤에 대완국大宛國에 도착했다. 대완국의 왕은 한나라 땅이 넓고 부유하다는 말을 일찍부터 들었으나, 흉노의 방해로 한나라와 교류할 기회가 없었다. 그러던 차에 한나라 사신이 왔다는 소식을 듣고는 크게 기뻐했고, 장건이 대월지국으로 가야 한다는 얘기를 듣고 즉시 그를 호위해서 이웃 나라인 강거康居를 경유해 대월지까지 데려다주었다.

그러나 아쉽게도 이때 대월지는 이미 아무강 남쪽의 부유한 대하국大夏國을 정복하고 중앙아시아에서 평화롭게 살고 있었기 때문에 흉노에게 살해된 왕을 위해 복수하려 들지 않았다. 장건은 대월지에 한나라와 연맹을 맺고 함께 흉노를 치자고 설득했으나 결국 뜻을 이루지 못하고 쿤룬산 북쪽 기슭 실크로드 남로南路를 통해 고국으로 돌아왔다.

신장에서 출토된 비단 버선

서역으로 떠날 당시 일행이 100여 명이었으나 도중에 흉노에게 붙잡혀서 큰 대가를 치르고, 돌아올 때는 장건과 호복당胡僕堂 두 사람뿐이었다. 장건은 비록 사신으로서 임무를 완수하지 못하고 돌아왔지만, 중앙아시아를 여행하는 과정에서 의외의 수확을 많이 거두었다. 장건은 대완, 강거, 대월지, 대하 등 중앙아시아 각국의 풍토와 인정에 대해 상세하게 소개했다. 중국인들은 그제야 비로소 파미르 고원 서쪽에도 그런 문명세계가 있다는 것을 알게 되었다.

사마천의 《사기》〈대완열전〉과 반고의 《한서》〈서역전西域傳〉도 주로 장건의 소개를 근거로 한 것이다.

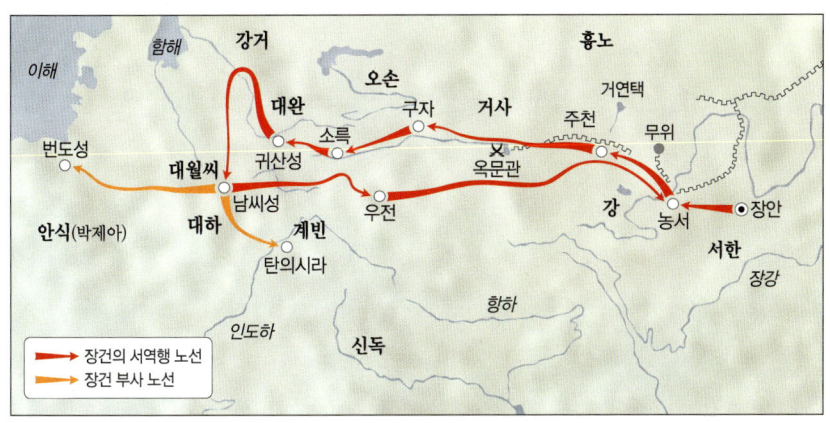

장건이 서역으로 간 노선

【 2차 서역 방문 】

장건은 첫 번째 서역 방문에서 한나라와 대월지 간의 연맹을 성사시키지 못했다. 그래서 무제에게 이리강 유역의 오손국과 연맹을 맺으라는 계책을 냈는데, 이는 무제의 지지를 받았다.

오손은 원래 둔황에 거주했던 유목민족으로서 월지 왕에게 원한이 있었다. 월지가 흉노의 공격을 받고 이리강 유역으로 도피하자, 오손은 그 기회를 틈타 복수하기 위해서 월지를 공격하여 그들이 재차 아무강 유역으로 이동하도록 압박했다. 그후 오손은 이리강 유역에 정착하게 되었다.

기원전 116년, 장건은 다시 300여 명을 거느리고 오손국을 향해 떠났다. 이번에는 톈산 북쪽 기슭으로 갔는데, 이 길이 훗날 실크로드 북로北路이다. 이 길은 장안에서 둔황과 누란樓蘭을 지나 북으로 투루판 분지까지 이어진 뒤에 톈산산맥 북쪽 기슭을 따라 서쪽으로 이리강 골짜기와 소소昭蘇초원을 경유하여 오손에 이르렀다.

오손의 왕은 한나라 사신을 열렬히 환영했지만, 여전히 흉노를 두려워해 감히 한나라와 연맹을 맺지 못했다. 그러나 오손의 왕은 사람을 시켜 장건의 부사副史를 중앙아시아와 서아시아 각국에 데려다줌으로써 외교적 사명을 완수하게 했다. 아울러 사신을 파견해 장건과 함께 장안에 가서 무제에게 감사를 드리게 했다.

장건의 부사는 대완, 강거, 대월지, 대하, 안식安息, 조지條支, 엄채奄蔡, 신독身毒, 우전于闐, 우미于彌 등 중앙아시아와 서아시아 국가를 차례로 방문하고 몇 년 뒤에 귀국했다. 얼마 후 이 나라들도 사신을 보내 답방했으니, 중국과 서양 각국의 왕래가 이때부터 시작되었다.

【 실크로드 】

장건이 처음 서역에 갔을 때 그는 중앙아시아에 비단이 없다는 사실을 발견했다. 그래서 2차 방문 때는 서역 각국의 왕에게 전할 선물 목록에 중국의 특산품인 비단을 넣었다. 이는 실크로드를 통해 서역에 전해진 문헌상 최초의 비단이다.

장건이 서역을 다녀온 후 얼마 되지 않아서 중국의 비단은 유럽 여러 나라에 전파되었다. 당시 유럽에서는 아마와 양털 직물이 주요한 옷감이었다. 비단옷은 가볍고 느낌이 좋아서 인체의 아름다움을 사랑하는 그리스, 로마인들의 사랑을 받았다. 로마의 한 작가는 이렇게 말했다.

"중국인이 만든 귀중한 채색비단은 마치 들판에 활짝 핀 한 송이 아름다운 꽃과 같다. 그 섬세함은 거미줄과 견줄 수 있을 정도이다."

비단은 매우 빠른 속도로 로마제국을 휩쓸었다. 당시 로마에는 중국 비단을 전문으로 파는 시장까지 생겨났다. 귀족들은 경쟁적으로 값비싼 중국

실크로드는 중국과 외국의 교류를 촉진해서 고대 문명에 생기를 불어넣었다.

비단을 사들였는데, 이로 인해 로마는 대량의 황금을 잃게 되었다. 어떤 사람들은 로마제국이 쇠퇴한 것은 바로 로마인들이 지나친 탐욕으로 비단과 같은 동방의 사치품을 사들였기 때문이라고 한다.

 장건의 서역행은 중국과 서양의 문화 교류를 촉진했다. 실크로드를 통해 전해진 물건이 비단만은 아니지만, 비단은 일찍부터 중국에서 생산되어 서양에 큰 영향을 미쳤기 때문에 세계 문명에 대한 공헌을 대표할 수 있다.

 장건은 외교사절로 두 번이나 중앙아시아에 다녀왔지만 사신으로서는 목적을 달성하지 못했다. 하지만 지리탐험가라는 관점에서 보면, 그의 중앙아시아 여행은 획기적인 의의를 갖는다.

장건의 중앙아시아 탐험은 세계 문명의 발전 과정을 바꾸었다. 중국 문명과 지중해 문명이 중앙아시아에서 직접 만날 수 있게 했으며, 그 후 비단을 대표로 한 중국 문명이 서쪽으로 전파되어 로마에까지 직접 닿게 했다. 또 서양 문명이 끊임없이 동쪽으로 전파되도록 했고, 이에 따라 실크로드에서 동서의 문명이 경쟁적으로 발전함으로써 서역의 경제와 문화에 전례 없는 번영을 안겨주었다.

실크로드의 개척이 순전히 장건 개인의 노력 덕분이라고 할 수는 없지만, 그의 두 차례에 걸친 서역 방문은 확실히 동서양 각국이 서로를 이해하고 경제와 문화를 교류하는 데 크게 기여했다. 장건은 중앙아시아에서 목숙(콩과에 속하는 일년초로, 소나 말의 먹이로 쓰임 : 옮긴이)과 포도 등 중원에는 없는 것들을 가져왔다. 특히 포도는 중국의 과일 품종을 풍부하게 했을 뿐 아니라 예술 작품의 문양으로도 다양하게 사용되었다.

또 서역에서 들여온 우량 품종인 대완마大宛馬는 중국 기병의 작전 능력을 증강시키는 데 획기적인 역할을 했다. 한나라와 당나라의 문학 및 예술작품에는 대완마를 묘사한 것이 적지 않다.

【 사마상여와 한부 】

● 사마상여와 탁문군의 사랑 이야기는 민간에 널리 전해지고 있다.

사마상여는 부모가 세상을 떠난 뒤라 아무런 재산이 없었다. 탁문군은 자기가 모아놓은 돈으로 임공현의 거리에 작은 술집을 냈다. 탁문군이 손님을 접대하고 사마상여는 술잔을 씻었다.

사마상여(기원전 179~기원전 117)는 쓰촨성 청두 사람으로서 전한의 전성기에 살았다. 그러나 그의 일생은 순풍에 돛단배처럼 순조롭지 않았다.

　사마상여는 경제 때 황제를 시종하는 관리인 무기상시武騎常侍를 지낸 적이 있다. 그는 문사文辭에 능했지만, 간결하고 소박함을 좋아한 경제는 사부辭賦를 좋아하지 않아 그를 중용하지 않았다. 후에 사마상여는 병으로 인해 관직에서 면직되었다.

　면직된 후에는 문인선비들이 운집한 양梁나라에 가서 당시 이름 높은 사부 작가 매승枚乘, 추양鄒陽 등과 함께 문장을 토론하고 연구했다. 이후 문학을 좋아하는 양나라 효왕孝王이 세상을 뜨자 그도 촉군蜀郡(지금의 쓰촨)의 임공臨邛으로 돌아왔다.

　무제 때에는 고향 사람의 소개로 다시 조정에 나가 관직을 얻었다. 그는 한나라를 대표하여 서남이西南夷, 야랑夜郎 등의 나라에 사신으로 갔지만, 뇌물을 받았다는 모함에 빠져 억울하게 관직을 잃었다. 그리고 1년 후 다시 관직을 얻어 악부에서 일하게 되었다. 이때부터 사마상여는 다시는 정치에 뜻을 두지 않았으며, 늘 아프다는 핑계로 집에만 머물렀다.
　사마상여의 문학적 지위 역시 그의 일생처럼 기복이 심했다. 그는 문인으로서 상당히 오랜 기간 높이 평가되어 굴원, 사마천 등과 어깨를 나란히 할 정도였다. 그러나 또 아주 오랜 기간 지위가 형편없이 떨어져서 임금의 심심풀이 상대인 농신弄臣이나 어용문인의 대표가 되었다. 이런 평가는 늘 부賦라는 문체에 대한 평가와 붙어다녔다. 따라서 사마상여를 말하려면 결코 한부漢賦를 빼놓을 수 없다.

【 한부의 탄생과 발전 】

중국 고대에 역사가 비교적 긴 왕조는 모두 그 시대의 대표적인 문학이 있었다. 예컨대 선진시대의 산문, 중원 지역의《시경》과 남쪽의 초사, 당시唐詩, 송사宋詞, 원곡元曲, 명·청대의 소설 등이다.

한나라의 문학을 얘기할 때는 악부樂府와 한부漢賦를 대표로 꼽는다. 악부는 민간문학이고, 한부는 문인이 창작한 작품이다.

한부는《시경》과 초사의 기초 위에서 발전한 일종의 문체로 4구와 6구의 형식을 위주로 산문 구절을 끼워넣으면서 구절과 구절, 단락과 단락 사이에 일련의 관련어로 위아래의 문장을 연결시킨다. 전형적인 한부는 비교적 길었는데, 묘사하고 서술하거나 사물을 읊고 이치를 설명하는 경향이 많았으며, 서정을 직접적으로 토로하는 것은 적었고, 늘 문답 방식을 채용했다. 이 때문에 사람들은 일반적으로 한부를 운문과 산문의 중간에 놓인 문체라고 한다.

사마상여의 대표작으로 꼽히는
〈자허부子虛賦〉

　부賦가 일종의 독립적인 문체가 된 것은 전국시대 순자의 《순자》〈부편賦篇〉에서 기원하여 초나라의 송옥宋玉이 지은 '부'의 영향이 컸다.
　진나라 말엽과 한나라 초기의 부는 비교적 산문에 가까웠고, 소박했다. 한나라 문제와 경제 때 가의의 〈조굴원부弔屈原賦〉, 매승의 〈칠발七發〉은 한부의 발전에 중요한 문장이다. 그들의 부는 비교적 사회 현실에 접근해서 사물을 읊고 서정을 토로하거나 풍자했는데, 모두 사실성이 있어서 한부에서 손꼽는 작품이다.
　사마상여의 문학적 성과는 주로 사부辭賦에 있다. 그의 부는 선배 문인들에 비해 사상적 깊이는 부족했으나, 문체가 화려하고 글의 배치가 적절해서 상대적으로 정형화된 구성과 예술적 표현 방식을 형성했다. 그 형식과 수법은 후세에 커다란 영향을 끼쳐, 한부가 발전하고 정형화되는 과정에서 이전의 것을 계승하고 이후의 작품에 방향을 제시해주었다.

【 세상에 전해진 사마상여의 작품 】

사마상여는 젊은 시절에 문장으로 이름을 날리면서 두 번이나 조정에 들어갔다. 그의 창작 시기는 주로 한나라 경제 후기와 무제 전기였다.

경제가 그를 면직시키자 그는 양나라에 가서 유명한 〈자허부〉를 지었다. 훗날 무제는 이 문장을 읽고 감탄을 금치 못했다. 그러자 황제의 사냥개를 관리하던 그의 고향 친구 양득의楊得意가 즉시 무제에게 사마상여를 추천했다. 무제를 만난 후에 사마상여는 다시 〈상림부上林賦〉를 지어서 바쳤다.

사마상여의 부 가운데 후세에 전해지는 것은 〈장문부長門賦〉, 〈미인부美人賦〉, 〈대인부大人賦〉 등이다.

〈장문부〉는 진陳황후의 명을 받고 쓴 것이다. 진황후는 무제의 총애를 잃고 실의에 빠졌는데, 사마상여는 그녀의 목소리로 그녀를 대신해 이 부를 썼다. 구중궁궐에서 황제의 총애를 잃은 황후의 비통한 심정을 완곡하면서도 절절히 표현한 감동적인 이 글은 훗날 '궁원시宮怨詩(궁중을 원망하는 내용의 시 : 옮긴이)'의 모범이 되었다. 〈장문부〉는 이처럼 전형적인 모델이 되어 후세의 시나 사詞에도 즐겨 쓰였다. 남송의 애국사인詞人 신기질辛棄疾의 시에서 "장문의 일은 아름다운 기약이 또한 잘못임을 빗대고 있네"라는 구절은 금金나라와의 대결에서 황제가 중심을 못 잡고 갈팡질팡하는 모습을 비유하고 있다.

〈미인부〉는 송옥의 〈등도자호색부登徒子好色賦〉를 모방했지만, 예술적으로 수준이 높고 필치가 좋은 데다 언어가 빼어나 남다른 특색을 갖추었다.

【 한나라 무제의 외교 대신 】

또 다른 면에서 사마상여의 일생을 살펴볼 때 그는 결코 전설 속의 인물처럼 음풍농월만 한 것은 아니었다. 그는 일찍이 정치외교 방면에서 활동한 경력도 있다. 바로 무제의 명령을 받고 서남쪽의 여러 소수민족 지역에 사신으로 간 것이다.

한나라는 건국 후에도 변경이 늘 불안했다. 뛰어난 재능과 책략을 겸비한 무제는 북방의 흉노를 물리치기 위해서는 서남과 동남쪽에 거주하는 소수민족들과의 관계를 잘 유지해야 함을 명확히 알고 있었다. 그래서 당시 당몽唐蒙이라는 사신을 서남이, 야랑 등의 나라에 파견했다. 그러나 당몽이 직분에 충실하지 않고 제멋대로 행동하며 소란을 피우는 바람에 서남의 각 민족이 매우 놀라고 두려워하게 되었다.

이런 상황에서 무제는 사마상여에게 문장을 써서 선전하게 했다. 그리하여 사마상여는 〈유파촉격諭巴蜀檄〉을 써서, 당몽의 행동은 황제의 지시가 아니니 조정을 대표하지 않는다고 하는 한편, 서남이의 각 부족에게 한나라에 귀순하라고 은근히 압박했다.

훗날 무제는 다시 그에게 서남이에 사신으로 가서 한나라에 항복하도록 각 부락의 족장을 설득하라고 명령했다. 이에 사마상여는 서남이의 각 부족이 서로 교류하며 우호적으로 지내는 의의를 설명하기 위해 〈난촉부로難蜀父老〉라는 글을 썼는데, 이는 촉인蜀人의 비난을 빌려 정면으로 논의를 이끌어낸 것이다.

이상 두 편의 산문은 모두 힘이 있고, 전한시대 산문의 선명한 특색을 갖추고 있다.

이렇듯 사마상여는 서남이와의 교류에 물꼬를 튀우는 큰 공을 세웠으나,

사신으로 가 있을 당시 누군가 황제에게 그가 뇌물을 받았다고 고하는 바람에 졸지에 관직을 잃고 말았다. 이때부터 사마상여는 나라에 대한 열정이 완전히 식어서 두 번 다시 국가의 대사에 관심을 갖지 않았다.

【 풍류를 아는 자의 사랑 이야기 】

세상에 사마상여의 "꽃다운 이름이 백세에 전해진" 것은 결코 그의 사부 때문이 아니라 그와 탁문군卓文君의 사랑 이야기 때문이다.

양나라의 효왕이 죽은 후에 사마상여는 창사長沙를 떠났다. 그는 지식은 많았으나 주머니는 텅텅 비어 갈 곳이 없었다. 다행히 임공현臨邛縣의 현령으로 있는 친구 왕길王吉이 그를 초대했다.

사마상여와 탁문군은 첫눈에 사랑에 빠졌다.

임공현의 부유한 상인 탁왕손卓王孫은 겉치레를 위해 명사를 사귀고 문화활동에 참여하는 것을 즐기던 사람으로, 사마상여를 흠모해 그를 초청해 연회를 베풀고 후하게 대접했다. 당시 사마상여는 서동書童에게 거문고를 가지고 연회에 참석하게 했다.

탁왕손에게는 탁문군卓文君이라는 총명하고 아름다운 딸이 있었는데, 결혼한 지 얼마 되지 않아 남편이 죽는 바람에 과부가 되어 집에 와 있었다. 사마상여의 재능을 흠모한 그녀는 그를 엿보다가 한눈에 반해버렸다.

사마상여가 옷을 갈아입는 사이에 그녀는 가볍게 기침을 해서 그의 관심을 끌었다. 사마상여도 일찍이 탁왕손의 딸이 용모가 아름답고 거문고를 잘 타는 데다 시와 그림에 능하다는 말을 들은 터에 직접 보게 되자 그 역시 첫눈에 반했다. 연회는 밤늦게 끝났고 사마상

쓰촨성 충라이邛崍 탁문군의 고향에 있는 금대琴臺

사마상여가 연주한 〈봉구황鳳求凰〉은 천고의 절창이 되었다.

사마상여와 한부 ◆ 399

여는 탁왕손의 집에 머물게 되었다. 깊은 밤 사마상여가 〈봉구황鳳求凰〉이라는 곡조를 연주하자 탁문군은 마음속으로 그 뜻을 깨닫고 이해했다.

이튿날 저녁 탁문군은 사마상여와 함께 달아났고, 이에 탁왕손은 너무나 격분해서 그들에게 한 푼도 지원해주지 않았다. 사마상여는 부모가 세상을 떠난 뒤라 아무런 재산이 없었다. 탁문군은 자기가 가지고 있던 돈으로 임공현의 거리에 작은 술집을 내, 탁문군이 손님을 접대하고 사마상여는 술잔을 씻었다. 탁왕손은 두 사람이 남의 웃음거리가 될까봐 그들에게 돈을 주며 청두成都에 돌아가 살도록 했다. 얼마 후 무제가 사마상여를 조정으로 불렀을 때 탁문군은 청두에 남았다.

무제의 명을 받은 사마상여는 글을 써서 당몽을 질책하고 서남이에 사신으로 갔다. 당몽은 잘못을 인정하지 않고 사마상여가 뇌물을 받았다고 모함했다. 이로 인해 사마상여는 면직되고 감옥에 들어갔으며 탁문군도 머리를 깎고 비구니가 되었다. 다행히 사마상여는 친구의 도움으로 감옥에서 나올 수 있었다. 그는 탁문군의 행방을 사방에 수소문한 끝에 그녀를 찾아서 다시 함께 살았다.

두 사람의 사랑 이야기는 대체로 이러한데, 후세에 전해지는 동안 덧붙은 내용이 당연히 없진 않을 것이다.

【 자허와 오유 선생의 대화 】

사마상여의 가장 유명한 작품은 〈자허부〉와 〈상림부〉이다. 〈자허부〉는 양나라에 있을 때 쓴 것이고, 〈상림부〉는 수도인 장안長安에 있을 때 쓴 것이다. 두 글은 같은 시기에 쓴 것은 아니지만 내용상 연관성이 있다.

〈자허부〉 속의 초나라 자허子虛 선생은 제나라의 오유烏有 선생 앞에서 초나라의 운몽택雲夢澤이 얼마나 큰지, 또 초나라 왕의 수렵 장면이 얼마나 장관인지 과장해서 말한다. 오유 선생도 듣고 나서 속이 좋지 않았던지 자허 선생의 과장되고 요란한 말을 비판하고는 제나라를 한바탕 자랑한다. 이 얘기를 통해 두 사람 모두 자기 나라를 매우 사랑하고 모국의 아름다운 자연과 산물과 군주를 영광으로 여기는 것을 알 수 있다.

〈상림부〉 속의 '망시공亡是公'이라는 사람은 자허와 오유의 논쟁을 들은 후에 무제의 정원이 얼마나 크고 황제의 수렵 장면이 얼마나 대단한지 과장해서 말한다.

두 작품 모두 제왕과 귀족의 성대한 수렵 장면을 묘사했고, 특히 자연의 아름다움을 묘사하는 데 비중을 두었다. 그리고 마지막에 가서는 사치

자허子虛가 오유烏有에게 초나라를 과장되게 자랑하다.

와 허영을 반대하는 몇 구절로 결말을 맺고 있다.

〈자허부〉와 〈상림부〉의 훈계는 확실히 무기력하다. 왜냐하면 앞의 몇 단락에서는 황제와 귀족의 성대한 수렵 장면과 그 즐거움에 대해 대대적으로 선전해놓고, 후반부에 와서 단 몇 구절로 앞의 주제를 뒤엎으려 하기 때문이다. 이 점이 바로 사마상여의 작품이 갖는 사회적 의의가 크지 않다고 말하는 이유이다. 그러나 풍경에 대한 묘사와 대화의 구성은 훗날 더 많은 부의 출현에 큰 영향을 주었다. 이런 형식이 등장한 후에 수도의 궁전이나 정원을 묘사한 수많은 부가 어느 정도 이를 모방했다. 예를 들면 양웅揚雄의 〈우렵부羽獵賦〉와 〈장양부長揚賦〉, 반고班固의 〈양도부兩都賦〉, 장형의 〈서경부西京賦〉와 〈동경부東京賦〉 등이 그러하다.

자허와 오유는 사마상여가 만들어낸 허구의 인물이다. 후세 사람들이 원래 존재하지 않았는데 나중에 만들어낸 사물을 가리켜 '자허오유'라고 했으니, 여기서 사마상여의 영향을 엿볼 수 있다.

結 문학의 역사에서 부는 고부古賦, 배부俳賦, 율부律賦, 문부文賦로 나뉜다. 한나라 때의 부는 고부에 속한다.

남조시대에는 부에서 산문은 볼 수 없고 전부 운韻을 사용한 4구와 6구의 형식을 취했으며, 열거하고 묘사하는 것 외에 대구와 대비를 늘였는데, 이를 배부俳賦 또는 병부騈賦라고 했으며, 편篇의 폭이 좀 짧았다.

율부는 당·송시대에 과거시험을 치르는 일종의 시체부試體賦로서 배부보다 좀더 어려웠고 대구를 강조하는 것 외에 운각韻脚을 규정하고 평측平仄을 따졌다. 형식미만 강조하고 사상이 깊지 못한 점은 부라는 예술 형식의 출로를 막았는데, 결국 선진시대의 시가와 악부시의 사실주의 정신을 계승한 청신하고 소박한 시가로 대체되었다.

문부는 사실상 나중에 새롭게 일어난 산문으로서 한부와는 별로 관계가 없다.

사마상여의 작품은 사상이 선명하지 못하다고 비판하는 목소리도 있다. 그러나 문학의 다양성이라는 차원에서 볼 때 사마상여의 작품도 역사적으로 아주 특색 있는 작품임이 틀림없다.

【 한나라의 악부 】

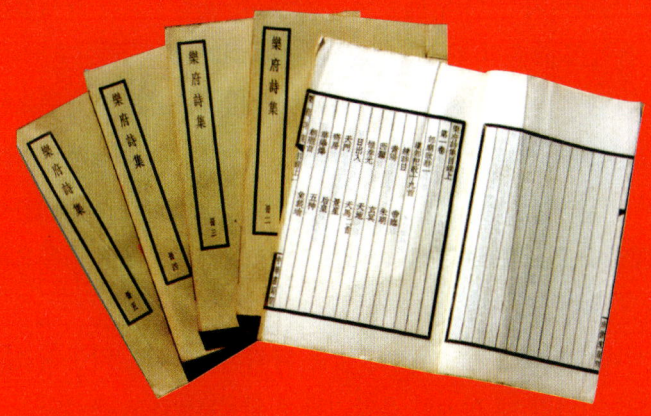

● 한나라의 악부가 수록된 《악부시집樂府詩集》.
남조南朝시대 송宋나라 곽무천郭茂倩이 편집했다.

한나라의 악부는 '일에서 연유하고 정에서 발하는' 것이어서 강한
서사성을 갖추고 있다. 즉 하나의 시가는 하나의 언어로 이루어진
이야기이다.

고대인들은 풍년을 빌고 수확을 축하하는 가운데 가무와 음악을 창조했다. 일찍이 상나라와 주나라 때부터 민간에서 가요가 널리 유행했으며, 통치계급도 음악의 교육적 기능을 중시했다.

서주西周의 왕은 '예禮(봉건왕조의 등급 제도)'와 '악'을 통치의 중요한 수단으로 삼았기 때문에 조정에 악관樂官을 두고 해마다 봄이면 사람들을 민간에 보내 민가民歌를 수집하게 했는데, 이를 채풍采風이라고 한다. 그중 곡이 아름답고 심금을 울리는 노래는 다시 궁정의 음악과 무용으로 개편, 연주되면서 사람들을 교화하는 역할을 했다.

춘추전국시대 "예의는 붕괴되고 음악은 파괴되었으나", 악부의 설치는 줄곧 이어져서 진나라 때 설치한 음악기관을 악부樂府라고 불렀다.

한나라는 진나라의 제도를 이어받았으니 당연히 조정에 악부가 있었다. 한나라의 전성기인 무제 때는 악부의 규모가 극히 방대해서 800여 명이나 종사했으며, 저명한 음악가 이연년李延年과 문학가 사마상여도 악부에서 직무를 맡은 적이 있다.

  악부는 궁정의 의례와 연회에 필요한 가무를 창작하는 한편, 민간의 가요를 수집해서 통치자가 민간의 정황을 이해하는 데 이바지했다. 악부에서 수집하고 편성한 민가와 곡을 붙여 노래한 가시歌詩를 아울러서 '악부가사樂府歌辭' 또는 '악부시樂府詩'라고 했다.

  위진시대 이후에 악부가사의 음악은 차츰 사라졌으나 가사는 오히려 전승되었는데, 사람들은 이 가사를 '악부'라고 칭했다. 이때부터 악부는 관청의 이름이자 시의 한 명칭이 되었다.

  《한서》〈예문지〉에 의하면, 한나라의 악부시가에는 138수의 민가가 있었다고 하는데, 현재 전해지는 것은 40수 정도뿐이며 그 대부분도 후한시대의 민가이다.

【 한나라 악부시의 정수 】

한나라의 악부시가에는 주로 두 가지가 있다.

하나는 이른바 '교묘가사郊廟歌辭'로서 대부분 귀족 문인이 창작한 것이다. 내용은 주로 조상을 기리고 귀신과 신에게 헌사獻辭하고 군왕의 공덕을 찬양하는 것이다. 조정에서 연회를 베풀 때 쓰이는 곡으로 문사文辭가 화려하고 우아하다. 예를 들면 다음과 같다.

"사해가 안정되니 문文이 일어나고 무武는 쉬게 되네. 국토가 풍요로우니 그 광휘는 해와 달과 별처럼 빛나네."(《제림帝臨》)

"간사함과 위선이 싹트지 못하게 하고 재앙을 다스려 그치게 하네. 그 은덕 멀리 궁벽한 곳까지 미치니, 사방의 오랑캐가 모두 복종하네."(《서호西顥》)

다른 하나는 민간에서 수집한 것으로 '속곡俗曲'이라고 불렀다. 이 작품들의 저자는 대부분 평민이나 하층 문인이었다.

이 민가는 한나라 백성의 생활을 직접적으로 반영하고 있으며, 소박하고 통속적인 언어와 자유롭고 다양한 형식을 통해 사실을 서술하고 서정을 토로했다. 뿐만 아니라 시풍이 소박하고 솔직해서 높은 인식적, 미학적 가치를 갖춘 한나라 악부의 정수이다. 오늘날 말하는 '한나라의 악부'는 일반적으로 한나라 악부 중의 민가인 속곡을 일컫는다.

　후한 말엽 악부민가의 영향을 받아서 일부 문인시文人詩가 나왔다. 이 문인시의 작자는 대부분 이름을 남기지 않았다. 내용면에서 시가와 악부민가는 일맥상통하지만, 다만 시가의 형식이 이미 악부시의 자유로운 형식과는 다른 정형화된 5언구로서 언어도 더 정밀했다. 대표작으로는 《고시古詩 19수》가 있다. 어떤 글에서는 이것을 한나라 악부시의 범주에 넣기도 한다.

　송나라 사람 곽무천郭茂倩이 편집한 《악부시집樂府詩集》은 가장 정비된 악부시가를 집대성한 책이다. 그중 〈상화가사相和歌辭〉, 〈잡곡가사雜曲歌辭〉, 〈고취가사鼓吹歌辭〉는 한나라의 민가를 포함하고 있다. 〈잡가요사雜歌謠辭〉는 많은 민요를 수집한 것으로, 음악과는 맞지 않으나 악부민가의 성격에 근접해 있다.

【 일에서 연유하고 정에서 발하다 】

　한나라의 악부시가는 황하의 위와 아래, 양쯔강의 남과 북에서 나왔는데 삶의 애환이 짙게 녹아 있다. 생활의 고단함과 사랑은 악부민가의 양대 주제였다.

　한나라 때에는 변방의 환란이 그치지 않았고, 후한 때에는 전란이 빈번해서 백성들이 안심하고 생활할 수 없었으며, 구슬픈 울음소리가 들녘에 가득했다. 잡초, 무덤, 백골, 병든 아낙네, 고아, 찢어지게 가난한 집……. 적지 않은 악부시가 사회의 어두운 현실과 백성의 고통, 그리고 눈물 짓게 만드는 비참한 정경을 묘사했다.

다음은 〈병부음病婦吟(병든 아낙네를 읊음)〉의 내용이다.

한 아낙네가 중병을 앓던 끝에 세상을 떠나며 남편에게 아이 셋을 잘 키우라고 당부했다. 그런데 아내가 죽은 지 얼마 되지 않아 집에 먹을 것이 떨어졌다. 비통한 나머지 남편은 아는 사람만 보면 소리 없이 울었다. 집에 돌아가면 아이들이 울면서 엄마를 찾았다. 그는 아이들도 얼마 후엔 엄마처럼 죽게 될 거라고 생각한다.

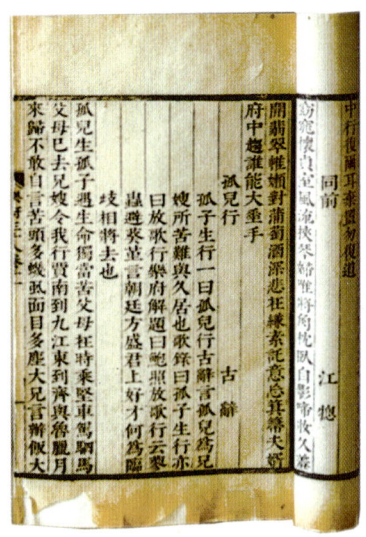

악부시 〈고아행孤兒行〉

또 〈고아행孤兒行〉은 아버지마저 여읜 한 고아가 형과 형수의 학대를 심하게 받는다는 내용이다.

〈동문행東門行〉은 먼 길을 떠났다가 집으로 돌아온 사람이 찢어지게 가난해서 입을 것도 먹을 것도 없는 모습을 보고는 아내의 제지에도 불구하고 칼을 뽑아 자결한다는 내용이다.

한나라의 악부가 표현한 사랑은 다양해서 희극도 있고 비극도 있으며, 서정도 있고 서사도 있다. 그러나 대부분의 애정시가는 서로 마음이 통하고 충정과 절개를 다하는 사랑을 표현했다.

한나라의 악부는 "일에서 연유하고 정情에서 발하는" 것이어서 강한 서

악부시는 대부분 사회의 어두운 현실과
백성의 고통을 묘사하고 있다.

사성을 갖추고 있다. 즉 하나의 시가는 정련된 언어로 이루어진 하나의 이야기이다. 또 이야기를 서술하는 동시에 사랑과 미움, 기쁨과 분노, 슬픔과 즐거움을 아울러 표현했다.

한나라 악부의 언어는 매우 소박해서 마치 말하는 것처럼 평범하고, 조탁彫琢을 일삼지 않았으며, 형식도 비교적 자유롭다. 두 글자, 세 글자, 다섯 글자, 여섯 글자, 일곱 글자, 나아가 아홉 글자로 된 구절도 있으며, 이런 길고 짧은 구절들로 구성된 시를 잡언시雜言詩라고 불렀다.

【 전쟁의 상처 】

양한兩漢 시기에는 잦은 전쟁으로 수많은 평민이 고향의 부모와 친척

곁을 떠나 전쟁터로 징발되었다. 잔혹한 전쟁으로 인해 농업이 붕괴되고 무수한 가정이 파괴되면서 드넓은 농촌이 처량한 모습으로 변했다.

다음은 〈십오종군정十五從軍征(열다섯 살에 군대를 따라나서다)〉이라는 시의 내용이다.

열다섯 살에 군대를 따라나섰다가 여든이 되어서야 비로소 돌아왔네. 길에서 고향 사람을 만났다네.
"집에 누가 있습니까?"
"멀리서 그대의 집을 바라보면 소나무와 잣나무만 무성할 뿐이네."
개에게 쫓긴 토끼는 구멍으로 들어가고, 꿩은 대들보 위에서 날아가고, 뜰과 우물 위에는 잡초가 무성하구나. 곡식을 찧어 밥을 짓고 나물을 뜯어 국을 끓이니 국과 밥이 일시에 익었지만 먹일 사람이 없구나. 문을 나가 동쪽을 바라보니 흐르는 눈물이 옷깃을 적시네.

이처럼 큰 전쟁이 끝나면 시체가 들녘에 가득 널리면서 음산한 바람이 불고 참담한 기운이 감돈다. 전쟁은 백성들에게 엄청난 고통을 안겨주었으니, 얼마나 많은 사람이 타향에서 전사했던가!

〈전성남戰城南〉이란 악부민가의 내용은 이렇다.

한 차례 치열한 전쟁으로 많은 병사가 전사했다. 그러나 희생된 병사들의 시체를 묻지 못해 까마귀 떼가 날아와 썩어가는 시체를 쪼아먹는다. 이어서 특이한 상상이 시작된다. 희생된 한 병사가 까마귀에게 말한다. "우리의 혼이라도 부른 다음에 먹어라. 우리는 이미 죽은 몸이고 묻어줄 사람도 없으니 달아나지 않을 것이다"라고.

민가는 이렇듯 전쟁의 잔혹성과 병사들의 참상을 사실적으로 표현하고

"열다섯 살에 군대를 따라나섰다가
여든이 되어서야 비로소 돌아왔네."

있다. 나중의 몇 구절은 전쟁이 끝난 뒤의 모습을 묘사한 것이다.

"강물은 흐느껴 울고 갈대는 쓸쓸히 서 있는데, 가는 곳마다 전쟁으로 죽은 사람과 말뿐이네. 오직 살아남은 몇 마리 말이 끝없이 처량한 전장에서 목이 쉬도록 울부짖으며 황야의 적막함을 깨뜨리네."

마지막에는 몇 가지 문제를 제기한다.

"왜 자꾸 남으로 북으로 전쟁을 하러 다니는가? 청장년이 다 죽으면 누가 곡식을 심고 양식을 거두겠는가?"

양한 시기에는 전쟁이 매우 빈번했다. 통치자에겐 전쟁이 필요했을지 모르지만, 백성은 그로 인해 얼마나 많은 고통을 겪었던가!

【 충정과 절개가 있는 사랑 】

하늘이여! 나는 당신과 알고 지내고 싶으며, 이는 목숨이 다하도록 변치 않을 겁니다. 산의 구릉이 없어지고, 강물이 다 마르고, 겨울에 우레가 치고, 여름에 눈이 내리고, 하늘과 땅이 맞닿아야만 감히 당신과 절교할 겁니다.

이 시가는 한 여자가 사랑에 깊이 빠져서 솔직하게 고백하는 내용이다. 그녀는 다섯 가지 조건이 충족되면 사랑하는 사람을 떠날 수 있다고 하지만, 실제로 그것은 도저히 일어날 수 없는 일이다. 이 악부시를 읽고 나면 여자의 대담하고 뜨거운 사랑에 감동을 받지 않을 수 없다.

자기 감정을 솔직히 토로한 〈상야上邪(하늘이여)〉에서 표현한 애정은 불타오르는 뜨거운 사랑이다. 이에 비해 〈맥상상陌上桑(밭두둑 위의 뽕나무)〉은 함축성과 유머 감각이 있다.

태양이 떠오르자 진라부秦羅敷라고 하는 여자가 뽕잎을 따러 나간다. 바구니를 든 그녀는 자주색 짧은 저고리에 노란색 긴 치마를 받쳐입었고, 머리를 아름답게 틀어올리고 귀에는 명월주明月珠를 달았다. 진라부는 너무나 아름다워서 길을 가던 행인도 짐을 내려놓고 턱수염을 어루만지며 그녀를 주시하고, 총각은 즉각 모자를 벗어 매무새를 다듬는다. 그녀가 밭을 지나가면 일하던 사람은 쟁기를 잡고 있다는 사실을 잊어버리고 김매던 사람은 호미를 놓은 채 그녀만 바라본다. 심지어 어떤 사람들은 자기 아내가 못생겼다고 원망하기까지 한다(그녀가 아름답다는 것을 정면

"당신은 별로 똑똑하지 못하네요. 당신에겐 아내가 있고, 나에겐 남편이 있어요."

으로 묘사하지는 않았지만 여러 사람의 반응을 통해 그 아름다움을 충분히 상상할 수 있다).

그때 길을 가던 태수가 그녀를 보고 나쁜 마음을 품고서 다가가 함께 가자고 한다. 아름다운 진라부가 말한다.

"당신은 별로 똑똑하지 못하네요. 당신에겐 아내가 있고, 나에겐 남편이 있어요."

그리고 자기 남편이 얼마나 잘생기고 재능이 있는지, 또 얼마나 존귀한지 한바탕 칭찬해서 태수의 수작을 교묘히 거절한다.

【 악부민가 최고의 시, 〈공작동남비〉 】

한나라의 악부민가 중에서 가장 유명한 것은 장시長詩〈공작동남비孔雀東南飛(공작은 동남쪽으로 날고)〉이다. 이 시의 원래 제목은 '고시는 초중경焦仲卿의 아내를 위해 지었다'이며, 머리말은 다음과 같다.

한나라 말엽, 건안建安 여강부廬江府의 하급 관리인 초중경의 아내 유劉씨는 초중경의 모친에게 쫓겨난 뒤 결코 재가하지 않겠다고 맹세했다. 그러나 유씨 집안이 그녀를 계속 핍박하자 물에 뛰어들어 스스로 목숨을 끊었다. 이 소식을

"처녀와 총각으로 만나 결혼한 부부로서 죽어서도 벗이 되는 사이라오."

들은 초중경도 뜰의 나무에 목을 매고 자결했다. 당시 사람들은 몹시 슬퍼하면서 이 이야기를 시로 지어 불렀다.

부드럽고 현숙한 여인 유난지劉蘭芝는 17세에 초중경에게 시집을 와서 남편과 금슬이 무척 좋았다. 그러나 시어머니는 그녀를 좋아하지 않았을 뿐 아니라 아들에게 그녀와 갈라서라고 했다. 초중경은 어머니에게 애걸하면서 자기와 유난지는 "처녀와 총각으로 만나 결혼한 부부로서 죽어서도 벗이 되는 사이"라며, 만약에 어머니가 유난지를 내보낸다면 자기는 영원히 아내를 맞아들이지 않겠다고 했다. 그러나 초중경은 끝내 봉건시대의 절대적 권위를 이기지 못하고 아내와 울면서 헤어졌다. 하지만 오래지 않아 반드시 다시 결합할 것이라고 생각했다. 유난지와 남편은 이렇게 약속했다.

"당신은 반석이 돼야 해요. 그러면 저는 부들과 갈대가 되겠어요. 부들은 질기기가 명주실과 같고, 반석은 끄떡도 하지 않으니까요."

유난지가 친정에 가자, 재산만 탐내는 오빠는 그녀에게 돈 많고 권세 있는 태수의 아들에게 시집가라고 핍박했다. 유난지는 단호히 거절한 뒤 자기 마음을 남편에게 알리고는 강물에 몸을 던졌다. 이 소식을 들은 초중경 역시 너무나 비통한 나머지 스스로 목숨을 끊고 말았다.

이 이야기가 너무 처연하다고 생각했는지, 작자는 시가의 마지막에 이들 부부가 연리지連理枝(뿌리가 다른 나뭇가지가 서로 엉켜 마치 한 나무처럼 자라는 것 : 옮긴이)와 비익조比翼鳥(눈과 날개가 한쪽만 있어서 암수가 한몸이 되어야 날 수 있다는 새 : 옮긴이)로 변했다며, 후세 사람들에게 유난지와 초중경의 비극이 되풀이되어서는 안 된다고 권고했다.

두 집안은 논의하여 그들을 화산華山 곁에 합장했다. 동서로 소나무와 측백나무를 심고, 좌우에 오동나무를 심었다. 가지와 가지가 서로 엉키고 잎과 잎이 서로 붙었으며, 그 속에서 한 쌍의 새가 날아다녔는데 스스로 원앙이라고 했다. 머리를 들고 서로 마주보며 매일 밤 오경까지 울었다. 길 가던 사람은 발길을 멈추고서 듣고, 과부는 일어나서 이리저리 배회했다. 후세 사람들에게 감사를 드리나니, 부디 이 교훈을 잊지 말라.

〈공작동남비〉는 부지런하고 선량하며 단정하고 굳센 여인 유난지, 사랑에 충실하고 착하며 효성스럽지만 연약한 초중경, 우악스럽고 독단적인 초중경의 모친, 돈만 탐내는 유난지의 오빠 등 일련의 전형적인 모습들을 부각시킴으로써 인물의 개성을 생생하게 살렸다.

이 시가가 묘사한 이야기는 줄거리가 복잡하고 갈등이 심해서 예술적 가치가 악부시가의 최고 수준에 도달했으며, 이는 훗날 사랑의 비극을 소재로 한 작품의 창작에 심대한 영향을 주었다.

結 통치자들은 민가를 통해서 민심을 이해하고 조정의 정책과 법령의 득실을 알 수 있다고 생각했다. 그래서 '채풍采風'은 통치를 확고히 하고 정책을 조절하는 중요한 수단으로 진행되었다. 이 조치로 민간에서 유행한 우수한 작품이 많이 전해지게 되었다. 한나라의 악부민가는 양한兩漢 시가의 최고 성과이자 중국 시가의 보배로서 길이 전해졌으며, 아울러 후세의 시인들에게 창작의 영감을 주었다.

위진시대에도 '악부'라는 기관이 여전히 존재했고, 한나라 때의 악부가사가 계속 불렸다. 양한 시기에는 민간의 음악이 흥성하면서 예술적으로 높은 수준에 이르렀으며, 상류층 문인들도 악부시가의 영향을 많이 받았다. 후한 말엽, 조조曹操 부자를 대표로 하는 건안 시인의 시가는 악부시가의 직접적인 영향을 받았다.

남북조시대에는 새로운 '악부'가 나왔는데, 〈목란시木蘭詩〉와 〈칙륵가敕勒歌〉 등은 북조北朝 민가의 우수한 작품이다. 악부민가를 정리하고 책으로 만들어내기 시작한 것도 이때부터다.

당나라 때 많은 우국우민憂國憂民의 시인들은 민가체民歌體로 현실의 생활을 반영했다. 대시인 두보의 유명한 사실주의 시 '삼리三吏'와 '삼별三別'이 바로 민가체로 쓰여진 작품이다. 당나라 중엽의 시인 백거이와 원진元稹은 백성의 고통에 관심을 기울이고 나라를 걱정하면서 '신악부운동'을 대대적으로 제창했고, 당시의 수많은 시인들을 이끌면서 서민의 고통과 염원을 담은 신악부를 창작했다. 실제로 문학의 발전 과정을 살펴보면 송사, 원곡, 잡극, 명·청대의 희극, 화본話本소설, 설창說唱과 민간 곡예曲藝는 그 기원이나 내용, 형식에서 한나라 때의 악부시와 일맥상통한다.

사마천과 《사기》

● 굴욕을 견디고 꿋꿋이 대업을 이룬 사마천司馬遷

《사기》는 수백 명의 인물을 형상화했다. 각각의 인물마다 특유의 성격으로 사람을 감동시키는데, 선명하고 살아 있는 듯 생생해서 어설픈 점이 없는 것이 사마천의 높은 예술적 능력을 보여준다.

사마천(기원전 145 또는 135~기원전 87년경)은 하양夏陽(지금의 산시성陝西省 한청韓城) 사람으로 한나라의 걸출한 역사가이자 문학가이다. 사마천의 가장 위대한 업적은 불후의 명작《사기》를 남긴 것이다.

　이 찬란한 저작은 3,000년 중국 역사를 서술한 중국 최초의 기전체紀傳體 역사서이다.《사기》는 12편의 〈본기本紀〉, 10편의 〈표표〉, 8편의 〈서書〉, 30편의 〈세가世家〉, 70편의 〈열전列傳〉으로 이루어졌다. 모두 130편으로 글자 수를 따지면 52만 6,500자나 된다.

　사마천이 살았던 시대는 한나라 무제 시기로 경제적 발전을 이룩하고 문화와 학술도 번영의 국면에 접어들던 때다. 한나라 고조 유방이 진나라를 멸망시킨 후 소하蕭何는 진 왕조의 장서를 광범위하게 수집했고, 무제 때에는 민간에 명하여 책을 바치게 함으로써 조정의 장서가 나날이 풍부해졌는데, 이는《사기》의 출현을 준비하는 조건이 되었다. 통치자는 정권을 확고히 하기 위해서 이전 왕조의 통치 경험을 절실히 원했으니, 이 때문에 조정에서는 역사서의 편수編修를 더욱 중시했다.《사기》라는 위대한 역사서는 바로 이런 배경에서 탄생했다.

《사기》가 갓 출현했을 때는 고정된 이름이 없었다. 사마천이 장기간 태사령太史令이란 관직에 있었기 때문에 사람들은 이 책을《태사공서太史公書》혹은《태사공기太史公記》라고 했으며, 또 어떤 사람은《태사공》이라 했으니, 말하자면 태사공이 쓴 글이라는 뜻이다. '사기'는 원래 고대 역사서를 통칭하는 말이었으나, 후한 말엽부터 전적으로 사마천이 쓴《태사공서》만을 일컫게 되었다.

중국 최초의 기전체 역사서인《사기》

【 역사적 통일관과 정통관의 수립 】

사마천 이전에도 공자는 《춘추》를, 좌구명左丘明은 《좌전》을 썼다. 그들 또한 위대한 역사 저술가였으나 사마천의 《사기》에 비할 바는 아니었다. 왜냐하면 《사기》를 기점으로, 그것을 모범으로 하여 규모가 방대하고 구성이 완벽한 역사 저작물이 잇달아 나왔기 때문이다.

《사기》의 의의는 사마천이 역사적 통일관과 정통관을 수립해서 과거 여러 나라로 나뉘어 할거한 역사의 개념을 고쳤다는 데 있다. 《춘추》가 춘추전국시대 노나라의 역사라면 《사기》는 전 중국의 역사이며, 《춘추》가 노나라 군주를 주축으로 했다면 《사기》는 역대의 천자들을 주축으로 했으며, 《춘추》가 노나라 242년의 역사를 기록했다면 《사기》는 오제五帝부터 삼대三代를 거쳐 진나라, 한나라까지의 역사를 일관되게 서술하여 국가의 통일과 인심의 합일을 표현했다.

인물의 전기를 다룰 때도 천자일 경우는 〈본기〉라 하고, 제후일 경우는

산시성陝西省 한청韓城에 있는 사마천의 사당

〈세가〉라고 했으며, 그 밖의 사람들은 〈열전〉에서 다루었다. 이는 전 중국을 천자를 중심으로 통일한 것이다. 천자가 속한 왕조가 정통이고 그 외는 정통이 아니라는 정통사상의 형성은 《사기》의 영향과 떼놓을 수 없다.

【 살아 움직이듯 생생한 인물 묘사 】

《사기》는 역사의 진실에 초점을 맞추고 있다는 전제 아래 그 문장의 아름다움이 고금에 널리 알려져 있다. 《사기》의 〈본기〉, 〈세가〉, 〈열전〉은 어느 하나 정교한 산문 아닌 것이 없다. 가령 대신 주창周昌을 예로 들어 보자.

"한가할 때에 들어와서 일을 아뢰는데, 고조가 척희戚姬를 껴안고 있었다. 주창이 도로 나가려 하자, 고조가 쫓아와서 목을 타고서 물었다."

세상에 어디 이런 황제가 있겠는가! 유방은 본래 출신이 비천하고 도덕적 수양도 높지 못했는데, 이는 황제가 되었어도 별로 달라지지 않았다. 이 구절은 유방의 그런 모습을 살아 움직이듯이 생생하게 묘사하고 있다.

《사기》는 수백 명의 인물을 형상화했다. 각각의 인물마다 특유의 성격으로 사람을 감동시키는데, 선명하고 살아 있는 듯 생생해서 어설픈 점이 없는 것이 사마천의 높은 예술적 능력을 보여주고 있다. 풍운을 질타하는 항우項羽, 도량이 활달하고 사소한 예절에 구애받지 않는 유방, 기지가 뛰어나고 용감한 인상여藺相如, 아랫사람에게도 예의로 대하는 신릉군信陵君, 진나라 왕을 용감하게 찌르는 형가荊軻… 이들은 사마천의 손에 의해 천고에 널리 전해지는 풍류 인물로 다시 태어났다.

《사기》가 묘사한 '화우진火牛陣', '홍문연鴻門宴', '해하垓下의 전투' 등은 진실한 역사 기록인 동시에 사람의 마음을 움직이는 생생한 이야기다. 후세 사람들은 이로부터 《패왕별희霸王別姬》, 《추한신追韓信》, 《장상화將相和》 등 많은 희곡과 소설을 창작했다. 루쉰이 《사기》를 가리켜 "역사가의 절창絶唱이요, 운韻이 없는 〈이소〉"라고 한 것도 과언이 아니다.

【 부친의 일을 이어받다 】

사마천의 조상은 세습 사관史官으로서 대를 이어오다 중간에 오랫동안 그 맥이 끊어졌다. 그러다 사마천의 부친 사마담司馬談 때에 와서 다시 조정의 사관으로 기용되어 태사령을 지냈다. 태사령은 한나라 중앙정부의 황실 도서와 사료를 관리하고 천문과 역법을 연구하는 관리다.

해박한 지식을 가진 사마담은 오랫동안 국사를 편찬한 사람이 없다는

사마담司馬談은 아들에게 자기가 마치지 못한 일을 완수하라는 유언을 남겼다.

것을 깨닫고 통사通史를 편찬하기로 마음먹었다. 그리하여 생각나는 대로 사료를 수집하면서 많은 준비를 했고, 아울러 부분적으로 편篇과 장章도 썼다. 하지만 죽을 때까지도 그의 염원은 실현되지 못했다. 임종의 순간 그는 아들에게 자기가 끝내지 못한 일을 완수하라고 이르며 이렇게 말했다.

"내가 죽으면 너는 반드시 태사太史가 될 것이다. 태사가 되면 내가 쓰고자 하던 것을 잊지 말아야 한다."

여기서 알 수 있듯이, 《사기》는 사마천이 부친의 뜻을 이어받아 편찬한 것이다.

사마천은 부친을 따라 수도인 장안에 갔는데, 어릴 때부터 부친의 정성어린 교육을 받아 10여 세 때 이미 많은 책을 읽었다. 20세에는 집을 떠나

명산대천을 돌면서 이런저런 사적이나 이야기들을 많이 수집했다. 그후에는 시종侍從이 되어서 무제가 외부로 순행하고 봉선封禪할 때 함께 여러 곳을 다녔다. 한나라의 드넓은 영토에서 지금의 푸젠福建과 광둥廣東, 광시廣西 땅을 제외하고는 모두 자신의 발자국을 남겼다. 이는 훗날 《사기》를 쓰는 데 튼튼한 기초가 되었다.

【 치욕을 당하고 역사를 쓰다 】

사마천이 한창 《사기》를 쓰고 있을 때 한 차례 큰 재난이 닥쳤다.

기원전 99년, 한나라의 대장군 이릉李陵이 흉노와의 싸움에서 패배한 뒤 포로로 잡혔다. 설상가상으로 조정의 어떤 대신이 이릉을 모함했다. 이에 부당함을 느낀 사마천은, 이릉이 흉노에게 항복한 것은 잘못된 일이지만 그래도 전쟁에서 큰 공을 세웠으며, 적군과 아군의 힘의 차이가 너무나 현격한 데다 지원병까지 오지 않아 어쩔 수 없이 투항한 것이니 기회를 보아 반드시 황제의 은혜에 보답할 거라고 말했다.

그러나 뜻밖에도 이 말은 무제의 노여움을 샀다. 무제는 당장 사마천을 감옥에 처넣었다. 이듬해에 사마천은 궁형宮刑을 당했다.

형벌을 받은 후 사마천은 너무나 고통스럽고 슬프고 화가 나서 자살까지 생각했다. 그러나 그는 역대의 수많은 명인들이 온갖 역경 속에서도 불후의 작품을 써낸 사실을 떠올렸다. 이를테면 공자는 갖은 고난을 겪으면서 힘들게 《춘추》를 썼고, 좌구명은 시력을 잃은 뒤에 《국어》를 썼고, 손빈은 발이 잘린 후에 《병법》을 썼다. 그는 부친의 뜻을 생각해서라도 《사기》를 써야겠다고 결심했다. 감옥에 갇힌 사마천은 크나큰 육체적 고

사마천은 굴욕을 견디며 옥중에서 꿋꿋이 《사기》를 편찬했다.

통과 참담한 정신적 치욕을 참고 견디면서 집필에 몰두했다.

궁형과 감옥은 사마천의 건강을 악화시켰다. 감옥에서 나온 후 사마천은 태사령보다 더 높은 관직인 중서령中書令에 임명되었다. 중서령은 비밀문서를 관리하는 오늘날 비서와 같은 관직이다. 그러나 그는 살아갈 날이 얼마 남지 않은 걸 깨닫고는 밤낮을 가리지 않고 글을 써내려간 끝에 마침내 만년에 이르러 이 전무후무한 위대한 역사서를 완성했다.

사마천은 사관으로서 무제의 큰 덕과 왕후장상王侯將相과 대신의 공적에 대해 기록하지 않고 선전하지 않는다면 "그보다 큰 죄는 없다"고 말했다. 궁형을 당한 후에도 무제에 대한 그의 충성심은 변치 않았으며, 무제도 그를 계속 신뢰하여 측근에 두었다.

《사기》에서 사마천은 중점적으로 무제를 칭송했다. 그러나 사마천은 무제의 찬란한 공적을 긍정하는 동시에 공을 자랑하고, 허세 부리기 좋아하고, 극도로 사치스럽고, 엄한 형벌과 법률을 제정하고, 방술方術에 미혹된 일면에 대해서도 진실하게 기록함으로써 역사가로서 고귀한 품격을 구현했다. 동시에 사마천은 사회 하층의 인물에 대해서도 동정하고 칭송하는 많은 〈열전〉을 써서 그들의 역할을 기록했다.

結 《사기》가 천고에 길이 전해진 데에는 또 하나 중요한 원인이 있다. 사마천은 황제의 공적뿐 아니라 그들의 과오도 기록했으며, 결코 허망하게 미화하지 않고 나쁜 것을 감추지 않았다. 또 큰 인물에 대해 쓰는 동시에 작은 인물도 소개하는 등 비교적 객관적으로 역사의 다양한 국면을 기록했다.

주목할 만한 것은 사마천이 진승陳勝의 봉기와 공자의 《춘추》를 같은 반열에 놓았다는 점이다.

주나라가 그 도道를 잃자 《춘추》를 지었다. 진나라가 정치를 잘못하자 진섭陳涉(진승)이 봉기하고 제후들도 난을 일으켰는데, 그 기세가 풍운을 일으키면서 끝내 진나라를 멸망시켰다. 천하를 다투는 발단이 바로 진섭의 반란에서 시작된 것이다.

사마천은 진승을 〈세가〉의 반열에 놓으면서 역대의 제후나 공신과 동렬同列로 평가했다. 반고의 《한서》는 기본적으로 《사기》를 그대로 초록抄錄한 것이지만, 진승을 열전에 넣으면서 그를 찬양하는 말을 빼버렸다.

높이 평가하든 깎아내리든 공정한 관점을 잃지 않은 데서 사마천의 역사의식을 엿볼 수 있다. 이외에도 사마천은 성공과 실패로 영웅을 논하지 않았으니, 항우를 〈본기〉에 넣은 것도 후세 사람들의 찬탄을 불러일으켰다.

【왕충과 《논형》】

● 왕충의 흉상

옛사람들은 귀신을 믿었으며, 사람이 죽은 후에도 정신이 존재할 수 있다고 여겼다. 그러나 왕충은 정신이 형체를 떠나서는 단독으로 존재할 수 없다는 관점을 내놓았다.

왕충王充(27~97)의 자字는 중임仲任이다. 회계會稽의 상우上虞 사람으로, 고대의 걸출한 유물주의 사상가이다.

왕충은 어릴 때부터 총명해서 책을 한 번 읽으면 잊어버리지 않았다. 15세에 이미 당시의 최고학부인 뤄양洛陽의 태학에 들어가서 당대의 명망 있는 유학자 반표班彪를 스승으로 모시고 공부했다.

상식적으로 볼 때 왕충은 높은 벼슬을 해서 집안을 빛낼 수 있었으나, 사실상 하급 관리에 머물렀다. 가문을 중시하는 사회 풍조가 빈천한 집안 출신인 왕충이 벼슬을 할 수 없는 주요한 원인이었겠지만, 더욱 큰 이유는 왕충의 사상과 견해가 종종 통치자 및 당시 지배적 위치에 있던 경학經學과 맞지 않았기 때문이다.

왕충은 땅 한 뼘 없는 가난한 처지에서도 필생의 정력을 기울여《논형論衡》을 집필했다.《논형》의 내용은 전투적인 성격이 극히 강하다. '기氣'가 만물의 근원이라는 학설을 천명했으며, 인간과 자연, 정신과 육체의 관계를 유물론적으로 해석해서 당시 성행하던 천인감응설天人感應說과 귀신이나 요괴의 존재에 대해 비판했다.

그는 30여 년 동안《대유大儒》,《기속譏俗》,《절의節義》,《정무政務》,《양성養性》,《논형》 등 사상성이 강한 작품들을 써냈지만, 아쉽게도 지금까지 남아 있는 것은《논형》하나뿐이다.《논형》은 20여만 자, 30권 85편으로 이루어졌는데 현재는 〈초치招致〉 한 편이 모자란다.

【 무신론을 제창하다 】

전한 말엽에서 동한 초기에는 참위讖緯와 미신이 범람했다. 왕충은《논형》에서 당시 사람들이 이해할 수 있는 제한된 과학지식을 근거로 무신론을 제기했다.

《논형》에서 왕충은 "사람도 사물이고, 사물도 사물이다. 사물이 죽으면 귀신이 되지 않거늘, 어찌 사람이 죽는다고 해서 귀신이 되겠는가?"라고 했다. 옛사람들은 귀신을 믿었으며, 사람이 죽은 후에도 정신이 존재할 수 있다고 여겼다. 그러나 왕충은 정신이 형체를 떠나서는 단독으로 존재할 수 없다는 관점을 내놓았다. 그는 사람이 살아갈 수 있는 것은 몸 안에 정기가 있기 때문이며, 정기는 혈맥으로 말미암아 생긴다고 했다. 사람이 일단 죽으면 혈맥이 끊기고 정기도 따라서 소멸한다. 따라서 사람이 죽은 후에도 정신이 존재한다고 생각하는 것은 불이 꺼진 후에도 빛이 있다고 하는 것처럼 우스운 일이라고 했다.

세상에 귀신이 없다면, 그렇다면 이 귀신 사상은 도대체 어디서 나왔을까? 이 점에 대해 왕충은 충분하게 설명했다. 그는 천지 간의 이른바 귀신이란 사람이 죽어서 귀신으로 화한 것이 아니고, 진짜로 그런 일이나 그런 존재가 있는 것도 아니며, 다만 살아 있는 사람의 생각이 과도해서 생긴 환각이 초래한 것일 뿐이라고 했다. 즉 사람은 병에 걸렸을 때 쉽게 두려운 감정을 갖게 되고, 그에 따라 쓸데없는 생각이 많아지면 귀신의 환각이 나타난다고 했다.

무신론에서 출발한 왕충은 사치스런 장례를 반대하고 소박한 장례를 주장했으며, 병이 있는 사람은 무당이나 의사를 찾는 것이 좋다고 했다. 또 이미 죽은 사람에 대해서는 그 어떤 물건도 함께 매장할 필요가 없으며, 그런 짓은 백성을 수고롭게 하고 재산을 낭비하는 일일 뿐이라고 했다.

【 천인감응설을 반박하다 】

천인감응은 전한시대의 철학자이자 사상가인 동중서가 제기한 것이다. 그는 사람이 갖고 있는 일체는 모두 하늘에서 온 것이며, 하늘에는 의지가 있어서 자연계와 사회의 모든 변화(국가의 흥망과 왕조의 교체까지 포함해서)는 하늘의 뜻을 표현한 것이므로 거역할 수 없다고 했다.

"천자는 하늘의 명령을 받고, 천하는 천자의 명을 받는다"는 관점에서 보면 백성이 황제에게 복종하는 것은 바로 천도天道에 복종하는 것이다. 물론 황제도 천도에 복종해야 하는데, 만약 천자가 도道를 잃으면 하늘에서 재앙을 내려 천재지변으로 경고를 하고, 그래도 효과가 없으면 천자는 하늘의 버림을 받아서 새로운 왕조로 바뀐다고 했다.

왕충王充의 《논형論衡》

　천인감응설의 중심 사상은, 천명은 어길 수 없으며 따라서 "하늘을 대신하여 도道를 행하는" 황제의 통치에 반드시 복종해야 한다는 것이다.
　그러나 왕충은 천인감응설은 허망하고 그 자체가 모순된 것이라고 주장했다. 하늘은 입도 없고 귀도 없는 자연물이므로 아무런 행위도 할 수 없다. 만약 하늘이 행위를 할 수 있는 비자연적인 것이라서 사람에게 경고를 할 수 있다면, 하늘에 입도 있고 귀도 있다는 뜻인데, 이는 아주 우습고 말도 안 되는 얘기다. 또 하늘이 정말로 천자에게 재난을 내려서 경고할 수 있다면 요·순·우와 같은 훌륭한 황제를 선택할 수도 있을 것이며, 그리하여 천하의 통치권을 그들에게 모두 위임한다면 이 세상에는 우매한 군주가 나타나지 않을 것이고 왕조가 바뀌는 일도 없을 것이다. 왕충은 이것으로 볼 때 천인감응설은 우매한 자나 홀리는 터무니없는 사상이라고 했다.

【 《논형》으로 세상에 질문하다 】

왕충은 사회적 지위도 없고 경제적으로도 부유하지 못한 집안에서 성장했다. 증조부 때 그의 집안은 불평하는 사람을 감싸다가 권세 있는 집안과 원한을 맺어서 몇 번이나 집을 옮기지 않으면 안 되었다. 이것은 훗날 왕충의 반골 기질과 유물론적 사상에 어느 정도 영향을 미쳤다.

왕충은 여섯 살 때부터 글을 읽기 시작해서 여덟 살에는 정식으로 관館에 들어가 공부했다. 어릴 때부터 아주 어른스러웠으며, 타고난 총명함으로 매일 《논어》, 《상서》 등의 책을 몇천 자씩 외웠다. 왕충과 함께 공부하는 100여 명의 아이들은 강의를 잘 듣지 않고 글씨도 잘 쓰지 못해서 벌을 받곤 했지만 왕충만은 예외였다.

15세에 왕충은 뤄양의 태학에 들어가 공부하게 되었다. 뤄양은 정치, 경제, 문화의 중심지였다. 가난한 그는 책을 살 돈이 없었지만, 한 번 보면 잊어버리지 않는 재능을 갖고 있었기 때문에 서점을 한 집 한 집 다니면서 책을 보았다. 왕충은 책을 읽으면서 나름대로 견해를 갖추었다. 특히 이른바 '이언異言' 읽기를 좋아했는데, 관청에서 떠받드는 유학의 정통 학설에 대해서 늘 의심하고 비판하는 태도를 취했다. 그는 태학에서 생활하는 동안 제자백가의 주장에 통달하고 차츰 박식한 사람이 되었다.

왕충은 학업에서는 일정한 성취를 이루었지만 벼슬길에서는 좌절을 많이 겪어서 군이나 현의 공조功曹, 주종사州從事 등 하급 관리에만 머물렀다. 나중에는 아예 관직에서 물러나 집에서 학문을 하는 한편으로 저술에 몰입했다.

【 과거에 박하고 현재에 후하다 】

무제가 "제자백가를 폐기하고 유가만을 존중하자"는 정책을 확립한 후에 유교는 봉건 통치자들의 정통 사상이 되었다. 유학자들은 자기가 공자, 맹자로부터 학문을 직접 계승했음을 보여주기 위해서 한바탕 복고의 바람을 일으켰다.

사건을 서술하는 자는 옛것을 높이고 지금 것은 낮추길 좋아했으며, 귀로 들은 것은 귀하게 여겼지만 눈으로 본 것은 천하게 여겼다. 변사辯士라면 으레 오래된 것을 담론하는 자였고, 문인文人이라면 으레 아득한 옛날을 저술하는 자였다.

유학자들은 세상일을 말하면 주나라 때는 어찌 어찌해서 좋다는 식이고, 제왕을 말하면 문왕과 무왕은 어찌 어찌해서 현명하다는 식이었다. 그러나 왕충은 그렇게 생각하지 않았다. 《논형》에서 왕충은 세상 사람들에게 이런 관점을 천명했다.

사회는 끊임없이 발전하고 끊임없이 진보한다. 총체적인 추이를 갖고 말한다면 지금 세상은 과거보다 좋다. 제왕을 예로 들어보자. 현명함을 놓고 말한다면, 전한의 창시자 고조와 후한의 창시자 광무제는 능히 주나라를 창건한 문왕 및 무왕과 견줄 수 있으며, 전한의 문제·무제·선제, 후한의 명제明帝와 지금의 황제인 장제章帝는 주나라의 성왕成王·강왕康王·선왕宣王보다 낫다. 나라의 흥성을 놓고 보아도 한나라는 이전의 어느 왕조보다도 출중하며, 영토만 해도 과거의 어느 왕조보다 넓다. 원래 오랑캐 땅이었던 서남 지역과 창장강,

왕충은 소박한 유물론 사상을 통해
당시의 세계관을 비판했다.

주장珠江강 유역은 오늘날 모두 중국의 영토로 편입되었고 백성들의 교육 및 생활 수준도 현저하게 높아졌다.

당시는 유가의 학설이 성행하던 때여서 왕충의 주장은 확실히 논란을 불러일으켰다. 하지만 그의 주장은 오늘날에도 그 의의가 매우 크다.

【 배우고 나서야 안다 】

왕충의 《논형》에는 또 하나의 특징이 있으니, 바로 유물론적 인식론이다. 왕충은 사물을 인식하기 위해서는 그 전제로 사람의 감각기관이 사물과 접촉해야 한다고 여겼으며, 듣지도 않고 보지도 않는다면 사물을 인식할 수 없다고 보았다. 또 타고난 기품에는 높고 낮음이 있다고 인정했지만, 기품이 아무리 높은 사람일지라도 배우지 않는다면 사물을 인식할 수 없다고 보았다.

"배우지 않고 저절로 알고, 묻지도 않고 저절로 깨치는 일은 고금의 어떤 일에서든 있을 수 없다."

이 책에서 왕충은 주공周公, 공자, 안연顔淵, 맹자 등 성인들의 열여섯 가지 사례를 통해 성인들도 결코 '나면서부터 아는' 것이 아니며, 그들이 성인이 될 수 있었던 것은 후천적으로 부지런히 배운 결과라고 말했다.

왕충은 또 당시 유가의 저술들을 성스러운 경전으로 받들면서 암기만 할 뿐, 이치를 깨우치려 하지 않는 학풍에 대해서도 비판했다. 학문 연구의 본질적인 방법은 대담하게 의문을 제기하는 것이며, 앞사람이 만들어 놓은 이론에 대해 회의하는 것이며, 그리하여 스승과 옳고 그름에 대해 논쟁하는 것이지, 그렇지 않으면 학문을 연구하는 것이 아니라고 했다. 그는 〈문공問孔〉과 〈자맹刺孟〉 두 편의 글을 통해 성현들의 말에도 허다한 모순이 있다는 것을 지적했다.

結 《논형》은 오랜 세월 통치자들에 의해 사악한 책으로 몰려서 배포가 금지되었다. 그러다 왕충이 죽고 거의 100년의 세월이 흐른 뒤인 후한 말년에 이르러서야 비로소 당시의 유명한 학자 채옹蔡邕에 의해 발견되었다. 채옹은 《논형》을 중원에 가지고 가서 서고에 몰래 감춰두었으며, 그후 삼국, 진晉, 남북조, 수나라, 당나라, 오대五代를 거치면서 필사본으로 전해 내려왔다.

속담에 "진짜 황금은 불의 단련을 겁내지 않는다"는 말이 있다. 세월이 흘러도 《논형》의 가치는 빛이 바래지 않았을 뿐 아니라 날이 갈수록 사람들로부터 인정을 받고 있다. 오늘날에도 왕충의 소박한 유물론 사상은 여전히 빛을 뿌리고 있다. 왕충의 《논형》은 중국의 고대 사상사에서 중요한 의의를 갖는 이정표로서 손색이 없다.

【 고대의 제지술 】

● 제지술을 혁신적으로 개선한 채륜蔡倫

전한시대의 종이는 거친 데다 표면에 실밥이 많고 섬유의 분포도 고르지 않아서 문자를 기록하는 데 적합하지 않았지만, 어쨌든 세계 제지업에서 보면 제지술의 서광을 보여준 것이었다.

제지술은 종이를 만드는 기술로서 인류 문명의 발전에 크게 공헌한 인쇄술, 화약, 나침반과 함께 중국의 4대 발명품으로 불리고 있다. 종이는 인류 문명의 발전과 함께 길고 긴 굴곡의 세월을 걸어왔다. 고대 중국인이 세계 최초로 종이를 만들자 인류 문명에 거대한 변화가 일어났다.

종이의 제조기술은 2,000여 년이란 기나긴 세월을 거쳐왔다. 그동안 종이의 원료는 그 범위가 끊임없이 확대되었으며 종이의 질도 계속 좋아졌다.

채륜蔡倫이 종이를 만들 때는 나무껍질을 주 원료로 하여 삼베나 찢어진 천, 낡은 그물 등을 부재료로 사용했다. 서진西晉시대에 이르렀을 때는 원료가 뽕나무 껍질, 박달나무 껍질로 확대되었으며, 동진東晉시대 사람들은 등나무도 사용했다.

당나라 후기에는 대나무로 종이를 만들기 시작했는데, 이는 의심할 나위 없이 제지업의 일대 혁명이었다. 왜냐하면 대나무는 빨리 자랄 뿐 아니라 생산량이 많아서 종이에 대한 수요를 신속히 충족시킬 수 있었기 때문이다. 게다가 대나무 섬유는 길고도 질겨서 대량의 종이를 생산해낼 수

종이의 제조 과정을 그린 그림 초판본《천공개물天工開物》에 실려 있다.

있었다. 사람들은 그후에도 종이의 원료를 볏짚, 밀기울, 갈대 등등으로 확대했다.

오늘날 종이는 일상생활에 없어서는 안 될 필수품이 되었으며, 사람들은 종이를 이용해 글을 쓰고 그림을 그리고 있다. 이 밖에 생활의 다른 면에서도 종이는 중요한 기능을 하고 있다.

【 종이의 발명 】

천하를 통일한 전한시대에 제국은 나날이 안정되어 경제와 교육이 발전했으며, 그에 따라 정부의 공문과 법령도 많아지고 교류의 도구로서 문자의 기능도 점차 강화되었다. 하지만 시대의 변화에 어울리지 않게 문자를 쓰는 재료는 여전히 둔중한 목간木簡과 값비싼 비단이었다. 그래서 사람들은 값싸고, 원료가 풍부하고, 쓰기와 휴대에 편리한 글쓰기의 도구를 원했으며, 이를 위해 대대로 많은 노력을 기울였다.

전한시대에는 양잠업이 비교적 발달했다. 누에고치를 삶아서 실을 다 뽑아내면 한 층의 엷은 섬유가 남는데, 이것을 얇게 펴서 말리면 비단종이가 되었다. 물론 이 비단종이는 원료가 제한적인 데다 생산량도 극히 적어서 사회적 수요를 충족시키지 못했다. 하지만 이로 인해 종이의 원료가 되는 섬유에 대해 인식하게 되었으며, 무수한 실험을 거친 끝에 나무토막, 삼베, 면 등을 무르게 삶은 후에 섬유를 얻어내는 방법을 알아내 종이를 만들었다.

1957년, 중국의 고고학자들은 시안西安 페이차오灞橋에 있는 전한시대의 옛 무덤에서 한 묶음의 종이를 발굴했다. 그 종이는 도합 88장으로서 삼베를 원료로 한 것이었다.

또 1986년에는 간쑤성 톈수이시天水市 교외의 팡마탄放馬灘에 있는 고대의 무덤에서 삼베로 만든 종이를 발견했다. 이는 발굴된 종이 가운데 가장 오래된 것이고 세계적으로도 가장 앞선 시기의 종이였다.

비록 전한시대의 종이는 거친 데다 표면에 실밥이 많고 섬유의 분포도 고르지 않아서 문자를 기록하는 데 적합하지 않았지만, 어쨌든 세계 제지업에서 보면 제지술의 서광을 보여준 것이었다.

【 채륜의 걸출한 공헌 】

채륜(?~121)은 자가 경중敬仲이고 계양(오늘날 후난성 빈저우시濱州市) 사람이다. 채륜은 후한의 영평永平 말년에 입궐한 뒤 내시가 되어 명제, 장제章帝, 화제和帝, 상제殤帝, 안제安帝 등 여러 황제를 모셨다. 그는 재능 있고 성실했으며 황실을 위하여 전력을 다했으므로 역대 황제들의 신임을 받아 일개 내시에서 장락태부長樂太仆로 승진했고 나중에는 용정후龍亭侯로 책봉되었다. 훗날 궁중의 시비에 말려들자 굴욕을 당하지 않으려고 독약을 마시고 자결했다.

그가 황궁의 내부 공사를 관리하는 상방령尙方令의 직책을 맡았을 때 제지술을 크게 개혁했기 때문에 후세 사람들은 채륜을 제지술의 시조로 존경해왔다.

상방령으로 있던 채륜은 황제의 전용 기물을 제작하는 일을 맡아 장인들과 자주 어울렸으며, 이때의 경험을 통해 백성들의 노동 생산성을 파악할 기회를 갖게 되었다. 동시에 그는 시와 서예에 능했기 때문에 종이가 모자라 어려움을 겪고 있는 세간의 사정을 잘 알았고, 이는 그로 하여금 제지술을 연구하여 종이를 혁신할 수 있는 가능성을 마련해 주었다.

　그리하여 채륜은 장인들과 함께 반복적으로 실험하며 마麻에서 거친 종이를 만들어낸 옛사람들의 제지술을 기초로 부단히 기술을 혁신해서 마침내 나무껍질, 폐기된 마, 낡은 천, 버려진 그물 등을 원료로 가볍고 얇고 값싸고 질 좋고 글쓰기에 적합한 종이를 만들어냈다. 105년, 채륜은 자신이 개선한 방법으로 만든 종이를 화제和帝에게 올렸으며, 화제는 그것을 가상히 여겨서 그에게 많은 상을 내렸다.

　이때부터 전국적으로 채륜의 제지술을 이용해 종이를 만들기 시작했는데, 이렇게 만들어진 마 종이를 '채후지蔡侯紙'라고 불렀다.

【 종이 이전에 사용되던 재료 】

　한자는 세계에서 가장 오래된 문자의 하나로 4,000~5,000년의 역사를 갖고 있다. 그렇다면 고대인들은 무엇으로 문자를 기록했을까?

　신석기시대 산시성陝西省 시안시 반포촌半坡村에 거주했던 사람들은 도기 겉면에 문자와 유사한 그림을 많이 그려놓았다. 지금으로부터 5,000여 년 전의 이런 도기야말로 우리가 아는 가장 이른 시기의 기록의 재료이다.

　3,500여 년 전인 은나라와 상나라에 이르면 이 그림들은 점차 틀이 잡히

면서 비교적 규칙이 있는 문자로 거북이 등껍질이나 짐승의 뼈에 새겨졌는데, 이를 가리켜 갑골문이라 한다. 상나라와 주나라 때에는 청동을 제련하는 기술이 상당한 수준에 이르렀고, 사람들은 영구적으로 보존해야 할 문자들을 청동기에 새겨넣었다. 춘추시대에는 돌에다 문자를 새겨넣는 것이 성행해서 돌멩이와 바위 등이 모두 문자를 기록하는 수단이 되었다.

어지나額濟納강 유역에서 출토된 한나라 때의 목간

일찍이 상나라와 주나라 때부터 사람들은 죽간竹簡을 사용하기 시작했다. 즉 대나무를 일정한 크기의 얇은 조각으로 만들어 거기다 글씨를 썼는데, 이것들은 앞에서 말한 거북이 등껍질이나 짐승의 뼈와 비교할 때 재료 수집과 글쓰기 그리고 휴대하기가 훨씬 간편했다.

하지만 이 죽간도 불편할 수밖에 없었다. 진나라 시황제는 매일 120근의 상서上書(신하들이 임금에게 올리는 글 : 옮긴이)를 보았다고 하는데, 얼마나 힘들었을지 가히 상상할 수 있다.

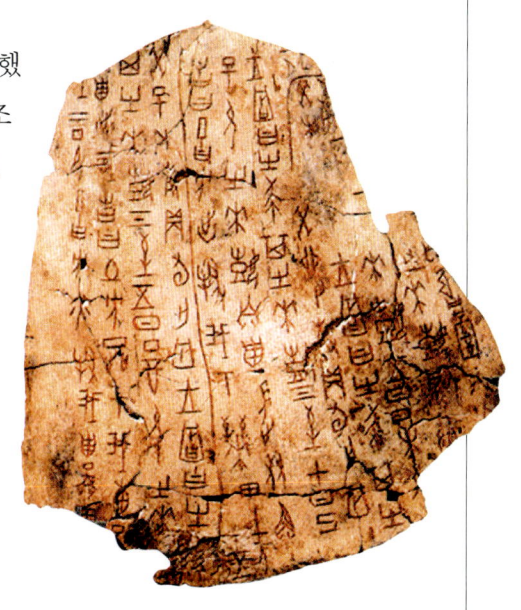

안양에서 출토된 복사卜辭가 새겨진 소뼈

고대의 제지술 ◆ 451

시안시西安市 페이차오霸橋의 옛 무덤에서 출토된 페이차오지霸橋紙(위)
간쑤성 톈수이天水 팡마탄放馬灘의 한나라 5호 무덤에서 출토된 지도(아래)

《사기》에 의하면, 어느 날 동방삭東方朔이 한나라 무제에게 상서를 올리는데, 그 양이 무려 죽간 3,000편 분량이어서 두 사람이 들고서야 겨우 궁전으로 들여보낼 수 있었다고 한다.

이 시기에 누에꼬치의 실로 만든 비단종이도 나왔는데, 그것을 '백帛'이라고 했다. 이 백서는 재질이 유연해서 말아두기도 편리하고 접기도 수월했으므로 읽기와 휴대가 간편했다. 하지만 종이의 원가가 너무 비싸 널리 보급될 수는 없었다.

【 종이에 관한 고고학의 발견 】

이런 저런 증거가 말해주듯이, 105년에 채륜이 한나라의 화제에게 종이를 올리기 전에도 이미 종이는 있었다.

서기 100년에 나온《설문해자說文解字》에서 저자 허신許愼은 종이 '지紙' 자를 책에 넣었는데, 이 글자의 부수는 실 '사糸'로서 초기의 종이는 실과 관련이 있었음을 알 수 있다. 전한의 옛 서적 중에도 종이에 관한 기록이 있다. 기원전 91년, 한나라 무제가 앓아 누웠을 때 태자 유거劉據가 문병

산시성陝西省 푸펑扶風에서 출토된 마 종류의 섬유로 만든 전한시대의 종이(왼쪽)
간쑤성 둔황 마쥐안완馬圈灣 봉화대에서 출토된 세밀한 품질의 마권만지馬圈灣紙(오른쪽)

을 갔다. 그런데 태자의 코가 너무 커서 무제가 질색을 하자, 유거는 "종이로 자기 코를 막았다"고 한다. 한편 기원전 12년, 한나라 성제의 후궁 중에 조위능曹偉能이라는 궁녀에게 태기가 있었다. 성제가 총애하던 비빈 조소의趙昭儀가 이 사실을 알고 질투하여 조위능을 감옥에 가두는 한편 사람을 시켜서 혁제赫蹄에다 극약을 싸서 보냈는데, 그 위에는 자결을 종용하는 글이 쓰여 있었다. 이 혁제가 비단으로 만들어진 종이였다.

현대의 고고학적 성과가 증명하다시피, 전한시대부터는 식물의 섬유를 이용하여 종이를 만들었다. 1933년 신장성 뤄부포羅布泊호에 있는 쌍봉수雙烽燧 유적지에서 마 종류의 섬유로 만든 종이를 발견했는데, 한나라 선제 황룡黃龍 원년(기원전 49)에 만든 것이라고 한다. 1957년 산시성 시안에 있는 페이차오의 고대 무덤에서 출토된 유물 중에는 마로 만든 종이도 있었다. 연구한 바에 의하면, 이 무덤에서 발견된 종이는 한나라 무제(기원

고대의 제지술 ◆ 453

전 140~기원전 87) 때 만들어진 것이라고 한다.

  그후 30년 동안 고고학자들은 내몽골, 산시성陝西省, 간쑤성 등지에서 전한시대에 만들어진 오래된 종이들을 발견했다. 하지만 이들 종이에는 글씨가 전혀 쓰여 있지 않았는데, 그 이유는 전한시대의 제지 원료가 단순하고 종이의 질이 거친 데다 섬유 조직이 느슨해서 글을 쓸 수 없었기 때문이다.

  그런데 마침내 채륜이 제지술을 혁신해서 진정으로 글을 쓸 수 있는 종이가 나오게 되었으니, 그의 공적은 실로 위대하다.

【 종이의 명품, 선지 】

  "종이의 왕"으로 불리는 선지宣紙는 안후이성 쉬안저우宣州에서 생산되었기 때문에 '선지'라는 이름을 얻게 되었다. 전통적인 선지는 제조 과정이 아주 복잡하고 생산 주기도 매우 길어서, 일반적으로 열여덟 번의 단계를 거치고 100여 회에 달하는 작업을 거쳐야 했다. 햇빛에 표백을 하고 펄프를 반죽할 때 돌절구에서 찧었기 때문에 섬유의 강도가 매우 높고 길이도 길었다. 이 때문에 선지는 질기고 부드러우며 오랫동안 보존할 수 있어서 서예와 회화의 이상적인 재료가 되었다.

  선지가 언제, 어디서, 어떻게 만들어졌는지는 아직까지 수수께끼로 남아 있다. 하지만 쉬안저우에는 다음과 같은 아름다운 이야기가 전해지고 있다.

  채륜에게 공단孔丹이라는 제자가 있었다. 공부가 끝난 후 공단은 환남皖南에 있는 집으로 돌아가서 종이를 만들어 생계를 유지했다. 그러던 어느 날 채륜의 죽음을 전해듣고는 몹시 비통하여 스승의 초상화를 그려서 기념하려고 했다. 하지만 당시의 종이는 질이 좋지 않았기 때문에 글을 쓸 수는 있어도 그림은 그릴 수 없었다. 공단은 그림을 그릴 수 있는 종이를 만들겠다고 굳게 결심했다. 하지만 몇 년이 지나도 원하는 종이를 만들지 못했다.

화선지를 보관하는 칠기함

어느 날 공단은 산속의 시냇가에서 물에 넘어져 있는 청단靑檀나무를 발견했다. 껍질은 이미 썩어버리고 한 올 한 올 섬유만 하얗게 남아 있었다. 공단은 여기서 힌트를 얻어 10년간 연구와 실험을 거친 끝에 마침내 청단나무 껍질로 눈처럼 새하얀 종이를 만들었다. 오늘날 남아 있는 선지 가운데 '사척단四尺丹'이라는 종이는 그의 이름에서 따왔다고 한다.

청단나무 껍질의 섬유는 가늘고 길고 질기기 때문에 선지의 중요한 원료로 쓰였다. 쉬안저우의 징현涇縣 일대는 구릉지라서 강우량이 많고 기후가 따스해서 청단나무의 생장에 적합했다. 게다가 이 일대의 샘물은 맑고 수질이 부드러운 데다 금속 이온이 적어서 그 물로 종이를 만들면 종이의 수명이 길고 보기에도 더할 나위 없이 좋았다. 바로 이 점 때문에 선지는 쉬안저우의 징현에서만 생산되었다.

結 대략 3세기 중엽에 제지술은 한국과 베트남에 전해졌고, 5세기에는 한국을 거쳐 일본에, 6세기에는 인도에도 전해졌다. 751년, 중국의 제지술로 만들어진 종이가 실크로드를 통해 서양에 전해진 후 서아시아와 유럽에 전파되기 시작했다.

이 해에 당나라와 대식국大食國(아라비아 : 옮긴이)이 한 차례 전쟁을 벌였는데, 당나라가 패하면서 많은 군사들이 포로로 끌려갔다. 그중에 종이를 만들 줄 아는 병사가 아랍인들을 도와 사마르칸트에 종이공장을 세웠고, 그후 사마르칸트에서 유럽과 아프리카로 종이를 수출하기 시작했다.

스페인 사람들은 1150년에 유럽 최초의 종이공장을 세웠으며, 이탈리아는 1154년, 독일은 1228년, 영국은 1309년에 가서야 종이가 무엇인지 알게 되었다. 그들이 종이를 만들기 시작한 것은 더 나중이다.

중국의 제지술이 유럽에 전해지기 전에 유럽인들은 파피루스와 양피지를 사용했다. 파피루스는 이집트 나일 강가에서 자라는 파피루스의 줄기에서 얇은 막을 한 겹 한 겹 벗겨내 그것을 붙여서 말린 것인데 쉽게 부서지는 단점이 있었다.

한편, 양피지는 털을 제거한 매끄러운 양가죽이다. 전하는 바에 의하면, 한 권의 성경을 베끼기 위해서는 300여 마리의 양가죽이 필요했다고 하니 그 가치가 얼마나 높은지 짐작할 수 있다. 그래서 당시 유럽의 도서관에서는 책을 훔쳐가지 못하도록 쇠사슬로 책상에 매어놓았다고 한다. 그러나 중국의 종이가 유럽에 전해진 후 유럽인은 쉽게 부서지는 파피루스나 값비싼 양피지 때문에 더 이상 고민하지 않아도 되었다.

【 장형의 과학적 성취 】

● 후한의 유명한 과학자 장형張衡

후한시대 이후 중국 역사책에는 지진에 대한 기록이 그전보다 훨씬 많아지고 상세해졌는데, 이 모든 것은 장형과 그가 만들어낸 지동의의 공적이다.

장형(78~139)은 하남河南 남양南陽의 서악西鄂(지금의 허난성 자오현召縣)사람으로서 후한시대의 유명한 과학자이자 문학가이다.

장형은 학자의 집안에서 태어났다. 조부가 촉군 태수를 지냈지만, 장형이 어릴 적에 집안이 몰락했기 때문에 그는 친구들의 도움을 받고 겨우 굶지 않고 학교를 다닐 수 있었다. 장형은 열심히 배우고 타고난 재능도 훌륭했으므로 성적이 매우 뛰어났다. 16~17세에 집을 떠나 뤄양洛陽 일대에서 유학하며 스승을 모시고 학문과 재능을 닦았다. 장형은 벼슬보다는 학문의 연구에 더 큰 흥미를 가졌다. 30세가 넘어서야 문학적 재능을 인정받아 낭중郎中으로 추천되었고, 후에 천문과 역사를 담당하는 태사령으로 승진했다.

이때부터 장형의 흥미는 문학에서 천문학으로 옮겨갔다. 그는 이내 천문학과 역법曆法의 전문가가 되어《영헌靈憲》등 천문학 서적을 썼고, 세계에서 처음으로 수력으로 움직이는 혼천의渾天儀와 지진을 측정할 수 있는 지동의地動儀를 만들었으며, 월식의 원인도 가장 먼저 정확하게 규명했다.

　장형이 살았던 후한 중엽은 정치가 점차 부패하기 시작해서 환관과 외척의 권력투쟁이 극에 달했다. 과학 연구에만 열중하던 장형도 질투와 배척을 받고 수도에서 쫓겨나 하간河間(지금의 허베이성河北省 임현 일대)의 관리로 강등되었다. 장형은 138년에 수도로 돌아와 상서 직책을 맡았다가 이듬해 병으로 세상을 떠났다.

천체의 위치를 측정하는 데 사용한 혼천의渾天儀

【 혼천설과 혼천의 】

장형이 살던 시대에는 우주 구성의 문제에 대해 두 학파로 나뉘어 논쟁이 벌어졌다. 한 학파는 개천설蓋天說, 즉 하늘이 하나의 삿갓처럼 땅을 덮고 있다는 설이고, 다른 학파는 혼천설渾天說로 하늘이 달걀껍질처럼 밖에서 둘러싸고 있고 땅은 노른자위처럼 그 속에 있다는 설이다.

장형은 혼천설을 지지했다. 그는 천문학 저술인 《영헌》에서 혼천설을 통해 월식의 원인을 규명했다. 즉 달빛은 햇빛이 반사되어 생긴 것이고, 달의 어두운 부분이 태양에 가렸기 때문이니, 태양이 곧바로 비추면 빛이 있고, 태양이 가리면 빛이 없어진다고 했다.

또한 장형은 혼천설에 근거하여 혼천의를 만들었다. 정련된 구리로 만든 혼천의 표면에다 황도, 적도, 남극, 북극, 28개 별자리 및 기타 별자리와 천체들을 표시했다. 혼천의는 물이 떨어지는 힘으로 매일 한 바퀴씩 돌았는데, 혼천의에 나타난 해, 달, 별의 움직임과 실제 천체의 운행은 완전

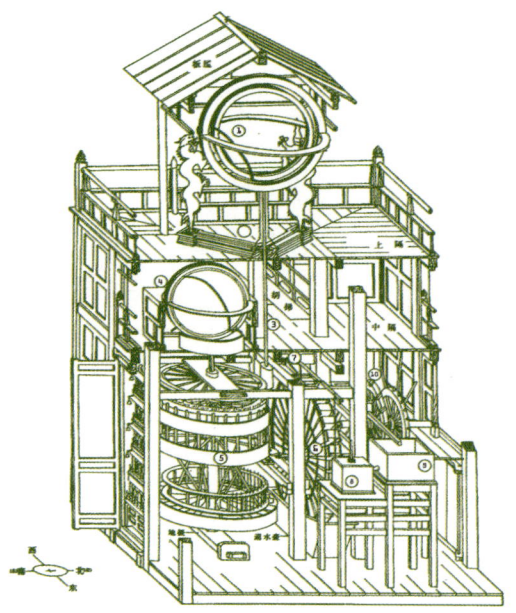

장형의 혼천의를 토대로 발전한 송나라 때의 천문기구인 수운의상대水運儀象臺 구조도

히 일치했다. 혼천의는 물시계에서 나오는 물로 톱니바퀴를 움직여서 혼상渾相(하늘의 별들을 보이는 위치 그대로 구면에 표시한 천문기구 : 옮긴이)이 축을 에워싸고 돌게 했으며, 더불어 혼상의 움직임과 태양의 주위를 도는 지구의 운동을 동일하게 함으로써 천체의 운행을 정확하게 표시했다.

장형은 혼천의의 움직임을 천체의 움직임에 맞춤으로써 혼천설의 정확도를 증명했는데, 이를 통해 천체에 대한 그의 관찰이 얼마나 세심하고 정확했으며, 그가 만들어낸 혼천의 또한 얼마나 정교했는지 짐작할 수 있다.

【 지동의 】

중국은 지진이 잦은 나라이다. 지진의 움직임을 파악하기 위하여 장형

장형의 과학적 성취 ◆ 461

지동의 모형

은 6년간 연구한 끝에 마침내 132년에 지진 발생지의 위치를 측정할 수 있는 지동의地動儀를 만들었다.

정제된 구리로 만들어진 지동의는 직경이 8척이고 술단지처럼 생겼다. 표면은 새와 짐승으로 장식했고, 가운데에는 윗부분이 굵고 아랫부분이 가는 막대기가 있어서 진자振子의 역할을 했다. 또 막대기 주위의 여덟 방향에는 여덟 갈래의 통로를 만들어놓아서 가운데 막대기가 움직이는 방향을 통제했으니, 이것이 바로 지동의의 핵심 부분이다.

여덟 갈래의 통로와 맞물리게 지동의의 바깥 면에는 설치된 여덟 마리의 용은 각각 동·서·남·북·동북·서북·동남·서남을 가리킨다. 용의 입에는 각기 구리로 만든 구슬이 하나씩 물려져 있고, 바로 밑에는 입을 크게 벌린 두꺼비가 웅크리고 있다. 만약 지진이 발생해서 지진파의 진동이 가운데 막대기를 자극하여 장치를 건드리면 거기에 상응하는 방향의 용이 입을 벌려서 구슬이 두꺼비의 주둥이 속으로 떨어지게 되는데, 이렇게 해서 지진의 발생과 그 시간 및 방향을 알 수 있었다.

138년에 농서隴西(지금의 간쑤성 린타오臨洮)에서 지진이 일어났을 때, 진원지에서 천 리나 떨어진 뤄양에 있는 지동의가 그것을 측정하여 농서 방향에 있는 용이 구슬을 토해냈다. 하지만 뤄양 사람들은 전혀 느끼지 못했기 때문에 조정에서는 지동의의 정확성을 의심했다. 그러나 며칠 후 농서에서 지진이 일어났다는 소식이 전해지자, 사람들은 지동의의 정밀함에 감탄을 금치 못했다.

후한시대 이후 중국 역사책에는 지진에 대한 기록이 그전보다 훨씬 많아지고 상세해졌는데, 이 모든 것이 장형과 그가 만들어낸 지동의의 공적이다.

문학적 재능

장형은 출중한 과학자가 되기 전에 문학에서도 재능을 드러냈다. 특히 시와 부賦에서 후세에 커다란 영향을 끼쳤다.

그는 유명한 〈서경부西京賦〉와 〈동경부東京賦〉(두 작품을 일컬어 '쌍경부雙京賦'라 한다)를 지었다. 두 작품은 화려한 필치로 장안과 뤄양의 번화한 모습을 묘사했으며, 왕실과 귀족들의 사치스럽고 부패한 생활을 사정없이 폭로했다. 그는 작품을 통해서 통치자들이 지나친 사치로 백성의 고혈을 짜낸다면 필연코 그들의 저항을 불러일으킬 것이라고 경고했다.

전하는 바에 의하면, 장형은 10년에 걸쳐 이 작품을 완성했는데, 이 글이 세상에 나오자 서생들이 서로 앞 다투어 베껴서 읽고 외웠다고 한다.

장형은 태사령 직책을 맡고 나서 천문학 연구에 몰두했지만, 문학에 대한 애정을 버리지 않고 적지 않은 작품을 창작했다. 〈귀전부歸田賦〉는 경치를 빌려 서정을 토로하는 전형적인 작품으로 고대 서정부抒情賦의 물꼬를

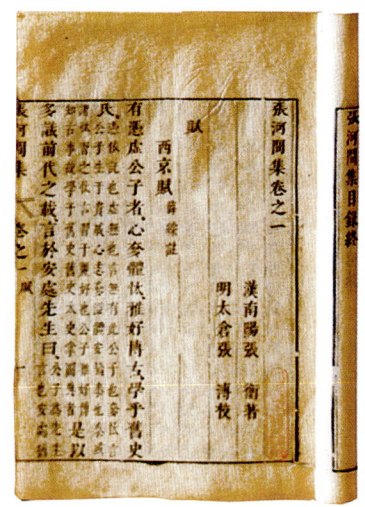

장형의 〈서경부〉

텄다.

　부의 도입부에서 장형은 "강물이 맑기를 기다리나 기약할 수 없고", "하늘의 도가 미약해서 어두워짐을 두려워하노라"라는 시구로 그 당시 어두운 정치 상황을 암시했으며, 자신은 포부만 클 뿐 펼칠 수가 없는 처지이므로 전원에 은둔하는 것만 못하다고 표현했다.

　이어서 그는 전원으로 돌아간 후에 자연에 감정을 의탁하며 유유자적하는 모습을 상상함으로써 독자들에게 한 폭의 아름다운 산수화를 펼쳐 보인다.

　그는 그림 같은 자연에서 사냥과 낚시를 하며 자유롭게 시간을 보낸다. 한창 도도한 흥취에 젖어 있다 보니 해가 이미 서산으로 기울고 달이 동쪽 산에 떠오르는 것을 깨닫지 못했는데, 갑자기 옛 현자들의 훈계가 생각나서 급히 자신의 초가로 돌아간다. 그리고 작품의 마지막에서 그는 속세의 일에 매달리지 않는다면 명예와 이익 따위는 전혀 소용이 없다는 것을 깊이 느낀다.

　장형은 벼슬에 나아간 후 관직을 버리고 전원으로 돌아간 적은 없었다. 하지만 〈귀전부〉에서 그는 부패한 관리들과 어울리지 않고 청렴하게 은퇴하겠다는 의지 그리고 전원으로 돌아가서 살겠다는 희망을 강렬하게 표현하며, 아울러 전원생활에 대한 동경을 담고 있다.

【 수학의 발전에 공헌하다 】

　원주율 하면 사람들은 금방 조충지祖冲之를 떠올린다. 조충지는 치밀한 연구와 반복적인 계산으로 원주율의 수치를 3.1415926과 3.1415927 사이

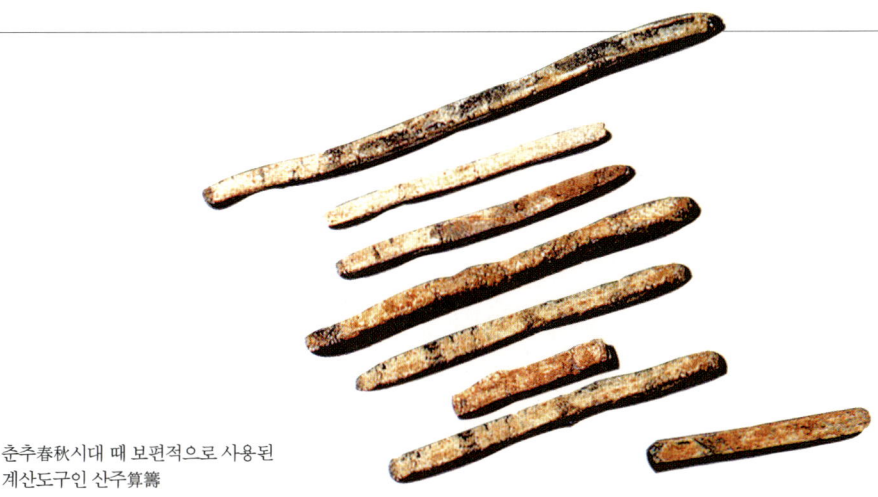

춘추春秋시대 때 보편적으로 사용된
계산도구인 산주算籌

로 확정했다. 하지만 유럽인들은 조충지가 세상을 떠난 지 1,000여 년 후에도 원주율의 수치를 소수점 이하 일곱 자리까지 확정하지 못했다.

오늘날 원의 면적을 계산하는 일은 아주 간단하다. 기하학 수업을 받은 사람이라면 다 알 것이다. 바로 반지름×반지름×3.14라는 공식 하나면 끝인데, 여기서 3.14가 바로 원주율이다. 이는 원의 둘레와 지름의 비율을 나타내는 상수常數이다.

하지만 고대인들은 원주율을 몰랐기 때문에 원의 면적을 계산하는 것이 쉬운 일이 아니었다. 많은 사람들이 원주율을 알기 위해서 오랜 연구와 계산을 거친 끝에 비교적 정확한 값을 얻을 수 있었다. 조충지가 얻어낸 소수점 이하 일곱 자리의 원주율도 결코 하늘에서 떨어진 것이 아니라 앞선 사람들의 수학적 성과를 기초로 얻어낸 것이다. 여기에는 장형도 한 몫을 했다.

장형은 천문학 연구에 필요해서 원주율을 계산했다. 그는 원주율이 10의 제곱근, 즉 3.1623이라고 여겼다. 이 원주율은 300여 년 후 조충지가 계산해낸 3.1415926에 비하면 별로 정확하진 않지만, 그 시기에는 대단한 성과였다. 아랍의 학자들은 200여 년 후에야 이 수준에 도달했으며, 인도의 수학자들은 6~7세기에 이르러서야 이것을 계산했다.

【 악을 원수처럼 미워하다 】

장형의 관직은 별로 높지 않았다. 133년에 시중侍中이 된 것이 그의 벼슬길에서 가장 높은 관직이었다. 하지만 태사령이나 시중은 모두 황제 옆에서 시중을 드는 관리였기 때문에 자유롭게 궁궐을 드나들 수 있어서 권력이 대단했다. 장형은 자신의 직책을 더 높은 벼슬과 후한 봉록을 추구하는 발판으로 삼지 않았고, 오히려 황제를 자주 접할 수 있는 기회를 틈타서 정치의 폐단을 규탄했다.

장형은 평생 장제, 화제, 양제, 안제, 순제 등 다섯 황제를 거쳤다. 그런데 화제 때부터 황제들이 모두 어린 나이에 즉위한 탓에 외척과 환관들이 서로 물고 뜯으면서 권력투쟁을 하느라 부패가 극심했다. 이런 정국에 불만을 품은 장형은 벼슬을 시작한 후에 끊임없이 〈논공거소論貢擧疏〉, 〈진사소陳事疏〉, 〈청금절도참소請禁絕圖讖疏〉, 〈경사지진대책京師地震對策〉 등의 글을 순제에게 올려서 정치개혁을 요구했다.

하지만 성과는커녕 오히려 귀족 대신들의 미움을 사고 배척을 받았다. 장형은 나라에 충성하겠다는 포부를 갖고 있었지만, 또 한편 나라가 하루하루 썩어가는 것을 차마 볼 수 없어서 시중으로 발탁된 그해에 사직을 청하고 학술기관인 동관東觀에 가서 저술에 전념할 것을 원했지만 황제는 허락하지 않았다.

136년, 장형은 끝내 수도에서 쫓겨나 하간 지방의 태수에 해당하는 재상으로 강등되었다. 그는 전혀 의기소침해하지 않고 생애 마지막 3년 동안 힘을 다하여 하간을 다스렸다. 그곳의 관리와 지주들이 결탁해서 백성의 고혈을 짜내고 있었는데, 장형은 하간에 도착해 수레에서 내리자마자 "위엄으로 다스리고 법도를 정비해서 간사한 무리들의 명단을 은밀히 알아내어 일시에 잡아 가두니, 위아래 사람들이 숙연해져서 훌륭한 관리라 했다"고 한다. 장형이 하간에서 쌓은 공적은 자신을 위해 불후의 기념비였다.

結 장형은 중국의 걸출한 과학자로서 세계 과학사에서도 중요한 위치를 차지하고 있다. 그는 문학, 천문학, 지진학, 기계 제조 등에서 앞사람들을 훨씬 능가하는 공적을 남겼다.

장형이 세상을 떠난 후 절친한 친구 최원崔瑗이 긴 비문을 써서 그의 공적을 칭송했다. 학문의 연구에 분투하고 노력한 것을 칭찬하면서 "강물이 흘러가듯 밤낮을 쉬지 않았다"고 했으며, 과학적 성취를 칭찬하면서 "수학과 기술은 천지를 궁구했고, 기계의 제작은 조화와 짝했다"고 했다.

20세기의 유명한 문인 궈모뤄郭沫若 선생은 장형의 새 묘비에 제사題辭를 쓸 때 다음과 같은 말로 존경심을 표했다.

"이처럼 전체적으로 발전을 이룬 인물은 세계적으로도 드물다. 천추만대에 길이 존경받을 인물이다."

장형의 탁월한 업적을 기념하기 위하여 국제천문협회는 달 뒤편에 있는 크레이터 중 하나를 '장형'이라 명명했다.

【 한자 이야기 】

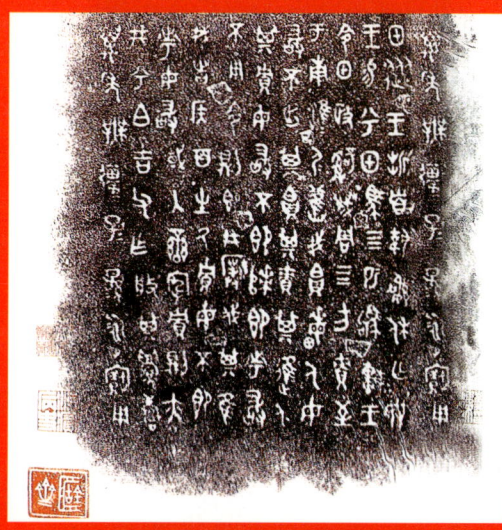

● 주나라 선왕宣王 시대의 혜갑반兮甲盤 명문銘文. 글씨체가 중후하고 아름다워 색다른 품격을 갖추고 있다.

방언을 쓰는 지역에서도 사용하는 문자는 일률적으로 한자였다. 한자는 서로 다른 방언을 교류하게 했으며, 민족의 총체성과 응집력 강화에 특수한 기능을 발휘했다.

문자는 언어를 기록하는 부호이다. 한자는 중국어를 기록하는 문자로, 일반적으로 하나의 한자는 하나의 음절을 표현한다.

한자는 역사가 가장 오래된 문자 가운데 하나이다. 세계사에는 고대 이집트의 문자인 히에로글리프와 고대 메소포타미아의 쐐기문자가 있는데, 모두 오래된 문자지만 지금은 사용되지 않는다. 오직 한자만이 지금까지 사용되고 있을 뿐이다. 그러므로 한자는 중국 문화의 결정체이자 세계 문명의 표지라 할 수 있다.

한자는 표의表意문자라서 음절문자와도 다르고 라틴 문자의 자모字母와 슬라브 문자의 자모를 대표로 하는 음소문자와도 다르다. 한자의 글자 형태와 뜻은 밀접한 관련이 있다.

한자는 특유의 형태적 특징을 갖고 있는데, 현존하는 것으로서 식별이 가능한 가장 오래된 문자는 3,000여 년 전의 갑골문과 그 후 청동기에 새긴 금문(종정문鐘鼎文)이다. 그 후 글자의 형태가 점차 도형에서 필획筆劃

으로 변했고, 모양을 본뜨던 데서 상징으로 바뀌었으며, 구조적으로 형태를 표현하고 뜻을 표현하던 데서 소리를 형상화하기에 이르면서 지금의 한자가 되었다.

한자는 사회의 발전과 국가의 통일에 크게 기여했다. 중국에서 창조된 찬란한 문화는 대부분 한자로 기록되어 사방에 전해졌다.

후한의 허신이 편찬한 중국 최초의 문자 사전인《설문해자》에는 9,353자의 한자가 수록되어 있고, 그 밖에 중문重文(뜻은 같지만 모양이 다른 글자 : 옮긴이)이 1,163자 있다. 또 최초로 관청에서 편찬한 청나라의《강희자전康熙字典》에는 4만 7,035자의 한자가 수록되어 있고, 1990년에 출판된 총 8권의《한어대자전漢語大字典》에는 5만 6,000자의 한자가 수록되어 있다.

한자의 특수한 형태와 함께 몇천 년 동안 변화해온 서체는 서예를 일종의 미학적 운치를 감상할 수 있는 예술로 승화시켰다. 한자 서예와 전각篆刻은 중국 전통문화의 소중한 보물이다.

【 한자의 기원 】

한자의 기원에 대해서는 예부터 다양한 설이 있었다. 어떤 이는 끈의 매듭인 결승에서 비롯되었다고 하는데, 가령 《주역》에서는 "상고시대에는 끈의 매듭으로 사건을 기술했지만 후세의 성인들이 이를 서계書契(고대 중국의 문자 : 옮긴이)로 바꾸었다"고 했다. 어떤 사람은 팔괘에서 기원했다고 하는데, 송나라의 정초鄭樵가 바로 한자와 팔괘를 연결시켰다. 어떤 사람은 또 황제黃帝시대의 사관史官인 창힐蒼頡이 한자를 만들었다고 했다.

고대에는 "끈에다 매듭을 짓는 것으로 약속을 했는데, 큰 매듭은 큰 사건을 의미하고 작은 매듭은 작은 사건을 의미했다." 이러한 결승은 고대인들이 보편적으로 사용하던 기록 방법이다. 지금까지도 중국인들은 어떤 일을 기억해주길 부탁할 때 "눈썹에 매듭을 지어두세요"라고 말한다. 하지만 끈의 매듭으로 소리가 있는 언어를 표현할 수는 없었다. 고증에

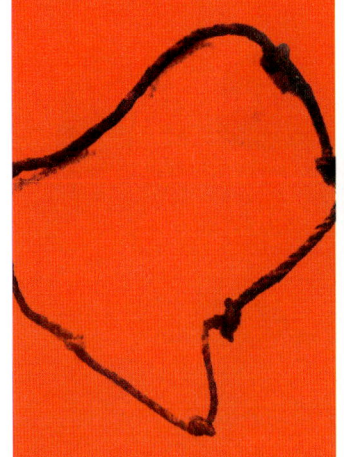

문자 발명 이전에는 노끈에 매듭을 지어 사건을 기록했다.(왼쪽)

태양과 인물을 그린 신석기시대의 암벽화 (오른쪽 위)

롄윈강連雲港 장군애將軍崖에 있는 신석기시대 혹은 더 이른 시기에 직신稷神 숭배를 표현한 암각화(오른쪽 아래)

따르면, 팔괘의 발생 또한 갑골문보다 늦다고 한다.

창힐이 한자를 만들었다는 설은 한나라 이후 거의 신화에 가깝게 각인되어 두 쌍의 눈이 있는 창힐의 형상까지 후세에 전해졌다. 하지만 실제로 그런 인물이 있었는지는 확실치 않다. 설사 그런 인물이 있었다 해도 그가 문자를 만들었다고는 할 수 없다. 문자는 사회성을 갖고 있어서 대중에 의해 만들어지고 사회적으로 일반화되는 것이기 때문이다.

오늘날은 일반적으로 한자의 기원이 그림에서 비롯되었다고 본다. 사

양사오 문화 유적지에서 발견된 기호도문記號陶文

신석기시대 도기에 형상화한 부호

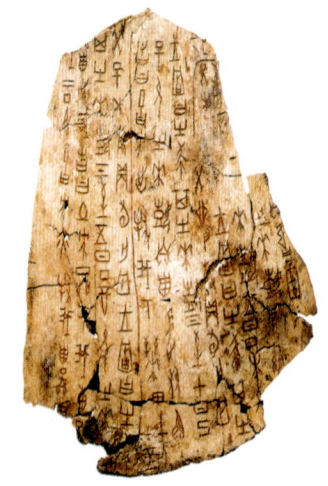

상나라 때의 갑골문甲骨文

회가 발전함에 따라 사람들이 점차 도안을 단순화해서 언어를 표시할 수 있는 부호로 만들고 독음을 확정하면서 비로소 문자가 생겨나게 되었다. 시안西安의 반포半坡 유적지 및 다른 곳에서 출토된 채색 도자기 겉면에 기호가 새겨져 있는데, 일부 학자들은 이 기호야말로 6,000여 년 전의 원시문자라고 주장한다.

중국에서 비교적 온전하게 보존된 초기의 한자는 100여 년 전 허난성 안양현安陽縣 샤오툰촌小屯村에서 발견된 갑골문자이다. 3,000~4,000년 전에 거북이 등껍질이나 짐승의 뼈에 새겨넣은 문자로 대략 3,500개가량인데, 글자체와 형태로 볼 때 상당히 완벽한 문자라 할 수 있다.

그 후 한자는 다음과 같은 몇 단계를 거쳐서 발전했다. 서주西周시대의 금문(청동기에 새긴 문자), 춘추전국시대의 주문籒文(또는 대전大篆), 진나라 시황제가 6국을 통일한 후에 사용하게 한 소전小篆, 진나라 때부터 쓰기 시작해서 한나라 때 성행한 예서隸書, 한나라 때 만들어져 진晉 왕조에서 사용한 초서草書, 한나라 말기부터 쓰기 시작하여 위진시대 이후에 성행한 해서楷書 그리고 위진 후기부터 쓰기 시작하여 지금까지 전해 내려온 행서行書가 있다.

【 한자를 만드는 법 】

한자의 구조적 형태를 말할 때 '육서六書'를 벗어날 수 없다. 즉 상형象形, 지사指事, 회의會意, 형성形聲, 전주轉注, 가차假借가 그것이다. '육서'는 고대인들이 한자의 구조에 근거하여 도출해낸 한자 구조의 규칙이다.

한자는 그림에서 비롯되었기 때문에 상형, 지사, 회의 등이 모두 그림과 밀접한 관계를 갖고 있다.

상형은 선으로 사물의 형태를 묘사함으로써 글자를 만드는 것이다. 가령 "일日, 월月, 인人, 목目" 하면 갑골문에서는 '日, ☽, 亻, ◉'라고 쓴다. 이것은 간단한 필치로 해, 달, 사람, 눈의 형상을 그려낸 것이다. 상형자는 대부분 단독으로 이루어진 글자이며 일반적으로 사물의 명칭이다.

지사는 상형문자에 부호를 하나 더해서 표기하는 것이다. 예컨대 '말末', '본本' 두 글자는 소전에서는 '朿, 朱'로 쓴다. 다시 말해서 '朱'자 위에 획 하나를 그으면 '말末'이 되고 나뭇가지 끝을 가리키며, 아래에 획

글자가 새겨진 청동기

산씨반散氏盤 명문의 탁본

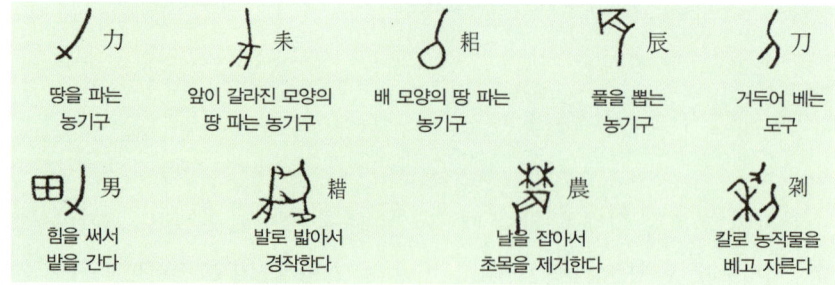

상나라 때의 문자 가운데 농기구와 관련된 한자

하나를 더하면 '본本'이 되고 나무뿌리를 가리킨다. 지사 역시 단독으로 이루어진 글자이다. 상형자와 지사자는 글자의 수가 비교적 적다.

회의는 두 개 혹은 그 이상의 단독 글자가 모여서 새로운 뜻을 나타낸다. 예컨대 '휴休'자는 사람이 나무 옆에서 휴식한다는 뜻이고, '일日'자와 '월月'자가 합성된 '명明'자는 밝다는 뜻이다.

형성은 뜻을 나타내는 변과 소리 부호가 합쳐져 하나의 글자를 만드는 것이다. 세상의 많은 사물과 추상적인 개념을 상형자와 회의자만으로는 표시할 수 없다. 예컨대 '목木'은 모든 나무들의 총칭이다. 하지만 나무의 종류는 너무나 많아 각각의 나무를 모두 상형자로 표시할 수는 없는 노릇이기 때문에 형성자를 만들게 된 것이다.

예컨대 문자의 일부분을 '목木'으로 해서 그 소속을 표시하고, 다시 원래 있는 문자들을 가져와서 다른 나무로 발음하는데 '동桐(오동나무)', '백栢(잣나무)', '장樟(녹나무)', '매梅(매화나무)' 등등이다. 이런 방식은 문자를 용이하게 만들 수 있기 때문에 한자 중에는 형성자가 가장 많다. 형성자는 대략 한자의 80퍼센트 이상을 차지하고 있다.

전주와 가차는 문자를 사용하는 방법일 뿐이어서 새로운 문자를 만들지는 못한다.

【 한자음의 차이 】

중국 속담에 "어려운 글자는 반쪽만 안다"는 말이 있다. 일반적으로 형성자의 소리를 나타내는 변은 글자의 음을 대표한다.

하지만 형성자 중에서도 일부 글자의 고대 음과 현대 음이 일치하지 않는 경우도 있다. 가령 '송松', '강江', '하河' 등은 모두 형성자이지만, 그 소리를 나타내는 변을 따라서 '공公', '공工', '가可'라고 읽지 않는다. 원래는 형성자이지만 간체자簡體字가 된 후 소리를 나타내는 변은 음을 표시하지 않는다. 예를 들어 '탁濁', '촉燭'의 소리를 나타내는 변은 '촉蜀'이다.

그러므로 글자를 익힐 때 자세히 따지지 않고 대충 절반만 알아서는 안 된다. 가령 '조예造詣'를 '조지造旨'로 읽어서는 안 되고, 고사성어 '호오부전怙惡不悛'을 '고악부준'이라고 읽어서도 안 된다.

한자에는 하나의 글자에 여러 소리가 나는 현상이 있다. 예컨대 '삼參'

자는 '참여參與', '삼삼參參'으로 발음되고, '차差' 자에는 '차별差別', '참치參差' 등의 음이 있다.

또 일부 옛사람들의 이름과 고대의 지명은 특수한 발음을 갖고 있다. 예컨대 순舜 임금 시대의 명재상 '皐陶'는 '고도'가 아니라 '고요'로 읽고, 한나라 때의 신하 '酈食其'는 '역식기'가 아니라 '역이기'로 읽는다.

한자의 음은 지역에 따라서 방언이 있으며, 일부 음은 시대의 흐름에 따라 변화가 생겼다. 고대의 시와 사詞는 운율을 중시하여 어떤 것은 현대의 음으로 읽으면 어색하다. 그것은 압운押韻의 한자 발음에 변화가 생겼기 때문이다.

【 한자의 기능 】

문자는 언어의 기호이자 교류의 도구이다. 중국은 광대한 영토를 가진 나라여서 역사적, 지역적 요인으로 인해 방언을 사용하는 지역이 많이 형성되었다. 하지만 예부터 지금까지 갖가지 방언을 쓰는 지역에서도 사용하는 문자는 일률적으로 한자였다. 한자는 서로 다른 방언을 교류하게 했으며, 민족의 총체성과 응집력을 강화하는 면에서 특수한 기능을 발휘했다.

중국의 역대 통치자들은 한자의 통일적 규범을 중시함으로써 법령의 순조로운 전달을 보증했다. 기원전 9세기 서주西周의 임금 선왕宣王은 사관史官에게 명해 《사주편史籒篇》을 편찬케 하여 어린이는 글을 익히고 관리는 반드시 읽어야 하는 교과서로 규정했다.

그 후 500여 년에 걸친 춘추전국시대는 각 제후국 사이의 언어와 문자에 커다란 차이를 초래했다. 그러다 기원전 221년에 진나라 시황제가 6국을 통일한 후에 도량형을 통일하는 한편 "수레바퀴의 크기와 문자를 통일했다."

전한 초기에는 무릇 만 17세 이상의 학생이 시험에 응시했다가 틀린 글자가 있으면 벌을 받았다. 175년, 한나라의 영제靈帝는 문자를 바르게 정하는 한편, 7부의 유가 경전을 당시 통용되던 예서로 비석에 새기게 했다. 이것이 그 유명한 '희평석경熹平石經'이다. 그 후 역대 제왕들은 여러 차례 돌에 경전을 새김으로써 문자의 형태를 규범화하는 데 적극적인 역할을 했다.

희평석경熹平石經의 일부

역대로 많은 자전字典이 편찬되었는데, 앞에서 인용한 허신은 《설문해자》를 편찬할 때 한자의 통일을 위해서 "언어의 소리가 다른" 문제를 해결할 것을 주장했다. 남조시대의 고야왕顧野王은 양나라 무제의 명을 받고 《옥편玉篇》을 편찬하여 도합 1만 6,000자를 수록했다. 이는 중국 최초의 해서楷書 자전이다. 북송시대에 만들어진 《집운集韻》은 수록된 한자가 5만 3,000여 자에 달했고, 청나라 강희 55년(1716)에 완성한 《강희자전》은 정부에서 편찬하고 황제의 연호를 명명한 자전이다. 이 자전들은 더욱 넓은 범위에서 한자의 통일과 문화의 전승을 이루었다.

중국은 지역이 넓은 데다 방언 때문에 소통이 쉽지 않았지만, 통일된

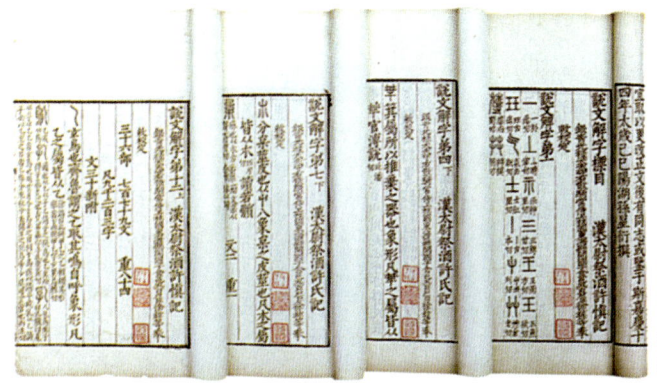

후한의 허신이 편찬한
《설문해자》

한자가 있었기 때문에 서로 간에 교류가 가능했다. 남쪽에 있든 북쪽에 있든, 혹은 장기간 외국에 거주하든, 문자가 같기 때문에 동일한 조상을 갖고 있음을 인정하는 것이다.

역사적으로 소수민족이 중원에 들어와서 정권을 수립한 적이 있다. 하지만 이 왕조들도 모두 한자를 공식 문자로 정했다. 통일된 한자는 문화의 교류와 전승에 이바지했을 뿐 아니라 민족의 융합에도 크게 공헌했다.

結 한자는 역사가 유구하고 사용하는 인구가 가장 많은 문자이다. 전국시대부터 한반도는 한자를 배워서 사용하기 시작했다. 고구려의 대장군 을지문덕은 한자로 오언시를 썼으며, 그 후 한반도에서는 대대로 한자를 사용했다. 나중에 한글을 창제해서 쓰기 시작했지만, 여전히 적지 않은 사람들이 한자에 정통하다.

한자는 대체로 후한시대에 한반도를 거쳐 일본에 전해졌다. 당나라 때 일본에서는 대규모의 '견당사遣唐使'를 파견했는데, 그중의 몇몇은 장안과 뤄양에 남아서 한자를 배웠다. 일본의 수많은 고전작품이 한자와 한문으로 쓰여졌다. 송나라 때 일본에서는 한자의 초서를 본따서 히라가나를 창제했고, 해서楷書의 부수를 모방해서 가타가나를 만들었다. 그리고 이것을 일본어를 기록하는 문자로 삼았는데, 지금도 일본에서는 가나 문자와 한자를 섞어 쓰는 방법을 채용하고 있다.

싱가포르는 국민 네 명 중에 세 명이 중국인의 후예이다. 그래서 정부는 영어와 함께 중국어를 공용어로 규정했다.

베트남에서도 한자를 사용한 적이 있는데, 훗날 한자를 기초로 하고 한자의 '육서'를 참조하여 '자남字喃'을 만들었다.

한자는 세계에서 가장 빈번히 사용되는 문자의 하나로서 사용 인구도 가장 많다. 유엔의 문건은 여섯 가지 언어를 사용하게 하는데, 한자로 씌어진 중국어도 그중의 하나이다.

고대의 종

● 베이징 대종사大鐘寺 고종古鐘박물관에 소장된 건륭조종乾隆朝鐘

《주례》는 종을 소유하는 사람과 그 수량에 대해 엄격하게 규정했다. 백성은 아무리 부유해도 종을 소유할 수 없으며, 누구든 이 규정을 어기면 예를 범하는 것으로 간주됐다.

역사가 유구한 민족이 가지고 있는 중요한 문화의 하나로 종문화를 들 수 있다. 중국의 종문화는 매우 특별한 매력을 지니고 있어서, 찬란한 문화와 과학적 성취를 구현했을 뿐 아니라 탁월한 지혜를 표현하고 있다.

중국의 종은 최초에는 악기의 형태로 나타났다. 상나라 때 일종의 타악기가 만들어졌는데 이것을 요鐃라 불렀다. 구리로 만든 이 요는 횡단면이 납작한 형태이고 주변은 각 진 모양이었다. 처음에는 홀로 사용되었지만 점차 크기가 다른 3, 5조로 구성된 편뇨編鐃가 되었다.

주나라 때에 이르러 악기를 만드는 장인들이 편뇨를 개혁했다. 먼저 편뇨를 시렁 위에 걸고, 다시 요의 모양을 바꾸기 시작했다. 그리하여 편종編鍾이 생기면서 그 숫자도 점차 늘어갔다.

장인들은 크기와 음률, 그리고 음높이가 다른 종들로 조를 편성해서 유장하고 듣기 좋은 음악을 연주할 수 있게 되었다. 전국시대 주나라 말기에 편종의 사용이 최고조에 달했고, 수량도 60여 개까지 되면서 소리가 훨씬 듣기 좋아졌다.

그 후 종은 점차 의례를 위한 악기로 변화하며 단순한 악기에서 정치,

문화적으로 중요한 역할을 하는 도구로 바뀌었다.

전국시대에는 주나라 왕실이 쇠퇴하고 각국의 제후들이 도처에서 일어났다. 따라서 예악 제도도 붕괴되기 시작했으며, 제작 과정이 복잡하고 값비싼 편종은 점차 역사의 무대에서 퇴장하게 되었다. 진나라와 한나라에 이르자 납작한 모양의 편종은 더 이상 찾아볼 수 없었고, 제작기술도 유실되고 말았다. 역사는 오히려 후퇴해서 한때 비범한 기능을 가졌던 종은 다시 평범한 악기로 돌아왔다. 다만 형태는 납작한 것도 있고 둥근 것도 있어서 더 이상 고정적이지 않았다.

후한시대에는 불교가 전해지고 도교가 형성되었다. 이 시대에 종은 새로운 사명을 부여받게 되는데, 바로 일종의 법기法器로서 절이나 도관道觀 등에 걸리게 된 것이다. 이후 오랜 세월 동안 종교용품이 되면서, 불교에서 법기로 쓰이는 종이 결국 고대 종의 주류가 되었다.

그 후 종은 다시 조종朝鐘과 경종更鍾 두 종류로 나뉘었다. 조종은 황제의 공덕과 권위를 나타내기 위한 것이고, 경종은 시간을 알리는 것이었다.

【 여덟 가지 음의 으뜸 】

종은 일종의 악기이므로 최소한 음악을 연주할 수 있는 기능은 갖춰야 한다. 이것이 바로 선진先秦시대의 종이 납작한 이유이다. 둥근 모양의 종은 소리가 길게 이어지기 때문에 일단 선율이 빨라지면 서로 영향을 주게 되어서 음악을 이룰 수 없지만, 납작한 종은 소리의 울림을 효과적으로 줄일 수가 있다. 이로써 선진시대 사람들이 소리의 원리를 확실하게 파악해서 운용했다는 것을 알 수 있다.

종은 일종의 악기이지만, 그렇다고 해서 사람들의 피로를 씻어주고 마음을 기쁘게 해주는 역할만 한 것은 아니다. 선진시대에 음악의 지위는 상당히 높았다. 음악은 일종의 예禮일 뿐 아니라 교육을 하고 나라를 다스리는 중요한 수단이었다. 《사기》에서는 이렇게 말하고 있다.

"음악은 안으로는 마음의 조화를 꾀하는 데 도움을 주고, 밖으로는 귀천을 구분하는 두 가지 기능이 있다."

산시성 푸펑에서 출토된 서주시대의 타악기인 작종柞鐘

《주례》에 따르면 고대 악기는 8음으로 나뉘었다. 즉 금金(종 등), 석石(경쇠 등), 토土(질나팔 등), 혁革(북 등), 사絲(비파 등), 목木(찰암 등), 포匏(생황 등), 죽竹(퉁소 등)의 여덟 가지이다.

계급이 다른 사람들이 악기 연주를 감상할 때는 엄격한 경계가 있었다. 종은 8음의 첫 자리에 놓였으므로 궁정음악의 으뜸가는 악기일 뿐 아니라 권위와 세력의 상징이란 것을 알 수 있다.

국왕과 제후들만이 종과 북 사이의 소리를 감상할 수 있는 자격이 있었고, 경卿·대부大夫·사士는 사絲와 죽竹 사이의 소리를 들을 수 있었으며, 백성들은 한 해 농사를 지으면서 한가한 틈을 타 질그릇으로 만든 악기 소리를 감상할 수 있었다.

종은 고귀한 상징이었으므로 《주례》에서는 종을 소유하는 사람과 그 수량에 대해 엄격하게 규정했다. 백성은 아무리 부유해도 종을 소유할 수 없으며, 누구든 이 규정을 어기면 예를 범하는 것으로 간주됐다.

【 사원의 은은한 종소리 】

종이라고 했을 때 사람들이 가장 먼저 떠올리는 것이 대부분 유명한 절에 걸려 있는 범종이다.

절에서는 매일 아침저녁으로 종을 108번씩 울린다. 이것은 무엇 때문일까? 어떤 사람은 1년의 주기를 상징한다고 한다. 1년 열두 달, 24절기, 72후候(1후는 5일)를 합치면 108이 되기 때문이다. 또 어떤 사람은 불교에서 말하는 백팔번뇌를 상징한다고 하여, 종을 108번 울려서 인간세상의 모든 번뇌를 씻어낸다고 한다.

모두 일리가 있는 얘기다. 하지만 어떤 종에 새겨져 있는 글이 아주 명확하게 종을 울리는 의의와 그 기능을 설명해주고 있다.

쑤저우 한산사寒山寺의 대종

종소리를 듣고서 번뇌가 사라지면
지혜가 자라나고 깨달음이 생겨서
지옥을 여의고 불구덩이를 벗어나니,
바라건대 부처를 이루어 중생을 구하게 하소서.

이 밖에 사원의 종소리는 승려의 수행과 세상 사람들의 노력을 고무하는 역할도 했다. 20세기의 시인 쉬즈모徐志摩는 톈무산天目山을 유람

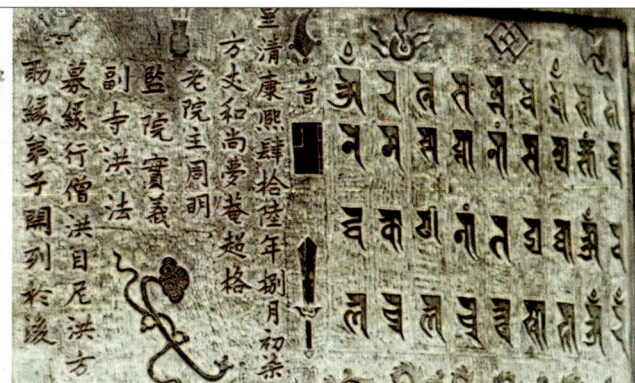

베이징 톈탄자이궁天壇齋宮 안의 건륭대종과 대종에 새겨진 글

하면서 이른 아침에 은은히 들려오는 종소리에 크게 감격했다.
"얼마나 신기한 힘인가! 얼마나 오묘한 계시인가!… 이 단순한 소리가 내 영혼을 깨끗이 씻어주는구나!"

【 고대 악기의 왕, 증후을편종 】

1978년, 후베이성 쑤이현(지금의 쑤이저우시隨州市)에서 전국시대에 조성된 증후을曾候乙의 무덤을 발굴했다. 출토된 유물 중에서 가장 눈길을 끈 것은 음악의 원리에 근거하여 조성한 한 세트의 편종編鍾인데, 사람들은 이를 '증후을편종'이라 명명했다.

청동으로 만들어진 이 편종은 모두 65개로서 1개의 잉종鎛鍾, 긴 손잡이가 달린 45개의 용종甬鍾 그리고 걸이 고리가 달린 19개의 유종鈕鍾으로 구성되었다. 잉종 위에는 초나라의 혜왕惠王이 종을 만들어 증후을에게 주었다는 글이 새겨져 있다. 64개의 종은 8조로 나뉘어, 상중하 3층으로 배열되어 구리와 나무로 만들어진 L자형 틀에 걸려 있다. 시렁의 전체 길

이는 10.79미터이고 높이는 2.73미터인데, 칼을 찬 여섯 청동 무사와 청동 막대기가 전체를 떠받치고 있다.

편종의 전체 무게는 대략 2,500킬로그램이며, 그중 제일 큰 용종은 높이가 1.5미터, 무게가 204킬로그램이고, 제일 작은 유종은 높이가 20센티미터, 무게가 2.4킬로그램이다. 편종들은 전체적으로 모양이 우아하고 정교하며 기세가 웅장하다.

증후을편종에는 모두 글씨가 새겨져 있다. 위층에 있는 19개의 유종에는 글씨가 비교적 적어 음의 이름만 표기되어 있고, 중·하층에 있는 45개의 용종에는 음의 이름과 함께 비교적 긴 음률이 새겨져 있고, 이 종의 음

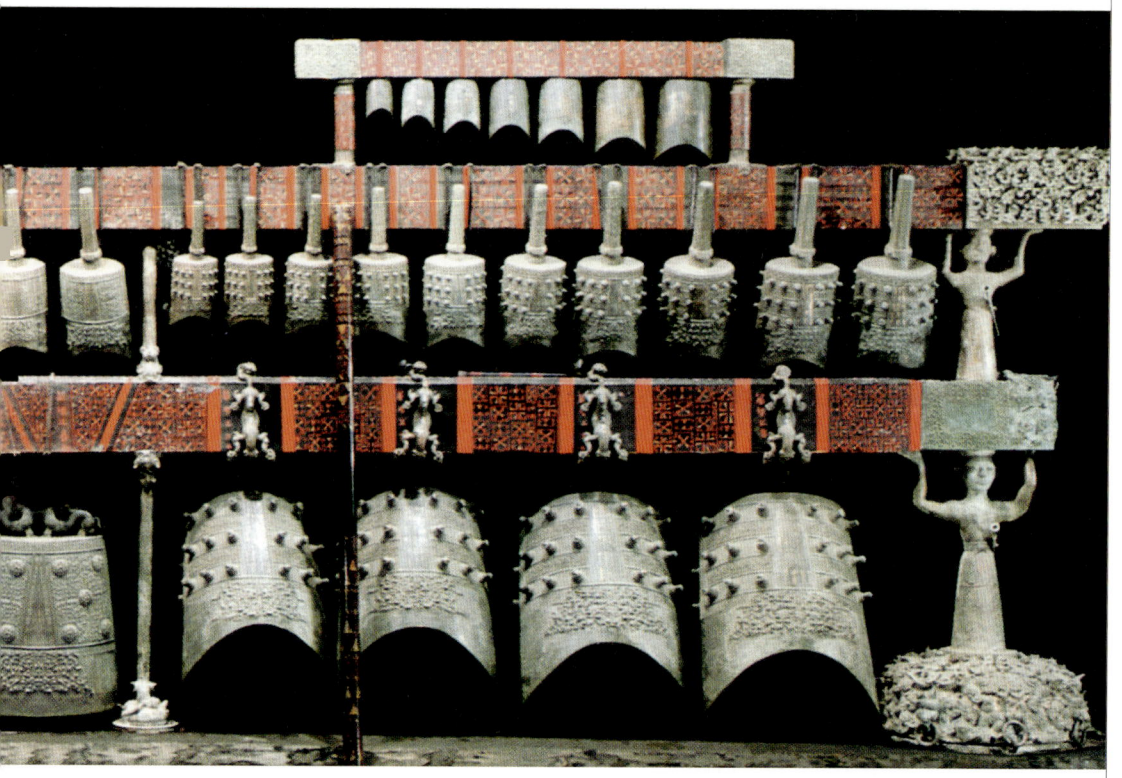

구리로 만든 세계 최대의 편종인 증후을편종曾侯乙編鍾

률 명칭, 음높이와 변화된 음의 이름도 적혀 있다. 이 글들은 편종의 연주 방식을 이해하는 데 크게 도움을 주고 있다.

증후을편종은 기원전 433년경에 만들어져 땅속에서 2,000여 년이나 묻혀 있었지만 거의 완벽한 상태로 보존되어 있었다. 음역이 넓고 음색이 아름다울 뿐 아니라 음질까지 매우 맑으며, 기본 음조는 현대음악의 C장조와 같아서 국내외의 명곡을 다 연주할 수 있다.

"종의 왕"이라 불리는 영락대종永樂大鍾과 대종에 새긴 글

【 영락대종과 건륭조종 】

　1402년, 명나라의 연왕燕王 주체朱棣가 병사를 일으킨 뒤 난징南京을 공격해서 황제의 지위를 차지했다. 즉위한 후에 그는 연호를 영락永樂이라 고치고 도읍지를 베이징으로 옮겼으며, 자신의 공덕을 나타내기 위해서 큰 종을 주조하라고 명했다. 종은 영락 18년에 완성되었으며, 후세 사람들은 이것을 영락대종永樂大鍾이라고 불렀다.

　영락대종이 세상에 이름을 날리게 된 이유는 이 종에 세 가지 뛰어난 점이 있기 때문이다.

　첫째, 형체가 크고 무거우면서도 정교하게 주조된 점이다. 종은 높이가 5.56미터이고 종 입구의 바깥 지름은 3.3미터, 무게는 대략 46톤이다. 이렇게 커다란 종인데도 종신이 매끄럽고 글씨가 선명할 뿐 아니라 웅장하고 아름답다.

　둘째, 종의 겉과 속에 경문經文이 새겨져 있다는 점이다. 총 23만 자에 달하는 불교 경문과 주문인데, 경문의 글씨가 흐트러짐 없이 단아하면서

베이징 종루

도 정연하다. 정말로 종의 명품임에 틀림없다.

셋째, 종소리가 아름답고 묘한 점이다. 영락대종은 소리가 낮게 가라앉는 저음에 속하면서도 여운이 아주 길게 퍼지는데, 때론 높고 때론 낮게, 때론 멀리서 때론 가까이서 들리는 음향효과를 낼 수 있으며, 종소리가 3분 동안이나 지속된다.

건륭조종乾隆朝鍾 역시 극히 정교한 예술품이다. 동시에 이 종은 수수께끼에 싸여 있기도 하다. 몸체에는 스물두 마리의 우아하고 강건하며 살아 숨쉬는 듯한 용이 조각되어 있고, 몸체 윗부분에는 여덟 개의 건괘乾卦를 새겨져 있는데, 이것을 제외하고는 글자도 하나 없고 연대도 찾아볼 수 없다. 하지만 이것은 건륭시대의 문물임을 분명하게 알려주고 있다. 건괘에 용을 새겨넣은 것은 분명히 건륭을 암시하기 때문이다.

【 베이징 종루의 대종 】

　종의 기능으로 볼 때 중국 고대의 종은 기능이 네 가지로 나뉜다. 악기인 편종, 불교 의식에 쓰이는 불사종佛事鍾, 황제의 권력을 빛내는 조종朝鍾, 사람들을 위하여 시간을 알리는 경종이 그것이다.

　베이징 종루의 대종은 그중 마지막에 속하며, 높이는 5.55미터이고 종 입구의 바깥 지름은 3.4미터이며 무게는 63톤에 달한다. 이 대종은 수백 년 동안 수도 사람들에게 충실하게 시간을 알려주었다. 매일 저녁 술시戌時(즉 저녁 7시) 초에 종과 북을 일제히 울렸는데, 18번은 빨리, 18번은 천천히, 18번은 빠르지도 느리지도 않게 울리는데, 이렇게 두 번 반복해서 도합 108번을 울렸다. 사람들은 이것을 '정경定更'이라고 불렀다. 그 후 매 1경(두 시간)마다 한 번씩 울리면서 5경 인시寅時(새벽 5시) 말에 '양경亮更'을 울렸다.

　베이징 종루는 지면으로부터 40여 미터 떨어져 있다. 60여 톤이나 되는 종을 주조해서 종루로 옮기고, 다시 온전하게 걸어놓는 작업은 오늘날에도 쉬운 일이 아니다. 500여 년 전, 이 작업을 위하여 장인들이 얼마나 심혈을 기울이고 머리를 썼을지 가히 짐작할 수 있다.

　베이징 종루의 경종과 앞에서 말한 영락대종은 똑같이 영락 연간에 만들어졌다. 두 종을 비교해보면 크기, 형태, 재료 등은 다 비슷하지만 경종의 종벽이 약간 더 두텁다. 전문가들의 분석에 따르면, 규격이 비슷한 경종은 사실상 영락대종에 앞서 시험적으로 만든 것이다. 왜냐하면 종신에 경문이 잔뜩 쓰여 있는 영락대종이 훨씬 더 높은 주조기술을 필요로 하기 때문이다.

結 세월이 흐름에 따라 편종은 더 이상 사용하지 않게 되었고, 조종도 왕조의 멸망과 함께 사라졌으며, 시간을 알리는 경종은 시계가 보급된 현대사회에서 상징적 의미만 남아, 오직 사원의 종만이 생명력을 과시하고 있다.

사원의 종은 오랜 세월 문인들이 끊임없이 노래하고 찬미한 대상이었다. 당나라 시인 장계張繼의 〈풍교야박楓橋夜泊〉에 나오는 "고소성姑蘇城 밖 한산사寒山寺에서 밤중에 울리는 종소리가 객선客船까지 들리노라", 백거이의 〈도광 선사에게寄韜光禪師〉에 나오는 "앞의 대臺에서 꽃이 피면 뒤의 대臺에서 보게 되고, 천상에서 종소리가 맑게 울리면 하계下界에서 들린다", 북송의 시승詩僧 도잠道潛의 〈중천축中天竺〉에 나오는 "돌다리를 지나니 사람은 보이지 않고, 갖가지 소리 중에서 먼저 절의 종소리가 들려오네", 남송 육유陸游의 〈단가행短歌行〉에 나오는 "백 년의 덧없음을 세상이 함께 슬퍼하고, 아침의 종소리 저녁의 북소리가 쉴 새가 없네", 청나라 말기의 시인 공자진의 〈기해잡시己亥雜詩〉에 나오는 "열세 번이나 시냇가의 꽃이 붉었고, 백팔 번 종소리 서쪽 시냇가에 울리네" 등 인구에 회자되는 시구에는 사원의 종소리에 대한 시인의 동경과 연상이 담겨 있다.

오늘날 만 리 길을 멀다 않고 그믐날에 고소성 밖의 한산사에 와서 종소리를 듣는 것이 일본인에게 새로운 유행이 되었다. 상하이上海의 용화사龍華寺, 항저우杭州의 정차사淨慈寺 등 유명한 사원들은 점차 국내외 관광객이 모이는 장소가 되었는데, 그 이유는 은은한 종소리를 들으며 희망이 넘치는 새해를 맞이하기 위해서이다.

【 한나라 황실의 능과 궐 】

● 한나라 무제의 무릉武陵

황실의 능에 결코 황제 혼자 고독하게 누워 있다고 생각하지 말라. 황제는 생전에 무수한 문신과 무장들을 호령했고, 죽은 뒤에는 수많은 친척과 공신들을 그의 곁에 두었다.

초나라와 한나라의 전쟁에서 승리한 유방은 장안長安을 수도로 정하고 왕조를 세웠다. 이를 역사에서는 전한前漢이라고 한다. 전한 왕조는 서기 8년에 멸망했는데, 통치 기간은 214년으로 열두 황제가 재위했다.

마지막 어린 황제 자영子嬰을 제외한 나머지 열한 명의 황제는 모두 방대한 규모의 능묘를 갖고 있다. 이 능묘는 대부분 장안 부근에 있는데, 웨이수이渭水강 북쪽 기슭, 장안 교외의 셴양원咸陽塬 위쪽에 서쪽에서 동쪽으로 100여 리나 뻗어 있다.

순서대로 열거하면 무제武帝의 무릉武陵, 소제昭帝의 평릉平陵, 성제成帝의 연릉延陵, 평제平帝의 강릉康陵, 원제元帝의 위릉渭陵, 애제哀帝의 의릉義陵, 혜제惠帝의 안릉安陵, 고조高祖의 장릉長陵, 경제景帝의 양릉陽陵 등 9기의 능묘가 있다. 또한 웨이수이강 남쪽 기슭의 백록원白鹿塬과 소릉원少陵塬에는 문제文帝의 패릉霸陵과 선제宣帝의 두릉杜陵이 있다.

황제의 능묘는 하나하나가 삿갓 모양의 언덕으로 되어 있는데, 멀리서 보면 마치 나일 강변 파라오의 피라미드와 흡사하다. 하지만 피라미드는 돌로 만든 것이고, 한나라 황제의 능은 황토로 만들어진 것이니, 이것이 '황토문화'의 특징일지도 모른다.

거대한 능의 구릉을 중심으로 능원陵園이 조성되어 있다. 능원은 직사각형 혹은 정사각형의 형태로, 주위에는 흙으로 쌓은 담장이 있고 담장마다 중앙에 문을 세우고 '사마문司馬門'이라 칭했다. 동쪽을 향한 '동사마문' 앞에는 길게 뻗은 '사마도司馬道'가 있다. 이 사마문 양쪽에는 문궐門闕을 지었는데, 이는 커다란 흙담을 기초로 한 호화로운 목조 건축물이다.

황제의 능 옆에는 황후의 능이 있다. 이것은 황제의 능과 똑같은 묘지에 속하지만 동일한 능원은 아니다. 능원 부근에는 침전寢殿, 묘당廟堂 등의 건축물이 있으며, 침전 주위에는 담장이 둘러쳐져 있다. 물론 이 땅 위의 건축물들은 세월의 흐름 속에서 지금은 흔적도 없이 사라졌다.

【 방대한 지하의 보물창고 】

전한시대 황제릉의 거대한 구릉과 수많은 배장陪葬무덤(황제의 능 옆에 조성한 황제의 측근과 대신의 무덤 : 옮긴이) 및 종장갱從葬坑(부장품을 넣어둔 구덩이 : 옮긴이) 속에는 도대체 얼마나 많은 보물이 묻혀 있는지 지금까지도 완전히 밝혀지지 않아 문화의 수수께끼가 되고 있다.

황제들은 생전에 부귀영화를 마음껏 누리면서도 만족할 줄을 몰랐다. 하지만 이들 역시 죽음의 손아귀를 벗어날 수 없었으니, 이들은 죽음을 다른 세상으로 들어가는 것이라 생각해서 그 세계에서도 사치스런 생활을 누리려 했다. 이로 인해 거의 모든 황제가 자신의 능묘를 건축하는 것을 중요한 일로 삼았다.

한나라에서 가장 유명한 무제를 예로 들어보자. 그가 재위한 기간은 54년인데, 그의 능묘는 53년 동안 건축되었다. 또 천하의 공물과 세금 중 3분의 1을 능묘 건축에 소비했다.

한나라 능묘의 지하궁전 속에는 수많은 보물이 매장되어 있을 것이다. 아직도 전한시대 11기의 능묘에 대해서는 발굴이 진행되지 않았으므로 지하궁전에 도대체 무엇이 매장되어 있는지조차 모른다. 하지만 이미 발굴된 여러 제후의 묘에서 나온 유물을 분석해볼 때, 한나라 황실의 능묘는 거대한 보물창고임이 틀림없다.

허베이성 만청滿城에 있는 중산정왕中山靖王 유승劉勝 및 왕비의 무덤에서 2점의 금루옥의金縷玉衣가 출토되었다. 유승의 옥의는 길이가 188센티미터로 2,498개의 옥 조각을 1,100그램의 금실로 꿰맨 것이다. 제후의 무덤이 이렇다면, 황제나 황후의 무덤은 당연히 더 호화로웠을 것이다.

무제의 누나 양신陽信 공주의 무덤과 그 앞의 종장갱에서 '양신가陽信家'라고 새겨진 수많은 구리 그릇이 출토되었는데, 그 가운데 유금동마鎏金銅馬와 유금동죽절훈로鎏金銅竹節熏爐는 생생한 조형미로 인해 국보로 불린다.

한나라 경제의 양릉 동남쪽 일대에서는 스물네 곳의 종장갱이 발견되었다. 그중 여섯 곳의 갱에서 부분적으로 발굴된 유물만 수만 점에 이른다. 한나라 황릉의 배장무덤과 종장갱에서 출토된 각종 도자기, 청동 병

옥 조각을 금실로 연결해서 만든 전한前漢시대의 금루옥의金縷玉衣

기, 수레와 말, 철기와 생활용품, 금·은·옥기 등은 한나라의 사회상과 생활을 고찰하는 데 큰 도움이 되고 있다.

【 무덤 속에 꽃핀 예술 】

석각石刻예술은 아주 먼 상고시대부터 있었다. 은나라와 상나라 때의 석각도 이미 독특한 기풍을 갖추었는데, 유명한 대리석 호랑이와 올빼미는 당시 석각의 대표작이다.

한나라 때는 석각예술의 절정기로서, 가장 대표적인 것은 수량이 특히 많은 화상석畵像石과 곽거병 무덤의 석상이다.

한나라 때의 화상석은 사당과 묘실 벽에 새긴 장식화이다. 조각 기법은 음각과 양각 두 종류가 있는데, 그림의 선이 파여 들어간 것은 음각이고 선이 도드라져서 올라온 것은 양각이다.

한나라에는 또 인공적으로 구워 만든 화상畵像 벽돌이 있었다. 그림이 새겨진 흙을 구워 만든 벽돌과 직접 벽돌 위에 도안을 새긴 것이 있는데, 도안이 새겨진 벽돌은 일반적으로 묘실이나 건축물의 벽면에 놓거나 아니면 바닥에 깔았다. 그림은 신선, 귀신, 괴물 등 전설적인 것과 역사 인물 이야기 그리고 연회, 가무, 외출, 노동의 장면 등 내용이 풍부하고 다채로워서 당시의 생활상을 생생하게 표현하고 있다. 또 인물, 동물, 복식, 도구 등 없는 것이 없어서 마치 한 왕조의 풍속화를 쭉 펼쳐놓은 것 같다.

왕득원王得元의 화상석 무덤, 이난沂南의 화상석 무덤, 청두成都 양쯔산揚子山 2호 무덤에서 출토된 '연악가무잡기화상宴樂歌舞雜技畵像' 벽돌 등은 모두 한나라 무덤의 유명한 화상예술이다. 그러므로 황릉의 지하궁전, 침전, 문궐 등에도 갖가지 화상석과 화상벽돌이 있을 것임을 어렵지 않게 짐작할 수 있다.

한나라 무제 무릉의 배장무덤 중 하나는 명장 곽거병의 것이다. 무덤 앞에는 완벽하게 보존된 10여 점의 대형 동물석상이 있다. 그것은 말, 소, 호랑이, 곰 등의 석상으로 모양이 소박한데, 돌의 원래 모양을 중시하여 둥글고 얇게 조각하는 수법으로 약간의 가공만을 거쳐 만들어낸 것이다. 가장 유명한 것은 말이 흉노를 짓밟고 있는 대형 석상으로, 기세가 웅장하고 기풍이 소박하며 형상이 생생해서 살아 숨쉬는 듯하다(498쪽 사진 참조).

【 배장무덤과 황후의 무덤 】

황실의 능에 결코 황제 혼자 고독하게 누워 있다고 생각하지 말라. 황제는 생전에 무수한 문신文臣과 무장武將들을 호령했고, 죽은 뒤에는 수많은 친척과 공신들을 그의 곁에 두었다.

이 배장무덤들은 황제의 능 동쪽 문으로 난 사마대도司馬大道의 양쪽에 늘어서 있다. 한나라 고조의 장릉에는 63좌座의 배장무덤이 있고, 무제의 무릉에는 12

무릉의 배장무덤 중 하나인 곽거병의 무덤

두꺼비 석상

야생 돼지 석상

엎드린 소 석상

엎드린 말 석상

좌, 선제의 두릉에는 107좌에 달하는 배장무덤이 있다. 어떤 배장무덤은 규모가 매우 커서 무덤 주인의 혁혁한 권세를 세상 사람들에게 묵묵히 보여주고 있다.

황제와 함께 있는 이는 황후다. 전한시대의 규범은 민간에서 유행한 것처럼 하나의 무덤에 합장하는 것이 아니라 각기 다른 무덤에 안장하는 것이었다. 황후의 무덤은 일반적으로 황제의 무덤 동쪽에 있는데, 규모는 황제의 능보다 약간 작다.

하지만 유방의 아내 여치呂雉의 무덤은 예외이다. 여치는 바로 여후呂后로서 그녀는 여느 황후와는 다르다. 그녀의 역할을 빼놓고 유방의 업적을 말할 수 없을 정도이다. 그녀는 유방을 도와 군사를 일으켰고, 군량을 모아 정벌에 나섰다. 심지어 인질로 잡히기도 했으며, 제왕들의 반란을 평정하는 모략에도 참여했다. 여후는 재능이 있었고 권력에 대한 욕망도 강렬했다. 유방이 죽은 후에는 여씨 집안의 가신들을 등용하고 정치에도 직접 관여했기 때문에 그녀가 자신을 위해 건축한 능묘는 유방의 것과 비슷하다.

【 고조의 무덤과 무신의 무덤 】

한나라 고조 유방은 중국에서는 누구나 다 아는 인물이다. 진나라 말기, 농민봉기의 물결 속에서 그는 쓰수이泗水의 정장亭長(오늘날 파출소장에 해당하는 관직)을 지낸 말단관리로서 대중을 모아 봉기했다. 그와 항우의 군대는 진 왕조를 무너뜨린 핵심세력이다.

뒤이어 초한 전쟁을 통해 약세를 극복하고 최후의 승리를 거둬 천하를 얻었다. 유방이 인재를 등용할 줄 아는 데다 굽힐 줄도 아는 인물이었던 것이 승리의 원인이었다. 고조 유방이 남긴 〈대풍가大風歌〉는 천하를 얻고 금의환향할 때 지은 즉흥시다.

큰바람이 일어나서 구름이 날리더니
사해에 위풍을 떨치고 고향에 돌아왔네.
어떻게 용맹한 병사를 얻어서 사방을 지키게 할꼬.

유방은 비록 한신韓信을 죽였지만, 그에게는 그를 위하여 나라를 지키고 천하를 평정한 맹장이 많았다.

고조의 장릉에서는 규모가 방대한 배장무덤 두 기가 발견되었다. 전문가의 고증에 의하면, 유명한 무장 주발周勃과 주아부周亞夫 부자의 무덤일

산시성陝西省 셴양咸陽에서 출토된 한나라 때의 병마용

가능성이 크다고 한다.

　무덤 앞의 종장갱에서는 3,000여 점의 기병용이 출토되었다. 이것들은 대개 60~70센티미터 높이였는데, 기병과 말은 빨강, 자주, 검정, 초록, 하양 등 여러 가지 색깔이었다. 이들은 진시황릉의 병마용처럼 크고 웅장하지는 않지만, 여전히 진용陣容이 정연하고 기세가 비범해서 군대를 훌륭하게 다스린 주아부의 '세류영細柳營' 이야기를 떠올리게 한다.

　장릉이 있는 양자완楊家灣 일대에서도 병마용이 있는 종장갱 10여 곳을 발견했다. 위엄은 있지만 약간 따분해 보이는 진시황릉 병마용의 표정과는 달리 한나라 병마용은 훨씬 생동감이 있어서 두 시대의 서로 다른 예술 풍조를 엿볼 수 있다.

【 황장제주 】

한나라 무제 유철劉徹은 매우 유능한 황제로서 재위 기간이 54년에 달했다. 그의 능묘는 53년에 걸쳐 건축되었고, 가장 호화롭고 사치스런 능묘의 하나로 남아 있다.

후한시대 《한구의漢舊儀》라는 책에 따르면, 무제의 무덤인 무릉의 묘실 안은 여러 겹의 가래나무 관곽棺槨(널과 덧널 : 옮긴이)으로 이루어져 있으며, '황장제주黃腸題湊'를 설치하고 진귀한 보물을 무수히 매장했다고 한다. 또 네 갈래의 통로는 묘실로 통하고 수레와 말이 있었는데, 묘지 통로 입구에는 문을 만들어놓고 문 안쪽에 검과 쇠뇌 등 암기暗器들을 설치하여 도굴을 방지했다고 한다.

수많은 고대 무덤이 발굴되면서 사람들은 고대 묘실의 구조에 대해 이해하게 되었지만, '황장제주'가 무엇을 가리키는지는 오랫동안 몰랐다. 1970년대에 이르러 다바오타이大葆臺 등 한 왕조의 무덤이 발굴됨에 따라 비로소 '황장제주'가 무엇인지 알게 되었다.

다바오타이 무덤은 전한 광양경왕廣陽頃王 유건劉建의 무덤이다. 묘실의 배치로 볼 때 이른바 '황장제주'는 관곽 주위에 네모난 잣나무 토막을 쌓아올린 '회回'자형 나무 벽을 가리킨다. 잣나무 속이 노란색이어서 '황장

베이징 다바오타이大葆臺에 있는 한나라 무덤 안의 황장제주黃腸題湊

黃腸'이라 불렀다. 이 잣나무 토막은 길이 90센티미터로, 토막의 한쪽 머리가 관곽에 맞대어 정연하게 줄지어 있었으므로 '제주題湊'라고 불렀다. 다바오타이 무덤 '황장제주'의 나무벽은 높이가 3미터로 직사각형이고, 바깥 벽은 길이 18미터, 너비 10.8미터로 1만 5,000여 개의 잣나무 토막을 사용했다.

전문가들은 이 '황장제주'가 대체로 궁전의 담이나 황성의 성벽을 상징한다고 보았다. 비록 '황장제주'가 무엇인지는 밝혀졌지만, 무릉 묘실의 '황장제주'가 도대체 어떤 규모인지는 지금까지 수수께끼로 남아 있다.

結 세월은 흐르고 세상은 변하기 마련이다. 옛날 황제의 궁궐은 이미 한 줌의 먼지가 되어 날아갔다. 하지만 역사는 항상 흔적을 남겨놓아서 후세 사람들로 하여금 유적을 찾아내고 정감을 토로할 수 있게 한다. 황토고원 위로 100여 리에 걸쳐 늘어선 전한시대 황제의 능들은 2,000여 년 전의 찬란한 문명을 보여주고 있다.

중국 역사상 낭만주의 정신이 가장 농후했던 시인 이백은 진나라와 한나라의 유적을 돌아보고 천고의 절창인 〈진나라 여인을 추억하며憶秦娥〉를 남겼다.

통소 가락 슬픈데, 진나라 여인은 진루월秦樓月에서 꿈이 끊겼네.
진루월에는 해마다 버들이 푸르건만 패릉霸陵에서는 이별을 아파하네.
고원에서 즐거이 추석을 보내니 셴양의 옛길엔 사람 소리, 수레 먼지 끊겼네.
사람 소리, 수레 먼지 끊어지고 소슬바람 속에 석양이 한나라 능묘를 비추더라.

【 한나라의 백희 】

● 쓰촨성 청두의 톈후이산天回山에서 출토된 북 치고 노래하는 도기 인형

백희가 진정으로 흥성하게 된 것은 전한의 무제 시기다. 무제는 궁전에서 연회를 벌일 때 어김없이 등장하는 춤, 노래, 음악을 전문적으로 통괄하는 악부樂府를 설립했다.

한나라의 백희百戱, 즉 갖가지 놀이는 그 내용이 상당히 풍부하다. 일반적으로는 양한 시기에 유행한 각종 경기, 잡기, 마술, 춤과 음악, 광대놀이와 동물놀이 등을 가리킨다. 연출 규모는 장소에 따라서 크게 혹은 작게 할 수 있었고, 연출 프로그램도 다 같지는 않아서 형식이 다양하면서도 아주 자유로웠다.

당시에는 '한나라 백희'라고 이름하지 않았으며, 대부분 진 왕조에서 명명한 대로 '각저角抵'라고 불렀다. 예를 들면 각저 유희遊戱, 각저 기희奇戱, 각저 제희諸戱, 각저 백희百戱 등이었다.

한나라의 백희는 후한시대 이후 앞에서 서술한 서로 다른 예술 형식의 총칭이었다.

백희는 사실상 잡기를 주요 형식으로 하는 갖가지 민간 기예의 종합적인 표현이었으므로 후세 사람들은 습관적으로 '백희'를 오늘날 잡기의 전신으로 보았다.

짐승들의 싸움 역시 백희의 하나로 사람들의 마음을 가장 사로잡은 종목이다. 유명한 상림원上林園은 한나라 때 금수禽獸를 가장 많이 기른 곳이자 성대한 백희가 펼쳐지던 장소이기도 했다. 한나라 무제는 대신들을 거느리고 상림평락관上林平樂館에 가서 각저를 감상한 적이 있고, 선제도 평락관에서 흉노의 사신, 외국의 군왕들과 각저를 보았으며, 원제는 후궁을 거느리고 상림에 가서 호랑이와 곰의 싸움을 보았다고 한다.

한나라의 유명한 비장군飛將軍 이광李廣은 손자 이우李禹가 술에 취해 시중侍中을 욕보이자, 우리 안에 매달려서 호랑이를 찌르게 했다고 한다. 이는 마치 고대 로마의 검투장을 떠올리게 한다.

안후이성 워양渦陽에서 출토된 후한시대의 녹유도희루綠釉陶戲樓

【 한나라 백희의 성행 】

국가의 통일과 영토의 확대는 진 왕조에게 지고무상한 권위를 가져다 주었다. 시황제는 지방을 정복할 때마다 관리 및 감독의 편리를 위해 그곳의 왕공, 귀족, 부호들을 수도인 셴양咸陽으로 이주시켰다. 그와 동시에 기회를 놓치지 않고 각지에 있는 예능인들을 찾아 그들의 기예를 마음껏 향유했다.

《사기》〈진시황본기秦始皇本紀〉에 의하면, "시황제는 제후들을 격파할 때마다 그들을 궁궐에서 쫓아내어 셴양 북쪽으로 이주시켰으며… 제후들의 미녀와 종, 북 등을 자기가 소유했다." 그래서 셴양에서는 "노래하고 연기하는 여자가 수만 명에 달했고, 종과 북의 음악에서 흐르는 낭만이 무궁했다"고 하며, 진나라의 2대 황제 호해胡亥는 감천사甘泉寺에서 "각저 연극을 감상했다"고 한다. 중앙정부가 이렇게 공을 들여 민간 기예를 수도로 집중시키고 궁중 오락의 하나로 삼은 것은 각종 기예의 상호

산둥성 지난濟南 북쪽 교외에 있는 우잉산無影山의 전한시대 묘에서 출토된 백희百戱 인형

교류와 수준 향상을 크게 고무시켰다. 백희가 진정으로 흥성하게 된 것은 전한의 무제 시기다. 무제는 궁전에서 연회를 벌일 때 어김없이 등장하는 춤, 노래, 음악을 전문적으로 통괄하는 악부樂府를 설립했다.

문제와 경제의 통치를 거치면서 한나라의 사회와 경제는 눈에 띄게 발전했으며, 국력의 비약적인 신장은 백희의 성행에 물질적 기초를 마련해주었다. 당시 연회장에서 백희는 빠질 수 없는 놀이가 되었다.

《한서》〈무제기武帝紀〉에서 "원봉元封 3년(기원전 108) 봄, 각저 유희를 하자 300리 안의 사람들이 모두 와서 관람했다"고 하니, 이 얼마나 장관인가! 부잣집에서 "종과 북의 오악五樂"을 즐기고, "노래하는 아이들 몇 개 조組"를 거느리고, "유희하고 춤추는 광대"를 부르는 것은 더 이상 기이한 일이 아니었다.

보통 사람들의 집에서도 손님이 오면 광대를 불러 신기한 재주를 펼치

쓰촨성 청두의 양쯔산揚子山에서 출토된 후한의 관기觀伎 그림 벽돌

게 했다. 심한 경우 장례를 치르는 사람이 "노래하고 춤추는 배우를 재촉하여 연신 웃으면서 음악을 연주하고 춤을 추게" 하였다.

【 실크로드와 백희 】

실크로드는 동서 문명의 교류를 촉진했다. 서역 각국의 사절들은 정치적 평화와 우호뿐 아니라 서역의 잡기와 마술 등도 가져왔다.

한나라 무제 때 안식安息(지금의 이란 고원 일대)의 사신은 "한나라의 사신을 따라와서 그 광대함을 보고는 큰 새의 알과 여헌黎軒(이집트 북부 알렉산드리아 : 옮긴이)의 마술사를 한나라에 바쳤다"고 한다. 서역의 잡기와 마술이 동쪽으로 전해지면서 중원의 백희는 그 내용이 훨씬 풍부해졌고, 아울러 전통 기예와 결합하여 낡은 것을 버리고 새롭게 변모함으로써 표현이 훨씬 풍부하고 다채로워졌다.

《사기》〈대완열전大宛列傳〉에는 이런 기록이 있다.

이때 천자는 바닷가를 자주 순행했는데, 늘 외국의 손님들을 대동하고 다녔다. 그래서 사람이 많은 대도시를 지나면 재물과 비단을 뿌려서 상을 내리고, 풍성한 음식과 술을 갖추어 그들을 대접함으로써 한나라의 부유함을 과시했다. 또 씨름판을 벌이거나 신기한 놀이를 하고, 괴이한 물건을 내놓으면서 관중을 많이 끌어모으고, 상을 후하게 내리고 주지육림酒池肉林을 베풀며, 외국 손님에게 각 창고와 관청의 곳간에 쌓여 있는 것을 두루 보여줌으로써 한나라의 광대함을 드러내어 그들을 놀라게 했다.

여기서 우리는 씨름이나 신기한 놀이가 한나라 황제에 의해 외교무대로 옮겨져 관청의 곳간이나 재물과 비단처럼 외국 사신에게 국력을 자랑하는 중요한 밑천이 되었음을 알 수 있다.

백희는 일종의 시각예술이어서 언어가 통하지 않는 외국인도 쉽게 이해하고 받아들일 수 있었다. 이 때문에 오늘날에도 잡기가 다른 예술 형식보다 훨씬 쉽게 국외로 나갈 수 있는 것이다.

【 백희와 잡기 】

백희와 잡기는 밀접한 관계를 갖고 있다. 백희 중의 많은 동작, 예컨대 물구나무서기, 유술柔術, 칼춤 등은 오늘날의 잡기에서도 찾아볼 수 있다.

한나라 때는 물구나무서기를 도식倒植이라고 불렀는데, 땅을 짚고 물구나무서는 것 외에 술동이, 북, 긴 막대기, 수레, 말의 잔등, 여러 개 겹쳐

허난성 신예新野에서 출토된 '평색희거平索戱車' 그림 벽돌

놓은 책상 위에서 거꾸로 서는 것도 있었다. 그중 겹쳐놓은 책상 위에서 거꾸로 서는 것을 '안식오안安息五案'이라고 칭했다. 이 물구나무서기는 서양의 영향을 받았음을 알 수 있다.

유술은 허리와 다리를 활처럼 뒤로 젖히는 유연성의 기술인데, 오늘날에도 서커스장에서 흔히 볼 수 있다.

백희 중에는 손을 위주로 하는 기술도 많다. 예컨대 도환跳丸(공을 가지고 노는 것 : 옮긴이), 칼 던지기, 항아리 굴리기, 접시 돌리기, 굴렁쇠 돌리기 등이다. 오늘날의 잡기 중에도 이런 것들이 보편적인데, 가령 접시를 돌리면서 여러 개의 칼, 횃불, 작은 공, 사발, 잔 등을 가지고 묘기를 보여준다.

한나라의 백희 중에는 공중에서 연기하는 종목도 있었다. 허난성 신예新野에서 발견된 한 장의 벽돌에는 각기 하나의 고당高幢을 세운 두 대의 수레가 그려져 있다. 앞 수레의 고당 꼭대기에는 기예인 하나가 웅크리고 앉아 오른손은 부드러운 밧줄을 잡고 왼손은 허공에 뜬 기예인의 발을 잡

전한시대의 채색 인형(왼쪽) 후한시대 잡기를 선보이는 물구나무선 인형(오른쪽)

고 있다. 부드러운 밧줄의 다른 한쪽 끝은 뒤쪽 수레의 고당 꼭대기에 매어져 있으며, 밧줄은 팽팽하게 조여서 수평을 이루고 있는데, 기예인 하나가 두 발로 밧줄에 거꾸로 매달려 있고 또 다른 기예인이 허리를 굽혀서 당幢을 잡고 기어오르고 있다. 이 한 폭의 그림에 보이는 고난도의 기예와 위험한 동작은 실로 감탄을 금치 못하게 한다.

【 백희와 무술 】

각저는 글자 그대로의 뜻으로 보면 각투角鬪와 비슷하다. 진나라와 한나라 사람들은 맨손으로 싸우거나, 맨손으로 무기에 대항하거나, 서로 무기를 지니고 싸우는 것을 가리켜 '각저'라고 불렀다. 이런 관점에서 말한다면 각저는 바로 오늘날의 무술인 셈이다.

양한시대의 맨손싸움은 점점 발전해서 서진西晉시대에 이르러 정식 이름을 갖게 되었고, 씨름은 당송시대에 이르러 널리 성행했다. 한나라 때의 그림 벽돌 및 벽화에서 알 수 있듯이, 양한시대의 씨름은 오늘날의 씨름 경기에 더 가깝다.

맨손으로 무기를 든 상대방과 겨루는 것은 '공수입백인空手入白刃'이라고 한다. 일반적으로 창, 검, 곤봉을 든 한쪽이 공격 자세를 취하고, 맨손인 한쪽은 손바닥을 내보이면서 걸음을 멈추고 수비 자세를 취한다. 서로 간에 공격과 방어가 매우 선명하며 일정한 초식과 표현 방식이 있다.

양쪽이 모두 무기를 들고 겨루는 것은 한나라 때의 각저 그림에서 가장 흔한 것이다. 이는 한나라 때 무력을 숭상한 것과 관련이 있다. 무기에는 갖가지 종류의 길고 짧은 병기 및 방어 무기가 포함된다. 예를 들어 칼, 검, 창, 몽둥이, 방패, 갈고리 등이 있으며 그중에서 검이 비교적 많았다.

쥐옌居延에서 한나라 때의 《상검도相劍刀》라는 책이 출토되었는데, 고대의 검술 교본일 가능성이 크다. 주목할 필요가 있는 무기는 갈고리다. 이것은 걸기도 하고 밀기도 하는, 이를테면 양쪽을 다 쓸 수 있는 병기로, 대부분 환수도環首刀와 함께 사용한다. 가운데의 작은 방패로 상대방의 날카로운 칼날을 막아낼 수 있고, 또 갈고리로 상대방의 무기를 걸어 궁지에 몰아넣기도 한다. 이를 보면 한나라 때는 공격 기술에서 기교뿐 아니라 무기의 성능 배합에도 관심을 기울였던 것을 알 수 있다.

【 백희와 춤 】

양한시대에는 위로 궁궐에서 아래로는 부유한 백성에 이르기까지 광대를 양성하는 풍조가 성행했다.

"요사스런 동자童子와 아름다운 첩을 화려하게 꾸민 방에 채우고, 노래하고 재주 넘고 악기 다루는 자를 깊은 당堂에 배치해놓았다."

이런 풍조는 한나라 때 백희를 그린 그림에 잘 나타나 있다. 대부분의 그림에 악기 연주와 각종 춤, 광대의 연극 등이 표현되어 있다. 이난沂南의 옛 무덤에서 나온 〈악무백희도樂舞百戲圖〉는 그림의 내용이 풍부하고 소리의 기세가 대단하다. 반주하는 악단만도 23명이고 사용된 악기는 건고建鼓, 절고節鼓, 편종, 편경, 퉁소, 징, 비파 등 10여 가지다. 음악에 따라 춤추는 사람은 한나라 때 가장 유행한 반고盤鼓춤을 추고 있다.

산둥성 이난沂南에서 출토된 돌에 새긴 〈악무백희도〉

반고춤 외에도 한나라 때에는 건고춤, 수건춤, 소매춤 등이 유행했다. 그 외에도 남녀가 한 쌍이 되어 추는 춤이 있었다. 상반신을 벗은 남자배우는 키가 작고 뚱뚱하며 못생겼는데, 춤동작이 과장되고 표현이 해학적이다. 여자배우는 몸매가 날씬하고 춤사위가 우아하다. 두 배우의 선명한 대비가 사람들을 즐겁게 하고 웃게 만든다.

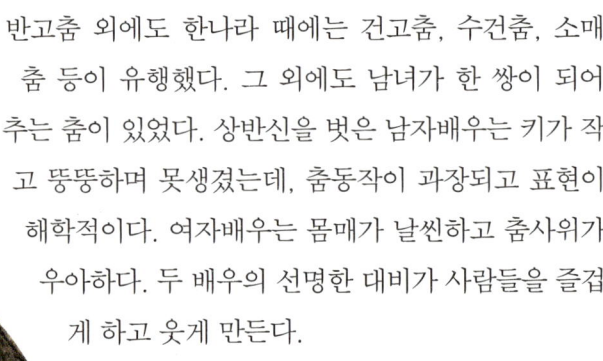

춤추는 채색 도기 인형

백희 중에는 상인像人놀이라는 것이 있었다. 즉 사람이 길들이기 어려운 맹수나 존재하지 않는 동물과 신선을 연기하는 것인데, 이런 배우들을 가리켜 '상인'이라고 불렀다. 쉬저우徐州 퉁산銅山에서 출토된 〈홍루백희도洪樓百戲圖〉 속에는 한 마리 커다란 물고기가 있다. 그 물고기의 꼬리는 수레의 뒤를 따라가고, 아래로는 사람 다리 네 개가 노출되어 있다. 이 물고기는 두 상인이 분장한 것으로, 마치 오늘날 사자춤에서 사람이 사자로 분장하는 것과 마찬가지다. 이처럼 상인놀이는 초기 가무의 맹아로 후세의 희극에 깊은 영향을 주었다.

結 백희의 종류는 아주 많지만 지면의 제약으로 일일이 소개하지는 못했다. 한나라의 백희는 2,000여 년이 지난 오늘날에도 면면히 전해 내려와 현대에 살고 있어도 백희가 전혀 낯설지 않다. 바로 주변 어디에서나 백희의 흔적을 찾아볼 수 있기 때문이다.

서커스장에서는 한나라의 백희와 유사한 물구나무서기, 접시 돌리기, 사나운 짐승 길들이기 등을 볼 수 있고, 무희의 우아한 춤사위와 어릿광대의 해학적인 연기를 감상할 수 있다. 2,000여 년 전의 백희는 새로운 형식을 차용함으로써 왕성한 생명력을 보여주고 있다.

【 열두 띠 이야기 】

● 시안에서 출토된 당나라 때의 열두 띠 동물 인형

열두 띠 동물 모양으로 만든 금전, 은전, 연하장 및 공예품은 지금도 환영을 받고 있으며, 어떤 이들은 자식에게 이름을 지어줄 때 아이의 띠를 이름에 넣기도 한다.

열두 띠는 하나의 문화로서 중국인의 생활에 깊이 배어 있다. 사람들은 누군가를 만나서 상대방의 나이를 물을 때 무슨 띠인지도 함께 묻는다. 띠는 출생한 해와 상응하는 동물을 말한다. 띠를 뜻하는 한자 '생초生肖'에서 '생生'은 출생을 가리키고 '초肖'는 흡사하다는 뜻이다.

고대에는 지지地支를 채용해서 시간을 기록했다. 자子, 축丑, 인寅, 묘卯, 진辰, 사巳, 오午, 미未, 신申, 유酉, 술戌, 해亥의 열두 자로 하루의 12시진時辰(1시진은 지금의 두 시간과 같다)을 표시했다. 예를 들면 "반야자시半夜子時(한밤중은 자시이다 : 옮긴이)", "황혼술시黃昏戌時(황혼은 술시이다 : 옮긴이)" 등과 같은 것이다.

그다음 천간天干인 갑甲, 을乙, 병丙, 정丁, 무戊, 기己, 경庚, 신辛, 임壬, 계癸의 열 자를 지지와 배합해서 연도를 표시했으니, 예를 들면 갑자년, 병술년 등이다. 천간과 지지는 순서에 따라 배합하며 60년에 한 번씩 순환한다(천간은 여섯 번 순환하고 지지는 다섯 번 순환한다).

예컨대 신해혁명은 청나라 선통宣統 3년(1911)에 일어났는데, 이해가 신해년이었다. 이보다 60년 전인 청나라 함풍咸豊 원년(1851) 및 신해혁명 60주년이 되는 1971년 역시 신해년이다. 이처럼 60년이 끊임없이 순환하기 때문에 60년마다 간지干支의 순서와 이름이 완전히 일치하는 것이다.

12지지를 열두 동물과 대응시킨 것은 해를 기록하는 데 쓰였는데, 그 기원이 아주 오래되어 한나라 때부터 벌써 명확한 기록이 있다. 12지지와 열두 동물의 대응관계는 각각 자는 쥐, 축은 소, 인은 범, 묘는 토끼, 진은 용, 사는 뱀, 오는 말, 미는 양, 신은 원숭이, 유는 닭, 술은 개, 해는 돼지이다. 이것이 바로 열두 띠이다. 무릇 돼지 해에 태어난 사람은 모두 돼지띠이다. 따라서 나이가 12세, 24세, 36세, 48세, 60세인 사람은 띠가 똑같다. 시인 이백은 당나라 무측천武則天 시대 신축년(701)에 태어났는데 소띠이고, 당나라 현종玄宗 개원開元 을축년(725)에 태어난 고황생顧況生도 소띠다.

천간과 지지로 연도를 기록하는 것은 관습상 음력으로 계산한다. 띠는 태어난 해의 음력으로 확정해야 한다. 갑자년 섣달 그믐날 12시 전에 태어났으면 쥐띠이고, 설날 새벽에 태어났으면 을축년에 속하므로 소띠이다.

【 열두 띠의 내력 】

　중국 서북부의 소수민족은 장기간의 유목생활을 통해 갖가지 동물을 자주 접했으며, 이로 인해 일찍부터 동물로써 연도를 기록했다.

　"북쪽의 풍속에 처음에는 이른바 자·축·인·묘 등의 12진辰이 없었고, 다만 쥐·소·호랑이·토끼 등으로 세시歲時를 분류해서 기록했다."(조익趙翼의《해여총고陔餘叢考》)

　후주後周시대 우문호宇文護의 어머니 유제留齊가 우문호에게 보낸 편지에는 이렇게 쓰여 있다.

　"전에 무천진武川鎭에서 너희 형제를 낳았는데, 네 큰형님은 쥐띠이고 둘째형님은 토끼띠이고 너는 뱀띠니라."(《주서周書》〈우문호전宇文護傳〉)

　이는 고대인들이 이미 띠로 출생연대를 기록했음을 말해준다.

　송나라 인종仁宗이 보낸 사신이 토번吐蕃에 갔을 때 그 나라에서 연회를 베풀고 사신을 맞이하며 예전 일에 대해 얘기한 것을 이렇게 기록했다.

사신四神과 열두 띠가 새겨진 수隋나라 때의 동경

열두 띠 동물
중에서 용 인형

"12진을 헤아리면서 토끼 해에는 이러했고 말의 해에는 이러했다고 말했다."《송사宋史》〈토번전吐蕃傳〉

1975년 후베이성 윈멍후디雲夢虎地의 진나라 무덤에서 출토된 죽간《일서日書》에 열두 띠가 기록되어 있었는데 이는 2,000여 년 전부터 열두 띠가 유행했음을 보여준다. 다만《일서》에 나온 열두 띠는 이후의 12진과 약간 차이가 있다. 특히 '오午'는 말이 아니라 사슴이었다. 이런 차이에 대해 학자들은 서로 다른 해석을 내놓지만, 일반적으로 한나라에 와서야 12지지와 동물을 대응시켜 오늘날의 열두 띠와 유사한 것이 나왔다고 본다.

한나라 때의 학자 왕충王充이《논형》에서 제시한 '12진'을 보면 "오는 말이고, 자는 쥐이고, 유는 닭이고, 묘는 토끼이고…"라고 했다.

당나라의 석도세釋道世가 편찬한《법원주림法苑珠林》은 갖가지 불교 이

열두 띠 이야기 ◆ 529

야기를 수집, 분류했는데 그중에 《대집경大集經》을 인용한 이야기가 나온다.

> 염부제閻浮提 밖에 있는 사방의 바다 속에 열두 짐승이 있었다. 보살이 교화로 인도해서 인간으로 처음 태어났는데, 보살이 굴에 거처할 때면 곧 이 짐승들의 수호를 받아 이익을 얻었다. 그래서 한나라의 12진辰도 이것을 근거로 행해졌다.

【 열두 짐승의 기년 】

일부 소수민족은 열두 짐승의 기년법紀年法을 채용하고 있다. 윈난, 쓰촨, 구이저우의 이족彝族에게는 한족漢族과 완전히 일치하는 열두 짐승이 존재한다. 웨이우얼족維吾爾族은 물고기로 용을 대신했고, 리족黎族은 닭을 벌레로 바꾸었지만 나머지 짐승의 명칭은 모두 한족과 동일하다.

몽골족은 호랑이 해, 쥐 해 등으로 해를 기록했고, 청나라 때 만주족은 소동파의 〈적벽부赤壁賦〉를 만주어로 번역할 때, '임술지추壬戌之秋(임술년 가을)'를 '흑구지추黑狗之秋(검은 개의 가을)'라고 했다('임壬'은 물에 속하며 북방에 해당하고, 검은색이므로 '검다黑'로 번역되고, '술戌'은 '개'로 번역되었다).

다른 나라에서도 열두 짐승으로 해를 기록하는데, 다만 일부 동물이 다를 뿐이다. 인도의 고대 서적에 기록된 전설에 의하면, 인도에는 열두 명의 신장神將이 서로 다른 동물을 거느렸다고 한다. 바로 초두라가서招杜羅駕鼠, 비갈라가우毘羯羅駕牛, 궁비라가사宮毘羅駕獅(혹은 궁비라가호宮毘羅駕虎인데 인도어가 사자와 호랑이를 모두 의미하기 때문이다), 벌절라가토伐折羅駕兎, 미기라가룡迷企羅駕龍, 안저라가사安底羅駕蛇, 안미라가마安彌羅駕馬, 산저

수나라 때의 열두 띠 인형

라가양珊底羅駕羊, 인달라가후因達羅駕猴, 파이라가금시조波夷羅駕金翅鳥, 마호라가구摩虎羅駕狗, 진달라가저眞達羅駕猪이다.

   그리스의 열두 동물은 소, 산양, 사자, 나귀, 게, 뱀, 개, 쥐, 악어, 홍학, 원숭이, 매이다. 이집트는 그리스와 기본적으로 같은데, 다만 쥐를 고양이로 바꿨을 뿐이다.

   고대 바빌로니아에서는 고양이, 개, 뱀, 버마재비, 나귀, 사자, 수양, 수소, 송골매, 원숭이, 홍학, 악어 등 열두 동물로 기일紀日을 삼았다.

【 띠에 관한 전설 】

   열두 띠의 배열에서 왜 쥐가 가장 먼저이고 돼지가 맨 나중일까? 여기에는 재미있는 전설이 하나 있다.

청나라 때의 열두 띠 동상

　아주 먼 옛날, 천제가 12지지에 따라 열두 동물을 정하여 띠로 삼으려고 했다. 어느 날 천하의 동물들이 선택을 받기 위해 모여들었다. 천제는 그중에서 용, 호랑이, 말, 소, 양, 원숭이, 개, 돼지, 뱀, 토끼, 닭, 쥐 등 열두 동물을 선정했다.

　이들이 순서를 정하려고 할 때 작은 돼지가 나서서 자기가 순서를 정하겠다고 했다. 처음에는 모두가 온후하고 너그러운 황소를 제일 앞자리에 놓도록 추천했고, 호랑이와 푸른 용도 고개를 끄덕이며 동의했다. 그런데 담장 구석에 있던 쥐가 뛰쳐나와 반대하며, 자기가 소보다 더 크니 믿지 못하겠다면 비교해보자고 했다. 그래서 쥐와 황소는 거리에 나가서 평가를 받아보기로 했다. 먼저 늙은 황소가 거리에 나갔다. 사람들은 평소에 황소를 자주 보았기 때문에 별다른 느낌이 없었다. 이어서 쥐가 소의 등에 올라가 두 발로 일어섰다. 그러자 대낮에 쥐를 자주 볼 수 없었던 사람들은 신기한 나머지 "아주 큰 쥐구나!" 하며 너도나도 탄성을 질렀다.

　쥐가 여러 동물에게 이 사실을 자랑하자, 돼지는 쥐를 소 앞에 세웠다.

　그러자 호랑이와 푸른 용이 화를 내면서 고개를 저었다. 뭇 짐승들은 일제히 호랑이를 산중의 왕으로, 용을 바다의 왕으로 추천해서 소의 뒷자리에 세우게 했다. 이때 토끼가 뛰쳐나와 자기가 산중의 호위병이므로 당연히 용 앞에 서야 한다고 주장했다. 그래서 푸른 용은 토끼와 시합을 하게 되었는데, 돼지가 기꺼이 달리기 심판을 맡았다. 용은 구름을 타고 안개를 몰면서 순식간에 앞서 나갔다. 하지만 조심하지 않는 바람에 뿔이 나뭇가지에 걸려서 빼낼 수 없게 되었다. 그사이 토끼는 벌써 결승점에 도착했기 때문에 돼지는 결국 토끼를 용 앞에 세웠다.

이어서 푸른 뱀은 물을 건너는 재주를 보여주고, 붉은 말은 신통한 재주를 보여줘서 각기 자리를 배정받았으며, 뒤이어 양과 원숭이가 섰다. 수탉은 원래 한 쌍의 뿔이 있었지만 용이 가져간 뒤에 돌려주지 않았기 때문에 뒤에 설 수밖에 없었다. 그리고 개는 토끼의 입을 물어놓았기 때문에 벌을 받아 말석에 서게 되었다.

그러자 돼지는 주저 없이 맨 앞자리에 가서 서고 그 순서를 천제에게 알렸다. 그런데 천제는 돼지가 분명히 사사롭게 순서를 정했다고 보고, 돼지를 가장 말석에 세웠다. 결국 지지의 순서는 쥐, 소, 호랑이, 토끼, 용, 뱀, 말, 양, 원숭이, 닭, 개, 돼지로 확정되었다.

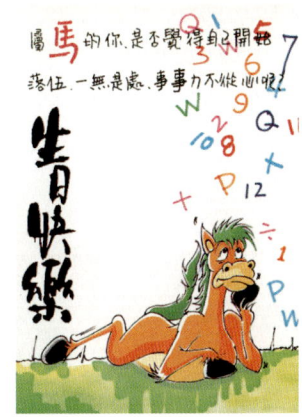

열두 띠 동물 그림이 들어간 생일 카드

【 12시진에 얽힌 전설 】

자子 : 전설에서는 천지가 자시(오후 11시~오전 1시)에 생성되었다고 한다. 천지가 갓 생겼을 때는 꿰맨 자국이나 틈이 없었는데, 쥐가 물어뜯은 구멍으로 기체가 나왔기 때문에 천지 간의 물질을 이용할 수 있게 되었다고 한다. 이처럼 쥐가 천지를 개벽한 신통이 있었기 때문에 자시는 쥐에 해당한다.

축丑 : 쥐가 천지를 개벽한 다음에 소가 나와서 땅을 갈았다고 한다. 그래서 축시(오전 1시~3시)는 소에 해당한다.

인寅 : 전설에서 사람은 인시(오전 3시~5시)에 태어났다고 한다. '인'은 경외敬畏의 뜻이며, 사람은 호랑이를 가장 무서워하기 때문에 인시는 호랑이에 속한다.

묘卯 : 묘시(오전 5시~7시)는 비록 이른 아침이기는 하지만 아직까지 달이 대지의 밝기를 통제하고 있다. 전설에서는 달에 옥토끼가 있으므로 묘시는 토끼에 속한다.

진辰 : 전설에서 진시(오전 7시~9시)는 바로 뭇 용들이 비를 내릴 때이므로 진시는 용에 속한다.

사巳 : 전설에서 뱀은 사시(오전 9시~11시)에 사람이 다

종이 오리기에 표현된 닭

니는 길에서 움직이지 않으므로 사람을 해치지 않는다고 한다. 그러므로 사시는 뱀에 속한다.

오午 : 오시(오전 11시~오후 1시)에는 양기가 극에 달해서 곧 음기를 낳는다고 한다. 말은 땅을 떠나서 달리지 못하므

중국에서 발행된 열두 띠 우표

로 말은 음陰의 동물이다. 그러므로 오시는 말에 속한다.

미未 : 미시(오후 1시~3시)의 풀은 양에게 먹여도 풀이 다시 자라는 데에 영향을 주지 않는다고 한다. 이 때문에 미시는 양에 속한다.

신申 : 신시(오후 3시~5시)의 '신申'은 '신伸'과 발음이 같은데, 원숭이는 굽혔다 펴는 데 능하므로 신시는 원숭이에 속한다.

유酉 : 유시(오후 5시~7시)에 닭들은 줄줄이 둥지로 돌아간다. 그래서 유시는 닭에 속한다.

술戌 : 술시(오후 7시~9시)에 날이 점차 어두워지는데, 개는 이때부터 집을 지키면서 밤을 새워야 하므로 술시는 개에 속한다.

해亥 : 해시(오후 9시~11시)에 만물은 고요하고 천지는 혼돈상태이다. 돼지는 먹는 것 외에는 모든 것에 무지하니, 이 때문에 해시는 돼지에 속한다.

【 띠의 문화 】

띠는 역사가 유구한 민속 문화이다. 고대《주역》의 팔괘에 다음과 같은 내용이 나온다.

"건乾은 말, 곤坤은 소, 진震은 용, 손巽은 닭, 감坎은 돼지, 이離는 꿩, 간艮은 개, 태兌는 양이다."

여기서는 나중에 열두 띠에 들어간 일곱 동물로 팔괘를 표시했다.

한나라 이후, 사람들은 열두 띠 동물 모양으로 무덤의 부장품을 제작했다. 예를 들면 후난성에 있는 한나라 때의 묘에서 열두 띠로 장식한 동경이 출토되었으며, 수나라와 당나라 때의 무덤에서는 부장품으로 열두 띠 동물 인형이 출토되었다(한 세트는 사람이 동물을 안고 있고, 다른 세트는 짐승 머리에 사람 몸을 하고 있다). 또 북제北齊의 무덤에서도 열두 띠가 그려진 벽화가 발견된 바 있다.

고대의 예술품 중에서도 띠를 도안으로 채용한 것이 있다. 당나라 궁정에 시진반時辰盤이라는 것이 있었는데 그 둘레에 열두 띠로 12시진을 표시했다. 청나라 황실의 정원인 원명원圓明園에 있었던 띠시계는 짐승의 머리에 사람의 몸을 한 열두 띠 동물이 각기 다른 시각에 차례로 물을 뿜었다. 애석하게도 이 띠시계는 1860년에 쳐들어온 영국과 프랑

홍콩 반환 전에 발행된 열두 띠 우표(위)
미국에서 발행된 열두 띠 우표(아래)

스 연합군에 의해 훼손되고 말았다.

열두 띠는 또 민간의 종이 오리기와 연화年畵의 소재로도 이용되었다. 윈난성 더훙德宏의 다이족傣族과 징포족景頗族 자치주의 발수절潑水節(다이족의 새해)에는 상서로움을 나타내는 미술품 중에 열두 띠의 종이 오리기가 있으며, 산서성山西省 린취안臨泉에서는 열두 띠가 찍힌 청나라 때의 민간 연화가 출토된 바 있다.

장쑤성江蘇省 한장邗江에서 출토된 남당南唐 왕王씨 무덤의 지지개志志蓋. 중앙에 열두 띠 동물이 새겨져 있다.

1	2	3	4	5	6	7	8	9	10
갑자 甲子	을축 乙丑	병인 丙寅	정묘 丁卯	무진 戊辰	기사 己巳	경오 庚午	신미 辛未	임신 壬申	계유 癸酉
11	12	13	14	15	16	17	18	19	20
갑술 甲戌	을해 乙亥	병자 丙子	정축 丁丑	무인 戊寅	기묘 己卯	경진 庚辰	신사 辛巳	임오 壬午	계미 癸未
21	22	23	24	25	26	27	28	29	30
갑신 甲申	을유 乙酉	병술 丙戌	정해 丁亥	무자 戊子	기축 己丑	경인 庚寅	신묘 辛卯	임진 壬辰	계사 癸巳
31	32	33	34	35	36	37	38	39	40
갑오 甲午	을미 乙未	병신 丙申	정유 丁酉	무술 戊戌	기해 己亥	경자 庚子	신축 辛丑	임인 壬寅	계묘 癸卯
41	42	43	44	45	46	47	48	49	50
갑진 甲辰	을사 乙巳	병오 丙午	정미 丁未	무신 戊申	기유 己酉	경술 庚戌	신해 辛亥	임자 壬子	계축 癸丑
51	52	53	54	55	56	57	58	59	60
갑인 甲寅	을묘 乙卯	병진 丙辰	정사 丁巳	무오 戊午	기미 己未	경신 庚申	신유 辛酉	임술 壬戌	계해 癸亥

간지干支 주기표

　1980년(경신년)에 중국 최초의 띠 우표, 즉 원숭이 해의 우표를 발행한 이래 해마다 그해의 띠 우표를 선보이고 있다. 또 열두 띠를 사용하는 다른 나라에서도 줄줄이 띠 우표를 발행했다. 미국에서도 1993년에 최초로 닭의 해를 중국어로 인쇄한 우표를 발행했다.

　오늘날에는 기원紀元으로 연도를 기록하는 것이 관행이 되었지만, 민속으로서 열두 띠는 여전히 사람들의 사랑을 받고 있다. 열두 띠 동물 모양으로 만든 금전, 은전, 연하장 및 공예품은 지금도 환영을 받고 있으며, 어떤 이들은 자식에게 이름을 지어줄 때 아이의 띠를 이름에 넣기도 한다. 예컨대 대우大牛, 진룡辰龍 등이다. 또 열두 띠의 동물 조각상을 세워 놓은 공원도 있다.

結 사람이 태어난 해가 어떤 띠에 해당하는가를 짚는 것은 아주 자연스러운 일이다. 하지만 어떤 사람들은 태어난 연, 월, 일, 시의 간지干支를 취하여 '팔자八字'라고 하면서 미래를 알아보는 점을 치는데 이는 비과학적인 것이다. 또 일부에서 배우자를 택하고 며느리를 삼을 때 남녀의 띠가 서로 상극인지 아닌지를 살피는데, "닭과 개의 싸움", "용과 호랑이의 다툼" 등 실로 황당하기 그지없는 일이다.

청나라 때의 소설가 이여진李汝珍은 장편소설 《경화연鏡花緣》에서 이렇게 말했다.

사람이 양의 해에 태어났다 해서 어찌 양과 견주겠는가? 호랑이 해에 태어났다고 해서 어찌 호랑이로 변하겠는가? … 게다가 쥐는 훔치기를 좋아하고 뱀은 음험하고 독살스러운데, 그렇다면 쥐띠는 다 훔치기를 좋아하고 뱀띠는 다 음험하고 독살스러운가? 용은 네 가지 신령스러운 것 중의 으뜸으로 그보다 귀한 것이 없지만, 그렇다고 용의 해에 태어난 사람이면 모두 귀한 운명인가?

실로 일리 있는 이야기다. 과학이 발전함에 따라 열두 띠에 관한 미신도 점차 사라지고 있다. 하지만 열두 띠는 일종의 민속 문화이자 연도를 기록하는 부호로 대대로 전해질 것이다.

【 청명과 한식 】

● 청명절清明節의 풍경을 담은 〈청명도清明圖〉

한식寒食은 말 그대로 차가운 음식을 먹는다는 것인데, 그 행위는 '불을 금하는 것'과 밀접한 관련이 있기 때문에 한식절을 '금화절禁火節'이라고도 한다.

오랜 세월 속에서 어느 민족이든 특별한 날을 택하여 기념하거나 경축할 만한 의의가 있는 명절로 삼는다. 이 명절들은 끊임없이 이어지는 평범한 시간들을 갈라놓을 뿐 아니라, 사람들의 흥취를 불러일으키고 위로하거나 고무해주는 역할도 한다.

 중국도 유구한 역사 속에서 특별한 의의가 있는 명절이 많이 형성되었다. 이 명절들에는 역사의 흔적, 풍토와 인정, 소원과 신앙, 윤리와 도덕, 문학과 예술 등 갖가지 문화적 요소가 내재되어 있다. 그중 한식寒食과 청명淸明은 꽃 피는 봄날의 좋은 명절로 풍부하고 뜻깊은 역사적, 문화적 의의를 내포하고 있다.

 청명은 거의 모든 중국인이 다 알고 있는 최대 명절 중 하나이다. 조상에게 제사를 지내고 묘를 쓰는 것 외에도 들놀이 등 갖가지 활동을 병행하고 있으며, 그러한 풍습은 지금도 계속되고 있다.

수나라의 전자건展子虔이 그린 〈유춘도권游春圖卷〉

그러나 한식에 대해서는 아마도 많은 사람들이 생소하게 여길지 모르겠다. 실제로 한식과 청명은 밀접하게 연관되어 있으니, 한식은 청명의 시작으로서 그 내용과 형식으로 볼 때 청명의 전주곡이라고 할 수 있다. 청명과 한식은 봄을 즐겁게 보내는 '봄의 명절'이기도 하다.

【 한식절의 기원 】

　한식절寒食節은 고대의 중요한 명절이다. 이를 '고대의 명절'이라고 하는 이유는 일찍이 명청대에 청명절과 점차 융합되었기 때문이다.
　그렇다면 한식절은 언제 생겨났을까? 고증에 따르면, 한식절의 역사는 4,000여 년 전 상나라와 주나라 때로 거슬러 올라간다. 한식寒食은 말 그대로 차가운 음식을 먹는다는 것인데, 그 행위는 '불을 금하는 것'과 밀접한 관련이 있기 때문에 한식절을 '금화절禁火節'이라고도 한다.
　한식절의 유래에 관하여《후한서後漢書》〈주거전周擧傳〉에서는 옛사람들의 화성과 금성에 대한 인식으로 해석하고 있다. 즉 봄에 나타나는 동방의 별 창룡蒼龍 칠수七宿는 '오행' 중에서 목木에 속하는데, 3월의 황혼 무렵 화성은 동쪽에서부터 떠올라 창룡 칠수의 중심에 위치하므로 옛사람들은 불이 지나치게 왕성해서 자신들이 숭배하는 용을 해칠까봐 불을 금하게 되었다. 이것이 바로 한식절에 불을 꺼리게 된 이유이다.

〈청명소묘도淸明掃墓圖〉

    한식절에 불을 금하게 된 유래에 관해서는 또 다른 전설이 있으니, 후한시대의 문헌에 처음 나온다. 이 이야기는 2,600여 년 전 춘추시대 때 일이다.

    당시 진晉나라 헌공獻公의 아들 중이重耳가 계모 여희驪姬의 모함을 받아 국외로 피난을 갔는데, 그의 옆에는 늘 개자추介子推라는 충신이 있었다. 개자추는 온갖 고통과 고난을 두려워하지 않고 줄곧 중이를 수행했다. 한 번은 중이가 굶주림에 허덕일 때 자신의 허벅지 살로 국을 끓여 먹인 적도 있었다.

    중이는 19년 동안 망명생활을 하다가 끝내 고국으로 돌아와서 왕이 되었으니, 그가 바로 역사적으로 유명한 '춘추오패春秋五霸(춘추시대 5인의 맹주를 가리킴. 일반적으로 제나라 환공, 초나라 장왕莊王, 오나라 왕 합려, 월나라 왕 구천 그리고 진나라 문공文公을 가리킴 : 옮긴이)' 중 한 사람인 진나라 문공이다. 하지만 그는 공신을 책봉할 때 유독 개자추만을 잊어버리고 상을 내리지 않았다. 그러다 나중에 문득 옛일이 생각나 몹시 후회하면서 즉각 사람을 보내 개자추에게 상을 받으러 조정에 나오라고 했다. 하지만 개자추는 노모를 모시고 산속에 들어가 은거하고 있었다. 문공은 산에 불을 질러 개자추가 나오도록 핍박했으나, 온 산이 불에 타서 초토가 되는데도 그는 나오지 않았다. 불이 꺼진 후에 사람들은 개자추가 노모를 업은 채로 나무를 끌어안고 죽어 있는 모습을 발견했다. 문공은 몹시 비통해하면서 개자추가 죽은 이날을 한식절로 정하는 한편, 전국에 명을 내려서 불을 금하고 마른 음식이나 찬밥을 먹게 함으로써 개자추를 기념했다.

【 청명절의 제사와 답청 】

한식절이 지나면 곧이어 청명절이다. 이 두 명절은 시간상 긴밀히 이어져 있기 때문에 그 의식과 풍속도 많은 관련이 있다. 예컨대 푸른 물을 들인 청경미靑梗米로 밥을 지어 먹고, 제사를 지내고 성묘를 하는 것은 이 두 명절의 공통점이다. 그래서 당송대 이후 한식절과 청명절은 점차 하나로 합쳐졌으며, 아울러 청명절의 명칭이 한식절을 대체해 조상에게 제사를 지내고 교외에서 답청踏靑을 하는 전국적인 명절이 되었다.

청명은 음력 24절기 중의 하나로 춘분과 곡우 사이에 위치하는데, 농촌에서는 이때부터 농번기에 들어선다. 조상에게 제사를 지내고 성묘하는 것이 청명절의 주요 행사가 된 것은 예부터 조상을 존경하고 친족을 중시하는 의식과 관련이 있다.

일찍이 진나라와 한나라 때부터 묘지 제사는 반드시 지켜야 하는 중요한 의식이었으며, 당나라 때에 이르러서는 '오례五禮'의 하나가 되었다.

당나라 현종玄宗은 조서를 내려서 관리들이 한식에 성묘하러 가는 것을 윤허했다. 그후 몇몇 황제가 연이어 조서를 반포해 관리들이 휴가를 내서 조상의 무덤에 가는 것을 허락했다.

관청의 허락을 받은 후 민간에서 제사를 지내는 풍조가 대대적으로 성행해서 청명이 되면 "논밭이 있는 들길은 선비 집안의 여인들로 가득했으며, 노예와 하인, 거지들까지 부모의 무덤을 찾아갔다"(유종원 〈허경조에게 보내는 편지寄許京兆書〉)고 한다.

청명절에는 조상에게 제사를 지내고 성묘하며 고인을 기념하는 일 외에 또 다른 중요한 행사가 있으니, 바로 답청이다. 청명에 답청을 가는 것은 고대의 상사절上巳節에 성인 남녀들이 교외에서 자유롭게 교제했던 풍습과 관련이 있다.

상사절은 삼국시대에 음력 3월 3일로 고정되었으며, 옛사람들은 이날 물가에 가서 상서롭지 못한 것을 없애버렸는데 이를 '수계修禊'라고 했다. 나중에는 점점 봄날 물가에서 연회를 벌이고 놀이하는 명절이 되었고, 그 후에는 청명절과 합쳐졌다. 이렇게 되자 봄에 답청을 가는 것이 청명절의 중요한 행사가 되었다.

그 밖에 따스하고 아름다운 봄날의 청명절은 교외로 나가 성묘하고 놀이를 하기에 좋았고, 조상에게 제사를 지내고 나서 맛있는 음식을 사람들과 함께 나눠 먹는 것도 자못 정취가 있었다. 이처럼 갖가지 이유로 청명절의 답청은 당나라 때 이후로 더욱 성행하게 되었다.

【 한굉의 시와 한식 】

한식절에는 불을 금하므로 반드시 불씨를 꺼야 했고 청명이 되면 다시 불씨를 얻어야 했는데, 이것을 가리켜 "새 불을 청한다"고 한다. 《연하세시기輦下歲時記》에 의하면, 당나라 궁정에서는 매년 청명절이 오면 궁궐 내의 아이들로 하여금 나무를 뚫어 불을 일으키게 했는데, 먼저 불을 일으킨 아이에게 황제가 비단 세 필과 은그릇 하나를 상으로 내렸다고 한다.

불씨는 얻기가 어려웠고, 신하에게 불씨를 하사하는 것은 관심을 표시하고 인심을 사는 것이기 때문에 '사화賜火(불을 하사함 : 옮긴이)'가 생겨나게 되었다. 당나라 때 시인 한굉韓翃의 유명한 〈한식〉이라는 시는 당시의 정경을 이렇게 묘사하고 있다.

 봄날의 도성에는 도처에 꽃이 날리고
 한식날의 동풍에 버들개지 하늘거리네.
 해질녘 한나라 궁실에선 제사의 촛불이 전해지고
 연기는 가볍게 흩어져 왕과 제후의 집에 스며드네.

온갖 꽃들이 피어나고 푸른 버들이 하늘하늘 춤추는 봄날, 온 나라가 일제히 불을 끄는 한식이다. 그러다 해가 저물면 황궁에서 불씨가 전해지니, 왕과 제후의 집에 등불이 켜지면서 향기로운 연기가 감돈다.

이 시는 관과 민간이 선명하게 대비되며, 시에 나타난 귀족의 특권이 주목을 끈다. 이런 특권 계층은 어떤 사람들일까? 시인은 후한시대 순제順帝 때의 유명한 권신權臣인 '양씨오후梁氏五侯'를 통해 황제의 총애를 받

"해질녘 한나라 궁실에선
제사의 촛불이 전해지고
연기는 가볍게 흩어져서
왕과 제후의 집에 스며드네."

는 왕공王公과 귀족을 나타냈다. 이 시는 전체적으로 한식의 풍속을 묘사하고 권신과 귀족들을 풍자함으로써 당시唐詩 중에서도 유명한 작품이 되었다.

송나라에 이르러서는 한식의 민간 풍습이 그다지 엄격하지 않았다. 한식의 풍속은 점차 명절의 특수한 음식을 의미할 뿐이었다.

사찰과 도관道觀에서는 한식절에만 먹는 특별한 밥이 있었으니, 푸르디푸른 양동나무 잎으로 물들인 '청경반靑梗飯'으로 이것을 시주들에게 대접했다. 그 외에 쑥, 명아주 잎, 콩잎 등 야채로 밥을 짓기도 했다. 그러다 명청대에는 일부 지방에만 한식의 상징적 풍습이 전해졌으며 근대에 와서는 거의 사라졌다.

두목과 〈청명〉

청명에 관한 문학작품은 셀 수 없이 많다. 그중에서 당나라 말엽의 유명한 시인 두목杜牧의 시 〈청명〉은 가히 대표작이라 할 수 있다.

청명절에 보슬비가 내리니
길 위의 행인은 애간장이 끊어지려 하네.
술집이 어디 있느냐 물었더니
목동은 멀리 살구꽃 마을을 가리키네.

청명절에 시인이 길을 걷고 있는데 마침 봄비가 내린다. 봄은 버들잎 푸르고 꽃은 붉으며 꾀꼬리가 날아다니는 계절이다. 게다가 보슬보슬 봄비에 젖은 꽃과 나무는 생기를 띠면서 맑고 깨끗한 느낌을 준다. 하지만 이날은 평범한 봄날이 아니라 청명절이다. 청명에 내리는 비는 길을 재촉하는 행인의 마음을 스산하게 만든다. 이날은 온 집안이 성묘를 하고 답청을 가는 청명이지만, 홀로 길을 가는 행인은 정취가 담뿍 담긴 이 명절 행사에 참가하지 못하니, 어찌 마음이 허전하지 않겠는가? 게다가 부슬부슬 봄비마저 내리니 애간장이 끊어질 듯하다. 그래서 행인은 술집을 찾아 술을 몇 잔 마시고 나면 수심이 가실지도 모른다고 생각한다. 마침 목동이 소를 타고 오기에 주막이 어디냐고 묻는다. 그러자 목동은 저 멀리 살구꽃에 파묻힌 아름다운 마을을 가리킨다. 보슬비 내리는 청명절, 화사한 살구꽃에서 풍기는 봄날의 정취가 행인의 고독한 마음을 달랠 것이다.

이 청신하고 자연스러운 시에 쓰인 아름다운 언어는 청명절의 풍경화

"술집이 어디 있느냐고 물었더니
목동은 멀리 살구꽃 마을을 가리키네."

를 그려 우리 앞에 펼쳐놓는다. 시에 함축된 특유의 민속적 정취는 격식을 벗어난 멋이 있으며, 이로 인해 '살구꽃 마을'은 흔히 술 이름이나 술집 이름으로 널리 쓰였다.

【 장택단과 〈청명상하도〉 】

 북송의 유명한 화가 장택단張擇端의 불후의 명작 〈청명상하도淸明上河圖〉는 북송의 수도 변량汴梁(지금의 허난성 카이펑開封)의 청명절 풍경, 즉 풍요롭고 다채로운 생활과 번화하고 활기찬 도시의 풍경을 그린 작품이다. 이 한 폭의 긴 두루마리 그림은 오른쪽에서 시작된다. 평화로운 논밭이 펼쳐지고 장을 보러 가는 시골 사람들과 짐을 실은 노새와 말들이 밭 사이 작은 길을 통해 성 안으로 모여들고 있다.

늙은 버드나무에서는 새 가지가 자라나고, 키 큰 홰나무에는 움이 터서 북쪽에 찾아온 봄의 생기를 보여준다. 자연은 금방 이른 봄의 추위에서 깨어난 듯하고, 나그네와 농부들은 좁은 시골길을 걷고 있으며, 대나무 피리에 실린 목가牧歌는 일체를 초월하여 청신하고 은은하게 멀리 울려 퍼진다.

이어서 화가의 붓은 우리를 성곽의 길로 안내한다. 사람들이 차츰 많이 보이고, 술집 등이 강변에 자리 잡고 있다. 배들이 나루터에 모여 있는데, 사람들은 강변에 정박한 배에서 무거운 곡식 자루를 부리고 있다. 이때

장택단張擇端의 〈청명상하도淸明上下圖〉 일부

넘실거리는 강물과 그 위를 가로지르는 무지개 다리가 화폭에 나타나면서 화면이 갑자기 격렬하고 활기차게 변한다.

화물을 잔뜩 실은 배가 물결을 따라 다리 밑을 지나갈 채비를 한다. 돛대는 쓰러져 있고 뱃사공은 밧줄을 힘차게 틀어쥐고 있다. 그러자 다리 위에서는 소리치며 맞이하고, 강가에서는 팔을 흔들어 협조한다. 행인들은 다리에 모여서 긴장감 도는 그 모습을 흥미롭게 지켜본다. 그러나 걸음을 재촉하며 수레를 밀고 짐을 지고 가는 사람들은 한눈 팔 사이도 없다. 그들은 저마다 생계를 유지하는 데 필요한 짐을 메고 있기 때문이다.

다리를 지나서 앞으로 나아가면 강 위의 배는 점차 멀어지고 있다. 거리를 가로질러서 화폭의 가장 떠들썩한 곳으로 가보자. 큰 거리에는 양쪽으로 술집이 늘어서 있고 마차와 행인들은 옷깃을 스치며 지나간다. 실로 온갖 사업이 흥성하고 인파가 물처럼 흐르고 있다.

그림은 여기서 끝나지만 보는 이들에게 끝없는 상상의 공간을 남긴다. 이 그림을 통해서 우리는 옛사람들의 청명절 풍습을 사실 그대로 자세히 감상할 수 있다.

結 청명절은 전통적인 명절로 조상을 공경하고 삶을 사랑하는 미덕을 반영하고 있다. 그래서 청명절에는 또 하나의 중요한 풍습이 있다. 바로 들놀이할 때 꽃이나 풀을 문이나 머리 위에 꽂는 풍습인데 특히 버들개지를 꽂는 경우가 많다. 《세시잡기歲時雜記》는 송나라의 풍습에 대해 이렇게 기록하고 있다.

"요즘 한식절에는 집집마다 버들개지를 꺾어서 문 위에 꽂아둔다. 장화이江淮 지역(장쑤성과 안후이성 일대 : 옮긴이)에서 특히 성행하여 버들개지를 꽂지 않은 집이 없을 정도이다."

'버들 류柳'와 '남을 류留'가 음이 비슷하기 때문에 옛사람들은 버들개지로 만류와 미련 등의 감정을 표시했다. 버들개지를 꽂는 풍속에도 개자추와 관계된 심금을 울리는 전설이 있다.

전하는 바에 의하면, 개자추가 죽은 이듬해에 진나라 문공이 신하들을 거느리고 그의 제사를 지내기 위해 금산錦山으로 갔다. 첫날에는 산 밑에서 찬 음식을 먹고, 이튿날 소복을 입고 걸어서 산에 오름으로써 개자추에게 경의를 표했다. 무덤 앞에 이르니 개자추가 죽을 때 안고 있던 그 버드나무가 살아나서 버들개지가 바람에 흔들리며 춤을 추었다. 문공이 가지 하나를 꺾어 둥글게 엮어 머리에 씀으로써 충신에 대한 존경과 그리움을 표시하자 뭇 사람들도 이를 따라했다.

그 후 사람들은 청명절의 버들을 각별히 좋아하여, 버들개지로 모자를 엮어서 쓰고 그것을 집에 가져가 문 앞에 꽂아두기도 했다. 청명절의 버들은 강인한 생명력을 갖고 있어서 땅에 꽂기만 해도 뿌리를 내리고 살아남았다.

한식, 성묘, 답청 등 한식절과 청명절의 갖가지 풍속에는 조상을 공경하고 벗들과 화목하게 지내고자 하는 마음이 깊이 스며 있다.

【 설날 풍속 】

● 전통 연화年畵 〈연년유여延年有餘〉

음력 초하루를 새해의 첫날로 정한 사람은 한나라 무제이다. 그는 사마천이 참여해서 제정한 '태초력太初曆'을 받아들여 천하에 반포했는데 지금으로부터 2,000여 년 전의 일이다.

설날(중국에서는 춘절春節이라 함 : 옮긴이)은 음력 새해의 시작으로 중국인이 가장 중시하는 명절이다. 음력 새해 첫날을 옛날에는 원단元旦, 원일元日 혹은 삼원三元이라고 불렀다. 수나라의 두대경杜臺卿은《옥촉보전玉燭寶典》에서 "정월 초하루를 원일 또는 삼원이라고도 한다. 삼원은 세歲의 원元, 시時의 원, 월月의 원"이라 했으니, 말하자면 이날이 새해의 시작이고 새 계절의 시작이며 새 달의 시작이라는 뜻이다. 추운 겨울이 지나가고 따스한 봄날이 곧 다가온다. 그래서 묵은 해를 보내고 새해를 맞이하는 갖가지 경축활동이 춘절의 기본 내용을 이룬다.

기록에 따르면, 음력 초하루를 새해의 첫날로 정한 사람은 한나라 무제이다. 그가 사마천이 참여해서 제정한 '태초력太初曆'을 받아들여 천하에 반포한 것이 지금으로부터 2,000여 년 전이다.

1911년 신해혁명 후에는 하력夏曆을 시행해서 농사 시기를 따랐고, 서력西曆을 사용하여 통계를 수월하게 했다. 즉 농사에 맞는 농력農曆(음력)을 보존하는 동시에 공력公曆(양력)을 채용하기 시작하면서 양력 1월 1일을 원단이라 부르고 음력의 원단은 춘절로 이름을 바꾸었다. 관습상 해를 보낸다는 것은 춘절을 보내는 것을 가리킨다.

　넓은 의미에서 해를 보내는 데는 30여 일이 걸린다. 음력 12월 8일부터 시작해 정월 보름을 지내야만 비로소 해를 다 보낸 것이다. 그믐날 저녁을 경계로 그 전의 20여 일 동안은 해를 보내기 위한 준비를 한다. 가령 아이들에게 새 옷을 장만해주거나 돼지나 양을 잡아서 설날 음식을 준비하는데, 남방에서는 통상 채소를 많이 준비하고 북방에서는 만두를 빚느라 여념이 없다. 사람들은 부뚜막 신과 조상에게 제사 지낼 때 필요한 종이, 은전, 초, 향 등을 사들이고, 명절 분위기를 띄우는 폭죽 또한 절대로 빠뜨리지 않는다. 12월 24일 이후에는 집집마다 먼지를 털며 청소하고, 가구를 깨끗이 닦고, 이불 홑청을 새로 하고, 마지막에 춘련春聯을 쓰고 연화年畵를 붙이는데, 북방에서는 창문에 그림을 붙이는 것을 좋아한다.

　그믐날 밤 이후로는 마음껏 즐기기 시작한다. 까치설을 쇠고 식구들이 모여서 밥을 먹는 것 외에 제일 중요한 일은 세배하는 것이다. 먼저 자식들이 어른에게 세배해서 존경심과 효심을 표하고, 친척이나 친구와도 서로 세배하면서 정을 돈독히 한다. 이 행사는 며칠 동안 계속된다.

【 단원반을 먹고 까치설을 쇠다 】

그믐날은 대년야大年夜라고도 하는데, 이는 음력 한 해의 마지막 날이므로 춘절의 절정기다. 이날 저녁 가정에서는 속칭 '연야반年夜飯' 또는 '단원반團圓飯'이라는 것을 먹는다. 지역마다 풍속이 다르고 집안마다 빈부의 차이가 있기는 하지만, 이 한 끼의 밥만은 그 집에서 연중 가장 풍성하다.

남방에서는 요리가 특히 풍성한데 여기에는 특별한 의미가 있다. 가령 타이완과 푸젠성 남부에서는 때때로 온 가족이 신선로가 있는 둥근 식탁에 둘러앉아 밥을 먹는다. 이 한 끼의 밥은 특히 양이 많아 다 먹지 못할 정도인데, 이는 해마다 여유가 있기를 바라는 마음을 나타낸다.

요리 중에서 고기완자, 생선완자 등은 가정의 원만함을 상징한다. 무는 채두菜頭라고도 하는데, 좋은 운이 있다는 중국어 단어와 채두의 발음이 같기 때문에 그런 뜻으로 축원하는 것이다. 주 요리는 반드시 닭으로(남방

설 전날의 야식을 준비하는 광경을 그린 연화

에서는 닭과 집의 발음이 비슷하다) 하는데, "닭을 먹고 집안을 일으킨다"는 의미가 있다. 그 밖에 지지고 튀긴 음식에는 집안 운수가 "뜨거운 불과 끓는 기름"처럼 흥성하기를 축원하는 의미가 있다. 맨 나중에는 단 음식이 많이 오르는데, 앞날이 달디달기를 축복하는 뜻이다.

　북방에서는 '새해맞이 물만두'를 먹는다. 만두를 빚을 때 만두소는 고기나 야채, 혹은 고기와 야채를 섞은 것을 쓴다. 그리고 그중의 어떤 만두에 두부나 동전을 넣어둔다. 두부가 들어간 만두를 먹으면 새해에 복이 터진다는 의미이고, 동전이 들어간 만두를 먹으면 새해에 꼭 돈을 벌 수 있다는 뜻이다. 그 밖에 대추, 땅콩, 사탕으로 만두소를 대체하는 곳도 있다. 장생長生의 열매라고도 하는 땅콩은 장수를 기원하는 것이며, 대추와 사탕은 앞날이 사탕보다 더 달기를 기원한다는 뜻이다.

　제야除夜에 사람들은 보통 밤을 새운다. 식구들이 모여 앉아 떡이나 사탕, 과일을 먹으면서 웃고 떠들며 새해가 밝아오기를 기다린다. 이것이 바로 '까치설을 쇠는(수세守歲)' 것이다. 까치설을 쇠는 풍속에는 두 가지 뜻이 있다. 하나는 한번 가면 다시 오지 않는 시간을 아끼라는 뜻이고, 다른 하나는 부모의 장수를 기원하는 뜻이 담겨 있다.

【 폭죽 터뜨리기 】

제야로부터 시계바늘이 0시를 가리킬 때, 창장長江강 남북에서 만리장성 안팎에 이르기까지 사람들이 살고 있는 곳이면 어디나 귀청을 울리는, 그리고 오랫동안 끊어질 줄 모르는 폭죽 소리가 일시에 울려 퍼진다. 이렇게 새해를 경축하는 풍습은 세계 어느 나라에도 없다.

옛 시에서도 "폭죽 소리 속에 한 해가 가니 봄바람이 따스함을 싣고 술 빚는 집으로 들어가네"라고 표현했다. 폭죽 소리는 낡은 것을 보내고 새로운 것을 맞이한다는 표시이며, 그 기쁨을 표현하는 것이다.

그런데 어째서 습관적으로 폭죽이라고 부르는 것일까? 고대인은 새해를 맞이할 때 대나무 마디를 불에 구워 큰 소리를

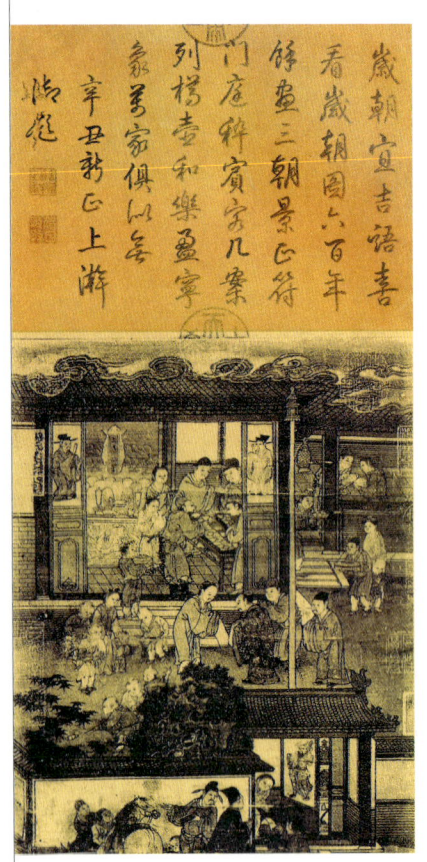

송나라 때의 〈세조도歲朝圖〉에 표현된 설날의 평화로운 풍경

"모든 집안의 노소가 평안을 얻고, 기뻐하고 즐거워하며 새해를 보내네."

내며 폭발하게 해서 이를 통해 악귀를 물리치고 한 해의 평안을 기원했는데, 이것이 폭죽의 내력이다.

　전하는 바에 의하면, 당나라 때 이전李田이라는 사람이 비교적 약한 대나무를 한 마디씩 잘라서 작은 대나무 통을 만든 후, 거기다 화약을 넣고 도화선에 불을 붙여 터뜨림으로써 화약 연기로 장기瘴氣(축축하고 더운 땅에서 생기는 독기. 장독이라고도 함 : 옮긴이)를 몰아내어 전염병의 만연을 방지했다. 이것이 화약을 넣은 최초의 폭죽이라 할 수 있다. 화약이 발명되면서 사람들은 점차 폭죽을 개량했다. 그리고 제지술의 발전으로 종이가 대나무를 대체함으로써 폭죽은 더욱 큰 소리를 내게 되었고, 하늘로 날아올라갈 수도 있었다. 게다가 소리가 더 크고 거친 것뿐 아니라 작고 정교한 폭죽까지 다양하게 만들 수 있게 되면서 폭죽은 사람들의 훌륭한 구경

거리가 되었다.

【 주련을 붙이다 】

새해를 맞이하면 집집마다 춘련春聯을 내다붙인다. 특히 농촌에서는 대문과 창문뿐 아니라 돼지우리, 곡식 창고, 부뚜막 등에도 그에 걸맞은 내용의 춘련을 붙인다. 춘련은 왜 붙이고 그것은 어디에서 유래한 것일까?

전하는 바에 의하면, 옛날에 신도神茶와 울루鬱壘라는 신선이 있었다. 그들은 복숭아나무 위에 살면서 귀신의 혼백을 다스렸는데, 함부로 나쁜 짓을 하는 악귀를 만나면 붙잡아서 호랑이 먹이로 만들어버렸다. 사람들은 귀신들이 두 신선을 두려워하므로 복숭아나무도 두려워할 것이라고 여겼다. 그래서 새해가 되면 문 양쪽에 신도와 울루, 그리고 호랑이가 그려진 복숭아나무 판을 걸어놓음으로써 재난을 쫓고 사악함을 눌러 집안이 평안하기를 빌었다. 이 복숭아나무 판을 가리켜 '도부桃符(복숭아나무 부절 : 옮긴이)'라고 한다.

북송의 뛰어난 문인인 왕안석王安石의 유명한 시 〈원일元日〉에서 "늘 새로운 복숭아나무로 낡은 부절을 바꾸더라"는 구절이 바로 그런 뜻이다. '복숭아나무 부

춘련春聯의 씨앗은 오대五代 시기에 싹텄고, 문신門神은 송나라 때부터 시작되어 나중에 명절 풍속이 되었다.

연화에 묘사된 민간의 봄놀이 풍경

절'은 중국 최초의 춘련이라 할 수 있다.

복숭아나무 부절에 처음으로 글씨를 쓴 사람은 오대五代 시기 후촉後蜀의 마지막 황제 맹창孟昶이다. 그는 복숭아나무 판에 다음과 같은 상서로운 글을 써넣었다.

"새해에는 여유로운 경사를 들여오고, 아름다운 시절은 영원한 봄이라 부르네."

이것이야말로 진정한 의미의 중국 최초의 춘련이다.

송나라 때에는 설날에 춘련을 붙이는 풍습이 민간에 널리 퍼졌으며, 나아가 복숭아나무 판을 점차 종이로 대체했고, 정연한 대구對句로 아름다운 소망을 표현한 시구들이 신도와 울루의 모습을 대신했다.

춘절春節 동안 '복福' 자를 문에다 거꾸로 붙여놓으면 복이 온다고 한다.

설날 풍속 ◆ 563

하지만 '도부'라는 이름이 춘련으로 바뀐 것은 명나라 때이다. 명나라 태조 주원장은 나라를 세운 후 춘련에 관한 성지聖旨를 반포했다.

"수도에 사는 관리와 백성들은 너나 할 것 없이 모두 제야 전에 자기 집 앞에 춘련을 붙여놓아야 한다."

그 후 명 태조는 때가 되면 민간인 복장을 하고 궁궐을 나와서 춘련을 점검했고, 관리와 백성들은 머리를 짜내 춘련의 글귀를 멋지게 지어서 황제의 환심을 사려 했다. 태조의 춘련 사랑은 이 민간 풍속의 예술성을 전례 없이 꽃피웠다.

춘련은 중국에서 만들어낸 독창적인 문학 형식이다. 시라고 하기에는 단 두 구절밖에 없고, 게다가 글자 수에도 명확한 규정이 없다. 일반적으로 세 글자가 행을 이루는데, 긴 것은 500~600자에 이르는 것도 있다. 반대로 시가 아니라고 하기에는 작시作詩의 규칙을 엄격히 따라야 하고, 두 구절의 글자 수도 똑같아야 하며, 맺는 구조도 동일하고, 사詞의 성질도 같아야 하고, 평측平仄도 서로 협조해야 한다.

【 부뚜막 신을 보내다 】

옛날에는 밥을 지으려면 땔감을 많이 썼기 때문에 밥 지을 때 생기는 연기를 굴뚝으로 내보내야 했다. 중국의 농촌에는 부뚜막 머리 위 굴뚝 벽에 신주를 모시는 자그마한 감龕을 둔다. 거기에는 옛날 옷을 입은 노인이 그려져 있는데, 그가 바로 부뚜막 신으로서 속칭 '조왕야竈王爺'이다. 감의 양 옆, 한 폭의 대련對聯에는 이렇게 쓰여 있다.

"천상에 올라서는 좋은 일을 얘기하고, 하계에 내려와서는 평안을 보호

한다."

　전하는 바에 의하면, 부뚜막 신은 옥황상제의 '특파원'으로서 한 해 동안 그 집안의 행사와 활동을 감시하다가 매년 12월 23일이나 24일에 하늘로 올라가서 옥황상제에게 보고하고, 제야나 정월 초하루에 다시 내려온다. 한 해를 지내다 보면 옥황상제의 노여움을 사는 일을 하게 마련이므로 옥황상제가 이를 모르게 하는 것이 중요했다. 이 때문에 사람들

옛사람들은 부뚜막 근처에 부뚜막 신을 모셨으며, 부뚜막 신이 집안의 화복과 재물을 관장한다고 여겼다.

은 부뚜막 신을 매우 두려워했으며, 그를 하늘로 보내는 날이면 집집마다 정성을 다한 풍성한 음식으로 잘 보이려고 애썼다. 너무나 가난해서 좋은 음식을 준비하지 못할 경우엔 찹쌀로 만든 달콤한 인절미나 엿으로 만든 과자로 부뚜막 신의 입을 막음으로써 옥황상제 앞에 가서 함부로 말하지 못하게 했다. 그러면 게걸스러운 부뚜막 신은 늘 사람들의 요구를 들어주었다. 1년 내내 찬밥 신세였어도 이날만 배불리 먹으면 옥황상제 앞에 가서 인간세상을 가능한 한 좋게 묘사했다. 이 때문에 사람들은 부뚜막 신을 좋아했으며, 해마다 제야나 정월 초하루에는 부뚜막 신의 그림을 새로 붙여놓고 옥황상제 곁에 있는 그를 다시 집으로 불러들이곤 했다.

　실제로 부뚜막에 제사를 지내는 것은 상고시대 사람들의 불 숭배를 심

리적으로 체현하는 것이다. 그러나 불의 신비로움이 없어진 오늘날에도 이 풍습은 여전히 농촌 지역에 전승되고 있으며, 평안하고 행복한 생활에 대한 동경을 나타내고 있다.

【 용등 불놀이 】

용은 고대인이 창안한 독특한 형상으로서 상서로움의 화신이다. 정월 보름날의 용등龍燈 불놀이는 전국적으로 성행해온 풍속으로 지방에 따라 특색이 있다.

먼저 용등의 모양이 저마다 달라 판등룡板凳龍, 백엽룡百葉龍, 곤화룡滾花龍, 삼절룡三節龍, 향룡香龍, 포룡布龍 등이 있으며, 그에 따라 불놀이 방법도 다르다.

일반적으로 길이가 약간 짧은 용은 장식에 공을 들인다. 예컨대 포룡은 흩날리는 붉은 구슬과 함께 하늘을 날면서, 때론 구름을 헤치고 때론 바다에 뛰어들어 파도를 가르며 사람들의 눈을 현란하게 한다.

비교적 긴 용은 웅장한 기백을 나타내는데, 저장성 부근에서 유행하는 판등룡 같은 것이다. 이 용등은 놀이하는 사람의 수에 제한이 없다. 즉 머리와 꼬리를 각별히 신경 써서 조각하고 장식하는 일 외에 몸뚱이는 몇 마디로 나눌 수 있기 때문에, 가장 긴 것은 몇천 마디에 달할 정도로 무제한 늘일 수 있다.

용의 몸은 각각의 다리가 없는 판등板凳(걸상)으로 등판燈板이라 부른다. 등판의 양 끝에는 동그란 구멍이 있는데, 몸뚱이를 이을 때는 두 걸상을 앞뒤만 이어놓고 등판 구멍에 작은 몽둥이를 꽂아서 고정시킨다.

용등 불놀이를 할 때는 사람들이 각기 등판을 어깨에 메고 손에는 막대기를 쥐어, 행진하는 용의 몸뚱이가 평형을 이루도록 한다. 각각의 등판 위에는 등불 두 개를 달고 가운데에 촛불을 켜놓는다.

정월 대보름날 해 질 무렵에는 성대한 제사를 지낸 후 용머리를 사당으로부터 빛이 찬란한 곳으로 들여온다. 그리고 꽹과리를 울려대며 집에 있는 젊은이들에게 등판을 들고 집합하라고 재촉한다. 뒤이어 용을 잇고 등불을 켜는 호령 소리와 함께 삽시간에 한 마리 거대한 용이

설날에 펼쳐지는 흥겨운 용춤의 한 장면

만들어지고, 귀청을 울리는 꽹과리와 폭죽 소리 속에서 용이 꿈틀거리기 시작한다. 어둠의 장막 아래 등불을 휘황하게 밝힌 용은 꿈틀거리며 길게 이어진다. 사람들은 자기 마을에서 다른 마을로, 농촌에서 고을의 성城으로 용등을 들고 이동한다.

즐거운 새봄 명절에 사람들은 각양각색의 용등을 만들어 똑같은 소원을 빈다. 새해에는 바람과 비가 고르고, 나라가 부강해지고, 백성들이 편안하기를.

結 춘절은 중국에서 역사가 가장 오래된 명절이다. 2000년 초에 중국 사회조사사무소에서 조사한 바에 의하면, 21세기에 들어서도 사람들은 여전히 춘절을 중시하는 것으로 드러났다. 명절이 임박하면 타향에 있는 나그네도 가족과 단란하게 지내고 싶은 마음에 천 리를 멀다 않고 고향으로 가서 가족과 함께 오붓한 시간을 보낸다.

설 전에는 벗들에게 연하장을 보내 새해를 축복한다. 즐거움이 넘치는 춘련을 써서 붙이는 것은 여전히 춘절의 가장 큰 행사이며, 적지 않은 사람들이 스스로 춘련을 만들고 있다.

최근에는 춘절을 보내는 방식이 조금씩 변하고 있다. 예컨대 전화가 널리 보급되고 생활의 속도가 빨라지면서 직접 찾아가서 세배하기보다 전화로 대신하는 경우가 많아졌다. 물론 윗사람이나 스승에게는 직접 찾아가서 세배한다.

또 안전상의 이유로 중국의 많은 도시에서 폭죽놀이를 금지하고 있다. 이 때문에 명절 기분을 내고 싶은 사람들은 전자폭죽을 사서 집 앞에 걸어놓거나 교외에 나가서 폭죽을 터뜨리곤 한다. 제야를 새우면서 새해 아침을 맞이하는 풍속도 여전하다.

찾아보기 |

3공9경제三公九卿制 302
64괘 37, 90, 93~95

ㄱ

가의賈誼 249, 395
각저角抵 512~515, 519, 520
간룡장看龍場 27
갑골문 68, 78~86, 88, 451, 470, 473~475
강거康居 386, 388
《강희자전康熙字典》 471, 479
개자추介子推 545, 546, 554
개천설蓋天設 460
거여車輿 268, 270
《거연한간居延漢簡》 321
건륭조종乾隆朝鍾 492, 493
견당사遣唐使 481
견여肩輿 268
결승結繩 81, 472
경제景帝 357, 498
경종更鍾 485, 494, 495
《경화연鏡花緣》 539
고부古賦 403
《고분孤憤》 226
《고사신편故事新編》 60
고야왕顧野王 479

고요皐陶 279
고조高祖 356, 368, 422, 425, 498, 503, 505
고황생顧況生 527
곤오崑吾 279
공단孔丹 454, 455
공손룡公孫龍 125, 126, 132
공손추公孫丑 213, 312
공자 91, 99, 100, 103, 117, 123, 128, 132, 134, 137~139, 148, 150~158, 161~163, 166, 186, 188, 212, 214, 222, 278, 282, 424, 428, 431, 440, 442
공자진龔自珍 102, 495
곽거병霍去病 368, 371, 372, 377, 502, 503
곽광霍光 377
곽무천郭茂倩 409
《관자管子》 260, 262
광무제光武帝 40, 440
괘사卦辭 95, 96
괘상卦象 90, 93~95, 97, 98, 100
교묘가사郊廟歌辭 408
구진九鎭 323
구천勾踐 68, 545
《국어國語》 39, 49, 428
군현제郡縣制 125, 299, 302
굴 원屈原 26, 102, 240~242, 244~247, 249~251, 274, 392
금루옥의金縷玉衣 501

금문金文 84, 85, 279, 470, 475

ㄴ

《내외저설內外儲設》 226
노자老子 124, 128, 134~146, 148, 196, 198, 227, 238
《노자老子》 124, 128, 135, 141, 142, 148, 197, 236, 271, 347
《논어論語》 141, 151, 152, 155, 158, 160, 186, 268, 269, 278, 439
《논형論衡》 435, 436, 439, 440, 441, 443, 529
농가農家 126

ㄷ

다이족傣族 537
단원반團圓飯 558
답청踏青 546, 547, 550, 554
당몽唐蒙 397, 400
대방정大方鼎 65, 66
대식국大食國 456
대완국大宛國 386
대완마大宛馬 390
대우大禹 46~60
대월지大月氏 372, 375, 382, 383, 386~388
《대집경大集經》 530
대하국大夏國 386
도가道家 91, 124, 128, 129, 134, 138, 212
《도덕경道德經》 135
도량형 302
도인유여刀刃有餘 208
도잠道潛 495
도철문饕餮紋 64
동방삭東方朔 452
동시효빈東施效顰 202

동중서董仲舒 368, 377, 437
두대경 杜臺卿 556
두룽족獨龍族 28
두목杜牧 550
두보杜甫 102, 250, 419
두장옌都江堰 254~265
둔황석굴 381

ㄹ

량주良渚문화 284, 288~290
루쉰魯迅 59, 426
리델 하트 177
리족黎族 530
리히트호펜 384

ㅁ

마속馬謖 177
마오쩌둥毛澤東 42, 169
마왕퇴馬王堆 342, 344, 345, 349, 350, 353
마은馬殷 342
만리장성 305, 309, 313, 318, 319, 326, 560
만장萬章 213
만주족 530
망양지탄望洋之嘆 208
매승枚乘 392, 395
맹상군孟嘗君 278
맹자孟子 122, 123, 126~127, 193, 212~224, 312, 440
《맹자孟子》 46, 51, 193, 213, 222~224, 300, 312
맹창孟昶 563
먀오족苗族 27
명가名家 125, 126, 130~132
명제明帝 440, 449

모원의茅元儀 179
《목천자전 穆天子傳》 384
몽골족 530
몽염蒙恬 301, 305, 318
무왕武王 66, 90, 236, 237, 275, 440
무정武丁 68, 69, 284
무제武帝 40, 319, 326, 368~377, 380~384, 387, 388, 392, 396, 397, 400, 428~430, 440, 452, 453, 479, 498, 500, 501, 503, 507, 512, 515, 516, 556
《묵경墨經》 99
묵가墨家 122~124, 126, 127, 130, 131, 182, 193, 212
묵자墨子 124, 127, 182~193, 312
《묵자墨子》 151, 182~187, 189, 190, 192, 193, 312
문공文公 40, 545, 546, 554
문부文賦 403
문왕文王 90, 193, 440
문제文帝 348, 352, 356~366, 382, 440, 498
문후文候 120
민가民歌 406, 407, 409, 419, 412, 416

ㅂ

반고盤古 22, 386, 431
반냥전半兩錢 308
반표班彪 434
발수절潑水節 537
배부俳賦 403
백가쟁명百家爭鳴 121, 126, 129, 132, 196, 212, 286
백거이白居易 102, 419, 495
백서帛書 343, 347, 452
《백호통白虎通》 36
백희百戱 512, 514~519, 521~523
범중엄范仲淹 215

법가法家 121, 123~125, 128~130, 212, 217, 227~230, 238
《법원주림法苑珠林》 529
병가兵家 120, 126, 172, 174, 177
복룡관伏龍觀 263, 264
복사輻射 271
복조쌍미호伏鳥雙尾虎 72, 73
복주輻輳 271
복희伏羲 22, 51, 90, 92
《본초本草》 37
부차夫差 68
부호묘婦好墓 68, 69, 284, 290
분봉제分封制 125, 299, 300, 302
분서갱유焚書坑儒 98, 299, 306, 308

ㅅ

《사기史記》 22, 39, 40, 54, 91, 134, 136, 196, 197, 249, 250, 275, 276, 318, 333, 377, 380, 384, 386, 422, 424, 426~429, 431, 452, 486
사마광司馬光 366
사마담司馬談 426
사마상여司馬相如 374, 377, 392, 403, 406
사마천司馬遷 22, 39, 91, 96, 134, 135, 136, 196, 249, 276, 366, 377, 420~431, 556
사부辭賦 395
사제四帝 40
《사주편史籀篇》 478
산명술算命術 98, 99
산하이관山海關 314, 322, 324, 325
《산해경山海經》 22, 48
삼성퇴三星堆 70
《삼오역기三五歷記》 22
《삼자경三字經》 288
삼표三表 192
삼황오제三皇五帝 298

《상검도相劍刀》 520
상사절上巳節 547
《상서尙書》 39, 51, 103, 307, 439
상앙商鞅 121, 125, 228
상홍양桑弘羊 377
생초生肖 526
《서경잡기西京雜記》 349
서계書契 472
서남이西南夷 392, 397, 398, 400
서동문書同文 304
서문표西門豹 261
서정徐整 22
서하객徐霞客 55
《서하객유기徐霞客遊記》 55
석도세釋道世 529
선왕宣王 478
선제宣帝 349, 381, 440, 498, 503, 513
《설문해자說文解字》 282, 452, 471, 479
성제成帝 453, 498
세경세록제世卿世祿制 302
《세본世本》 34
《세시잡기歲時雜記》 554
소동파蘇東坡 19, 530
소무蘇武 377
소왕昭王 254
소전小篆 304
소전小篆 475
소하蕭何 422
소후昭候 121
속곡俗曲 408, 409
손무孫武 166~179
손빈孫臏 120, 126, 429
손숙오孫叔敖 261
손자孫子 166~179
《손자병법孫子兵法》 166~172, 174~177, 179
《송사宋史》 529
송옥宋玉 395, 396
《수경주水經注》 53

수계修禊 547
수레 268~279, 304
수면문獸面紋 65
순舜 46, 130, 166, 236, 478
순우월淳于越 306
순우의淳于意 360
순자 122, 123, 127, 129, 226
《순자荀子》 56, 179, 395
순황荀況 122
순황荀況 395
쉬즈모徐志摩 488
《시경詩經》 102, 103~107, 112, 113, 117, 240, 245, 250, 268, 274, 275, 286, 307, 394
시진반時辰盤 536
시초蓍草 90
시황제始皇帝 227, 238, 298~309, 318, 326, 330, 332~334, 337, 339, 451, 475, 479, 514
신기질辛棄疾 396
신농神農 36, 37, 106, 291
신도神荼 562, 563
신릉군信陵君 426
신불해申不害 121, 125, 229
신수神樹 72
신추辛追 342, 345, 347
신해혁명 526, 556
실크로드 386~390, 456, 516
《실크로드》 384
싱룽와興隆洼문화 284
싼샤三峽 57
쌍면인수형신기雙面人首形神器 73

ㅇ

악부樂府 394, 406~419, 515
악부가사樂府歌辭 407, 419
악부시樂府詩 407, 409, 410, 414, 419

《악부시집樂府詩集》 409
안식安息 516
안연顏淵 278, 442
안회顏回 153, 155
〈악양루기岳陽樓記〉 215
야랑夜郎 392, 397
양왕襄王 240
양웅揚雄 402
여불위呂不韋 298
《여씨춘추呂氏春秋》 179, 279
여와女媧 22, 346
여치呂雉 504
여헌黎軒 516
여후呂后 504
《역경易經》 91
연야반年夜飯 558
연왕燕王 492
《연하세시기輦下歲時記》 548
《열녀전烈女傳》 219
열자列子 200, 201
염제炎帝 32, 36, 38, 39, 41, 43, 363
영락대종永樂大鍾 492~494
영륜伶倫 32
영정嬴政 226, 298, 300
영제靈帝 479
《영헌靈憲》 458, 460
예량부芮良夫 205
《예기禮記》 103, 137, 156
예서隸書 475, 479
오경五經 103
오기吳起 120, 124, 173, 179
《오성점五星占》 348
오손烏孫 372, 375, 376, 387, 388
오수전五銖錢 373
《오월춘추吳越春秋》 166
오자서伍子胥 172
옥기玉器 282~293
《옥촉보전玉燭寶典》 556

《옥편玉篇》 479
왕안석王安石 562
왕연수王延壽 22
왕의영王懿榮 80
왕전王翦 298
왕충王充 434~443, 529
요경尿鏡 484
요堯 39, 46, 130, 141, 236
용골龍骨 80
용족龍族 22
용주절龍舟節 25
우보禹步 52
우禹 236
우혈禹穴 291
욱루郁壘 562, 563
원강袁康 291
원교근공遠交近攻 300, 301
《원도原道》 193
원명원圓明園 536
원이둬聞一多 21
원진元稹 419
《월절서越絶書》 291
웨이우얼족維吾爾族 530
위료자尉繚子 173
《위료자尉繚子》 179
위면관玉門關 321
위왕威王 120
위청衛青 368, 371, 377
유가儒家 122, 123, 126~131, 151, 189, 193,
        212~214, 218, 219, 231~234, 237, 282,
        440~442
유계劉啓 357
유방劉邦 356, 358, 364, 368, 422, 425, 426,
        498, 504, 505
유비劉濞 362, 364, 365
유철劉徹 368, 507
유항劉恒 356, 357
유협劉勰 97

유휘劉徽 97
육서六書 475, 481
육예六藝 279
육유陸遊 495
율부律賦 403
은허殷墟 65, 68, 78, 80, 82, 83, 284, 290, 384
음양가陰陽家 125, 126
의역파醫易派 97
이광李廣 380
이랑李郞 265
이릉李陵 428
이백李白 18, 19, 58, 250, 301, 509, 527
이빙李氷 254, 265
이사李斯 123, 226, 298, 304, 306, 308
〈이소離騷〉 240, 242~249, 250, 239, 426
이여진李汝珍 539
이연년李延年 406
이왕묘李王廟 263, 264
이전李田 561
이족彝族 530
이창李蒼 342, 347
인상여藺相如 426
인종仁宗 528
인학仁學 154, 155
《일서日書》 529

ㅈ

자로子路 153, 156, 158
자위관嘉峪關 322, 324
잡언시雜言詩 411
장건張騫 368, 375, 377
장건張騫 380~390
장계張繼 495
《장상화將相和》 426
장석지張釋之 361, 364
장성長成 299, 305, 306, 312~326
장자莊子 128, 129, 196~209, 238
《장자莊子》 51, 128, 137, 197, 198, 205~209
장제章帝 440
장택단張擇端 551
장형張衡 250, 204, 458~468
장형張衡 97
전거田車 276
《전국책戰國策》 179, 278
전서篆書 86, 88
점서占筮 90
정국거鄭國渠 261
정국鄭國 261
정초鄭樵 472
제갈량諸葛亮 179
《제왕세기帝王世紀》 37
제용담절제龍潭節 27
조귀曹劌 274
조삼모사朝三暮四 208
조지프 니덤 385
조식曹植 250
조왕야竈王爺 564
조익趙翼 528
조조曹操 179, 419
조조晁錯 364
조종朝鍾 485, 494, 495
조충지祖冲之 464, 465
종횡가縱橫家 126
좌관율左官律 375
좌구명左丘明 424, 428
《좌전左傳》 98, 424
주공周公 442
《주례周禮》 278, 288, 487
주문籀文 475
주발周勃 505
《주서周書》 528
주승朱升 323
주아부周亞夫 362, 365, 505, 506
《주역周易》 37, 90~93, 95~99, 100, 103, 143,

347, 472, 536
주왕紂王 70, 275
주원장朱元璋 323, 564
주창周昌 425
주청신周青臣 306
주체朱棣 492
죽간竹簡 84, 91, 451, 452
중산국中山國 75
중산왕中山王 74
중이重耳 545
쥐융관居庸關 322
증국曾國 75
증후을曾候乙 489
증후을曾候乙 74, 286
증후을편종 489~491
지동의地動儀 458, 461~463
지동의地動儀 97
지지地支 526, 527
직하학궁櫻下學宮 121, 122
《진기秦記》 307
진보광陳寶光 349
진승陳勝 431
진시황릉 276, 332, 333
진시황릉 병마용 299, 309, 327~339
진전秦篆 304
진종眞宗 139
《집운集韻》 479
징포족景頗族 537

ㅊ

차동궤車同軌 306
찬착讚鑿 79
창힐蒼頡 35, 81, 279, 472, 473
채륜蔡倫 446, 449, 450, 452
채옹蔡邕 463
채풍采風 406, 419

채후지蔡候紙 450
천간天干 526, 527
《천문기상잡점天文氣象雜占》 348
천인감응설天人感應說 435, 437, 438
첨하詹何 232
청경반青梗飯 549
청동기 62~76, 276
청명淸明 42, 43, 542, 543, 546, 547, 550, 551, 553, 554
〈청명상하도淸明上河圖〉 551
초사楚辭 240, 245, 246, 394
초서草書 475, 481
추양鄒陽 392
추은령推恩令 368, 374
《추한신追韓信》 426
춘련春聯 557, 562~564
춘룡절春龍節 26
춘절春節 556, 557, 558
《춘추春秋》 103, 373, 424, 428, 431
《춘추번로春秋繁露》 24
춘추오패春秋五霸 545
치도馳道 304
칠기공예 350~352

ㅋ

캉유웨이康有爲 97

ㅌ

탁문군卓文君 399, 400
탕왕湯王 64, 236
《태사공서太史公書》 423
태초력太初曆 556
토번吐蕃 528
토템 18, 20

ㅍ

팔괘八卦 37, 90, 92~94, 97, 472~473
《패왕별희霸王別姬》 426
편뇨編鐃 484
편종編鍾 484~485, 489~491, 494
평왕平王 67
푸미족普米族 27
풍훤馮諼 278

ㅎ

하곤夏鯤 279
하우夏禹 236
하후夏后 236
《한구의漢舊儀》 507
한굉韓翃 548
한단학보邯鄲學步 208
한부漢賦 393~395
한비韓非 123, 125, 130, 131, 226~238
한비자韓非子 179
《한비자韓非子》 227
《한서漢書》 126, 183, 186, 241, 386, 407, 431, 515
한선자韓宣子 150
한식寒食 542~546, 548~549, 554
한신韓信 505
한유韓愈 193
한족漢族 530
할원술割圓術 97
합려闔閭 172
항우項羽 426, 431, 505
해서楷書 475, 479, 481
《해여총고陔餘叢考》 528
해중奚仲 268, 279
행서行書 475
허시후이랑河西回廊 323

허신許慎 283, 304, 452, 471, 479
헌공獻公 545
헌원軒轅 22, 34, 291
혁서赫胥 291
현종玄宗 547
현학顯學 123, 183
형가荊軻 426
혜왕惠王 489
호해胡亥 514
혼천설渾天設 460~463
혼천의渾天儀 458, 460, 461
《화양국지華陽國志》 256, 262
화제和帝 450
화폐 303, 304
화하華夏 20
환제桓帝 139
황장제주黃腸題湊 507~508
황제黃帝 32, 34, 35, 38~43, 48, 81, 138, 268, 291, 472
황종黃鍾 32
《회남자淮南子》 36, 55, 179
회왕懷王 240
효사爻辭 95~96
효상爻象 93, 95, 97
후직后稷 106, 279
《후한서後漢書》 544
홍산紅山문화 290
흉노匈奴 299, 301, 305, 313, 316, 318, 319, 321, 362, 368, 370~372, 375, 377, 380~383, 386, 397, 428
희평석경熹平石經 479